ROMANZI E RACCONTI

Valentina
Parasecolo

Cronache
private

Marsilio

Prima edizione: maggio 2023
ISBN 978-88-297-1885-6
www.marsilioeditori.it

CRONACHE PRIVATE

A Luciana Blanc, per le sue storie,
i suoi incubi e le sue risate.

A Celeste Farroni, per i silenzi,
i suoi gesti e le sue mani.

«È la valle degli uomini ignorata dagli uomini,
segno che ancora nessuno ha mai capito nessuno,
forse perché troppo preso – più che ad ascoltare –
a dire male degli altri.»

ITALO CICCI

Nota dell'autrice

I fatti raccontati traggono ispirazione da un reale caso di cronaca avvenuto nel 1969. La città principale in cui si svolge la vicenda (Ferso) è inventata. Il romanzo è un'opera di finzione che non ha alcuna ambizione di portare elementi nuovi o diversi rispetto a quanto definito all'epoca dalla magistratura e dai più attenti cronisti. La presenza di alcuni soprannomi e di passaggi ripresi dai quotidiani di quegli anni, saggi sul caso e dichiarazioni processuali non sono da intendersi come un tentativo di ricostruzione della realtà, che pure è spesso e notoriamente più ricca della fantasia umana.

I

Una storia d'amore

I

Primavera 1957, soffia il vento sulla piana

Il coperchio del sarcofago iniziò ad alzarsi. «Su!» gridarono più forte. E uno, e due, e tre. E uno e due e tre. «E gnamo!» Via. La pietra si staccò del tutto salendo, mentre il peso della carrucola scendeva. Giovanni Pitorsi fu il primo e l'ultimo dopo secoli a vedere quello che c'era sotto: un sottile strato di materiale leggero che si sgretolò, come una rete di soffioni. Neanche un granello di sabbia, né di terra.

C'erano oggetti di metallo e i resti di un corpo. Una donna, pensò istintivamente Giovanni. Erano coperti da piccoli pezzi di una veste purpurea e dorata. Tutt'intorno, una fila di uova ormai simili a carta velina. A contatto con l'aria sbuffarono, diventando cenere. I tessuti persero il colore, si trasformarono in polvere, volarono contro i capelli di Dora Bois: a lei sembrò che la notte le stesse soffiando in faccia una maledizione.

Giovanni decise di portar via due bracciali e un vasetto che probabilmente conteneva del profumo. C'era anche uno strano ornamento. Sembrava un fermaglio, ancora sporco di terriccio e polvere di ossa frantumate. Era rifinito con un disegno di petali dorati simili a quelli dell'elicriso.

Sulla piana di Roselle, Giovanni cercava tesori etruschi. Li disseppelliva, li rivendeva. Aveva sempre vissuto in Maremma. Nato all'inizio dell'ultima guerra, non conosceva il sacrificio, e aveva cercato di stare lontano dalla fatica dei campi. Suo padre – quando era ancora vivo – lo perdonava solo perché, tra tutti i butteri, era quello che si faceva capire meglio dalle bestie. «Sta zitto come loro» dicevano. Come se gli animali stessero zitti, pensava lui. Di certo, era bravo a non disturbarli.

Era bravo anche a non disturbare i morti. Provava rispetto, a tratti riconoscenza. Del resto, aveva fatto un po' di soldi grazie alle tombe antiche. Ma non era come Mariano e Carlo, i suoi compagni di avventura. Loro scavavano per guadagnarci qualcosa, lui lo faceva per il brivido.

Intravedere nella terra un vaso, accarezzare monili, soffiare su un'incisione nella pietra, afferrare statuine. Bisognava arrivare prima degli archeologi e, soprattutto, prima degli altri tombaroli. «Un tombarolo» gli uscì detto una volta, «deve esse' veloce e notturno. Veloce e notturno. Ce l'hai presente un rapace? Ecco, quello.» E poi, all'occorrenza, doveva essere sfrontato o cortese.

L'incertezza della conquista lo faceva pensare alle donne. Sui volti di marmo rubati, la vertigine di immaginare il passato e la vita degli altri. Sui volti delle ragazze lasciate, la vertigine del futuro e delle possibili vite negate: marito, padre e amante. Per questa ebrezza, più che per i soldi, lui scavava.

Dora, nata sulle montagne al confine con la Francia, da un anno viveva in Maremma, dove aveva seguito il fratello, operaio delle bonifiche. Aveva quasi sedici anni ma a volte se ne sentiva dodici, e le mancava la madre Milena. Quando si erano separate aveva pianto fino a sentirsi la testa scoppiare. Aveva dimenticato la sua voce, pian piano anche il suo viso: erano rimasti solo il contorno e la punta del naso. Restava la nostalgia di un'idea.

Le mani, invece, rimanevano un pensiero dettagliato che la visitava anche nei sogni: le unghie ruvide, la terra tra le fessure, l'odore di olio caldo che si versava tra le dita quando il freddo le spaccava la pelle. Dora pensava sempre a quelle mani che di giorno stringevano le *tetteun* delle vacche, di sera odoravano di zuppa e di notte, prima di andare a dormire, intrecciavano i capelli neri della figlia, così che al mattino, sciolti, sembrassero una nuvola nera.

Come sono finita qui?, si chiedeva Dora battendo i denti per il freddo, sopra quella tomba.

La sera precedente, in quel punto della piana, Giovanni e i due amici Mariano e Carlo avevano trovato monete e rocchetti. Si erano dovuti fermare perché il suolo s'era fatto inscalfibile. All'inizio Giovanni aveva pensato che sotto ci fosse un'antica strada romana. Poi s'era convinto della presenza di una tomba. La mattina seguente era andato alla chiesa di Maria Santissima delle Grazie, ormai quasi finita e prossima alla consacrazione. Gli servivano braccia buone e una carrucola per strappare un segreto pesante alla terra millenaria. Aveva scelto Francesco Bois.

Francesco era un manovale. Mani grosse quanto una pala, muoveva il cemento come fosse polenta. Quelle mani tornavano utili a tutti: l'ente Maremma, la Chiesa, i proprietari terrieri della zona. Quelle mani erano servite per costruire Albinia. E adesso servivano a Giovanni, per lo scavo. Così Francesco aveva raggiunto gli altri portando una carrucola e una ragazzetta: Dora, sua sorella.

«France', sei proprio una fava!» aveva commentato Giovanni. Una femmina in mezzo ai tombaroli! Come se non bastasse, quella femmina si era presentata in ghingheri. Portava un paio di scarpe rosse, lise sulla punta e ai lati, con lo spillo consumato che faceva *tic* ogni volta che poggiava su qualcosa di duro, fosse asfalto, fossero sassi.

Dora le aveva ritenute appropriate a un evento straordinario: la scoperta di statue di dèi e corone di principi etruschi. Avendo trovato erba, terra e fango, camminava in punta di piedi. «Si va a fa' lo struscio sul lungomare?»

aveva aggiunto Giovanni estraendo uno scalpello e lanciando un'occhiata divertita a Mariano. Dora aveva finto di non sentire mentre lentamente poggiava i tacchi sul suolo incerto.

Nonostante i suoi lineamenti di signorilità sabauda e gli occhi chiarissimi, i capelli neri di Dora ricordavano le schiave africane dei dipinti ottocenteschi. I maschi, di solito, la guardavano come fosse un animale esotico, un po' perché veniva da fuori, un po' perché era diversa dalle altre. Giovanni, invece, sempre attento alle giovani donne che gli giravano intorno, l'aveva archiviata come una scocciatura. E dopo le battute si era concentrato sullo scavo.

I quattro uomini, che insieme non facevano gli anni di un secolo, avevano lavorato per ore, ombre chine sul terreno. Dora li aveva guardati dall'alto come l'arcangelo Michele. Solo che al posto dei piedi nudi lei aveva scarpette da diva, e al posto della spada reggeva una lampada a carburo; sotto la sua luce, imprecazioni e colpi contro la terra dura.

Sugli scavi era arrivato il freddo, gelava sulle gambe di Dora come una promessa d'apocalisse. Sarà stato il vento, sarà stata la notte, ma non era più incuriosita e non si sentiva più scomoda. Aveva solo l'ansia di tornare a casa. Era questa l'emozione che cercava quando aveva implorato il fratello di condurla sull'orlo dell'avventura?

Il rumore dei colpi aveva preso a mutare, lentamente. S'era fatto sempre meno sordo. Una zaffata. «S'è trovato l'oro!» aveva urlato Mariano entusiasta, facendole cenno di illuminare meglio il tesoro sudicio che stringeva nella mano.

Non era oro. Per compiacere il capobanda, Mariano s'era preso gioco della Bois: «È zolfo» aveva riso il tombarolo davanti agli occhi ancora spalancati della ragazza. Ma Giovanni con sguardo feroce aveva fatto cenno agli altri di stare zitti. Serviva silenzio per ascoltare il rumore dei colpi, che da sordi s'erano fatti improvvisamente metallici. Non sembrava possibile andare più a fondo. Là, sotto i loro piedi, c'era la pietra, rimasta sepolta per secoli. Giovanni lo sapeva, l'aveva predetto: «Qua ci sta l'oro, quello vero!»

C'era un coperchio largo un metro, e lungo molto di più. Con un rastrello, Giovanni aveva tolto via il terriccio dai lati. Insieme ai compagni aveva montato la carrucola: pali, corde, due ruote e un peso da cinquanta chili. Ci avevano messo tre ore per sistemarla sopra la pietra. Quindi avevano attaccato i ganci ai bordi e lentamente avevano abbassato il peso che serviva a fare leva.

Nella notte immobile, sulla piana di Roselle, grilli e civette facevano un frastuono simile al silenzio. Giovanni stava mezzo sdraiato, teneva d'occhio la pietra ancorata all'attrezzo. Lentamente, il coperchio stava per staccarsi.

Ecco quindi com'era finita lì Dora Bois. Battendo i denti, sopra una tomba millenaria appena profanata. Senza capire se provava attesa o fastidio, solitudine o meraviglia. Ecco com'era finita così, a guardare le spalle di un ragazzo dimenticandosi per una notte della propria madre.

Il fermaglio con i petali di elicriso era prezioso. Giovanni lo prese per sé. Gli altri lo videro, lui tagliò corto: l'idea della spedizione era stata sua. Era il capo e gli spettava qualcosa in più; ma dato che una squadra è pur sempre una squadra, si offrì di provare a staccare la parte di decorazione ancora visibile nel sarcofago – una specie di maschera alata – per allungarla ai compagni. «Ci fate icché volete.»

Per Dora era tutto sbagliato. Alzando il coperchio del sarcofago avevano violato la sacralità del luogo e del tempo: un azzardo del genere non poteva che portar male.

Giovanni non pensava a certe cose, e tanto meno ci pensavano i suoi compagni. Prese una torcia tra i denti per farsi luce, cominciò a far vibrare il martello su un punteruolo per incidere la parte laterale del bassorilievo da staccare. Non fece in tempo a sollevare mezzo centimetro di intonaco che il coperchio del sarcofago, sospeso sopra di lui, si sganciò e ricadde veloce e obliquo dentro la tomba.

L'impatto spezzò la gamba di Giovanni. Quando lo tirarono fuori, i due si guardarono dritti in faccia. Lei aveva la pelle perfetta, in quell'istante era una creatura notturna ed eterea. Lui aveva gli occhi incupiti, incorniciati da zigomi alti e capelli brillantinati. Dora gli si avvicinò per vedere la ferita e lui, che ora non faceva più battute, s'incurvò per coprirsi.

Nonostante il dolore, Giovanni tratteneva le grida e il pianto. Non le parolacce, che scagliava contro tutti: il cielo, Carlo, Mariano e soprattutto Francesco, che era responsabile del controllo del peso. Si chiuse quindi in un silenzio che niente aveva di furioso. Era malinconico e simile al tonfo di un sasso nei pozzi medievali dell'Etruria.

Il gruppo ridiscese la collina e arrivò alle vetture. Nel piazzale la luna illuminava di nuovo tutti come un faro. Dora guardò il sangue sui pantaloni di Giovanni che si trascinava per gli ultimi metri, aggrappato ai due compagni di sempre. Lui alzò la testa e la fissò qualche secondo prima di chiederle: «È vero che tu sei una mezza infermiera? Che giù ad Albinia badi ai vecchi?»

Da bambina aveva soccorso una capra sul greto della Dora Baltea, il fiume che portava il suo stesso nome. Qualcuno, forse un ragazzino, aveva legato la bestia a un albero lungo la riva. Lei, che arrivava al fiume per raccogliere le erbe, l'aveva slegata, presa in braccio e portata fino a Saint-Philippe, il suo paese. Era stata quella la sua unica, vera esperienza di soccorso. «No, faccio le pulizie» rispose con un tono sprezzante che lui non si aspettava.

Dora di solito non aveva bisogno di prendere la mira per ferire. Lo faceva di rado, ma lo faceva bene. Altrimenti teneva la testa bassa, mentre lavava pavimenti per mantenersi o cucinava per il fratello e sua moglie. A testa bassa, inclinata su un lato come per vederci meglio, stava anche tutte le volte in cui poteva cucire un pezzetto di stoffa sperando di diventare abbastanza brava per fare la sarta.

Giovanni si voltò verso Francesco: «Meglio che la tu' sorella mi viene a da' una mano quando mi dimettono.» Una forma di risarcimento, da negoziare tra maschi, ignorando lei. Si caricò da solo e a fatica sul cassone del camioncino, neanche un saluto. *Boc!*, pensò Dora. Caprone. Capra, come quella che aveva soccorso da bambina e che senza di lei sarebbe annegata.

2

Le fantasie non contano niente

Giovanni aveva la gamba sinistra rotta. Invece di metterla in trazione, all'ospedale la operarono, ma il risultato fu disastroso. C'era il rischio di doverla tagliare. Grazie ai farmaci il dolore era sopportabile. Non lo era quello del mal di testa che gli scoppiava solo all'idea di restare mutilato.

Aveva quasi vent'anni e non piangeva. Ma aveva un gran magone. Dopo dieci giorni il medico gli portò una notizia: la gamba restava al suo posto, ma era destinata a cambiare. Sarebbe diventata bruna, con le cicatrici, pelle e ossa. Andava costantemente medicata, o si rischiava la cancrena. Andava tenuta in un'imbracatura meccanica, o Giovanni non avrebbe più camminato. Lo dimisero. Tornò a casa come un carcerato uscito di prigione: smarrito, con speranze vaghe e striminzite sul proprio futuro.

L'imbrago che gli avevano lasciato era un esoscheletro di cuoio e acciaio. Andava indossato come fosse una calza. Ma a differenza di una calza era rigido e ingombrante, fatto di cinghie, giunture e ganci. Era piegato vicino alla finestra come il pezzo rotto di un burattino di legno. Per Giovanni era una specie di basilisco, re dei serpenti: guardarlo lo avrebbe pietrificato.

Abituarsi all'idea di diventare lo zoppo, quello con la gamba meccanica, gli sembrava impossibile. Si compativa pensando al resto della propria vita. Niente più cavalcate su

Battifango; niente più mandrie da governare, né bestie con cui parlare stando zitto. Avrebbe dovuto rinunciare a quel lavoro prima della riforma agraria, delle terre date a chi le lavorava, della fine del latifondo, prima che i butteri diventassero nient'altro che folclore.

Giovanni viveva da solo nella casa di famiglia, lungo la provinciale, a Orbetello. Era orfano e aveva due fratelli con vite troppo solide perché potessero capire la sua. La zia Annamaria veniva ogni giorno a portargli da mangiare. La fidanzata Marina, che all'inizio lo accompagnava al bagno, gli cambiava la biancheria e gli teneva compagnia, ormai veniva di rado perché aveva preso a lavorare in un forno.

Giovanni non credeva all'amore; non si era mai posto il problema della sua esistenza. Più che viverlo lo simulava. Il matrimonio rientrava nelle cose da fare. E c'era un'altra cosa da fare: distrarsene, soprattutto se capitava. E capitava, visto che Giovanni piaceva alle donne tanto quanto loro piacevano a lui, cioè molto. Marina sarebbe rimasta vergine fino al matrimonio, e lui doveva impratichirsi. Questo gli ricordavano i più anziani ai campi e i conoscenti all'osteria. Questo doveva fare.

Adesso però, «ridotto a un cencio», cominciava a fare i conti con un futuro meno giocoso di quello che si era immaginato. Conciato così, una probabile moglie bisognava tenersela stretta, doveva fare il bravo. Gli restavano solo i pensieri. E per come stava, forzato a letto, ne aveva tanti. E tutti finivano su Dora.

Nonostante il laconico accordo stretto con Francesco, però, lei non si era mai presentata. Eppure l'immagine di quella ragazza continuava a materializzarsi davanti a lui. Le fantasie non contano niente, si ripeteva. Nessun senso di colpa per i pensieri. E neppure per le azioni. E di quelle ne aveva compiute di discutibili. Per esempio con Giusi, Maria Pia... o la Cicalona, che ai suoi occhi, secondo una strana aritmetica dell'amore, contava meno perché era una prostituta.

Era un misto di disperazione e noia a stimolare, in lui, il pensiero erotico. Che però raramente diventava esplicito, e sostava sulla soglia di un ingenuo romanticismo, nel quale Giovanni si avventurava con sorpresa.

Corri per le scale strette, con le tue scarpe rosse. La immaginava ridere, mentre la seguiva lungo l'inesistente scala in un'inesistente torretta di un inesistente palazzo. Fino al pianerottolo del loro appartamento parigino. In quella fantasia, Giovanni non aveva la gamba rotta, e lei aveva le gambe nude. Nude e veloci. Spinte dalla voglia di fare l'amore con lui su un materasso al centro di una stanza dalle finestre aperte, su un cortile trafficato.

Giovanni poi dormiva tanto, come sfiancato dall'ozio. Sognava di scappare in un campo, di notte, da una mandria di buoi che correndo lo travolgevano, spingendolo a terra, schiacciandolo. Sognava di essere prigioniero in casa, braccato da animali oscuri che entravano dalla porta e si nascondevano sotto il letto. Sognava di aprire una tomba, come nella notte sulla piana di Roselle, e di trovarci l'acqua, di prenderla tra le mani: «Bevila, è buona» gli diceva Dora, che stava in piedi alle sue spalle, e intanto si trasformava in tutte le sue amanti.

Zia Annamaria ogni giorno arrivava alle undici e se ne andava a mezzogiorno. Con Marina al forno, lui rimaneva solo in casa a lungo e le ore sembravano infinite. Nella stanza con i pavimenti di graniglia, le lenzuola di cotone duro e le molle rigide del letto, il caldo cominciava a portare dentro le mosche. Giovanni doveva stare fermo. Guardava il soffitto, faceva le parole crociate, cercava di ammazzare le mosche muovendo a scatti il busto. Era diventato un pupazzo meccanico.

Ogni tanto puliva l'elicriso dorato che aveva trovato a Roselle con uno spazzolino. Lo ripuliva. E lo ripuliva ancora. La gamba cominciò a puzzare, era arrivata l'infezione. Se ne prendeva cura, sapendo che avrebbe dovuto farlo regolarmente, per il resto della vita. Veniva a medicarlo Ughetto, l'infermiere, un gigante di quasi due metri con un paio di baffi risorgimentali. Parlava tanto, e Giovanni si annoiava peggio che a stare da solo.

L'infermiere gli raccontava delle saline, della campagna, dei lavori di bonifica. Ripeteva che la pensione di invalidità sarebbe stata una miseria: Giovanni avrebbe dovuto trovarsi una moglie con i soldi, oppure un lavoro in Comune.

Ugo era pieno di compassione, e cercava di rassicurarlo dicendo che sì, quella era una brutta ferita, e i medici gli avevano ridotto la gamba a «un troiaio», ma alla fine lui aveva visto di peggio. In guerra, per esempio, dove la gente «stava proprio sbudellata». Intanto gli faceva punture, disinfettava, ripuliva, e Giovanni si limitava ad annuire, quasi seccato.

Un giorno, prima di andarsene, Ughetto per errore aprì il primo cassetto del comodino: non il secondo, dove andava riposto il fazzoletto di stoffa che aveva in mano, ma il primo. Con quel gesto, per errore, cominciò la nuova vita di Giovanni.

Nel cassetto, infatti, c'erano gli oggetti che provenivano dagli scavi: piccole suppellettili e qualche gioiello. *Occhio lungo e mano lesta, Giovanni.* Appena Ughetto li vide passò subito dagli avvertimenti pietosi alle negoziazioni. Era un uomo della comunità, Ughetto, non solo un infermiere. Poteva aiutarlo: «Se te ne vuoi liberare c'è un signore a Firenze, un antiquario, che ti fa un prezzo bòno. Ci penso io, glieli posso porta'.»

Giovanni conosceva trafficanti e collezionisti, ma aveva perso la voglia di fare qualsiasi cosa che non fosse stare sul letto a fantasticare e commiserarsi. Riuscire a liberarsi dei reperti in poco tempo, e senza muoversi, gli sembrava qualcosa di interessante. Lasciò per sé solo due pezzi: il primo della sua storia di tombarolo, un vaso, e l'ultimo, il fermaglio di Roselle. Uno custodiva il passato. L'altro ipotizzava confusamente il futuro: forse lo avrebbe regalato a Marina, come vedeva fare agli uomini che mettevano in scena l'amore.

La settimana dopo, Ughetto si portò via due scatoloni pieni in cambio di più di duecentomila lire. Era meno di quanto aveva chiesto Giovanni, ma in più l'infermiere gli aveva lasciato una valigia di cianfrusaglie d'antiquariato: una decina di libri classici, un giradischi, quattro vinili e una macchina fotografica, una Pacemaker Crown Graphic del 1950, un attrezzo che lui aveva visto giusto nei film. «Che me ne fo?» tuonò Giovanni dal letto. Ughetto gli spiegò che era un regalo per salvarlo dalla noia. «Gran bel regalo visto che l'hai fatto coi miei soldi!» Ma in realtà non vedeva l'ora di toglierselo dai piedi, così accettò lo scambio, per stanchezza, e lo mandò via.

Le giornate scorrevano uggiose e Giovanni faceva calcoli su cosa comprare, su quanto risparmiare. Sarebbe potuto andare avanti senza lavorare non più di quattro mesi. Forse poteva tornare alla fattoria, dare una mano, tenere i conti? Un buttero ragioniere non s'era mai visto. Così come non s'era mai visto un buttero zoppo. Era disperato. Chiese persino alla zia di insegnargli a ricamare, ma quella gli rise in faccia: «Hai le mani troppo grosse, Giovanni, lascia perde'!»

Non potendosi permettere un televisore, ascoltava la radio. Una in radica con la retina di metallo. La voce di Gabriella Nanni, dal secondo canale, raccontava la cronaca bianca, rosa e nera. Unica in un mondo maschile, era autorevole e accogliente, perfetta come chi non può permettersi di sbagliare. Il suo *Buongiorno Italia* era un rotocalco d'informazione e apriva la giornata di Giovanni con approfondimenti tematici: gli scontri a Cuba, le dimissioni di Giolitti dal Pci, il lancio di una nuova Fiat.

E poi leggeva giornali e libri da edicola. La noia era così tanta che una volta aprì persino le riviste di Marina. Talvolta la zia gli portava qualche quotidiano come *La Pagina*. Al suo interno Giovanni trovò un box su un concorso fotografico: «Riviera bella – Meraviglie sulle spiagge italiane.» I ritratti migliori sarebbero stati pubblicati l'estate successiva, quella del 1958.

C'era un premio: centomila lire che potevano mantenerlo un altro po' in attesa di trovare un lavoro tranquillo, adatto alla nuova condizione, magari in un ufficio pubblico.

Giovanni aveva mesi e mesi per raccontare le coste della penisola, in qualunque modo, d'estate o in autunno, solitarie o affollate. E aveva una Pacemaker da imparare a far funzionare.

Un cugino che lavorava in un negozio fotografico di Grosseto gli procurò un manuale di istruzioni. Giovanni ci mise due giorni solo per capire come caricare la pellicola. Ma studiò ogni dettaglio tecnico e in una settimana si sentì pronto a scattare qualche foto dalla finestra. Appena poté uscì di casa, e per la prima volta non si sentì più soltanto «lo zoppo». In cambio di una gamba, aveva un nuovo occhio con cui guardare la vita degli altri.

3

Le dita sotto la sabbia, come quelle di una santa

Da quando si era rimesso in piedi, Giovanni andava spesso a far visita al suo passato. Lo osservava da lontano, quasi come un padre guarderebbe a distanza un figlio abbandonato da giovane. Zoppicando, ancora accompagnato da un bastone, fissava le campagne acquitrinose, le vacche, i cavalli; ci andava quando sapeva che non avrebbe incontrato altri butteri, vederli lo intristiva. Ai vecchi amici dava indicazioni su dove scavare per trovare tombe e reperti. «Meglio di no» rispondeva quando qualcuno gli chiedeva se voleva tornare a scavare.

Per ricostruirsi, aveva preso a scattare foto. Girava in Vespa, piegando a fatica l'imbracatura con dentro la sua gamba, dopo aver legato il bastone davanti e infilato la macchina fotografica tra il sedile e la molla cigolante del posto passeggero. Fotografava in modo quasi ossessivo, i risparmi se ne andavano in pellicole e sviluppo, e non avrebbe saputo dire dove tutto questo l'avrebbe portato.

Dopo un'estate afosa, l'autunno del 1957 arrivava con un vento pesante che restava intrappolato tra la terra e le nuvole. La ricerca di qualcosa di interessante da immortalare per il concorso lo condusse alle saline. Là trovò Dora, una sagoma contro il mare. Non la vedeva dall'unica volta in cui si erano incontrati, sulla piana di Roselle, la primavera precedente. Ma durante quei mesi aveva fantasticato sul ricordo, che nella sua mente si era dissolto e ricomposto in un'immagine infedele eppure pura.

Dora se ne stava lì, seduta da sola, con un maglione sulle spalle. Era distante dai pochi presenti che, sfidando il cielo minaccioso, pranzavano sulla sabbia. Accanto a lei c'era una bicicletta nera. Giovanni si avvicinò trasportato non dal desiderio, ma da una forma di paura che rallentava i passi come se stesse camminando sulle sabbie mobili. Quando lo vide, lei strinse gli occhi per metterlo a fuoco, e intuì dall'andatura quello che doveva aver passato dopo l'incidente.

«Ti sei fatto proprio male, eh?»

«Sì, ho smesso di andare a cavallo...»

E poi, seguendo un nesso sfuggente, come per portare altrove la conversazione: «Anche tu badavi alle bestie? Dico quando stavi su, in montagna...» «Facevo tutto quello che serviva» rispose Dora mantenendo su Giovanni lo sguardo più del dovuto.

Giovanni volle vedere nell'esitazione un segno di interesse. A fatica e senza chiedere il suo aiuto le si sedette accanto, a pochi centimetri dalle mani che lei teneva nascoste sotto la sabbia, completamente coperte. «Una volta, giù verso Roma, ho visto il quadro di una santa senza mani» disse lui. «I santi, se ci pensi, sono sempre tutti monchi, e i monchi qualche volta sono santi.»

L'aveva spiazzata. «Già, come te» le uscì detto.

Monco come te, o santo come te?

Mentre Giovanni se lo chiedeva, Dora trovava il coraggio di osservarlo di nuovo.

Si scambiavano sguardi che poi facevano fuggire lungo la distesa infinita del mare. Con le dita sotto la sabbia, Dora stringeva i grani, come a volerli frantumare. «La mia bisnonna era boema e mia mamma è devota di sant'Eurosia, che le mani non le ha. Forse a Roma è lei che hai visto...»

Giovanni quasi non l'ascoltava; Dora gli appariva persino più bella di come l'aveva pensata durante la convalescenza. Dal canto suo, a lei sembrò che l'incidente avesse fatto bene a Giovanni: costretto a scendere dal piedistallo, si rivelava piacevole, a tratti sorprendente.

Col favore di sant'Eurosia, Giovanni e Dora si riconoscevano nei frammenti di vita, tessendo affinità e cucendo legami, coincidenze che all'inizio di una storia vengono confuse con la trama del destino.

Entrambi volevano andare in America. Lui perché era affascinato dai cowboy, lei perché qualcuno le aveva messo in testa che là le macchine volassero. Entrambi avevano solo la quinta elementare ma amavano leggere. Lui l'aveva scoperto in quegli ultimi mesi, divorando per noia i giornali. Lei lo sapeva da quando leggeva a sua madre il sussidiario di scuola, i volantini della parrocchia, la Bibbia, *Piccole donne* e *Moby Dick*. Entrambi avevano dei sogni: lui da poco voleva diventare fotografo, lei da sempre voleva diventare una sarta.

Poi, certo, lui preferiva il mare, lei la montagna. Ma entrambi volevano andare al cinema, e anche quella sembrava essere un'affinità. Giovanni, che nascondeva guizzi di fantasia dietro la sua apparenza opaca, propose: «Invece di andare al cinema, andiamo a Porto Ercole a vedere le riprese di un film... In giro hanno visto la Martinelli.» Si accordarono per l'indomani, ma prima di lasciarla lui le chiese di poterle fare una foto.

Così Giovanni ebbe un'immagine per il concorso.

Era la prima che desiderò usare, la migliore. Era la foto di una ragazza seduta sulla spiaggia, sotto un cielo carico di tempesta. Una ragazza vestita di bianco, con i polpacci scoperti, i piedi nudi, le mani sepolte sotto la sabbia e lo sguardo che fissava l'obiettivo un po' preoccupato, come di chi sta per sbilanciarsi.

Il giorno dopo, Giovanni passò a prendere Dora sotto casa Bois, ad Albinia. Il paese era sorto durante il fascismo, intorno a una manciata di case costruite per gli operai che lavoravano alla bonifica dell'Albenga. C'erano anche un'osteria, il Consorzio di bonifica, la stazione, la dispensa e il silo del Consorzio agrario provinciale.

Sul finire degli anni Cinquanta, con la riforma fondiaria e la richiesta di manodopera, il paese si stava espandendo. Da poco c'era persino la chiesa. Passeggiando per la via principale, ci si sentiva al centro della civiltà. Per chi finora aveva conosciuto solo la fatica ed era passato in pochi anni dal fango a mezzo stinco ai commenti sulle capigliature degli altri passanti, Albinia stava diventando una promessa di nuova vita.

La casa di Francesco, dove lei viveva, era bassa come le altre e aveva la facciata grinzosa, dipinta con un verde torbido. Nel giardino c'erano un paio di albicocchi e molte piante di lavanda, e quei fiori avevano lo stesso colore dei pantaloni che Dora si era cucita per le occasioni speciali. Giovanni l'aspettava con la Vespa sulla parallela della Maremmana. Anche lui aveva avuto la premura di presentarsi in ordine: insieme alla camicia stirata dalla zia e alla solita brillantina, si era messo una colonia ingiallita dal tempo.

Dora non era mai salita su una motoretta. Aggrapparsi al corpo di lui le sembrava persino scandaloso, così distese le braccia avvinghiando rigidamente le dita alla sella mentre con le gambe tentava una posa aggraziata. Stava attenta affinché la macchina fotografica incastrata tra i due sedili non cadesse. Giovanni sorrideva, guidando accanto ai campi lungo la strada verso Porto Ercole.

Arrivarono sul lungomare, dove erano certi di trovare il set del film, ma niente... Chissà dove stavano girando, quel giorno. A entrambi interessava poco che il loro pretesto fosse sfumato. Salirono sulla via Panoramica solcando il perimetro dell'Argentario, fino al punto in cui si scorgevano le spalle del Giglio. Dora, che fino a quel momento non aveva allentato la presa sul sellino, smontò dalla Vespa, tutta irrigidita. Giovanni le afferrò la mano per aiutarla a scendere sullo spiazzo panoramico. Lei lo accolse con uno sguardo severo, anche se lui si era spinto a tanto solo perché non cadesse. Ma lei non cadde, e si ritrovò seduta su un muretto, con lui appoggiato accanto.

Il sole era ancora alto, le nuvole del giorno prima se n'erano andate, la giornata era fredda ma serena. «Mia mamma è malata» disse lei. «Per questo ho accettato di uscire con te... Per divagare.»

Per divagare... Era una parola che lasciava intuire una predisposizione all'eleganza. Giovanni reagì scherzando: «Non serve che ti giustifichi... Se sei qui vuol di' che tanto male non sono.»

«Tu sei fidanzato?»

Era l'ultima domanda che Giovanni avrebbe voluto sentirsi fare.

«Sì, ma forse ci lasciamo...» Non era propriamente una menzogna, perché in quel «forse» erano racchiuse tutte le possibilità offerte dalla vita. Ma in realtà era una bugia, perché lasciare Marina non rientrava nei suoi piani, tanto meno in quelli immediati.

«Ben, tienili. Magari piacciono alla tua fidanzata» disse lei estraendo dalla borsetta un panno bianco con dentro dei *troillet*, i torcetti delle sue parti. Li aveva preparati per la famiglia e ne aveva fatti un po' di più per Giovanni, che subito ne mangiò uno, complimentandosi.

La resistenza di Dora era durata poco. I due ritrovarono il contatto su quel muretto affacciato sul Tirreno e non lo persero fino alla sera. Parlarono della forma del Giglio, immaginando che fosse la schiena ricurva di una strega marina o il dorso del pugno di un gigante. E dall'isola passarono ai biscotti. «Sembrano anelli» disse Giovanni, «e sono grandi quanto quelli delle etrusche. Se te n'entra almeno uno vuol dire che non discendi dai Galli ma dagli Etruschi...»

Che cosa stupida, pensò Dora, scendendo dal muretto accanto a lui. Prese un torcetto, se lo infilò nell'anulare. Entrava: era un'etrusca. Contando le formiche e ipotizzando la dimensione della Terra, scoprivano un territorio fantastico in cui si riconoscevano simili.

Tornarono a casa prima di cena. Per strada, sul lungomare, incrociarono Elsa Martinelli con un cappello e uno scialle, accompagnata da alcuni assistenti alla produzione. Nessuno dei due ci fece caso, perché in quel momento Dora e Giovanni si stavano promettendo di rivedersi non appena lui avesse sviluppato tutte le foto da selezionare per il concorso.

4

Chi è solo amico non trema

Giovanni aveva preso a scattare foto con le poche nozioni che gli aveva insegnato il manuale di suo cugino. Spesso usava il bastone che ancora doveva portarsi dietro per appoggiarci la macchina fotografica e avere un'immagine più stabile. I risultati erano però ancora scarsi.

Tra le decine di foto che aveva sviluppato e che ora erano sparse sul tavolo di formica, tante erano sfocate. Tra quelle venute bene, doveva selezionare i ritratti migliori da mandare al concorso. Forse se ne salvavano tre. Una foto di Marina. Una di un gruppo di ragazze sulla spiaggia di Talamone. Poi c'era quella di Dora, incontrata per caso, dopo mesi, alle saline. Lei stava arrivando per vederle tutte e dargli un consiglio sulla scelta. Ed era lei la causa del nervosismo che, lievissimo, gli si era insinuato sottopelle, dagli occhi fino ai piedi.

Giovanni l'aspettava, anticipando nella testa il suono del campanello. Aveva passato le ultime ore a pulire ogni angolo della casa. Che gli stava succedendo? Si sedette per calmarsi. La gamba restava tesa dentro l'imbrago, sotto i pantaloni. Riflessa nello specchio in fondo alla stanza, gli sembrava fuori posto come la zampa rotta di un cavalletto.

Era il gennaio del 1958. Dora si presentò con le guance arrossate dal freddo e dalla fatica perché aveva pedalato da Albinia fino alla provinciale. Appena aprì la porta, il nervosismo di Giovanni svanì. Lei si fissava la punta delle scarpe faticando a guardarlo in faccia. Era una guerra di timidezze la loro. Percorrendo il corridoio che conduceva in sala, balbettarono saluti e qualche commento sul possibile arrivo della neve. Poi il silenzio.

La luce del primo pomeriggio entrava dalla stretta finestra della sala attraversando una tendina bianca dai ricami sottili. Ripescandola dal baule di famiglia, la zia l'aveva regalata a Giovanni, un debole tentativo di abbellire una casa piuttosto modesta.

Tutte le foto, anche le meno riuscite, erano sparse sul tavolo, disposte in una geometria apparentemente scomposta; in realtà Giovanni le aveva meticolosamente piazzate in disordine nel tentativo imbranato di gestire il nervosismo.

Dora e Giovanni si sedettero, diedero un'occhiata alle immagini. Erano tante, coprivano quasi tutta la superficie. Con un gesto risoluto, spinto da una forza seduttiva che poteva solo portare scompiglio, lei raccolse le immagini e le dispose a terra, sul pavimento di mattonelle marroni. Si sedette ai piedi di Giovanni, con la schiena a pochi centimetri dalle sue gambe.

Divise le foto in ritratti di uomini, di anziani, di ragazzi, di bambini. Poi c'erano quelle delle donne, che Dora sistemò in una fila verticale davanti a sé. Le osservò un po' e poi disse: «Giovanni, la foto che mi hai fatto è la più bella.» Rimbombando nella testa di Giovanni, la frase diventò: «Giovanni, sono io la più bella.» Ma non serviva dirlo, ne era già convinto. Dora gli stava vicino, con i capelli neri e perfetti che sfioravano il suo corpo monco, e lui non ci capì più niente.

Lei si voltò per guardarlo dal basso, proponendo di accendere la radio in radica, appoggiata su un tavolinetto accanto al divano. Mentre la radio suonava *Johnny Guitar*, Dora si accorse che Giovanni tremava: un movimento leggero accompagnato da un respiro zoppicante come il suo corpo. Senza voltarsi, lei si aggrappò alla gamba buona poggiando la testa accanto al suo ginocchio. Lui le mise una mano sui capelli mentre aggiungevano anche la musica malinconica alle cose che piacevano a entrambi. Quel giorno, sebbene non fosse una foto di bellezze sorridenti al mare, Giovanni scelse il ritratto di Dora: era perfetto per il concorso.

Nei mesi successivi, Dora e Giovanni cominciarono a vedersi più di frequente e a comporsi in testa un'immagine dell'altro. Erano solo amici, se la raccontavano così. A se stessi, agli altri e pure a Marina, che però guardava con diffidenza quella ragazza con i capelli neri, folti e troppo lunghi, troppo selvaggi. Si erano incontrate solo due volte. La prima per strada a Orbetello, mentre Dora camminava e gli altri due avanzavano a braccetto. Giovanni le aveva presentate, Marina aveva notato l'aria eccentrica dell'altra: aveva sentito una vibrazione, che la intimoriva.

La seconda volta fu per il compleanno di lui, quando Dora si presentò sotto casa con un regalo. L'aveva trovato a Grosseto, dove si era fatta portare appositamente dal fratello. Su una bancarella aveva comprato una vecchia copia di *Let Us Now Praise Famous Men*. Un libro con un titolo in inglese era una vera rarità. Per lei era una novità assoluta, visto che il massimo di inglese che aveva incontrato nella sua vita era il nome del detersivo Tide, che lei pronunciava all'italiana, con la "i". Non bisognava conoscere la lingua per leggere quel libro, perché era una raccolta di foto.

Quando suonò alla porta, si affacciò Marina. Guardò il fidanzato senza fiatare. Giovanni zoppicò per le scale, azzardando sulla velocità, dimenticandosi il bastone. L'euforia consegnò definitivamente Marina al sospetto. Dalla finestra vide Dora mollare il libro a terra e dare a lui dei colpetti sul petto; lui la tirò a sé in un abbraccio troppo stretto, troppo lungo. Scherzavano, ridevano. Giovanni si strofinava imbarazzato i capelli, i suoi capelli sempre imbrillantinati che guai a chi glieli toccava. Poi tornò in casa con il libro logoro tra le mani. Marina gli chiese per la prima e ultima volta: «Mi ami?», e lui rispose di sì, mentendo.

5

Un'estate di scatti: dimostrare di essere un fotoreporter

Dattiloscritto su un foglio leggero perfettamente ripiegato a fisarmonica, a inizio maggio del 1958 l'esito del concorso arrivò a casa di Giovanni. La redazione della *Pagina*, storico quotidiano milanese, informava che lui non aveva vinto, ma solo perché l'immagine si discostava «dall'obiettivo del premio Riviera bella», ovvero «la celebrazione dello spirito vitale delle spiagge italiane». Eppure il ritratto della donna alle saline di Albinia aveva colpito la giuria: «Una mirabile istantanea che immortala l'arrivo della tempesta, nel cielo e nel volto della ragazza ritratta.»

Giovanni veniva poi invitato a chiamare la segreteria di redazione e a chiedere di un caporedattore del quotidiano, Gian Pietro Tolcani. Raccontò tutto a Dora dopo averla raggiunta ad Albinia e averle mostrato la lettera: «Ho chiamato la redazione, ho parlato col caporedattore e m'hanno chiesto se voglio fare il fotoreporter!»

Ripeteva quella parola, *fotoreporter*, con grande fierezza, anche se leggendola la prima volta aveva pensato: mi piacerebbe pure... a sape' che vol dire. Che importava, suonava già come un destino di avventure e prestigio.

Doveva presentare altri lavori che documentassero fatti rilevanti della provincia grossetana. Fossero piaciuti al direttore, erano disposti ad assumere Giovanni Pitorsi nella redazione centrale di Milano. Dora lo incoraggiò e da quel giorno, per una settimana, gli fece da assistente.

Quando lei lavorava la mattina, fotografavano il pomeriggio; quando lavorava il pomeriggio, fotografavano la mattina; quando lavorava sia la mattina sia il pomeriggio, fotografavano di notte. L'appuntamento era sempre al solito posto: in fondo alla Maremmana, accanto alle piante di lavanda.

In quei sette giorni scattarono foto ovunque, da Chiarone a Principina. Giovanni aveva persino venduto il vaso etrusco per allestire una perfetta camera oscura. Documentavano di tutto: feste di paese, trattori impantanati nei campi, chiome d'alberi, operai dei cementifici, inaugurazioni e funerali.

Lui non si abituava del tutto alla presenza di Dora, non si abituava alle occhiate e alle risate, a quell'accento mai sentito prima, all'odore di sapone nell'abbraccio, sui vestiti, a tutti quei «Guarda qui, scatta qua». Giovanni non si abituava, ma ormai riusciva a tenere sotto controllo almeno il fuoco della macchina.

Andarono alla colonia di Castiglione. «Ce li fate fotografare?» chiese Dora alle suore riferendosi ai disabili ospiti della struttura. Quelle non volevano intromissioni: e il Signore, e la dignità, e «ma cosa ci dovete fare con le foto di queste creature?». Alla fine Dora s'arrampicò sul muro di tre metri che separava la spiaggia dall'edificio.

Tra i pini, a un paio di metri da loro, c'era una doccia. Sotto, in piedi, una donna con la gobba e le braccia a penzoloni. Aveva un costume a pantaloncino anni Venti e una suora, rimanendo alle sue spalle, le lavava i capelli e la schiena. Era una composizione simmetrica, ariosa e impressionante.

Giovanni non poteva salire sul muro per via della gamba rotta, ma poteva immaginare la prospettiva. Dora gli descriveva soggetti, spazi e geometrie. Lui le chiese di arrampicarsi di nuovo. Di appoggiare la macchina in una fessura tra i mattoni. Di farlo per lui.

Stavano rubando un momento di altri, rischiavano di farsi male. Nella sua giovane vita aveva scavato illegalmente, fatto a botte con gente più forte di lui, corso a occhi chiusi su un cavallo. Ma lì e in quel momento, era preoccupato.

Non solo: Giovanni sapeva che stava per guidare quella ragazza, forse l'avrebbe sorretta. Si sentiva impreparato a un'intimità che pure aveva in ogni modo desiderato.

Lei, dal canto suo, sperava in un nuovo contatto, qualcosa che fosse diverso dall'abbraccio. Allo stesso tempo si sentiva inorgoglita dalla richiesta. Quel giorno le sembrò che fossero più che alla pari: stavano per essere interscambiabili.

Dora si arrampicò e passò la mano sottile nel poco spazio vuoto tra il mattone e il *clic* dell'otturatore. Giovanni, più in basso, pur non vedendo, provò a suggerirle quando scattare. In bilico tra la precisione e l'euforia, lei neanche lo ascoltava.

Avevano fatto una decina di fotografie quando Giovanni si sentì urtare il braccio. Nella via silenziosa, quel dolore anticipò il rumore dei passi e poi la sua lamentela: «Ma non lo vede che so' storpio?»

Una suora magra e con la faccia accigliata era uscita dalla colonia e gli stava lanciando dei sassi. «Chiamo le guardie!»

«Scendi giù!» urlò lui a Dora.

«Aspetta... un'altra!» rispose lei.

«Ma che un'altra, che non si vede niente!» azzardò lui, per minimizzare.

Giovanni la afferrò per i fianchi fasciati nei pantaloni di cotone, incurante del male alla gamba. Dora sentì una scossa, una scossa vera, ma fece finta di niente. Quando fu a terra raccolse un sasso e lo lanciò in direzione della suora.

«Disgraziati!» urlò quella, mentre rinunciava a un inseguimento.

Dora si mise al collo la macchina fotografica e si incamminò veloce verso una strada laterale. Lui la seguì e, superato l'angolo, si baciarono. Nella via c'erano due signore davanti all'alimentari e tre bambini che armeggiavano con dei bastoni. Giovanni buttò un occhio su tutti loro, ma nessuno sembrava notarli. «Non ci vedono perché noi non siamo qui» gli uscì detto, come se, in una forma di pazzia, a parlare fosse qualcun altro.

6

«Suppergiù i tuoi occhi»

Dora era sul punto di distogliere Giovanni dalle parole degli altri. Le parole di chi gli ripeteva di non lasciarsi sfuggire una futura moglie come Marina. E le parole di chi era convinto che, persino con una gamba ridotta in quel modo, Giovanni continuasse a essere troppo affascinante per non dedicarsi alle conquiste.

Una volta certe lusinghe gli sarebbero suonate come ovvie, qualcosa cui non valeva neanche la pena di prestare attenzione. Ma ora che la sua mascolinità era stata azzoppata, l'incertezza dei traguardi era diventata più ampia e angosciante.

L'invito degli altri si tingeva quindi di un lieve e sinistro timore: se Giovanni non fosse diventato un buon padre di famiglia? o se non fosse più riuscito a collezionare trofei? se insomma non ce l'avesse fatta a essere all'altezza delle aspettative che un maschio come lui aveva addosso da sempre?

Dora aveva preso a esistere nel mondo interiore di Giovanni. In quello esterno, invece, esistevano soprattutto le pressioni. Lui non le distingueva più dal proprio desiderio. Non sapeva più se volere un matrimonio o desiderare di avere tante donne fosse un'idea sua o degli altri. Non capiva nemmeno quale fosse, la sua idea.

Nella confusione, Giovanni aveva una volontà pura, dominata dal suo corpo, spinta da uno slancio di durata incerta: un pomeriggio ancora, o tutta la vita. Desiderava vedere Dora, ma con la convinzione di non volersi impegnare ad amarla. E questa convinzione era un mostro che si cibava del desiderio stesso di cercarla rischiando di restituire, subito dopo l'incontro, un insopprimibile bisogno di fuga.

Dora invece era lineare: Giovanni le piaceva. Era così da mesi. Il pensiero di lui si spezzava solo con la distrazione del lavoro. Poi però riprendeva a possederla. Si colorava intorno alle idee su cosa fare insieme. *Torniamo al mare, prendiamo un treno.* Si rafforzava mettendosi per la prima volta un rossetto. *Ti piace? Ti piaccio?* E si tendeva al ricordo di una promessa sposa; per via di Marina, non osava ricomparire sotto casa di lui. E così viveva in attesa.

Per settimane, dopo il bacio, i due si evitarono. Fino a quando il mostro di Giovanni divenne indomabile e pretese un nuovo incontro. Cercò di calmarsi dicendosi che, in fondo, era solo un fatto di donne. Quindi si presentò davanti a casa di Francesco: «Ci sta la tu' sorella?» Francesco annuì senza dire una parola e andò a chiamarla.

Dora arrivò dalla cucina, dove stava preparando la cena. Con compostezza, sorridendo tra sé e sé, si pulì le mani sul grembiule. Senza aspettare spiegazioni o richieste, senza salutarlo e senza invitarlo a entrare, rimanendo sull'uscio esordì: «Ciao. Vediamoci domani, andiamo dove preferisci.»

Giovanni, che aveva appena realizzato il suo primo lavoro sotto compenso – un ritratto ai padroni di un'azienda di ceramiche –, commentò: «Aspetta, con questi soldi compraci un pezzo della stoffa che ti pare e lo usiamo come sfondo per un ritratto tuo. In posa» ci tenne a specificare, come per dar mostra di tutte le parole professionali che ormai conosceva. Avrebbero scattato il giorno successivo perché poi, aggiunse con un filo di imbarazzo, «devo riportare gli obiettivi, che me li hanno prestati». Non disse una parola sul bacio che si erano dati, né se ne diedero altri.

La mattina successiva, Dora lo aspettava fuori, a pochi passi da casa; dietro di lei era parcheggiata la sua bicicletta nera. Appena sentì il rumore della Vespa di Giovanni, fece un largo sorriso che da lontano raggiunse anche lui.

Era domenica. Andarono nella falegnameria dello Schiozzi. Un'ora prima aveva lasciato le chiavi a Giovanni intuendo che c'era sotto l'incontro con una ragazza: «Anche scionco come sei ti si pigliano!» gli aveva detto, ironizzando sulla sua fama di seduttore. «Eh, questa qua poi, dovresti vederla...» aveva risposto Giovanni, con un tono cameratesco di cui si era subito pentito.

Dora si arrampicò sulla sedia e distese il broccato beige e panna che aveva scelto per la foto. Giovanni la guardava fumando una sigaretta affacciato alla finestrella in fondo alla bottega. I fianchi, le mani, il profilo, i capelli, i movimenti. Dora era armoniosa, e in lui il desiderio pareva confondersi con l'ammirazione.

Lei si voltò: «Va bene messo così?»

«A destra è storto.»

«E aiutami allora!» disse Dora rintanandosi subito dopo tra le pieghe del damascato. Voleva il suo sguardo e, quando lo incontrava, s'intimoriva. Per questo, nonostante la richiesta d'aiuto, scese subito dalla sedia, la posizionò davanti al telo e cercò di farla breve: «Dai, facciamo queste foto.»

Giovanni scattò dieci ritratti. Tutti sfocati, con l'esposizione sbagliata. Non riusciva a stare concentrato. Nell'undicesima foto la tecnica c'era ma l'espressione di Dora non funzionava. Lei era in imbarazzo, pensava di non essere brava come modella. Si alzò a sistemare di nuovo lo sfondo. Quando si voltò, Giovanni scattò il secondo vero ritratto di Dora.

Questa volta non era seduta come quel pomeriggio di un anno prima sulla sabbia. Era in movimento, ma con gli occhi fissi su di lui. Una mano nascosta dietro il fianco, l'altra sospesa quasi a cercarlo, i capelli appena mossi dal gesto improvviso. Non ne fecero altre.

Si sedettero sopra le assi di legno accatastate. Parlavano, ridevano e facevano esercizi di fantasia. Giovanni con Dora scopriva l'amore per la parola; solo attraverso di lei trovava cose da dire, anche quando non ce n'erano. Giovanni sapeva orchestrare giochi ed evasioni, e lei si sentiva bene.

Osservavano davanti a loro le sezioni delle assi impilate una sopra l'altra. Si alzarono e si avvicinarono alla superficie del legno.

«Questo è il naso di Francesco.»

«Un gendarme... Qui gli occhi, qui il cappello.»

«Un bignè.»

«Al cioccolato. Giusto?» scherzò Giovanni, che ci vedeva solo una macchia. «Questo è l'anello di Saturno!»

«Come è fatto l'anello di Saturno?»

«Come un'aureola, credo. Questo invece è un otturatore.»

«Un fungo nucleare.»

«Un gomitolo di lana.»

«Suppergiù i tuoi occhi» disse Dora spostando lo sguardo dal legno al viso di Giovanni, per poi scrutarlo come se non lo conoscesse.

Lui non sorrise e colpì il pavimento con il tacco della scarpa, facendo perno sulla gamba guasta. Fu uno scatto incontrollato, come a dire: basta. Quindi si appoggiò con le spalle contro le assi mentre Dora, rispondendo all'istinto con l'istinto, s'inginocchiava a terra, davanti a lui, sopra i trucioli che impolveravano il pavimento.

Alzò lentamente il lembo dei pantaloni larghi di lui. Con una mano tenne ferma la stoffa all'altezza del ginocchio. Prese dalla tasca della gonna una delle spille da balia con cui aveva agganciato il broccato, l'aprì e con la punta sottile incise il cuoio dell'imbracatura.

Dora non chiedeva mai se la gamba gli facesse male, non chiedeva ogni quanto andasse medicata, non chiedeva se Giovanni avesse bisogno di aiuto. Per lei non esisteva quella zoppia, era come se ai suoi occhi lui avesse entrambe le gambe sane o, al contrario, incidentate. Comunque uguali. E questo concedeva a lui la libertà di dimenticarsi del proprio limite. In quel momento, però, quella gamba era diventata il centro della loro attenzione.

Tratteggiando una linea continua, Dora disegnava sull'imbracatura il naso di Francesco, poi la bocca e il cappello di un gendarme, un bignè e tutto il resto, giù fino agli occhi di Giovanni: due gocce strette e malinconiche che terminavano in prossimità della caviglia. La decorazione era continua come nella colonna traiana, verticale come un totem. Firma: DORA BOIS.

Ora non solo Giovanni non avrebbe più potuto dimenticarsi della gamba. Ma ogni mattina e ogni sera, indossando e togliendo l'imbracatura, sarebbe stato costretto a ricordarsi di quel pomeriggio, quando una ragazza innamorata lo aveva eccitato e paralizzato con la punta di una spilla.

Nei giorni successivi, nella testa di Giovanni si compose definitivamente un immaginario amoroso che prese ad accompagnarlo più del dolore fisico. Desiderava tornare a fotografare Dora, voleva baciarla, toccarla. Provava vergogna per se stesso perché non pensava più a lei solo come la ragazza che saliva le scale di un appartamento parigino, piena di desiderio, pronta a togliersi i vestiti. Pensava a lei come compagna di evasioni, di ogni tipo.

Se alla fine della primavera precedente, malato, Giovanni dormiva sempre, ora di notte faticava a chiudere occhio. Da insonne, quasi delirando, scrisse cinque versi sul retro di un giornale di enigmistica. Fu la prima e ultima poesia della sua vita:

D'ora
in poi
io sono tuo.
Sei tu mia,
Dora?

Provò ancora più vergogna per se stesso e strappò la pagina in decine di pezzetti. Si sentiva un satellite trascinato dalla forza gravitazionale di pensieri assurdi, costretto a orbitare come per condanna. Temeva che nel vortice potessero infrangersi anche i tentativi di una nuova carriera, gli sforzi per diventare, magari, fotoreporter.

E poi Dora era una montanara ma era bella e raffinata, per Giovanni era destinata a una vita da signora. Cosa avrebbe potuto darle? Lui aveva vent'anni: a quell'età suo padre aveva già avuto un figlio, mentre lui non aveva idea di cosa fare di sé. Così decise di non fare niente, tranne spogliarsi di Dora e cercare di ricostruire una vita con Marina.

Si liberò del ritratto scattato nella falegnameria, lo infilò nel plico di foto destinate alla redazione del giornale milanese per farsi esaminare e, possibilmente, assumere. Non aveva più niente di lei. Usò anche altri espedienti di fuga: un appuntamento con gente di fuori che cercava contatti con i tombaroli, lezioni a Grosseto per imparare a sviluppare meglio le foto, un lavoretto alla fattoria. Si teneva impegnato per allungare la distanza da Dora, che invece ora sentiva l'urgenza di un avvicinamento.

In sella alla bicicletta nera, Dora arrivò sotto casa di Giovanni a Orbetello. Non c'era la Vespa parcheggiata, non c'era il bastone all'ingresso, forse non c'era neanche lui. C'era però Marina, che stendeva i panni. Senza che l'altra la vedesse, Dora fece finta di niente, continuò a pedalare e tornò ad Albinia.

Mentre Giovanni riportava alla forma originaria i propri propositi di vita (una moglie, magari delle amanti), lei non si sentiva ancora sconquassata, ma di certo era confusa. L'autunno del 1958, intanto, faceva sbiadire l'inizio di un amore.

7

Dicembre 1958, una nuova vita a Milano

Giovanni Pitorsi cominciò a lavorare come fotoreporter per il quotidiano *La Pagina*. La redazione si trovava in un palazzo storico del centro di Milano, con tanto di colonne e portineria in marmo bianco. Nel cortile c'erano cedri, cespugli ben potati e la statua di un fondatore dalla faccia ottocentesca. Lungo il corridoio principale, invece, una galleria di ritratti a olio ripercorreva il succedersi dei direttori: quattordici, da quando era nata la testata.

Nonostante fossero piuttosto alte, le stanze dove si lavorava erano meno signorili dell'ingresso. I redattori occupavano quello che qualche decennio prima doveva essere stato un grande salone di rappresentanza. Lampade tubolari, scrivanie attaccate una all'altra e pannelli da controsoffitto oscuravano i vecchi fasti rendendoli invisibili a occhi che, del resto, erano sempre chini su editoriali, articoli e gerenze.

Al primo giorno di lavoro Giovanni si presentò con mezzo capretto cotto al forno. Gliel'aveva preparato Marina, nella cucina del loro appartamento in zona Repubblica, perché lo condividesse con i colleghi. Doveva essere un segno di gratitudine. Alcuni accolsero il gesto con un entusiasmo stralunato, come esploratori di fronte alla messa in scena di un rito indigeno. Altri, invece, erano quasi imbarazzati. L'ingegner Paolo Sandelli – che non era chiaro se fosse ingegnere o meno ma che di sicuro era il capo degli interni –, esclamò: «Pitorsi, mi sa che hai scambiato il Natale con la Pasqua!»

«Mi scusi.»

«Tra giornalisti ci si chiama colleghi, anche se si fa parte di redazioni diverse. E non ci si dà del lei. Tu non sei un giornalista, ma qua dentro puoi dare del tu a tutti. Tranne al direttore, s'intende.»

Sandelli lo portò a fare un giro dei tre piani che componevano la redazione; incontrarono persino Franco De Rubertis, noto editorialista politico spesso citato a *Buongiorno Italia*.

Un angolo del salone era riservato ai fotografi, ai quali spettavano solo due scrivanie in sei. «Tanto dovete andare in giro a lavorare. Non dovete far niente qua dentro!» gli disse Sandelli quasi urlando, perché gli fosse chiaro il concetto.

Dalla sala di sviluppo delle foto all'area stampa con le linotype, il giornalista mostrava ogni cosa quasi con noia, forse falsa modestia. Giovanni, al contrario, si sentiva euforico.

«Quella gamba?» disse Sandelli. «Non è che ci fai scherzi e non riesci più a camminare?»

«No, vado lento e sarà così per sempre. Ma cammino bene, non uso neanche il bastone ormai, e mi muovo con il motorino o con i mezzi.»

«Capisco.»

«Però l'auto non la guido, non mi viene bene con i pedali.»

Ora Sandelli era preoccupato: «Te lo sei fatto in guerra?»

«No. Sono caduto in una tomba.»

«A maggior ragione sei fatto per la cronaca, allora! La nera! Non ci serve che tu corra. Ci serve che tu sappia documentare... Devi ritrarre parenti, colpevoli e innocenti. Ci serve sensibilità per i lutti.»

Giovanni ascoltava in silenzio, fino a quel momento non aveva pensato davvero a cosa avrebbero potuto affidargli.

Il caporedattore insisteva. «La bianca la leggono gli uomini, la rosa è roba per donne, la nera è di tutti. Affiancherai i colleghi della nera, quando serve anche la giudiziaria» diceva, come per sottolineare l'importanza dell'incarico. «Bada bene, il lavoro dei cronisti di nera paga anche quello dei corrispondenti esteri. Gli esteri sono roba di prestigio. E non li legge nessuno. Vanno fatti per spirito di servizio. E perché devono stare nelle mazzette delle rassegne dei ministeri.»

«Senza la nera allora sareste voi i morti!» chiosò Giovanni, per far intendere che aveva capito.

Sandelli lo guardò interdetto, la sua era stata un'uscita inopportuna. E per questo gli piaceva: «Saremmo *tutti noi* i morti! Io, i colleghi, il direttore, l'informazione... e te, Pitorsi! Ora fai parte della squadra, ricordatelo.»

Giovanni avrebbe dovuto fare la gavetta muovendosi tra le varie redazioni, passando dal politico all'economico, ma nel giro di pochi mesi sarebbe passato sotto il comando di Gian Pietro Tolcani, che era alla guida della nera, e con il quale aveva parlato al telefono. In quel momento non poteva incontrarlo, era "di corta" – come si diceva in gergo per indicare il giorno di riposo che i giornalisti, lavorando di domenica, prendevano a rotazione –, e in più Tolcani era sempre impegnato: stava avviando un nuovo progetto dell'editore, un rotocalco settimanale dedicato all'attualità: *Tempi moderni*. Se Giovanni si fosse dimostrato all'altezza, sarebbe potuto diventare uno dei fotografi di punta delle prime sedici pagine: rapine, furti, suicidi e omicidi.

Con il capretto Giovanni aveva fatto la figura dell'uomo semplice. Milano era un'altra cosa rispetto a tutto quello cui era abituato. In pochi mesi, però, la provincia che si portava appresso fu spazzata via dal ritmo del mondo. In quegli anni la città turbinava con le prime case discografiche, le fabbriche, con l'alta borghesia a teatro e gli operai che accorrevano da tutta Italia.

Il direttore lo fece buttare subito sulla strada «a farsi le suole delle scarpe», al fianco dei suoi migliori cronisti. Fu così Pitorsi a scattare le più belle foto delle vie del centro nella notte più fredda dell'inverno, «-6,6 gradi», e della costruzione della Torre Galfa, «il gigante di vetro dal cervello elettronico». Ogni giorno le richieste della redazione lo trascinavano davanti a qualcuno o a qualcosa che non aveva mai visto. Lo facevano sentire a un passo da una notizia degna di *Buongiorno Italia*, il programma radiofonico che dai giorni della sua convalescenza non aveva più smesso di ascoltare.

Una buona partenza, per una nuova vita. Passò definitivamente alla nera. Giovanni piaceva al caporedattore Tolcani: aveva entusiasmo ma non era né servile né chiacchierone. In lui, il giornalista intravedeva una certa malinconia tenuta a bada dalla dedizione leale verso il lavoro, da un generale vitalismo e da una buona fantasia, quella che «torna utile soprattutto se devi raccontare la realtà».

Passarono la primavera e l'estate. Si avvicinava il Natale, Milano era festosa, Giovanni si sentiva meglio anche con la gamba.

Il matrimonio con Marina era previsto per la primavera successiva. Lei aveva smesso di lavorare e Milano proprio non le piaceva; lui aveva una certa simpatia, ricambiata, per *la* Imma. Era una segretaria di redazione di ventinove anni, non aveva un fidanzato. Alla Sala Venezia, durante una festa di pensionamento, c'era chi giurava di averli visti baciarsi, eppure a nessuno sembrava importare granché. Milano era anche questo.

Intanto, di notte, quando aspettava le prove di stampa,

Giovanni scriveva abbozzi di lettere per Dora, che regolarmente stracciava, così come aveva stracciato la sua unica poesia. Raccontava a se stesso che loro due erano in *consonanza*, una parola che aveva sentito dire da Tolcani. In consonanza, in armonia, come una musica lontanissima.

A più di un anno dal loro ultimo incontro, Dora scrisse una lettera. E la spedì alla vecchia casa di Giovanni sulla Parrina.

Caro Giovanni,

io sto bene. Scusa se ti scrivo solo ora ma ho avuto un gran daffare. Forse un giorno avrò davvero un atelier tutto mio: ho venduto tre abiti su misura alla signora Michelazzi e me ne ha ordinato un altro per il matrimonio della figlia Lina con la cinta a nido d'ape. A proposito, un'amica di tua zia ha detto a Francesco che ora che lavori in primavera ti sposi.
Congratulazioni per le nozze e per la tua carriera.

Dora

Le chiacchiere. Le chiacchiere della provincia. Le chiacchiere dell'amica della zia ai fratelli. Le chiacchiere. Ecco come si guastavano le feste dell'immaginazione, quelle che tengono la porta sempre aperta. Ora invece la porta era chiusa, chiusa in faccia all'amante eterno vestito da promesso sposo.

Giovanni lesse la lettera la prima volta che tornò in Toscana, per autorizzare a vendere le poche cose rimaste ancora lì e da lui affidate alla zia Annamaria prima di partire. Gli pareva di vedere il viso di Dora. Per ore si chiese se le sue congratulazioni finali fossero cordiali o gelide. Concluse che quello era un saluto non solo freddo, ma odioso. Una provocazione.

Cosa voleva da lui? Dora sapeva benissimo che era fidanzato. Di cosa si lamentava? E si stava davvero lamentando? Sì, c'era del sarcasmo in quelle «congratulazioni», e ce n'era così tanto da cancellare la gioia procurata dal venire a conoscenza dei suoi successi. Forse tra le righe di quella lettera c'era persino una minaccia: quella di rivelare a Marina quanto Dora e Giovanni fossero stati vicini a un amore. Quanto era stata crudele Dora, pensava tra sé Giovanni.

Lui aveva poca coscienza dei fini sentimentali a cui ambire e anche dei mezzi necessari per raggiungerli. Confuso, si vendicò di Dora attraverso le altre donne: non chiamò Imma a Milano e trattò con sufficienza Marina, rimasta anche lei in città. Quindi, la notte successiva, prese la motoretta di Mariano – aveva venduto la Vespa per pagarsi il trasferimento in Lombardia – e andò ad Albinia.

Voleva vedere Dora, guardarla in faccia.

8

Davanti agli anelli di Saturno

A casa di lei non c'era nessun altro: Francesco e Adriana, la moglie, erano andati a vedere il Carnevale a Viareggio. Lei lo fece entrare. Mobiletti poveri, raccattati chissà dove; dalla cucina calda arrivava un odore di brodo. Sul tavolo c'erano scampoli e un paio di grosse forbici da stoffa, lavanda pallida e rose accese ne coloravano il centro. La casa abitata solo da lei era accogliente, come se l'assenza di altri le desse lo spazio per un nuovo ordine e un nuovo calore.

Giovanni indossava un cappotto di buona fattura, segno della sua migrazione urbana, forse persino dell'avanzamento sociale. Chiuse la porta dietro di sé. E fu costretto a guardarla in faccia. Si conoscevano da più di due anni e solo ora gli pareva di vederla per bene.

Dora non sembrava soffrire per lui, non sembrava ne fosse ossessionata. Lo accolse con un'espressione serena. Pareva felice per il brodo, le rose, il vestito che stava cucendo. Felice di vederlo, senza la rabbia che lui credeva di aver colto nella lettera.

Giovanni sorrise. Non tolse il cappotto. E dopo i saluti andò dritto al punto: «Dora, io proprio non so' fatto per le parole e per l'amore.» E con questa frase il suo viso mutò come quello della vittima davanti all'assassino.

«Allora perché ti sposi?» Dora era stata sorpresa dall'attacco della conversazione, e assunse un tono deciso per camuffare la debolezza.

«E perché... perché...» Mica serviva l'amore per sposarsi. Marina gli era cara, era buona, era la moglie giusta. O almeno così gli sembrava.

Il tappeto sotto i loro piedi diventava una passerella infinita e incerta sopra cui calibrare le parole.

«La colpa non è tua, è mia...»

Che voleva dire? Dora alzò le sopracciglia: «Non mi dovevi baciare, allora.»

Lo sguardo di Giovanni cercava un appiglio alle spalle di lei, così da evitare i suoi occhi. Avvistò nella penombra la porta aperta in fondo al corridoio. Poteva essere un bagno. Era invece una camera, e conduceva alla stanza di Dora.

Lui avanzava, lei indietreggiava, lui non replicava.

Dora continuò: «Torna a Milano, e torna pure a non parlare come ti riesce tanto bene.»

Ma Giovanni non tornava da dove era venuto, andava avanti. «Non parlo perché non ho niente da dire.» Voleva darle l'elicriso, quello trovato sulla piana di Roselle. Lo recuperò dalla tasca e glielo mise tra i capelli, prestando attenzione a non farle male. «C'ho pensato tanto» disse guardando quell'oggetto. «È d'oro...» Poteva essere appartenuto a una giovane morta di parto, o a una sacerdotessa del fuoco, o ancora alla moglie di un principe caduto in guerra. «Ti piace?»

La danza a ritroso era finita. Dora entrò nella stanza dando le spalle a Giovanni, si voltò e disse: «Sì, mi piace.»

Si fermarono accanto al letto, una croce al muro con il ramo secco dell'ulivo, gli scampoli su una sedia e la luna tra i ricami della tenda. Dora era immobile, in quella luce sembrava una statua scura di bronzo, una volta dipinta, di cui non restava che la sclera in avorio e lo sguardo fisso.

L'elicriso riusciva a trattenere alcune ciocche. I suoi capelli reggevano il peso. Giovanni le accarezzò il viso. Con il coraggio che gli era servito ad arrivare fin lì, non gli sembrava più di essere se stesso. Un bacio sulla guancia, sul mento, sul naso.

«Dora...»

Le teneva il viso tra le mani e continuava a ripetersi in testa il suo nome, fissandole le labbra e baciandole.

Con il suo strano accento che suonava francese, lei sibilò un richiamo alla delicatezza: «Oh, atensíon.»

Giovanni non capì bene cosa stesse dicendo. Le alzò la gonna, toccando le gambe che aveva immaginato per mesi. Poi si tolse il cappotto. Uno dopo l'altro ogni vestito cadde a terra. Restava l'imbrago intorno alla gamba: scura fino a sopra il ginocchio, con il muscolo ridotto al minimo e le cicatrici di un'operazione non riuscita. Giovanni si vergognava a farla vedere persino a Marina. Dora, invece, si vergognava di esporre il proprio corpo nudo.

Giovanni trasse vantaggio da quell'imbarazzo. Si sedette sul letto, tolse velocemente l'imbrago, scivolò sotto le lenzuola mentre tirava lei a sé, distraendo il suo sguardo dalla possibilità di curiosare sulle sue orrende ferite.

In un abbraccio cercarono rifugio dal reciproco disagio. Dietro a quella paura c'era il desiderio di piacersi. La pelle così vicina e calda pareva a entrambi la destinazione finale. Fecero l'amore. Per Dora fu la prima volta, per Giovanni fu uno stordimento.

Restarono insieme tutta la notte, nessuno dei due dormì. Il tempo scolorì nella tensione dell'aversi, e quell'aversi li portò di nuovo a giocare.

«Per me questo era di un'esploratrice che veniva dall'Oriente» disse lei, raccogliendo l'elicriso da sotto il cuscino, dov'era finito.

Giovanni continuò a immaginare la storia sfoggiando conoscenze maturate nelle sue vite precedenti, di buttero e tombarolo. «Era un'esploratrice. E viaggiava sotto la protezione di Antares. La stella rossa. Arrivò in Etruria, s'innamorò di un re e decise di fermarsi. Ma poi prese la malaria e morì.»

«C'era già la malaria nel passato dei passati?»

«Ma sì... Credo ci sia sempre stata. Fammi continuare. Il re non fece in tempo a sposarla e la fece seppellire a Roselle, con un fermaglio fatto apposta per lei, con petali d'elicriso, simbolo d'amore eterno.»

L'oro che Giovanni aveva ripulito durante la convalescenza aveva il colore pallido e denso del miele. I fiori erano apparentemente identici l'uno all'altro, ma a uno sguardo più attento rivelavano la mano quando imita la perfetta irregolarità della natura. Era un oggetto bellissimo, e Dora se lo appoggiò sul petto.

Nei due giorni successivi, Dora e Giovanni s'incontrarono ogni pomeriggio sotto coperte e lenzuola spesse. Lui la spogliava, lei non gli toglieva gli occhi di dosso. Parlavano sottovoce. «Dimmelo di nuovo.» Ripetevano le parole. Le dita scorrevano dalla fronte alla punta del naso. «Dimmelo di nuovo.» Arrivavano sulle labbra. «Resta così. Ancora.»

Si baciavano, si toccavano. Restavano nudi, sudati. Non parlavano della gamba, ma lei evitava di guardarla. Nel tacito accordo, si lasciavano andare. Incuranti delle promesse di lui a un'altra, incuranti dei lavori incompiuti di lei, si dimenticavano anche di mangiare e del freddo. Le ore scivolavano sulla pelle e alcuni secondi arrivavano sotto, fino alla testa, lungo le braccia.

Così Dora e Giovanni si scoprivano in uno scambio di desideri, tentativi, richieste: il loro era un gioco a due in cui una risata diventava sospiro, una fantasia diventava movimento. Dora prima senza esperienza, poi senza vergogna. Giovanni per una volta davanti a un amore che non era sfogo, non era dovere, non era pressione, ma solo un amore da fare insieme.

In quei pomeriggi il piacere si alternava a racconti assonnati in cui si trascinavano a vicenda su campi e montagne dell'infanzia, intorno a testi di canzoni cantate a memoria e inventate da capo. Ma quando si separavano, all'inizio di premature notti invernali, lei non si accorgeva di aver intrapreso una strada senza facile ritorno: quella che permetteva a Giovanni di occupare il tempo delle attese e, quindi, di prendersi le speranze. A diciotto anni per Dora quelle erano tutto. Lui invece si dissociava: quello che aveva vissuto perdeva definizione e potenza, così passava la notte negando di provare qualsiasi cosa che non fosse pulsione.

Nel terzo pomeriggio Giovanni si scoprì particolarmente inquieto. Era sdraiato sul letto, il lenzuolo che copriva come sempre la sua gamba. Stava stretto tra la parete e Dora che, raccolta al suo fianco, dormiva. L'elicriso era di nuovo scivolato tra le lenzuola. Lui lo prese in mano, gli cadde sul petto, lo riprese, lo osservò da vicino.

Il fiore era composto di decine di minuscole sfere d'oro che richiamavano i petali ed erano raggruppate in piccole ramificazioni. Ci soffiò sopra, aspettandosi di vederlo muoversi come se fosse vero. In quel preciso istante Dora aprì gli occhi e l'intimità che sembrava perfetta diventò un inferno.

Appena lei disse: «Abbracciami...», con il desiderio di riaddormentarsi stretta da lui, Giovanni si sentì aggredire da una richiesta che avvertiva come insopportabile. Non voleva abbracciarla, non voleva restare per la notte. Un improvviso senso di colpa verso Marina lo gelò, si sentiva sul punto di perdere il controllo. Dora lo aveva preso alla sprovvista, dando e volendo una cura che mai, neanche da bambino, aveva sperimentato.

Scivolò fuori dal letto, superando goffamente il corpo

di lei. Voleva aria, voleva andarsene. Prese l'imbrago da terra, ci infilò la gamba. Dora era terrorizzata. Non capiva. Si sentiva addosso la tragedia di essere lei l'artefice di quella separazione improvvisa.

I giochi nel letto erano diventati una prova di forza, e Dora non poteva vincere. Le lacrime le riempirono gli occhi, non riusciva a fermarle. Lui non faticò a ignorarle. La guardò: «Non voglio essere abbracciato quando dormo. Non tutti sono come te, cerca di capirlo.»

Lei aveva paura, e invece di cacciarlo lo seguì fuori dal letto, nuda; gli prese le mani, che però restavano rigide. Le appoggiò sui propri fianchi spingendo con i palmi le dita contro la pelle, poi gli afferrò la faccia, lo baciò, come a implorarlo di tornare a essere come prima. I fili dell'imbracatura erano ancora sciolti, le cinghie non erano tirate. Lui rispose aprendosi a una promessa: «Torno domani.»

Tenne fede alla parola data. La notte prima della sua partenza per Milano, Giovanni era in piedi vicino alla motoretta presa in prestito, parcheggiata sotto un lampione, accanto alla casa dove abitava Dora. Francesco era tornato da Viareggio: quel posto non era più libero, non era per loro. Dora uscì con una scusa. Non c'era nessuno in giro per Albinia.

Corse incontro a Giovanni e si fermò a pochi centimetri da lui. Si guardarono, lui le poggiò la mano sotto il mento, strinse le dita sulle guance, le labbra si schiusero. Quella sera era lui a chiedere un bacio, e ottenne il primo di una serie.

Faceva freddo, andarono lungo la Parrina a piedi. Camminavano lentamente. Anche se ferita, Dora era piena di vita. Scherzava, fantasticava. Lui sembrava divertito. Se in atto c'era il gioco dell'uno contro l'altra, lei tentava la carta di chi sa resistere bene a una frase uscita male, e intanto Giovanni si comportava come se quella frase non l'avesse mai pronunciata.

Arrivarono a un casolare diroccato, dov'era stata abbandonata una 1500 azzurra, senza più gomme. Giovanni forzò la portiera. Mancava il sedile del guidatore, la tappezzeria avorio era intatta. Nonostante nessuno avesse rotto i finestrini, i ragni ne avevano lavorato gli angoli con reti fitte e vischiose.

Davanti a loro, dall'altra parte della strada, su un cartellone c'era scritto: FERRAMENTA SATURNO. Sotto, un'immagine del pianeta. Osservarono le fattezze dell'anello di cui avevano parlato davanti alle assi, nella falegnameria.

Incapace di essere diretto chiese: «Mi penserai quando sarò a Milano?» Giovanni era euforico, diceva cose stupide, faceva il geloso: «Diglielo a quelli che ti s'avvicineranno che l'elicriso che porti in testa te l'ha dato uno che poi torna.»

Intanto era bravo con le dita a giocare sull'orlo della camicetta di Dora, sotto il cappotto: intrecciava una trama inesistente, facendo crescere il solito desiderio reciproco. Si spinsero sui sedili posteriori. «Certo che mi penserai» disse lui, mentre le stringeva la vita e lei, di nuovo, lo baciava sul collo.

Si lasciarono sotto casa dei Bois, ad Albinia, con pochi sorrisi e molto silenzio. Appena gli volse le spalle, Dora rientrò in casa: ogni incontro con Giovanni poteva essere l'ultimo, e più diventavano importanti l'una per l'altro, più questa idea si rivelava una gabbia.

«Fa freddo! Forse sta per nevicare...» disse a testa bassa a Francesco, che con Adriana ormai dominava di nuovo una casa che per giorni non era stata loro.

Intanto, sulla motoretta, con il vento che gli tagliava la faccia ancora calda di baci, Giovanni era di nuovo ostaggio di dubbi, sensi di colpa e il solito mostro dell'indecisione, dell'inadeguatezza, delle pressioni.

A Milano, pochi giorni dopo, Marina si mostrò sospettosa. Giovanni sembrava alienato, stanco, senza appetito. Era partito per liberarsi per sempre di un trasloco ed era tornato simile a un prigioniero. Lei lo accusò di non starci più con la testa. Lui taceva, incapace di articolare risposte perché non ne aveva. Nel loro appartamento fumava seduto davanti a un tavolo che gli ricordava quello in Maremma, sul quale una volta aveva sparso le foto del concorso. Alle sue spalle però non c'era Dora, ma una donna che non era convinto di volere come moglie.

Giovanni spense la sigaretta: «Ma tu davvero vuoi sposare uno come me?»

Marina tentennò, le faceva comodo assecondarlo. «Fintanto che mi vuoi, sì.»

Giovanni si alzò senza rispondere. Non capiva più cosa gli piacesse di Marina. Sono un cretino, ecco cosa gli rimbombava dentro. Sono stato con una, avrebbe voluto dirle.

L'aveva corteggiata con insistenza; aveva immaginato l'altare. Ora invece lo infastidiva la risposta devota di Marina che gli si avvicinava per abbracciarlo, per soffocare tutta la sua inquietudine.

Giovanni, quasi inerme, la lasciò fare. Marina si sentì rassicurata quel tanto che bastava per mettersi a cucinare una buona cena. Poi si ricordò: «Ti piacciono così?» Tirò fuori gli inviti per le nozze, scritti a mano, da lei.

Giovanni riusciva a leggerci solo errori.

9

Una resa dei conti mancata

Dora parlava un italiano misto al francese, e invece di «spesso» diceva «sovente». Nel suo modo di vestire c'era sempre un dettaglio inatteso, da rivista di moda. Alzava la voce contro gli uomini che la infastidivano; se necessario, lanciava anche sassi alle suore. Era strana, ma almeno su una cosa era simile a tutte le donne che Giovanni conosceva: dava importanza alla propria verginità.

Quanto successo tra loro era definitivo. Certa che non avrebbe mai avuto altri uomini, pensava a lui appena sveglia, quando faceva le pulizie, mentre preparava da mangiare per Francesco, quando cuciva l'abito per la figlia della signora Michelazzi. Mentre pensava a Giovanni, sorrideva. Le piacevano i suoi occhi, la sua voce, la sua pelle, il mistero di una gamba che in nessun modo mostrava. Le piaceva quello che faceva e quello di cui parlavano insieme.

Il fratello non se ne era accorto.

Aveva invece captato qualcosa la madre Milena, che pure era lontanissima, ricoverata all'ospedale di Torino. La figlia sapeva che si trovava lì per un male non meglio precisato. Dora la chiamò da un telefono a gettoni, dietro la chiesa. Non ascoltava la sua voce da così tanto tempo che le sembrò di sentirla prima nel petto.

In una forma di patois, la loro lingua, le disse: «Tra poco avrò abbastanza soldi e ti vengo a trovare. Intanto voglio mandarti la foto di un vestito che ho cucito. Così la guardi quando mi pensi e mi pensi quando la guardi. Sai, l'ha fatta un ragazzo...» Non *fotografo* o *amico*: sua figlia aveva detto *ragazzo*, uno di quelli che normalmente teneva a distanza. Così aveva intuito che Dora era innamorata.

Da Milano Giovanni intanto mantenne per quasi due mesi le vaghe promesse fatte a Dora, chiamandola e scrivendole lettere. Si stava persino allontanando da Marina riuscendo, con scuse rocambolesche, a farle rimandare le nozze a data da destinarsi.

A Pasqua del 1960 uscì fuori che la futura sposa era incinta. Fu un falso allarme che durò un mese, ma bastò per cambiare tutto. Giovanni non mangiò per due giorni. «Un figliolo...» si ripeteva. «Non so' capace neanche a prenderlo in braccio...» Di certo, la questione era stata talmente grossa che si era convinto per bene di doversi dimenticare di Dora. Poteva dirle bugie o verità, ma era incapace di scegliere, perché lui *si faceva* scegliere. Nel lavoro da fare, come in fatto di amore. Preferì ancora una volta non dirle niente e restare nel più assoluto silenzio.

Dora invece non aveva dubbi: il suo era un chiodo fisso. Riavere e moltiplicare il tempo passato con Giovanni. Non si dava pace all'idea che lui potesse tornare a una vita priva dello star bene insieme. *Com'è possibile? Come si fa a dimenticare?*

Così inviò tre lettere in redazione indirizzate al «Fotoreporter Giovanni Pitorsi», sigillate con ogni attenzione. Dopo due mesi capì che per posta non avrebbe ottenuto risposta, quindi chiamò la segreteria di redazione per farselo passare. Imma le disse che Giovanni era fuori per un servizio.

All'ultimo tentativo glielo passarono, ma lui fece cadere la linea. Aveva sempre reagito ai colpi, compresi quelli bassi, ma quella volta Dora ebbe un crollo: smise di mangiare, di dormire, di cucire. Si sentiva sola, assediata da domande che portavano solo altre domande. Francesco e la moglie erano isolati in un matrimonio quasi muto; soprattutto, lei non aveva un'amica. Le parve che l'unica possibilità di consolazione fosse da cercare nella madre.

Avvolta in una coperta e con le pantofole ai piedi, Dora raggiunse il solito telefono a gettoni e chiamò l'ospedale. La madre parlava poco e quando doveva dare consigli usava proverbi e modi di dire. Rispose con un filo di voce dal corridoio del reparto. Di fronte alle timide confidenze della figlia non si preoccupò di accertarsi che Dora almeno non avesse perso la verginità; si affrettò solo a sentenziare: «A diré la vrità a basté 'n cujun, ma diré le biuse ai vat 'n birbun.» Il silenzio in certi casi è una bugia: Giovanni, se non era un coglione, di certo era un poco di buono.

Dora in fondo lo sapeva, e sentirselo dire in qualche modo la sollevò. La madre proseguì: «A ciantè e purtè la crus as rèste strach e sanhsa vus.» A cantare e portare la croce, si rimane stanchi e senza voce. «E quindi?»

La madre, guidata da un istinto animale di protezione, vide l'occasione per distrarre la figlia dalla propria morte imminente. Così tagliò corto: «Amour, devìn alè a Milàn!» La pregò di usare i risparmi previsti per venirla a trovare in ospedale per andare a Milano e raggiungere il ragazzo che le faceva le foto. «Tanto sto meglio. Ci rivedremo sulle montagne.»

Nella città grande e sconosciuta, Dora seguì la linea circolare interna fino a una via del centro, come fosse un filo nel labirinto. Chiese indicazioni per la redazione della *Pagina* e aspettò per un paio d'ore davanti all'ingresso, per strada. Non vedendolo uscire, si decise a chiamare il centralino da una cabina telefonica.

Ne vedeva una per la prima volta. Entrò, si sentiva al riparo dagli altri, libera di fare una domanda che sentiva come intima: «Si trova lì il fotoreporter Pitorsi?»

«Le passo la segreteria di redazione.» Rispose Imma: «Sì, è qua. Chi lo vuole?»

«Un'amica.»

Si trattava solo di attendere che uscisse.

Mentre aspettava, chiamò il bar vicino a casa sua perché informassero Francesco che era arrivata e stava bene. Francesco era lì, aveva appena ricevuto una brutta notizia: la mamma Milena era morta. Dora sentì le guance in fiamme, poi un freddo improvviso e le sembrò che il cuore si fosse spostato al centro del petto. Si tolse il fermaglio come se con quel gesto potesse concedere all'anima di uscire dal corpo.

Per essere a Milano aveva rinunciato a vedere sua madre in vita un'ultima volta. Pianse accasciandosi a terra. La testa rivolta verso la parete di un palazzo d'epoca. Dopo mezz'ora richiamò Francesco per accordarsi su cosa andava fatto nei giorni successivi.

Le gambe di Dora si erano fatte pesantissime. Riuscì a raggiungere una panchina, trascorse un'altra ora seduta. Le lacrime scendevano senza che potesse fermarle, si portavano via il fard sulle guance e il tessuto della gonna era diventato come la tela di un acquerello astratto.

Guardò il cielo. Con uno sforzo disperato si rialzò, tornò indietro, entrò nel grande palazzo frequentato solo da giornalisti, fotografi e tipografi. Lasciò l'oggetto dorato sul tavolo all'ingresso dicendo al portiere: «Questo è per il signor Pitorsi.» Poi, pentita, entrò di nuovo. «Me lo ridà, per favore?» Se lo riprese e si incamminò con le lacrime agli occhi.

Giovanni era impegnato nella riunione di redazione del pomeriggio quando Dora salì sul tram in direzione contraria a quella da cui era venuta. Lui si metteva sempre in piedi in fondo alla stanza, vicino alla finestra più grande. Quando distrattamente aveva allontanato lo sguardo dal caporedattore che distribuiva compiti, gli era parso di vederla allontanarsi lungo la strada, verso i binari.

Lì per lì pensò di avere le allucinazioni. *Ancora la vedo ovunque.* Capì che era davvero lei solo quando uscì e il portiere lo avvisò della visita. «Una bella tosa, mora, un po' curiosa, giovane giovane. Sembrava disperata, pure.» Aveva lasciato un fermaglio per lui e poi se l'era ripreso.

A quel punto, Dora era già all'ingresso della Stazione Centrale, diretta a Torino. Sul treno si guardò riflessa nel vetro del finestrino mentre prima la città e poi la pianura correvano via. Si stupiva di non aver mai pensato, prima d'ora, che in nessun modo amare basta per essere amati.

10

Vite in parallelo

Era una mattina di luglio del 1960. La radio di Giovanni era accesa e Gabriella Nanni raccontava il fatto di quei giorni: una strage in piazza. Il nuovo governo Tambroni, appoggiato da missini e monarchici. La polizia veniva autorizzata a sparare per mantenere il sempre più fragile ordine pubblico.

La puntata apriva con il suono della sirena, tra le piazze di Reggio Emilia, dopo una manifestazione dei sindacati. Era stata registrata dal commesso di un negozio di tessuti.

Sembrava di essere di nuovo vicini alla guerra. Sembrava una battuta di caccia. Il lamento della sirena cresceva sulla piazza silenziosa per poi assestarsi su un suono fisso, monotono. Si sentivano gli spari dei poliziotti, simili a occupanti, simili a cacciatori. La sirena taceva. Ancora spari, regolari, implacabili.

Qualcuno gridava: «Assassini!» Tre colpi. Un uomo a terra. Poi un altro.

«Le vittime sono padri, mariti, operai. Manifestavano contro il nuovo governo appoggiato da quelli che loro, spesso ex partigiani, considerano ancora i propri nemici. I testimoni parlano di scene agghiaccianti. I poliziotti avrebbero sparato a chi, ferito appena, implorava aiuto e a chi accorreva per darlo.»

Un'esecuzione.

Giovanni di politica non sapeva granché, ma era stato

figlio della guerra, cresciuto sotto le bombe, senza alcuna simpatia per i fascisti. Eppure non aveva né lo spirito individuale né quello collettivo per la lotta.

Ascoltando quei colpi che provenivano dalla radio mentre faceva colazione, provò vergogna e disagio. Come se il caffè raccontasse del suo disimpegno, come se chi aveva preparato quel caffè dovesse per questo essere punito. Scrisse quindi la pagina che a lungo aveva voluto tenere vuota, quella della separazione da Marina.

Con una risolutezza ispirata anche dall'esistenza anonima della città, libero dalla pressione della provincia, le disse: «Tornatene in Toscana, ma senza di me.» Ormai era chiaro che non ci sarebbe stato nessun bambino, e questo lo sollevava dagli obblighi di futuro uomo di famiglia. «Sei giovane, non sei fatta per questa vita, non sei fatta per me.»

Altro che *non è colpa tua, è mia.* A Marina le colpe le dava anche se era innocente. Ma era pronto a risarcirla: nel tentativo di scrollarsi di dosso ogni legame con la Maremma, la lasciò regalandole la piccola casa che aveva sulla Parrina.

Il coraggio di separarsi da Marina, però, non lo riportò da Dora. Una scelta inedita nella biografia di Giovanni. Era un atto deciso che sembrava volesse finalmente condurlo fuori dalla confusione della giovinezza. E lui, che pareva destinato a un sicuro futuro da marito, padre e amante, conobbe il tarlo implacabile della solitudine.

Dopo il viaggio a vuoto per raggiungere Giovanni, Dora tornò alla stazione e da lì cercò affannosamente un modo per arrivare a Torino. Non le fecero vedere la madre, che prima di morire pesava neanche quaranta chili. Milena fu seppellita al cimitero comunale perché non avevano abbastanza soldi per riportarla tra le montagne, dove avrebbe desiderato trovare riposo.

Quando vivevano ancora insieme, Dora le leggeva libri. Alcune pagine parlavano proprio delle montagne. A Dora tornò in mente un passaggio di *Piccole donne*, in cui la morte di Beth veniva descritta come silenziosa, naturale, simile al sonno.

Sperava fosse stato così anche per la madre, con il dolore che finalmente l'aveva abbandonata per restituirla a un nuovo mondo, nel quale si sarebbero rincontrate chissà quando. Sulla tomba al cimitero, dove ancora mancava la lapide e il loculo era stato chiuso in fretta dai becchini comunali, Dora lasciò un biglietto.

Era l'unica lapide che poteva permettersi e ci posò sopra delle parole che sembravano scritte apposta per la madre, prese da uno dei suoi detti: «MILENA ARTAZ, 1919-1960 - LO TEN L'EU PERDÙ PE QUI L'A PA PRATECÀ LA VERTÙ.» Il tempo è perso per chi non pratica la virtù. Per qualche giorno lei e Francesco restarono ospiti di un lontano zio, nella periferia di Torino. Sul divano, nella sala di una casa fredda, quella notte Dora si accorse di non riuscire più a distinguere i diversi tipi di dolore per le persone che aveva perso.

Ormai solo, con la gamba stretta in un groviglio di cuoio e acciaio, Giovanni Pitorsi a Milano diventava un fotografo sempre più capace. Un dottore lo visitava ogni due mesi; grazie alle medicazioni e alle camminate riusciva a essere quasi all'altezza dell'agilità dei colleghi. Il suo rapporto con la città non era animato solo dalla cronaca. Giovanni non faceva più il tombarolo, ma vagheggiava intorno al mistero delle vite passate: visitava musei, passeggiava per il Cimitero monumentale. Immaginava dinastie, figli mai nati, racconti che sentiva nel petto, senza un compiuto svolgimento. Desiderava un altrove che non esisteva più, o che non esisteva ancora.

Il miracolo economico, la Triennale, i lavori per la prima metropolitana. L'inaugurazione della stagione alla Scala e la messa di fine anno nel Duomo. La città gli sembrava voler mettere tutti alla prova. Voleva laboriosità, voleva morale, voleva decenza. Al tempo stesso sembrava poter fare a meno di ognuno. Anche di lui. Giovanni la temeva come si teme una madre che si aspetta troppo dal figlio.

Sembrava riuscire a trovare un contatto profondo solo con le statue e le targhe, con gli spiriti di chi quella città l'aveva abitata. Poi, di notte, ci faceva pace definitivamente: quando la borghesia si ritirava nei palazzi e il giornale andava in stampa, Giovanni si abbandonava tra le braccia di una metropoli silenziosa che, reduce da tramonti bigi o infuocati, cullava i suoi passi zoppicanti verso casa.

Così Giovanni s'era fatto, se possibile, ancora più silenzioso. In redazione non aveva amici tranne un collega della nera, Roberto Molina, detto il Filosofo. Una volta aveva messo su la faccia di chi ha capito tutto, per poi lasciargli lì una frase: «"Ho incatenato il cuore" direbbe Nietzsche...» Né una parola di più, né una parola di meno.

Giovanni sapeva che l'amore con Dora, cullato dall'impotenza del dire e del fare, non poteva stare in piedi. Era colpa sua, ed era la sua disperazione. Avrebbe quindi convissuto con lei nel mondo di fantasia in cui si erano amati.

Cominciò a nascondere un messaggio in ogni foto che veniva pubblicata nella cronaca nazionale, spingendo perché il caporedattore lo inviasse a coprire storie dove bisognava trovare qualcosa di significativo: una volta era il dettaglio di un fermaglio sul comodino della vittima di omicidio, una volta era un ritratto di Elsa Martinelli, una volta un reportage sulle suore...

Ipotizzava: se Dora la vedrà, capirà che la sto pensando. L'idea che si sarebbero ritrovati nell'immaginazione e nei ricordi era tipica di Giovanni: salvarsi ritraendosi, esserci nascondendosi. Ma Dora non vide mai nessuno dei suoi scatti. Non perché non le fosse capitata l'occasione, ma perché le occasioni le evitò con cura.

Appena dopo aver seppellito la madre, Dora decise di seppellire l'amore. Sperando che potesse bastare, chiuse il fermaglio nell'ultimo dei cassetti e se stessa in un buio che gli altri cominciarono a chiamare follia. Era magrissima, con gli occhi scavati. La notte dormiva poco e il giorno blaterava. Aveva allucinazioni uditive; una volta ebbe persino la certezza di vedere delle piccole vespe uscire da una cinta a nido d'ape che stava cucendo.

«La colpa non è tua, è mia» le aveva detto Giovanni, lasciando lì l'unica vera risposta possibile alla separazione. Una risposta se non altro ingiusta, perché quella colpa era lei a pagarla. Aveva fatto a pezzi le lenzuola su cui era stata insieme a Giovanni. E sul letto che avrebbe voluto bruciare faceva incubi. In una notte i cui contorni sprofondavano nella ripetizione delle stesse domande, Dora sognò.

Giovanni era di nuovo lì, ma sul soffitto, attaccato per le spalle. Vestito con il gilè, la camicia, i pantaloni neri, gli stivali di gomma, un cappelletto che gli copriva gli occhi. Pareva un operaio delle bonifiche, uno di quelli più anziani di lui, con i quali si ritrovava a bere al bar o all'osteria. Pareva uno di quelli che sapeva cosa bisogna fare dei propri attributi e che dava consigli su come andavano usati quelli degli altri.

«La colpa non è tua» ripeteva.

Mentre allungava le braccia verso di lei, bloccata sul proprio letto e incapace di scendere, il soffitto lentamente si abbassava. Giovanni era sempre più vicino. Dal suo vestito cadevano pezzi di fango umidi e secchi.

I contorni del volto perdevano definizione, le pupille diventavano d'argento. Le mani, invece, erano coperte da guanti. Guanti puliti, neri, di una stoffa mai vista.

«La colpa non è tua.»

Tra quelle mani stringeva una vanga.

«La colpa non è tua.»

Il volto sembrava quello di un mostro.

La vanga serviva a seppellire lei.

«La colpa non è tua.»

Dalla bocca usciva la terra che l'avrebbe ricoperta.

«La colpa non è tua.
La colpa è la mia che sono
e sono ovunque.
Ma anche se sono,
arrivo ogni volta.
Io sono per arrivare.
E arrivo per dividere.»

Da quel sogno Dora si svegliò con l'ansia di proteggersi. Riprese l'elicriso d'oro dal cassetto; per lei era un oggetto d'amore che trascendeva Giovanni. Ci mise dentro l'immaginetta di sant'Eurosia. Lo ripose sotto il cuscino. Pregò. Per una notte riuscì a dormire, ma la mattina successiva svenne mentre faceva le pulizie.

Successe di nuovo in casa ad Albinia, e allora si pensò che fosse incinta. «Non sei più vergine? A me lo puoi dire...» indagò Adriana. Da dietro i vapori di una pentola piena, con lo sguardo puntato sul sugo e l'aria poco franca, ottenne solo un lungo silenzio. Che però suonava più rivelatore delle parole.

La casa era talmente piccola che la sera prima Dora li aveva sentiti confabulare. Davano per scontato di sapere con chi fosse finita a letto: «Il cugino di Mariano, si capisce da come la guarda.» Macché, il cugino di Mariano Dora l'aveva visto sì e no un paio di volte. «Sarà lo zoppo? Una volta è venuto a cercarla...»

Ma su Giovanni, lei non diceva neanche una parola. Del resto importava poco chi, importava soprattutto cosa: un errore del genere poteva lasciare una donna senza marito, cioè senza futuro.

«Sei incinta?»

Di nuovo non rispose. Dora non sapeva cosa dire, sapeva appena come si scopriva una gravidanza, così aveva troncato altre eventuali domande: «Io muoio sola, senza marito e senza figli.»

«Quanto sei sciocca... Una ragazza come te si sposa di sicuro.»

Come te, cosa voleva dire? Che era abbastanza per piacere a un uomo? E a cosa serviva un simile privilegio se l'uomo che piaceva a lei non la voleva?

«Dora, nessuna vuole morire zitella. Ma era meglio se restavi intatta.»

Intatta. Era stata quella la parola. Dora se l'era rigirata in testa tutta la notte convincendosi che di intatto non aveva che un peso sul petto, fermo, grave e infinito.

Se non era incinta, allora doveva essere malata. I sintomi erano chiari: non mangiava, sveniva, aveva allucinazioni e soprattutto gridava, gridava che la lasciassero in pace, gridava che voleva star sola. Forse il diavolo l'aveva presa di mira, o forse aveva ereditato le disgrazie del padre. Dora era disperata, e nessuno poteva farci niente.

Quando smise persino di cucire e prese a stare tutto il giorno rannicchiata con la testa sotto le coperte, Francesco entrò in camera e parlò nel suo tono monocorde: in quella casa non ci poteva essere spazio per la sua pigrizia.

Allora, quando tutti dormivano e lei contava i secondi di una notte interminabile, Dora uscì di casa. Arrivò al capanno in fondo alla via dove i contadini portavano gli attrezzi in comune. Voleva rubare il diserbante e avvelenarsi sotto la lavanda. Non lo trovò. Si stupì invece dello slancio vitale che metteva nel voler morire.

In casa trovò le chiavi della macchina che Francesco aveva in prestito da un signorotto di Orbetello a cui stava facendo dei lavori. Aveva sentito dire da un'amica della madre, quando ancora viveva nel Nord, che per ammazzarsi bisognava tappare tutto, anche lo scarico, così tornò in camera e prese il cotone che usava per riempire i cuscinetti degli spilli.

Non avrebbe mai funzionato, ma prima che la cosa sfumasse in un esito mancato, fu lo stesso Francesco, svegliato dai rumori, a fermare quella ricerca di una morte dolce e inappellabile. Trovò la sorella con in mano le chiavi e, di fronte alle accuse di voler rubare l'auto, Dora confessò il suo desiderio: «Iò volè mourir.»

Le dicevano che esisteva un tempo, quello di Dio, quello della sua volontà, che avrebbe portato via ogni cosa. Il tempo di Dio le avrebbe fatto dimenticare ogni male, qualunque fosse stato. «Ma il tempo di Dio non è il mio» rispondeva lei, con gli occhi stanchi e un sorriso smorzato.

Il tempo di Dora non era quello di Dio. E non era neanche più quello degli uomini, scandito dal lavoro e dalla messa, dalla famiglia e dall'amore. Non era più neanche quello della natura, in cui luna e sole si rincorrono in eterno. Per Dora non esistevano più il giorno e la notte, ma un mondo di mezzo, nella penombra di una camera in cui perdere la fame, così come perdere il lavoro, non aveva alcun valore. Dora non serviva più a se stessa, e neanche a Francesco.

11

Esaltata, ostinata, disordinata

Il fratello e i familiari del Nord Italia, compreso il padre alcolizzato che si era fatto vivo giusto per il funerale della moglie, decisero che la destinazione migliore per Dora fosse Torino. Lì dove era sepolta la madre e dove stava il Regio istituto psichiatrico. Un lontano parente vantava conoscenze tra gli infermieri e persino Francesco, l'unico che poteva opporsi, si disse d'accordo, più per inerzia che per convinzione. Del resto, anche Dora andava dicendo a se stessa e agli altri di essere malata.

Appena varcata la soglia del manicomio, le fu chiaro che stava lasciando fuori il mondo conosciuto. I due pini che dominavano i lati dell'ingresso parevano vigilare per impedire il passaggio della normalità: non lasciavano entrare gli affari comuni della gente, né i rumori della città.

Dora ebbe la sensazione che persino le stagioni fossero bandite: restavano intrappolate sopra le chiome di alberi sempre verdi e sempre intenti a osservare dall'alto l'infelicità. Arrivò al manicomio di via Giulio nel giorno dei lavaggi. Le tolsero tutto, compresi il fermaglio e il santino. Il vestito che indossava e le scarpe rosse furono messi sotto il suo letto.

Finì subito insieme a tutte le altre pazienti nello stanzone delle docce, sotto l'acqua fredda. Nuda l'avevano vista solo la mamma e Giovanni. L'imbarazzo l'annientava. Strisciò contro la parete, si appoggiò coprendosi come poteva mentre le piastrelle viscide la sorprendevano, gelide, alle spalle.

Intorno a lei c'erano donne di tutte le età, ma tutte sembravano delle vecchie. Alcune la guardavano e lei abbassava lo sguardo, come se le avessero tolto di colpo l'audacia.

Nella camerata si sentiva odore di sporco e soprattutto di petrolio, che veniva usato per lubrificare le catene con cui venivano legate le pazienti più aggressive. Aveva accanto due donne e i loro letti, distanti poco più di un palmo di mano: a sinistra c'era la figlia di un generale che sosteneva di essere stata murata viva dalle sorelle nel tentativo di farla impazzire per escluderla dall'eredità; a destra una signora che di giorno urlava e di notte fissava le altre che dormivano. Entrambe, quando potevano, se la facevano sotto.

Nessuna di loro era tra le pazienti *a pagamento*, quelle benestanti, alle quali spettava un trattamento migliore. Quando l'infermiera venne a portare via le lenzuola sudicie, le disse: «Benarrivata. Sappi che se provi ad ammazzarti o a scappare ti considerano pericolosa e finisci legata anche tu.»

Dora trascorse la prima settimana in silenzio, ponderando ogni cosa, dalle parole alla quantità di cibo da ingerire. Misurava persino i respiri appena prima di addormentarsi nel tentativo vano di proteggere l'intimità del proprio sonno, un sonno di cui in realtà non interessava niente a nessuno. A forza di circospezione e paura, sprofondò nel mutismo. Era un mutismo più duro di quello di Giovanni: non era esistenziale, solo angosciante.

«Guardi qui» disse a Dora il dottor Franco Poloni, puntandole una piccola luce dentro gli occhi. Poi si sedette e annotò brevissime considerazioni su un foglio.

«Come si sente?»

«Non saprei... Stanca?»

«Stanca. Anche noi siamo stanchi, pochi dottori, poche infermiere, centinaia di anormali...»

Sulla scrivania del medico erano disseminati fogli, penne, un pacchetto di sigarette.

«Che stanchezza è la sua? Dorme?»

«Non so. Più o meno...» La sua voce era poco più di un soffio.

«Ha le allucinazioni? Vede cose che non ci sono?»

«Una volta ho visto delle api e non c'erano.»

«Capisco... Lei è magra. Mangia?»

«Non ho tanta fame» fece Dora abbassando lo sguardo e giocando con il bordo della scrivania.

«Mi guardi...»

«Sono sigarette quelle?»

«Sì, signorina, ne vuole una?»

«Non le ho mai fumate.»

«Ne prenda una, potrà fumarla quando le andrà.»

Dora se la mise in tasca. Rispose ad altre domande, ma non fumò nemmeno quando uscì dallo studio del dottore. Intanto sulla sua cartella era stato scritto che sarebbe rimasta sotto osservazione, e di giorno poteva stare nella sezione delle *tranquille*.

In una giornata soleggiata, Dora si sedette in cortile, accanto alle inferriate del piano terra. Davanti a lei tre donne parlavano sotto una quercia. Le matte che vagavano nel parco non le si avvicinavano, come se in lei fiutassero l'ostilità che nutriva nei confronti del mondo. Dora le osservava senza un particolare interesse. Si guardava le mani, si mangiava le unghie. Pensava a sua madre. Teneva invece Giovanni in un luogo inaccessibile, che non esplorava per nessuna ragione.

Per gran parte del tempo si annoiava e cercava di guardarsi intorno il meno possibile, in attesa che l'osservazione finisse. Le foglie, l'erba, le nuvole, un quadro nella stanza del medico, lo smalto sulle unghie di un'infermiera: tutto era un possibile punto di partenza per pensare ai colori o alla forma di un vestito. Poter cucire l'aiutava a immaginare il futuro. Di certo, non sarebbe tornata in Maremma. Piuttosto avrebbe fatto la vagabonda in giro per Torino.

Ci fu un urlo, ignorato da tutti, tranne che da Dora. A pochi passi da lei, vicino a un'alta rete metallica, una ragazzina, Ester, strattonava il filo intrecciato. Era piccola, ma aveva polsi e caviglie grandi che le sbucavano da una veste di lana lisa. Era nata là dentro, tredici anni prima, da un'ex paziente che non l'aveva riconosciuta.

Diversamente dagli altri bambini venuti alla luce tra le pareti di un manicomio, Ester non era stata adottata. Non era mai uscita da lì, e sebbene non fosse nata matta, i matti erano sempre stati per lei l'unica misura del mondo, finché a diventare matta era stata lei. La sua cartella clinica diceva: «Alienata regredita in un isolamento rabbioso e infantile.» Non aveva storia, era come uno dei muri dell'istituto: lì iniziava e lì finiva, ne era parte, inutile chiederne, inutile parlarne.

Gli urli di Ester erano brevi e acuti. Spesso era impossibile stabilire se erano grida di allegria o di ira. All'improvviso si voltò verso Dora e fece come per correrle incontro. Dora si alzò di scatto, spaventata, ma presto si accorse che la ragazzina non era diretta verso di lei. Correva verso l'inferriata: colpì forte il ferro e quindi, senza violenza, la spalla di Dora. Poi se ne andò. Dora intese quel piccolo contatto come un saluto, o persino l'espressione del desiderio di parlarle.

Da quel giorno lo sguardo di Dora prese a cercare quello di Ester, che però, isolata in un angolo o rifugiata in gesti assurdi, non ricambiava mai. Una volta, a pranzo, altre pazienti raccontarono che probabilmente era figlia di un incesto o di una violenza avvenuta proprio in manicomio: nessuna di loro l'aveva mai sentita parlare.

La sera prima delle dimissioni, Dora uscì nel cortile interno a fumare la sigaretta che le aveva dato il dottor Poloni. Erano le nove, gli spazi esterni dell'istituto erano come sempre spettrali. Ester stava seduta a terra, al centro dell'area.

«Ester! Tirati su... Prendi freddo lì per terra!»

Non rispondeva. Dora si avvicinò, e più piano disse: «Non stare qua seduta. Ti accompagno in camera, vieni...»

La ragazza si aggrappò al suo braccio, come per tirarla verso di sé. Era quello che Dora sperava: voleva un contatto con lei, per conoscerla.

La sigaretta del dottor Poloni si era piegata nonostante nei giorni precedenti lei avesse avuto la premura di mantenerla intatta in tasca. Dora la spezzò e l'accese con un fiammifero che aveva trafugato dalla cappella dell'istituto, sotto le candele. Ester stava davanti a lei, aveva capelli chiari e sporchi tenuti dietro le orecchie, le occhiaie sprofondavano sopra le guance tonde e i denti consumati seguivano una linea curva. «Hai mai fumato tu?» le chiese Dora.

Ester non rispondeva.

«Io» continuò Dora, «non ho mai fumato, ma avevo un ragazzo che fumava quindi so come si fa.» Fece un paio di boccate brevi, non tossì nonostante la gola le bruciasse. Poi ne fece un'altra più lunga, aspirata, che quasi le fece rallentare il battito del cuore. «Prova anche tu...»

Ester si ritrasse e cominciò a colpire l'erba con le mani.

«Non hai mai avuto un fidanzato tu, vero? Meglio per te. Così non hai sofferto.» Ester la guardava, Dora pensò che la stesse ascoltando, e capendo. Le avvicinò la sigaretta alle labbra, ma lei le teneva serrate; pian piano, però, si piegarono in una specie di sorriso.

Dalla porta delle cucine si affacciò un infermiere che urlò: «A fumare come le puttane! Via a dormire!»

La rabbia di Dora saliva dalla gola, infiammava il viso. L'intemperanza placata dalla paura e dal disagio di vivere in quel posto improvvisamente era di nuovo lì, sottopelle, pronta a manifestarsi. Allontanò di colpo la sigaretta da Ester e la gettò in direzione dell'infermiere: «Puttana a chi?»

Lui però aveva già chiuso la porta.

Dora si alzò, la raggiunse e prese a colpirla con piedi e mani mentre Ester urlava con voce acuta. L'impiallacciatura della porta si incrinò nel principio di un buco. Dall'altra parte, l'infermiere aprì accompagnato da un altro. La tirarono dentro tenendola per un braccio e per i capelli.

Quella notte Dora non dormì, e il giorno dopo, invece di uscire dall'istituto, fu riportata dal dottor Poloni. Quello la liquidò con una prescrizione scritta su un foglio che consegnò a una suora che se ne stava dritta in piedi accanto alla scrivania. «Mettetelo nella cartella. La signorina resterà qui un altro po'. Dovrete informare eventuali familiari.»

Dora si alzò dalla sedia e strappò il foglio dalle mani della suora. In una grafia tonda e quasi vezzosa, lesse: LA PAZIENTE È RECIDIVA. RISULTA ESALTATA, OSTINATA, DISORDINATA.

«Guarda che so leggere io» protestò. «Disordinata perché? Cosa terrei in disordine? Non ho niente con me. Ho solo le scarpe... Le altre cose me le avete portate via quando sono entrata.»

«Il tu è parente all'oltraggio. Fai più attenzione.»

Dora era in piedi, lo guardava. Il dottor Poloni era un uomo senza grazia. La sua magrezza era costretta in un corpo corto, come di adolescente. All'atto di muovere la penna sul prossimo foglio curvava la mano volgendo in avanti il dorso liscio e macchiato.

«Anche tu mi dai del tu.»

Il medico sorrise in uno spasmo di nervosismo, esitando per un istante nella scrittura. «Ci rivediamo tra un paio di settimane per valutare le sue condizioni.»

Dora fu presa per l'avambraccio dalla suora che, con l'altra mano, teneva stretta al petto la prescrizione consegnatale dal dottor Poloni.

«Hai la lingua lunga delle vipere» commentò dopo aver taciuto per eccesso di deferenza verso il medico. «Prima o poi qualcuno te la taglia!»

Dora si divincolò dalla presa con un movimento improvviso e netto che fece perdere l'equilibrio alla suora: scivolò a terra, afflosciata, bianca, il corpo che si stagliava contro il marmo a scacchi come un fazzoletto. Il suo sguardo non era furioso, cercava aiuto.

Il foglio era volato sotto la finestra. A Dora l'istituto sembrò improvvisamente silenzioso, non perché davvero lo fosse ma perché ogni rumore si era dissolto e il tempo si era dilatato. Provò ad aiutare la donna a rialzarsi, ma lei non le tese la mano. Alle sue spalle un infermiere l'afferrò per i fianchi: «Longh, leger e nojos come una zanzara» bofonchiò mentre la sollevava e la portava via come un sacco.

In una stanza scura, piccola e dai soffitti alti, Dora fu scaricata a terra. Si rialzò appena stordita e s'aggrappò alle spalle dell'infermiere sferrandogli un calcio. Lui l'allontanò con una manata e Dora si sentì volare. L'infermiere la colpì con un pugno sul braccio e con gli zoccoli nei fianchi. Lei ringhiava. Non piangeva. L'infermiere uscì. Con la porta chiusa la stanza era la più buia che avesse mai visto, sembrava che le pareti e il soffitto fossero dipinti di nero.

Dora si raccolse e raggiunse il letto, si sedette misurando a stento il dolore. L'infermiere tornò con quello che la sera precedente l'aveva offesa e trascinata via dal cortile. La legarono al letto con delle catene imbevute di petrolio. Rimase sola tutto il pomeriggio e la notte. Il giorno dopo arrivò un medico, con una valigetta di legno e capelli fitti come i peli di un cavallo.

Era l'Elettricista, l'addetto agli elettroshock. Per una settimana le fece iniezioni di acetilcolina e tre serie da ottanta volt l'una. L'anestesia al curaro era la parte peggiore, perché bloccava la respirazione. In quei momenti, Dora era sicura di morire. Quando il pallone con il boccaglio le faceva tornare il fiato, implorava le infermiere di non farle mai più l'anestesia dicendo di preferire il legaccio, quello che serviva per non mordersi la lingua. Seguivano giornate di confusione, sospese in una specie di sogno, prive di riposo ma colme di un'inconscia e disperata certezza: si stava liberando dei lutti.

Durante l'inverno Dora litigò un paio di volte con le infermiere. Agli scontri seguì nuovamente l'elettroshock, in versione di «elettromassaggio», come lo chiamavano. La tempistica le rese chiaro che non era una terapia, ma una punizione. Venne portata nella stanza nera, legata al letto e lasciata sola per ore. Diversamente dalle altre volte, l'Elettricista entrò senza essere accompagnato da infermieri. Senza chiederle niente le sollevò la veste con un ferro operatorio. Poi le appoggiò gli strumenti freddi sul pube.

Dora aveva così tanta paura e provava così tanta vergogna che non osava sbattere le palpebre e perdere il punto del soffitto al quale i suoi occhi erano aggrappati, mentre in silenzio quell'uomo chino su di lei maneggiava pezzi di metallo come fossero pietre antiche.

Appena prima di svenire per il dolore, a Dora sembrò di rivedere Giovanni sulla piana di Roselle. Questa volta, però, lui non finiva, come nella notte in cui l'aveva conosciuto, travolto dal coperchio del sarcofago: Giovanni riemergeva dalla terra con le uova della sepoltura ancora intatte, e le posava, a una a una, sul ventre di Dora.

12

Un posto tra le tranquille

A parte Francesco per Natale, nessuno cercò più Dora. Dopo cinque mesi nel manicomio, non pregava sant'Eurosia, non pregava più. Cercando di sopravvivere, malediceva tutto: il fratello che l'aveva portata ad Albinia lontana dalla madre, la madre che non se l'era tenuta con sé nel Nord Italia, e soprattutto malediceva la notte in cui si era soffermata a guardare Giovanni sotto la luna. Scrisse una lettera al padre:

Caro papà,

perdona la mia brutta calligrafia ma mi tremano le mani per le cure che ricevo. Non ho tue risposte e questo mi porta a pensare che hai molto da fare. So anche che per te non sono mai stata una figlia e hai il diritto di farti una nuova vita ora che la povera mamma non c'è più. Non voglio quindi darti tedio ma ti prego di riportarmi a casa. Francesco e Adriana mi mancano, ma le mie montagne sarebbero la miglior cura ai miei mali. Se mi riporti a casa prometto che mi prenderò cura di te se ne avrai bisogno o di non farmi mai vedere se lo preferisci.

Ti abbraccio, Dora

Quella e le altre lettere mandate dall'ospedale non arrivavano a nessuno perché a sua insaputa non venivano spedite. Restavano nel fascicolo della paziente per essere consultate dai medici. Così Dora non riceveva mai risposta, e anche se non protestava le sue dimissioni venivano rimandate. Imparò a contenere l'intemperanza, smorzava la rabbia cercando di non ascoltare. In questo modo poteva guadagnarsi un posto tra le tranquille.

Le tranquille avevano una stanza ricavata da uno scantinato che dava sul giardino esterno. Alcune di loro si sedevano e facevano la maglia, cucivano a mano, ricamavano. Molte di loro, fuori dall'istituto, erano state sarte.

Fino alla Seconda guerra mondiale, Torino era stata seconda solo a Parigi in fatto di atelier e laboratori. La città era stata piena di *sartine*, adolescenti che cucivano tutto il giorno, spesso solo in cambio di un piatto di zuppa. Entravano in depressione quando, passato il picco di richieste, non venivano richiamate a lavorare.

In manicomio continuavano a passare i fili su scampoli di terza mano per restare aggrappate a quello che avevano lasciato, anche se quello che avevano lasciato le aveva portate fin là. Povere e senza nessuno come Dora, molte in manicomio c'erano rimaste anche quando era finita la guerra e Torino ormai si avviava a sostituire i vestiti con le auto.

Rachele, per tutte la Raclin, era a capo di una piccola brigata di sopravvissute che si riunivano in semicerchio nello scantinato, con la porta aperta, perché solo da lì arrivava la luce. La Raclin era stata caposarta in un teatro ed era finita in manicomio dopo essere stata violentata da un impresario: «Non si cuce per avere l'occasione di chiacchierare con le altre. Non chiacchierare mai, una brava sarta non chiacchiera. Chi chiacchiera è pettegola e le pettegole non sono abbastanza attente a quello che conta» diceva.

Cosa contava? «La precisione.» Queste erano le regole

dello scantinato. Nessun problema per Dora, che non solo non parlava e non chiacchierava, ma non ascoltava nemmeno. La Raclin aggiunse una sedia al braccio sinistro del semicerchio e le chiese: «Hai mai cucito?»

«Sì.»

«Allora prendi quel pezzetto di cotone e fai quello che ti pare.»

Gli scampoli erano brandelli di camici, vecchi calzini, lenzuola troppo consumate anche per stare sopra i letti lerci del manicomio. In una cesta a parte c'erano le stoffe buone spedite da una benefattrice di Asti che si faceva realizzare le camicie a mano in istituto come gesto di benevolenza verso delle «sventurate».

«Quella cesta la possiamo toccare solo io e la Mòna. Stessa cosa per le forbici.»

Non si fidava di Dora perché là dentro anche quella apparentemente più stabile, da un momento all'altro, poteva prendere a morsi un pezzo di seta o tagliarsi la gola con una lama. La prima cosa che Dora cucì fu un sacchetto per orecchini: senza bisogno di tagliare la stoffa, fece un orlo interno, rigirò il cotone e lo chiuse con una treccina di filo. Mentre si concentrava a tenere ferme le mani, riprendeva contatto con una pace che aveva dimenticato.

Arrivò l'estate, e quando Dora alzava lo sguardo talvolta vedeva Ester che dall'altra parte del cortile girava su se stessa facendo le farfalle con le mani e slanciandosi come per rivolgere al cielo un grido di libertà. Dora cuciva per quell'essere stralunato che ricamava nell'aria il ritmo di significati oscuri.

Giorno dopo giorno, conquistò la fiducia della Raclin e ottenne pezzi di stoffa sempre più grandi. «Sei abbastanza brava» le disse la caposarta, che pian piano la faceva risalire verso il centro del semicerchio fino a farle raggiungere, come in una blasfema e invertita pala d'altare, la sinistra della madre. La puzza del petrolio laggiù si smorzava, Dora respirava l'umidità e l'odore delle saponette secche che usava per disegnare la stoffa da farsi tagliare. Mentre il filo passava per la cruna, mentre lo inumidiva con la punta delle labbra e lo tagliava con i denti, dimenticava la voglia di morire.

Un giorno Ester arrivò saltando come un grillo. Aveva con sé una radiolina portatile rossa, che doveva aver preso dalle camere delle pazienti ricche. Si appoggiò allo stipite dell'ingresso, rimanendo in controluce. Raggi violenti d'estate accecavano Dora, che non vedeva lo sguardo di Ester, posato su di lei. Dalla radiolina una musica ripetitiva e scanzonata accompagnava la sua presenza ravvicinata.

«Esterina, vai via che ci copri la luce!» disse una delle donne.

Esterina non si muoveva.

«Vai via!»

Ancora nulla, così la Mòna si alzò e la prese di peso: «Pover embecil!» commentò tornando alla sua postazione.

Dora lasciò ago e filo e le altre alle proprie spalle. Raggiunse Ester, che girava come un'anima in pena per il cortile.

Alla radio Rocco Granata cantava una canzone che a Dora, ignara del matrimonio mancato, suonò come una beffa rivolta a lei:

Il cuore mi batteva a mille all'ora
quando le dissi che la volevo amare.
Mi diede un bacio e l'amor sbocciò...
Marina, Marina, Marina,
ti voglio al più presto sposar.
Marina, Marina, Marina,
ti voglio al più presto sposar.

Erano parole leggere, cantate per sfiorare, ma per lei erano macigni. Guardò Ester, che non sapeva nulla né di chi fosse Marina né di chi se la volesse sposare. Dora l'aggredì afferrandola per una spalla. Voleva un contatto e insieme un pretesto per lo scontro. «Perché non parli? Parla!» le intimò.

La ragazza si spaventò, fece cadere la radiolina ai loro piedi. Dora l'abbracciò, e mentre piangeva vicino al suo collo sporco e caldo prendeva grossolanamente le misure del corpo che stava stringendo. Nei giorni successivi provò a cucirle un abitino dritto, ma la stoffa non era abbastanza. Allora prese tutti i pezzi che aveva e ci fece un nastro largo e colorato da usare come foulard, secondo l'idea vaga di "moda" che era riuscita a portare lì dentro.

Ogni giorno, prima della messa delle sei, Ester sedeva davanti alla cappella. Arrivava mezz'ora prima tenendo tra le mani un cestino con dentro i rosari. Dora la raggiunse con il regalo: «Vorrei che fossimo amiche» disse come se fossero entrambe bambine. L'altra fece un sorriso, quasi l'avesse davvero capita, e poi scoppiò in una risata esagerata. Dora intanto usava il nastro per legarle i capelli, intrecciando insieme la promessa e la preghiera di volersi bene.

Nutriva ogni giorno il suo proposito. La cercava, le parlava, le leggeva tutto quello che trovava. Per le altre, quel comportamento andava ben oltre l'inconcepibile: era un fatto privo di interesse. Il dottor Poloni aveva derubricato il tutto a una diagnosi semplice: «Regressione di una poveretta che pensa che Ester sia una specie di bambola.»

Ester, invece, non si comportava da bambola: pian piano aveva preso a riconoscere i gesti di Dora, e sembrava dar loro un significato condiviso.

Le reazioni agli abbracci, alle domande, ai racconti erano quasi sempre scomposte o spropositate. Ma nell'indifferenza di tutti, tranne che di Dora, Ester aveva lentamente cominciato a parlare. Dora le aveva insegnato a contare e a dire i loro nomi e quelli delle infermiere. Le parole uscivano lente e senza armonia.

«Le lettere delle cose che dici sembrano lontane tra di loro...» le disse una volta Dora dopo essersi complimentata con Ester perché era riuscita a dire «aaabbero», albero. Quel giorno, sotto il suo letto, trovò la radiolina rossa che Ester aveva preso chissà dove. La nascose dentro la federa, non la riconsegnò a nessuno. Finché, un giorno, arrivò Angelo Pent.

13

Un uomo perbene

Angelo Pent era nipote di un noto sindacalista umbro, figlio di un medico torinese e di un'insegnante di latino e greco. Il fratello, durante la guerra, era stato condannato dal Tribunale speciale fascista per aver auspicato, in fila allo spaccio, che la guerra finisse presto. Quattro anni di carcere, dal quale era uscito prima per la fine del regime, ma che lo avevano come scaraventato in un mondo lontanissimo, rendendolo irraggiungibile.

Forse c'era anche la memoria confusa di questa separazione all'origine delle due decisioni più importanti della vita di Angelo: iscriversi a medicina per diventare psichiatra, e poi al partito che era stato di suo nonno, quello socialista, per contenere, insieme ai comunisti, il governo Tambroni appoggiato dalle destre estreme.

Il dolore del bambino di fronte all'evanescenza del fratello tornava nell'ostinata ambizione del giovane uomo, che si sognava scienziato, autore di saggi che avrebbero cambiato il destino del mondo, oppure politico animatore di folle e deputato in Parlamento.

Sulle tracce di nuovi studi che promettevano di rivoluzionare la cura dei malati, viaggiò e visitò la comunità terapeutica di Maxwell Jones in Inghilterra. Quindi gli fu concesso di visitare, a scopo di ricerca, i manicomi piemontesi. Sin dal primo momento, in ogni struttura di cui varcava l'ingresso, davanti alla rigida gerarchia interna provava un senso di disagio persino più soverchiante delle urla degli ex prigionieri di Auschwitz, ospiti del primo reparto in cui era entrato. Mentre procedeva con l'osservazione, si convinceva che nella struttura verticale e nel sistema di costrizioni degli istituti risiedesse un principio di prevaricazione simile a quello che combatteva in politica.

Rileggendo Rousseau, che nella sua testa inventando la pedagogia aveva inventato il socialismo, e viceversa, si mise in particolare a osservare i bambini che crescevano nei manicomi. Non erano il suo argomento di ricerca, ma ne era comunque affascinato. C'erano i ragazzini nati lì, quelli arrivati con la madre, quelli ricoverati «a scopi umanitari» perché abbandonati. Quasi nessuno sarebbe dovuto finire in un manicomio, e quasi sempre se e quando ne uscivano erano ormai diventati adulti incapaci di vivere in società.

Angelo Pent entrò nel manicomio di via Giulio nel giorno del proprio compleanno. Ormai da mesi Dora si isolava, trascorrendo ore intere a cucire o occupandosi di Ester. Non teneva in alcun conto né il proprio corpo, né gli altri.

Angelo si trovava sulla terrazza del corridoio del secondo piano, con il dottor Poloni che illustrava la tipologia dei vari pazienti. Sotto di loro, sul prato, c'era un capannello di matte disposte intorno a una volontaria che leggeva *Epoca*.

Il parco dell'istituto era attraversato dalle «pecorelle», gli infermieri vestiti di bianco che in fila arrivavano per il turno serale.

Dora uscì come una furia dall'ingresso principale: «Dove stanno le mie scarpe?!»

Non c'erano più sotto il suo letto, e ora temeva che anche gli effetti personali che le avevano ritirato all'ingresso in manicomio le fossero stati rubati.

Le scarpe le ricordavano di se stessa, il santino le ricordava di sperare. L'elicriso d'oro, poi, le ricordava di valere qualcosa.

«Voglio le mie scarpe...» ringhiò afferrando per le spalle una paziente che si avviava verso il cancello di uscita seguendo gli infermieri. «Voglio tutto quello che avevo quando sono arrivata!» diceva con la faccia deformata.

La paziente si girò e meccanicamente la scaraventò a terra. Dora si rialzò trattenendo a forza l'istinto di avventarsi sui capelli dell'altra. «T'hanno visto che le mettevi nella borsa. Sono mie quelle! Aprila se non hai niente da nascondere!» protestava mentre dalla terrazza il dottor Poloni osservava con sconcerto entrambe e confidava al collega: «Va detto che c'è proprio da essere ottimisti a pensare che certe pazienti possano essere aiutate...»

«Eppure è questo che siamo chiamati a fare» rispose Angelo, che aveva un sorriso accogliente anche quando le sue parole erano pensate per respingere. Scendendo, incrociò Dora che rientrava con le scarpe di cui si era riappropriata. Una scia di rabbia: per lui fu come un abbaglio. Si sentiva troppo integro per chiamare quell'abbaglio col suo vero nome: desiderio.

La osservò da lontano, per giorni, mentre cuciva o mentre, dietro la rimessa degli attrezzi o in refettorio, si appartava con Ester. La vita di Angelo era stata rigorosa, fatta di obiettivi raggiunti con risultati discreti e a volte ottimi.

Aveva avuto delle frequentazioni femminili, ma mai una fidanzata; nonostante questo, era certo che la sua vita sentimentale sarebbe stata semplice. Gli serviva che fosse così perché non doveva avere distrazioni che lo distogliessero dai suoi propositi di carriera. Si convinse che il fascino immediato e dirompente che Dora esercitava su di lui aprisse a una possibile conoscenza romantica.

Appena la vide da sola nel corridoio che portava al refettorio, la raggiunse. Si tenne a un paio di metri mentre lei stava affacciata alla finestra che dava sul cortile. Dora si sentì osservata: «Per caso mi fissate?»

«Non per caso.»

«Perché allora?»

«Per interesse.»

Dora lo squadrò come a chiedere: che tipo di interesse?

Angelo avrebbe dovuto mentirle, dire che la sua era curiosità professionale, ma si sentiva inchiodato alla verità dalla capacità di Dora di eludere le finzioni. «Lei mi piace.»

«Non sono illibata, odio gli uomini e non mi dovete toccare.»

Angelo cercò di contenere l'irruenza dello scambio: «Non oserei sfiorarla... Mi piace quello che le vedo fare con la ragazzina che sta sempre con lei.»

«Voi siete un medico?» fece lei con vero interesse.

«Sì.»

«Allora mi dovete dire se io sono matta.»

Pur sapendo di dire qualcosa di imprudente, Angelo confessò quello che, grazie alle sue visite nei manicomi, metteva a fuoco con sempre più facilità: «Probabilmente no.»

«Cosa volete da me, allora?»

«Che mi permetta di osservare quello che fa con la ragazzina.»

«Mi pare che lo facciate già senza chiedermelo.»

Angelo rise. «Ha ragione. Le chiedo un'autorizzazione *ex nunc*.»

«Di quello che dite capisco poco, ma non sono io a interessarvi, mi pare. Vi interessa Ester. Dovreste chiederla a lei l'autorizzazione.»

«Mi interessate entrambe. Finito il lavoro in università qua in Italia, tornerò all'estero, andrò in Scozia a studiare comunità pedagogiche particolari.»

«Che significa "particolari"?»

«Libere.»

«Voi vi sentite libero?»

«Non ho moglie, non ho figli, se è questo che intende.»
Dora si guardò le mani in silenzio e lui continuò. «La libertà è una cosa strana. Credo che nessuno sia libero fino in fondo, neanche chi fugge da legami o responsabilità.»

Angelo ottenne l'autorizzazione da Ester senza che questa capisse bene cosa volesse da lei. Per guadagnare tempo, il giovane medico raddoppiò le ore in manicomio: arrivava all'alba e se ne andava appena prima di cena.

Ogni mattina, fine settimana compresi, Angelo si presentava in via Giulio e faceva il giro dei reparti, parlava con i medici, con gli infermieri, con i pazienti. Si guardava intorno con il segreto timore e il tacito desiderio di incontrare Dora. Quando la trovava accennava un saluto, scambiava due parole, si metteva in osservazione a distanza annotando i suoi progressi con Ester. Nei propri appunti descriveva il rapporto tra le due come «intessuto di tenerezza».

Dal canto suo, Dora non dava troppo peso alla sua presenza, aveva cose importanti a cui badare: era triste, sporadicamente aveva ancora forme di allucinazione ed era certa di non ricordare più alcuni fatti della sua vita. Ma tutto sommato lo considerava gradito e gradevole: un uomo maturo, quasi trentenne, con l'aria equilibrata, slavato, i vestiti sempre puliti e stirati. Dora offriva passivamente la sua collaborazione, e per pudore non osava chiedergli raccomandazioni per uscire da lì.

Un giorno di fine febbraio, Angelo arrivò a metà pomeriggio senza incontrarla. Dora non era in giardino, non era a cucire, non era con Ester. Aspettò l'ora del rosario per controllare se fosse in chiesa, e non vedendola tra le altre raggiunse la sua camerata. La trovò distesa sul materasso. Le sue scarpe rosse erano legate alla spalliera del letto con lo spago.

«Posso entrare?»

Dora gli sorrise appena. «Eh, ma non ho il caffè da offrirvi. Oggi la governante è di riposo.»

Angelo la trovava spiritosa: «Che cosa c'è?»

Dora sbuffò, non aveva voglia di parlare, si teneva lontana dalla conversazione evitando lo sguardo di lui.

Angelo ruppe qualsiasi distanza dettata dalla convenienza professionale e si sedette accanto alle gambe di Dora. Era una vicinanza disarmante, per Dora addirittura più invasiva del contatto con l'Elettricista, il dottor Poloni o gli infermieri. Angelo non aveva il profumo di Giovanni ma odorava di camicie lavate a mano.

Dora si tirò indietro come se un burattinaio la tenesse per le spalle e tornando seria sibilò: «Non mi viene bene manco di ammazzarmi.»

«Evidentemente non è quello che deve cercare di fare.»

«Quando smetterò di essere così infelice?»

«Forse quando qualcuno la capirà.»

Dora aveva all'epoca un corpicino da fame di guerra, le ossa delle spalle sollevavano la camicia da notte che si era cucita da sola. Non sarà facile, pensò senza dirlo. «Ad agosto, con il caldo, qui diventano tutti ancora più strani. Quanto pensate che dovrò ancora stare qua dentro?»

«Posso parlare con i suoi medici...» Poi Angelo si trovò in bocca la domanda che da settimane temeva di fare: «Ha nessuno là fuori?»

Dora fece di no con la testa, piegando con le dita il bordo del lenzuolo e distendendolo con un gesto di precisione sartoriale.

«Dove vorrebbe andare?»

Dora alzò lo sguardo. «Vorrei prendere mia mamma che è seppellita qua a Torino e riportarla in un cimitero sulle montagne.»

«Vorrebbe rimanere tra le montagne? Non le mancherà Ester?»

«Certo che mi mancherà... Ma delle volte penso che sia più lei a fare del bene a me che io a lei.»

Non volendo cedere alla commiserazione, Angelo evitò di elencare tutti i progressi che Ester aveva fatto grazie a Dora, e tanto meno indugiò sull'aiuto che lei stava dando alle sue stesse raccolte empiriche. La comprendeva, o almeno ci provava, così tanto da non poterlo dire. Quindi le cinse i fianchi con le mani, come a raccoglierla: «Questa le piacerà, l'ha scritta un poeta pazzo: "*Tre ragazze e un ciuco per la strada mulattiera che scendono. / I complimenti vivaci degli stradini che riparano la via. / Il ciuco che si voltola in terra. / Le risa. Le imprecazioni montanine. Le rocce e il fiume.*"»

Dora non sapeva se quella poesia le piacesse. Avrebbe voluto andarsene. Mentre Angelo si alzava, dopo averla accarezzata con un'occhiata appena più lunga del normale, lei commentò: «Dottore, se ve lo chiedono dite che ho la febbre, non dite che sto giù sennò chiamano l'Elettricista, e io invece voglio solo dormire. Voglio che mi lascino stare.»

«Posso però venirla a trovare?»

Dora accennò un sorriso stanco. Non aveva più voglia di parlare.

Le dimissioni arrivarono un paio di settimane dopo, in seguito alla proposta che Angelo presentò al manicomio di avere Dora come caso di studio e sua assistente. A lei l'aveva riferito quasi distrattamente: «Non si deve sentire obbligata a lavorare per me, ho presentato la proposta solo per farla uscire. La prego però di cercare me o un mio collega se si dovesse sentire particolarmente triste.» Le allungò un foglietto con i recapiti di un paio di medici, oltre al suo.

Durante l'ultima settimana di degenza il tempo rallentò. Dora smise di cucire, ma in compenso aveva ripreso a mangiare, segno che la prospettiva di uscire era già terapeutica. Francesco, il fratello, le aveva mandato un vaglia con i soldi necessari a comprare il biglietto per Albinia. Dora, però, non intendeva tornare da lui e la moglie: sarebbe rimasta a Torino a lavorare come sarta o come donna delle pulizie quel tanto che serviva per far trasferire le spoglie della madre sulle montagne. Non aveva altri piani.

Il giorno delle dimissioni, aspettò al di qua del cancello, su una panchina. Poggiava le mani sopra un pacchetto regalo. Era incartato con le foglie cadute dalla palma che, nel giardino del manicomio, sembrava chiamare all'evasione. Dora aveva i capelli puliti, aveva strofinato un pezzo di panno sulle guance che così s'erano colorite. Con le scarpe rosse dal tacco consumato e la punta ragnata tracciava mezzelune sul brecciolino.

In una sacca simile a quella di un soldato teneva un cambio, la radiolina, fermaglio e santino.

Angelo Pent, che arrivava da via Giulio, oltrepassò l'ingresso con la pacata lentezza che gli era propria. Finalmente lei si prese la libertà di guardarlo per bene. Era un uomo di statura media, con la fronte alta e una faccia piena di regolarità che lo rendevano piacevolmente nella norma. I modi rallentati erano accompagnati da uno sguardo vivace; teneva le mani in tasca pensando a come avrebbe salutato Dora.

Si sorprese trovandosela davanti. Si strinsero la mano. «Questo è per Ester, che a quest'ora del mattino dorme ancora. Dateglielo voi e ditele che la verrò a trovare» fece lei consegnando il pacchetto. Dentro c'era un vestitino cucito per lei con il lenzuolo del letto che Dora aveva fatto a pezzi un po' per necessità, un po' per sua prassi, e un po' per sfregio nei confronti dell'istituto.

Lui le rispose trattenendo su di lei un'occhiata accogliente, e questa volta lei ricambiò. «Ha fatto un ottimo lavoro, signorina. Se avrà bisogno, a ottobre sarò tornato dall'estero e mi troverà in università. Si ricordi che non è sola. Le auguro il meglio per la sua vita.»

«Io vi auguro di restare una persona perbene» rispose lei, mentre con la mano frugava nella sacca e afferrava il fermaglio.

Angelo continuò a pensare a Dora nei giorni successivi, e tornato dalla Scozia prese atto che non avrebbe mai smesso. Avrebbe potuto chiedere il nome della madre in manicomio, avrebbe potuto lasciare un biglietto sulla sua tomba, avrebbe potuto chiedere in Comune se c'era già stata l'esumazione. Non fece niente perché su di lui gravava il peso di quell'invito a restare «perbene», e la gente perbene non invade il campo.

Fu lei a cercarlo, nell'estate del 1961. Non perché stava male. Se l'era cavata con «una specie di tristezza che tutto sommato non m'impedisce né di lavorare né di dormire», confidò quando s'incontrarono in università. In un'antica confetteria lui le raccontò dei suoi viaggi e dei suoi studi, lei della sua vita in una casa di una sola stanza, del lavoro da sarta, di Ester in manicomio e della madre al cimitero: «Il prossimo anno riesco a portarla via e a tornare in montagna.»

«Resta qui.» Era la prima volta che le dava del tu, e lei rispose allo stesso modo saltando giù dal voi senza passare per il lei.

Angelo aveva dismesso qualsiasi tono dubitativo. I forse, le domande, i condizionali mutuati dal linguaggio terapeutico, che aveva usato in tutti i loro incontri precedenti come apertura alla comprensione, erano spariti.

Giovanni, l'unico uomo con cui Dora aveva avuto fino a quel momento una vicinanza sentimentale, era abilissimo nel tenere la pagina sempre vuota perché ci si fantasticasse sopra o perché restasse tale. Angelo no. Lui era assertivo, persino deciso, e la sua convinzione fece conquistare la vicinanza.

14

Un tetto, una radio

Dora e Angelo andarono ad abitare in una casa stretta a più piani, sopra una drogheria nel centro di Torino. Dora ormai lo chiamava «angelo mio». In lui non c'era niente di abissale, a differenza di Giovanni. Abitudinario e scrupoloso, era accudente e in cambio chiedeva un rapporto ordinario, da costruire pian piano. Quel rapporto prevedeva implicitamente anche i compiti canonici della donna di casa: pulire, stirare, cucinare, esserci la notte sotto le coperte.

Le prime mansioni c'erano sempre state nella vita di Dora, sia sulle montagne, sia in Maremma. Viveva invece con profondo distacco l'intimità, che con lui non riusciva a desiderare fino in fondo. Eppure tutto questo le era necessario. Le concedeva, finalmente, una forma di pace, la pace necessaria per essere chi voleva.

Misurare due volte e tagliare una: la regola di ogni brava sarta. E per imparare a farlo bisognava provare e riprovare. Disegnare e cucire. Appuntare su un manichino il primo pezzo, ammorbidire una piega con il ferro, tranciare il filo dopo l'ultimo punto. Aggiustare, sbagliare, migliorare.

Non mancava una sola seduta di terapia, prendeva il litio. Il desiderio di avere una sartoria occupava la sua testa tenendo fuori i ricordi peggiori del manicomio mentre quelli della vita precedente erano in parte sbiaditi da mesi. Così, oltre alle riviste di moda che faceva arrivare anche dalla Francia, studiava contabilità. Tesseva le giornate attraverso il dovere e il volere, senza distinguere più l'uno dall'altro, nel tentativo di andare avanti e non cedere all'idea che non valesse più la pena, o che forse non era mai valsa.

Passarono gli anni. Era l'inizio del 1963. A Ester diedero la possibilità di uscire. In quei giorni Dora l'andava a prendere, restando lontana dalla porta di un istituto che non voleva vedere più. Si tenevano compagnia nella soffitta dell'appartamento sopra la drogheria.

Da lì si vedevano le Alpi, dove finalmente era stata seppellita la madre Milena. Lei cuciva, l'altra dormiva o cantava, e talvolta urlava. Sebbene rubasse la sua stoffa e rompesse i vestiti, Dora di lei si fidava. Avevano ventidue e quindici anni, parlavano poco ma insieme ascoltavano la musica alla radio.

Un giorno Angelo salì di sopra. Sulla porta e sulle pareti erano attaccati disegni di vestiti e ritagli di giornali di moda. Lui salutò a malapena Ester. Non amava andare lassù, dove contava di poter trovare ragni e topi. Era però euforico: «Ho un regalo per te» disse a Dora, che si voltò lasciando il manichino su cui stava studiando un vestito da sposa per qualcuna che non era lei.

Angelo aveva iniziato le trattative per comprarle un locale. Andarono a vederlo. Lui lo acquistò perché diventasse l'atelier di Dora.

Di tutte le attenzioni che l'uomo da anni aveva verso la compagna questa fu la più eclatante. Di fronte alla portata del gesto, lei si sentì sopraffatta. Una grande risata, le mani davanti alla bocca a contenere un senso di disagio. «Non voglio niente in cambio» fu la frase detta da lui troppo seriamente al momento della firma, come a rivelare che in realtà qualcosa si aspettava.

Se esisteva un amore fatto di cura, Dora non voleva essere curata, perché all'improvviso avvertì con violenza l'obiettivo di Angelo: allineare la volontà della propria fidanzata alla sua. Una volontà di matrimonio e figli che lei non manifestava, e anzi talvolta persino respingeva.

Cosa prendeva da Angelo? Il tetto, il calore e l'aiuto nel capire il mondo. Cosa poteva dare lei ad Angelo? La casa pulita, il proprio corpo, il miracolo di assistere alla formazione di una donna. Gli garantiva anche la presenza di una resistenza da vincere, come si vince una cattedra o un seggio. Dove finivano l'accudimento e la protezione e iniziava la sfida?

«Il boom è finito, Dora. L'inflazione, gli scioperi... non sono una cosa da poco.» Angelo il socialista era appassionato di politica e con la sua fidanzata fu chiaro: «Devi informarti, devi occuparti di quello che fanno gli altri, o saranno gli altri a occuparsi di te.» Angelo incoraggiava l'indipendenza di Dora sebbene preferisse saperla donna di casa.

In pochi mesi sulle spalle di lei erano arrivate responsabilità rilevanti. Confezioni Milena, la sua sartoria, attirava clienti e aveva soprattutto le sue prime due dipendenti. Erano conquiste ottenute con una fatica che non concedeva sosta. Informarsi era uno dei doveri, e lo avrebbe adempiuto pur di far bene e tenersi lontana dai propri traumi. Come riuscirci, però?

All'edicola c'erano quotidiani su cui Dora inconsciamente evitava di gettare l'occhio. C'erano anche i rotocalchi. E c'era un poster dei nuovi vincitori di Riviera bella, il concorso della *Pagina* per fotoamatori, giunto ormai alla sua ottava edizione. Quando lei lo vide si ritrovò senza respiro. Aveva evitato con cura Giovanni, e Giovanni tornava così, per sbaglio e distrazione. «Signorina, vuole il solito?» L'edicolante si riferiva alle riviste di moda.

No, non voleva il solito, e preferiva andarsene.

Dora non ricordava più i lineamenti di Giovanni. Attribuiva quella dimenticanza alle conseguenze dell'elettroshock. La vista del poster riattivò in lei il sentimento dell'ossessione. Prendeva la forma di una nostalgia martellante, e quella mattina Dora cercò di cancellarla distraendosi. Salì in soffitta, prese la radio nel retro dell'atelier.

Però ricorda, ovunque tu andrai,
che no, non dimenticherò...
E la cosa che resta di noi è motivo d'amor.

Pino Donaggio cantava di cose che la riportavano a quello che voleva dimenticare. Tutte le canzonette sembravano un invito a tenersi Giovanni in testa.

Quindi girò sul secondo programma, doveva poteva almeno informarsi, dove poteva imparare qualcosa sugli altri anziché rivangare qualcosa su se stessa.

«*Bip bip bip.*»

Dalla radio un cinguettio. Lo stesso che, a Milano, come sempre, stava ascoltando anche Giovanni.

«Ore otto.»

Mentre Dora programmava su un foglio i compiti della giornata, dalla radio partì una voce femminile: «Buongiorno, Italia, sono Gabriella Nanni e oggi parleremo della crisi di governo.»

Partì la sigla, alcune note tonde al pianoforte.

«L'inflazione, l'aumento del costo della vita, i disoccupati, gli scioperi. Sono passate tre settimane dalla cerimonia del 2 giugno che ha visto lungo i Fori imperiali il dispiegarsi di una colossale parata. Carri armati, radiotrasmittenti, paracadutisti e un commosso presidente della Repubblica. Per alcuni, dietro a questa luminosa manifestazione delle forze armate, ci sarebbe un oscuro presagio. Il governo Moro si è rivelato fragile. Il vicepresidente, il socialista Nenni, cerca soluzioni per la sopravvivenza della prima esperienza di centro-sinistra della storia repubblicana. Se non si trova un nuovo accordo, l'Italia avrà un governo di tecnici e, soprattutto, militari.»

Dora faticava a star dietro a nomi e fatti. Era ancora intenta a ragionare sulla prima parola: quell'inflazione che la stava già costringendo ad aggiustare i conti della propria impresa.

Ma Gabriella Nanni incalzava: «Dietro a questo disegno ci sarebbe il generale De Lorenzo. Una figura amata da molti, stimata dal presidente Segni. Ma a sinistra questo ex uomo della Resistenza, ex capo del Sifar, non piace. Baffetti e monocolo. Bel portamento. Ma c'è chi dice che sembri un incrocio tra un quadro dei Savoia e un presidente sudamericano. Come Franco De Rubertis, editorialista della *Pagina* che oggi è durissimo: "Il generale De Lorenzo s'acconcia in questo modo perché non è solo un uomo di potere, è uno che pensa di *essere* il potere. Un grande militare, intendiamoci, ma non porta bandiere, neanche il tricolore in cui fa finta di avvolgersi quando va a dormire."»

Di nuovo: *La Pagina*. La redazione di Giovanni, quella di cui Dora aveva varcato solo l'ingresso per poi fuggire via. Di nuovo: l'universo che la voleva riportare a chi non voleva ricordare.

Spense la radio, sollevò del tutto la saracinesca. La luce illuminò tagli moderni, tessuti pregiati, stampe colorate e tutto quello che aveva fatto conoscere Confezioni Milena a quella città industriale e signorile.

All'ora di pranzo Angelo passò a prenderla all'atelier. Con goffa e interessata galanteria la portò al ristorante del Cambio. Per una volta non aveva qualcosa da dare, ma qualcosa da chiedere. Voleva andare in Umbria e voleva che Dora accettasse di trasferirsi lì.

Angelo Pent aveva scritto un saggio tratto dalle sue ricerche. Nulla di eclatante ma sufficiente a far circolare il suo nome negli ambienti progressisti della psichiatria. «Trasformare la vita ospedaliera», «ribaltare l'istituzionalizzazione della malattia», «creare delle vere comunità terapeutiche»: di questo si trattava.

A Perugia si stavano affermando tendenze nuove che in pochi anni avrebbero portato ai primi centri di igiene mentale del paese. Angelo sentiva che lì avrebbe finalmente potuto lasciare il segno.

Per Dora era un azzardo che colpiva in piena faccia le sue ambizioni: cosa ne sarebbe stato di Confezioni Milena, delle dipendenti, di Ester, di tutto quello che erano riuscite a fare insieme?

«Andremo a Ferso.»

Mai sentita prima. Era la città del nonno di Angelo, il compianto e stimatissimo sindacalista Agostino Ceccarelli.

«È ben collegata alla provinciale e ha la stazione meglio servita della regione.» L'idea era che Dora delegasse parte della gestione alle dipendenti; e poi ogni mese, per una settimana, poteva andare a Torino con il treno, undici ore di viaggio. In quella settimana avrebbe concentrato gli appuntamenti con le clienti e i fornitori più importanti. Una reperibilità intermittente e ben dosata poteva persino aumentare il prestigio dell'atelier, senza danneggiare gli affari. «È tutta una questione di farsi cercare... tutta una questione di ricercatezza» disse lo psichiatra davanti alle fettuccine.

Al contorno le disse il resto. A Ferso lui avrebbe continuato a esercitare la professione, collaborando con l'università del capoluogo. Ma soprattutto in quella cittadina il partito voleva candidarlo come sindaco. Strappare il comune finito nuovamente alla Democrazia cristiana, farlo con una figura esterna e prestigiosa, che nella memoria della comunità ricordava grandi lotte sociali e vicinanza al popolo.

Se Angelo avesse vinto, e soprattutto se avesse ben amministrato, si sarebbero aperte per lui le strade del Parlamento, con l'assicurazione di una cattedra all'università.

Dora ascoltava. La prospettiva che Angelo aveva davanti ai propri occhi e veniva ora calata davanti ai suoi suonava seducente ma stonata.

«La mia sartoria. Appena potrò la ricomprerò. Da te.»

«Ma certo, certo» sorrise lui, invitandola a fare un brindisi.

Dora era spiazzata dalla prospettiva che le veniva presentata; improvvisamente non si fidava di vedere i propri progetti in mano a qualcuno che non li aveva a cuore tanto quanto lei. Eppure stare con Angelo la faceva sentire al sicuro. Lo avrebbe seguito in una nuova città, in una nuova regione, a centinaia di chilometri di distanza. Con lei sarebbero venuti ago e filo, il santino e l'elicriso. Sarebbe venuta anche la radio con le sue notizie, le cronache sulle cose del mondo che allontanavano il pensiero più privato di tutti: quello di Giovanni.

II

Una storia di sangue

Prima parte

I

La città sospesa sull'oceano

Ferso era al centro esatto dell'Italia, appoggiata sul fianco di una collina. Non aveva un patrono importante a cui affidarsi, nessun san Francesco, nessun san Valentino. Non aveva neanche un piatto tipico. Anche per questo, e per i collegamenti ferroviari che la sottraevano all'isolamento, era diversa dalle altre cittadine di quella zona. Angelo e Dora si trasferirono alla fine del 1964. Nonostante fosse fine autunno, i campi e i boschi erano di un verde mai visto. Sembrava che il mondo fosse iniziato lì e da allora non fosse mai cambiato.

Le colline sfumavano in prospettiva l'una dopo l'altra, perdendo i contorni come in un quadro rinascimentale. Le curve allineate delle vallate e le chiome immobili delle querce suggerivano che non c'era nulla di selvaggio, nulla di ostile nella natura.

Più oscuro era invece il paesaggio intorno al lago che lambiva le porte della città. Aveva un che di impervio, simile a una ferita della terra che si apre per cacciar fuori dolori. In alcuni punti le colline circostanti smettevano di essere armoniose e diventavano così incombenti da somigliare a una gola; una faggeta fitta, imponente, che ricopriva ruderi dimenticati, scendeva fino a riva.

Solo nel tratto di Ripabella il paesaggio tornava a addolcirsi: la strada diventava larga, pianeggiante, comoda.

Nel rimbalzo tra colline e acqua, fino al tramonto, i colori si facevano morbidi e pastosi. Pareva un lungomare.

Il lago era un bacino artificiale nato nel 1960, quando l'acqua del fiume aveva allagato i campi di tabacco formando un bacino a forma di occhio. Un angolo, quello a est, era in Umbria; un altro, quello a ovest, stava nel Lazio.

Si raccontava che un assessore, il giorno dopo l'inaugurazione della diga, avesse commentato: «Andro che lago, quisto è n'oceano!» Soprattutto d'inverno, o tra la notte e il mattino, una nebbia impenetrabile saliva fino alla parte più alta della città. Quando arrivava il punto di rugiada la valle s'inondava a perdita d'occhio di minuscole gocce tra il bianco e l'azzurro e vie, palazzi e chiese si ritrovavano sommersi da un immenso mare grigio.

La nebbia non arrivava mai fino in cima alla cittadina, dove si trovava un'antica torre diroccata. Questa dominava una cascata di edifici che a scendere s'infittivano sempre di più sovrapponendo e incastrando epoche ed epoche. Nella parte superiore, a est, c'era un quartiere di ville ottocentesche, in zona Cavour, dove abitavano le famiglie ricche. Scendendo, c'era la piazza con il municipio, un luogo di fascino discreto grazie ai decori liberty di alcuni palazzi padronali.

Poi c'erano il giardino barocco, che portava all'archivio e alla biblioteca comunali, la cattedrale e un teatro dall'attività piuttosto vivace. Le zone più popolari, a ridosso delle mura medievali e romane, dove i vicoli erano più impervi, nascondevano bar e oratori.

Dal dopoguerra i negozi si erano poi moltiplicati e le aziende garantivano lavoro a chi voleva cambiare una storia rimasta immutata per secoli, fatta di generazioni nate e morte nei campi. Così Ferso, anche se non aveva molto da offrire, aveva sempre abbastanza almeno per sé.

Troppe salite, troppe discese. A Ferso non si poteva andare in bici. Dora raggiungeva a piedi il suo nuovo laboratorio nel palazzo dietro la piazza principale. Si trovava al secondo piano, con soffitto a botte, vetrate in ferro battuto, una zona passerella, bagno, magazzino, ripostiglio con brandina, tre Singer per cucire e un angolo cucina dove preparare tè e biscotti per le clienti.

Accanto alla radio, Dora aveva fatto installare un telefono e, grazie a sporadiche perché costose interurbane, mandava avanti i collegamenti con la sartoria di Torino. Intanto disegnava, tagliava e cuciva convinta di potersi presto affermare anche a Ferso. Sui volantini per promuovere l'attività aveva fatto scrivere: CONFEZIONI MILENA – SARTORIA DI QUALITÀ PER TUTTE. Non solo per signore, ma anche per studentesse, signorine, vedove, chiunque.

I capelli di Dora, finalmente domati, erano quelli di una giovane donna distinta, con la riga sugli occhi, e il rossetto. Aveva scarpe non più solo rosse e lise, ma di ogni colore, persino in seta. A casa c'erano due servizi di piatti buoni, le tovaglie per le grandi occasioni, le lenzuola invernali e quelle estive, un televisore. Angelo era un compagno dolce. D'estate andavano in vacanza al mare, per celebrare momenti importanti cenavano fuori.

Era una vita agiata, laboriosa e comoda, che collocava Dora lontanissimo dal suo passato. E se delle sue origini parlava, sul periodo del manicomio faceva calare il silenzio. Ricordava solo il momento in cui aveva fumato la sigaretta con Ester. Lì Dora credeva di aver imparato un principio limpido, e verso quel principio faceva tendere Angelo nella vita e nel lavoro: bisogna sempre guardare davanti a sé, dove si trovano gli occhi di chi ha bisogno di noi.

A Ferso la prima cliente di Dora fu la maestra Eliana. Era tutta una chiacchiera. Mentre Dora le prendeva le misure, quella raccontava dettagli su tutto il quartiere, come una mitraglia. Poi ci fu la signorina Irma, temperamento e taglio di capelli mascolini tenuti al riparo dalle insinuazioni grazie alla sua fede di fervente cattolica: ordinò abiti per lei e le tre sorelle.

Poi arrivarono la figlia di un notaio, due impiegate comunali, una promessa sposa venuta dalla campagna. In pochi mesi Dora aveva raccolto una piccola clientela locale alla quale offriva prezzi adeguati alle disponibilità di ognuno. Quel posto era una versione dalle ambizioni ridotte del suo atelier torinese, e tuttavia era decoroso, accogliente.

Quindi Eliana si presentò con un'amica, un'ex sarta, Graziella. Donnina minuta con i capelli raccolti in una treccia d'inizio Novecento, appariva più anziana di quanto era in realtà. Aveva il sorriso intimidito, occhi sempre bassi e grandi almeno quanto i suoi sospiri. Con una malattia che le invalidava le mani, non poteva più lavorare.

Aveva visto gli abiti di Dora e ne era rimasta colpita. Graziella consigliò a Dora di comprare le stoffe presso il più grande magazzino di abiti e tessuti: «Cocca mia, i proprietari c'hanno i soldi pe' fa' le guerre. E secondo te come li fanno?» Compravano direttamente dai setifici di Como senza servirsi di intermediari. «Chiaro, no? Dice che la fija se la fa co' un pezzo grosso lassù, capito, Dorina mia?» affermò Eliana con la pacata fermezza dell'esperta, mentre sorseggiava il tè.

Il *dice che* in quei luoghi era più di un intercalare, era una formula popolare che funzionava come una paradossale garanzia: la paternità esatta di quanto seguiva era sconosciuta, e quindi andava attribuita alla comunità intera, un'autorità superiore a qualsiasi sapere individuale.

Due settimane dopo, Dora ottenne un accordo con i proprietari del grande magazzino: compravano la seta di Como anche per lei, alle stesse condizioni di vendita che avevano loro; in cambio Confezioni Milena produceva a Torino in esclusiva una serie di fusciacche e foulard. Era la sua prima commessa fissa e avviava una serie di affari nel Centro Italia.

Il fatto di essere responsabile di una piccola impresa rendeva Dora anomala agli occhi della città. Era giovane, viveva chiusa in sartoria e, quando usciva, camminava a testa alta senza guardarsi intorno.

Faceva il conto alla rovescia pensando al giorno del mese in cui sarebbe andata a Torino. Intanto cercava di prendere poco e bene da Ferso, mentre su di lei Ferso ricamava piccole dicerie. Una di queste riguardava il nome sulle etichette dei vestiti cuciti da Dora: CONFEZIONI MILENA. Chi era questa Milena? Si raccontava che fosse la figlia morta della famiglia Pent. Una bambina di due anni. Anzi quattro. Un incidente. O forse una malattia. Del resto, una giovane coppia, tanto unita, perché non aveva ancora figli?

A Ferso, città di provincia, si contemplevano desideri e fragilità; era escluso il disinteresse. S'inventavano biografie costruite intorno al gusto per il dettaglio: i dettagli rendevano credibile ogni storia, e ai pochi che alle storie non credevano rivelavano invece che si trattava di un inganno, un abbaglio collettivo.

Dora se le faceva scivolare addosso. A poco serviva che qualche cliente le riportasse i pettegolezzi come un cane riporta la preda per ingraziarsi il padrone. Non le interessavano. Era sempre troppo impegnata a esercitare l'insegnamento della Raclin: seguire il tratteggio, rimanere sul punto, non sprecare stoffa con tagli approssimativi; essere precisa, e dunque preoccuparsi solo di ciò che conta. Restare, insomma, una tranquilla.

Lo era stata a lungo, per anni, con *Buongiorno Italia* che faceva partire la giornata mentre il piede sui pedali dava il ritmo alla macchina da cucire. Silenziosa, pacata, ordinata. Finché un giorno vide un livido sul braccio di Graziella. E di nuovo, questa volta sulle gambe, la settimana successiva.

Poi Franco, il marito, venne a cercarla, ubriaco, alla sartoria. «Scendi giù!»

Dora non aveva bisogno di chiedere per aver chiaro chi fosse il carnefice, così scese e lo minacciò con un paio di forbici. Un episodio che per qualche giorno a Ferso rinvigorì le chiacchiere. Angelo commentò così: «Vedi di non fare del nido un pollaio.» La sua immagine non poteva risentire delle alzate di testa degli altri, soprattutto da parte della sua compagna.

Le elezioni erano vicine. Inflazione, disoccupazione, un'economia prossima al collasso. Manifestazioni e, di contro, tentativi di colpi di stato. Intanto anche nel piccolo dell'Umbria, a Spoleto, a pochi chilometri da Ferso, alcuni ufficiali avevano gridato allo scandalo per una rappresentazione teatrale di *Bella ciao*, ritenuta oltraggiosa verso le forze armate. Angelo Pent sapeva dar peso all'ordine, ma ascoltava innanzitutto il popolo.

La sua fermezza, il fare colto ed empatico, il delicato accento del Nord, lo facevano apprezzare: Angelo piaceva alle donne perché era rassicurante, e piaceva agli uomini perché determinato. «Dotto'» lo chiamavano i compagni di partito, così come mezza città.

Il dottor Pent prima che *nipote di* e prima che politico era un medico: dispensava parole di conforto sia sull'unificazione del partito sia sull'utilizzo dell'aspirina. Amatissimo in sezione, era il candidato socialista in grado di fare in modo che nel resto della regione non ci fossero troppe macchie lontane dal rosso. In pochi mesi era diventato un volto conosciuto e il suo nome convinceva anche quei militanti che in lui vedevano, in fondo, ancora un forestiero.

Durante la campagna elettorale gli avversari cercavano appigli. Un candidato della Dc, a un comizio, si espresse così: «Solo un cittadino senza senno può pensare di dare il voto a un esperto di mancanza di senno.» Il riferimento era all'attività da psichiatra di Angelo, che però non rispose alla provocazione.

Su Angelo Pent non circolavano chiacchiere, solo la domanda intorno al perché non portasse la fede al dito: lui sperava che il prestigio professionale, da coltivare rigorosamente senza eccessi di eccentricità, fosse sufficiente a coprire il mistero di un'unione mai sacralizzata.

Un esponente della destra locale aveva comunque messo becco proprio sull'unione tra Angelo e Dora dicendo che una coppia senza vincolo di matrimonio non è una coppia e che un uomo senza figli non è un uomo. L'avversario non sarebbe stato incapace di prendersi cura di tutte le famiglie di Ferso, quelle vere.

«Eccolo là» fece Dora, a un tavolo del Caffè Centrale, mentre con il mento puntava verso l'uomo. Lui passeggiava con altri militanti sotto i portici di corso Dante. Lei lo fissava, quasi a voler cercare l'occasione di uno scontro che la portasse a chiarire che la famiglia Pent era affare solo della famiglia Pent.

Angelo se ne accorse e strinse il braccio di Dora come a intimarle di smetterla. «Pren-te varda!» fece lei divincolandosi dalla presa, guai a te. Lui continuò a bere il suo caffè e a pensare alla campagna.

Il 21 maggio 1965 ci furono le elezioni. La nuova giunta aveva una maggioranza risicata, ma Angelo Pent era il nuovo sindaco di Ferso.

2

Il lago, il Porticciolo, la faggeta

L'opera più formidabile del sindaco Angelo Pent consistette nel trasformare Ferso in un'ambita meta di villeggiatura. Sulla carta era un progetto talmente strampalato che in campagna elettorale non ne aveva mai fatto parola. Da subito s'impegnò a cercare e supportare investitori nel resto dell'Umbria, giù fino a Roma. Innanzitutto fece costruire un avanguardistico luna park appena fuori dalla città, tra il ponte e la stazione, dopodiché spostò l'attenzione sul lago.

A Ripabella esistevano già il vecchio Hotel Royal e un paio di locande. In quello che pareva un lungomare, vecchi edifici rimessi a lustro e alcune nuove costruzioni furono la base per la nascita del Lungolago di Ferso. Sembrava nulla più che la parte meno inospitale dell'area, ma in poco tempo esplose in un luogo di sorprendente accoglienza.

Ripabella era una destinazione più inusuale del litorale laziale e meno mondana della Toscana, ma riusciva a competere, appunto, con il mare. Aveva una dolcezza equorea, con tanto di palme appositamente piantate lì per evocare lidi esotici. L'acqua era pulitissima e bassa, non c'era rischio di incorrere in mulinelli.

La striscia di terra si riempì di un'accecante modernità, tra spiaggette, aree picnic, alberghi, trattorie e persino una balera che attiravano un gran viavai di turisti da maggio a ottobre. In netto contrasto con la luce bianca e lunare che s'irradiava sulle campagne, intorno al lungolago l'acqua si riempiva di riverberi viola, ocra e rossi così accesi che sembravano invadere anche i boschi sulla costa e sulle colline. Per alcuni, quel lembo di terra era «un obbrobrio mandato dal *diavulo*, peggio della diga» che s'era sì mangiata i campi, ma almeno aveva portato l'elettricità.

In pochi mesi il lungolago a Ripabella divenne una vera e propria macchina del turismo, meta dei romani in cerca di un luogo per fuggire dalla città nel fine settimana. Arrivavano a bordo di auto lussuose, sportive, costosissime. Erano allegri, chiassosi, pronti a spendere, soprattutto al Porticciolo, il locale dell'impresario dei Parioli Renato Binaschi.

Con sale da ballo e ristorante, terrazze e persino un cocktail bar, il locale si era fatto un nome all'altezza della Bussola e del Piper. Ci si esibivano tutti, da Dalida a Luciano Tajoli, da Fred Bongusto a Marzia Zacà. Per Johnny Hallyday e i Troggs Binaschi era riuscito a vendere biglietti a ventimila lire l'uno. Così il Porticciolo sembrava voler portare Ferso oltre i confini del suo piccolo mondo rurale, catturando le aspettative mondane di clienti pronti a raggiungerlo da Firenze, Napoli e persino Milano.

I detrattori del sindaco dicevano invece che a richiamare a Ferso gente da tutta Italia non fossero né il paesaggio peculiare né i cantanti del Porticciolo, né tanto meno le giostre.

Erano i vizi.

Eroina e cocaina si potevano trovare, raccontavano i più sensibili alla morale e al buon costume, sia nei locali dalle eclettiche frequentazioni, sia nelle ville di chi a nord del lago aveva acquistato la casa per le vacanze. Ma il vizio capitale in quella zona era la promiscuità, nella sua forma più vietata e oscena, ovvero la pederastia, che si esercitava in un luogo preciso: la faggeta. Il bosco iniziava a metà di una collina e scendeva oltre la strada fino alla riva del lago, dove la sera avvenivano gli incontri.

Nelle auto parcheggiate o in mezzo agli alberi, tra la notte e la nebbia, alcuni ragazzini della zona si concedevano a adulti che compravano, oltre al loro corpo, il silenzio.

Secondo alcuni era colpa del sindaco, una colpa che nessuno, neanche nell'opposizione, si azzardava a portare oltre una breve chiacchiera indignata o una sbuffata di scandalo. Almeno non ancora.

3

Una mamma e una festa da cui fuggire

Per l'inaugurazione estiva del Porticciolo, a giugno, Dora aveva ricevuto l'ordine di un abito «lineare ma unico in stile Federico Forquet, qualcosa di assolutamente raffinato. Ma anche strabiliante». Era un'impresa che in una piccola città richiedevano a malapena le spose.

La committente era la signora Aurelia Sacchetti-Altovini, una tra le sue principali clienti. Con case e alberghi in città e fabbriche di laterizi in Gran Bretagna, Irlanda, Germania e Canada, la sua famiglia era tra le più ricche della provincia.

Dora decise di realizzarlo lì anziché farselo cucire a Torino. In questo modo la cliente poteva far controllare i progressi e apportare modifiche. Dora conobbe così la tuttofare della signora Sacchetti-Altovini: Silvana Rambaldi.

Silvana aveva una trentina d'anni ma sembrava più anziana: corporatura solida, ossatura larga, capelli biondi raccolti che si scomponevano in nubi rarefatte ai lati, e occhi intensi da matrona celtica. Era arrivata anche lei dal Nord, non dal Nord Italia ma dall'Irlanda, dov'era nata da famiglia italiana.

Il marito, Vezio Rambaldi, a Dublino era stato più di un capo operaio: nella ditta degli Altovini era riuscito a contenere gli scioperi sindacali e questo gli aveva garantito un ruolo gestionale nelle attività irlandesi. Vezio lavorava tanto. In ufficio e tra le macchine. Era stato travolto da un autocarro in retromarcia; all'epoca la moglie Silvana era incinta, senza lavoro, sola.

In quanto donna caritatevole e per paura di una causa, la signora Sacchetti-Altovini la fece venire in Italia e la impiegò come tuttofare per i servizi che la riguardavano. A Silvana fu permesso di vivere in una piccola dépendance della villa insieme al figlio, Sergio Rambaldi. Era orfano di padre. Per non esporre lui e la madre alle chiacchiere e garantirgli un buon futuro, gli Altovini lo fecero studiare da privatista, in villa. «El bardascio de la campana de vetro» lo avevano soprannominato alcuni vista la quasi segregazione in cui viveva.

«Lei è sposata con il sindaco Pent?» aveva accennato timidamente Silvana con un accento straniero, mentre Dora dispiegava la seta per i primi tagli del vestito.

«No, no, non siamo sposati» fece lei alzando gli occhi da una piccola grinza che stava tentando di stendere.

«Non volevo dir cosa spiacevole, ma siete proprio una coppia bella! *Beautiful!*» disse Silvana sorridendo.

«*Mersì*, si dice così dalle mie parti...»

«Viene dalla Francia?»

«No, dal confine con la Francia, dalle montagne...»

«C'avete mai portato i vostri figli?»

«Non abbiamo figli, non ancora almeno.»

«Che peccato! Un figlio è la cosa più bella della vita! Guardi qua il mio.» Silvana mostrò la foto del ragazzino dopo averla estratta dal portafogli. Era una fototessera ben conservata. Lineamenti delicati, scriminatura perfetta, biondissimo.

Dora rimase colpita dall'espressione assente: non rideva, non sorrideva, non era arrabbiato o stupito. Era perfettamente immobile nella sua età, tra bambino e ragazzo.

Restituì lo scatto. Quella donna le faceva simpatia, anche se la riempiva di domande. Sembrava sincera, sembrava amichevole, sembrava persino magica.

«*Oh my!* Possiamo mettere questo fiore come spilla sull'abito della signora?» fece Silvana indicando il fermaglio di Roselle.

Stava vicino al cesto dei bottoni, stringeva il santino.

Dora si avvicinò: «Mi spiace, ma quello è un fermaglio, e non è in vendita.»

«Mi scusi, non avevo visto che è un oggetto d'amore.»

Disse così: più che un'intuizione, la certezza di chi non ha dubbi. Fu la consacrazione dell'affinità tra le due. «Dovrebbe indossarlo, allora. Un oggetto così protegge dai mali.»

Dora accennò un sorriso.

Lo mise nella borsa, dove quasi sempre stava, e lo tolse dalla vista.

Silvana le appoggiò una mano sulla spalla: «Anche se le pare di non poter avere o di non voler avere figli, lei ne avrà uno. Sarà un maschio. A *little golden boy*!» Un piccolo bambino d'oro, proprio come il suo Sergio.

Dora strinse gli occhi per un istante come per metterlo bene a fuoco, e l'ipotesi sempre scartata di un figlio divenne una fotografia precisa del possibile.

All'interno del Porticciolo si respirava un'aria d'estate, elettrizzante. Il pubblico aspettava l'arrivo di Robertino Loreti, che si sarebbe esibito per il concerto inaugurale sul palco al centro della sala maggiore. C'era però un'attesa ancor più grande per gli ospiti a sorpresa, una vera chicca della direzione artistica, sempre attenta a garantire ai clienti la cosa più importante: lo stupore.

Palme in ogni angolo della sala, moquette sui terrazzamenti, divanetti in canapa rinnovati, il soffitto di specchi, una *mirror ball*... «Si pronuncia "boll", ciccina mia, non famo brutte figure» si poteva sentir bisbigliare lungo la coda di gente in fila per lasciare il soprabito. I tavoli riservati ai nomi blasonati erano pieni già dalle sette e mezza. Aurelia Sacchetti-Altovini si presentò all'evento con il marito, la sorella, alcuni amici giunti da Siena e l'abito firmato dalla fidanzata del sindaco Pent. «Bravissima!» fece la signora Sacchetti-Altovini, declamando la sarta ancor più dell'abito.

«Ho un piccolissimo atelier a Torino. Qua a Ferso cucio qualcosa su misura, in un laboratorio del centro.»

«Fa la modesta, credetemi! Ha un marchio vero e proprio: Confezioni Milena.»

«E chi sarebbe questa Milena? Se posso, s'intende.»

«Mia madre, che non c'è più.»

«Che cosa carina ricordarla così. Dev'essere una gran fatica portare avanti una simile impresa... Spero che il sindaco l'aiuti, magari anche a pagare i viaggi fino a Torino, che devono essere una bella spesa...» commentò la sorella di Aurelia Sacchetti-Altovini, che fu costretta a intervenire: «Questo non si dice! Dora, ignori queste imperdonabili cadute, la prego.»

«Non vi preoccupate, Aurelia, sono preoccupazioni legittime. Ma cerco di pagare io ogni mia spesa» rispose lei con un timido sorriso appena prima di allontanarsi, ovviamente «con permesso».

«Che garbo questa Dora», «E che aria intensa», «Forse un poco malinconica», «Vero, ha proprio un non so che di francese!», «Non sarà facile per lei star quaggiù a Ferso, ma per fortuna c'è il Porticciolo!»

Con un senso di oppressione che cominciava a montare all'altezza del petto, al Porticciolo Dora pareva non riuscire a trovare un rifugio. Si sentiva braccata da sguardi, giudizi e attenzioni. Sarebbe voluta tornare su in città, a casa. Si avvicinò al sindaco Pent; l'uomo si stava intrattenendo con il capofamiglia Raniero Sacchetti-Altovini, che gli diceva: «Caro sindaco, mia moglie dice che se sarete bravo quanto la sua fidanzata lo è con i vestiti, Ferso diventerà uno splendore!»

«La riempiremo di lustrini questa città, vero, cara Dora?» rispose Angelo con una civetteria a lei sconosciuta, guardando la fidanzata appena sopraggiunta e trovando nei suoi occhi solo un tiepido accenno di complicità.

Il concerto a quel punto era iniziato e Dora se ne uscì con una scusa: recuperare la cipria dall'auto. La macchina era parcheggiata con il muso rivolto verso lo spiazzo dove tre ragazzi stavano vendendo alcolici di contrabbando.

Dora si chiuse all'interno dell'abitacolo per qualche minuto, abbassò il finestrino. Sulla strada, a cavallo di un mulo, un vecchio procedeva lentamente, diretto a uno dei paesini nella campagna più remota, sopra al lago. Si fermò in prossimità dell'auto del sindaco per un commento estemporaneo: «Signori', je pare o no che tutte 'ste luci s'arsugherebbero 'nchi la nebbia de novembre?» le disse.

Dora, che viveva a Ferso da quattro anni e ancora faticava a capirne la parlata, rispose spaesata: «Scusatemi ma non...» Quello però, scuotendo la testa e sorridendo, se n'era già andato via, diretto verso la parte più buia della provinciale sul lago, là dove dominavano i boschi e le campagne.

In quel momento Renato Binaschi usciva dal locale a passo svelto e con volto furioso. Proseguiva dritto, verso la strada e i tre ragazzi che vendevano l'alcol. «Che ci fate qua?» gli disse.

«Stamo a vende' du' palloncini...» disse uno con la tipica cantilena del posto. Non c'era alcun palloncino, c'era invece un angolino attrezzato per commerciare nell'ombra. «Non potete vendere niente qua fuori!» Quello tirò su col grosso naso; si spostò i capelli castani, lucenti perché unti, dalla fronte.

Governava la scena, aveva un'aria spaventosa. Immobile, alto quanto Binaschi, lo sfidava da dentro una canottiera, tenendo al collo un foulard che aveva poco di vezzoso: sembrava la divisa di una brigata.

Lui e Binaschi si conoscevano. Il proprietario del Porticciolo continuò agitando le lunghe mani, come per scacciare i demoni che si aggiravano sopra quei tre: «Via anche Api e motorini dal parcheggio o li faccio spostare con la forza...»

Gli undici anni di uno erano resi inverosimili da una sigaretta che gli penzolava dalle labbra. Si sporgeva oltre la linea immaginaria disegnata dal gruppo, quasi fosse un parapetto: «Perché, sennò che ce fai?» lo provocò con le mani in tasca, a mento – come si sarebbe detto da quelle parti – pizzo.

Renato alzò un pugno che poi contenne in uno scatto di pentimento, quasi melodrammatico.

«Non prova' a toccamme, frocio!» ringhiò un altro, verso Binaschi, buttando a terra una bottiglia di amaro con tale veemenza da farla a pezzi. Era un affronto incredibile, un comportamento violentissimo che al Porticciolo non si vedeva neanche a fine nottata, quando le ugge della vita prendevano il sopravvento negli ospiti più ubriachi e animosi.

Dall'auto Dora seguì tutta la scena, che durò solo qualche secondo, dopodiché uscì e fece per avvicinarsi; Binaschi però, con sdegno, stava già tornando verso il locale. Lo scontro a cui Dora aveva appena assistito cancellò in lei il desiderio di andarsene; anzi, stimolò appena un sentimento di curiosità e preoccupazione. Guardò i tre ragazzi con aria di sfida. Due di loro si diedero una gomitata facendo un cenno verso di lei e bisbigliando che quella era la fidanzata del sindaco Pent, «il socialista».

Quindi Dora seguì Renato Binaschi, ma lo perse di vista ai bordi della pista ormai piena di gente. La fidanzata del sindaco attraversò tutta la sala e proseguì verso il patio che dava sul lago. Lì un disc jockey, arrivato per l'occasione dalla Versilia, metteva vinili su un giradischi posizionato all'interno di una barca ancorata al pavimento. Un'altra trovata del multiforme Binaschi. Sull'acqua altre imbarcazioni illuminate brillavano, accompagnate dal vociare a bordo caciarone e cortigiano insieme.

Era il 1968. Dora faceva silenziosamente i conti con se stessa, mentre Ferso faceva i conti solo con un po' di luci che oscuravano le stelle. Le coppie ballavano un lento. Era una canzone di Sergio Endrigo:

Io mi fermerò
e ti regalerò
quel che resta
della mia gioventù.

Non c'era alcun nervosismo dalla parte opposta del parcheggio. Non c'erano tensioni, se non quella amorosa. Dora s'affacciò alla balaustra come a invocare qualcuno che dal cielo le portasse via il peso che di nuovo sentiva sul petto. Cercava aria e trovò un punto dove la musica si abbassava fino a rendere udibili le miti e oscure onde del lago.

A un metro da lei un uomo, con la testa stempiata e imperlata dall'umidità, si godeva uno spazio di verbosa intimità con una donna, che Dora vedeva solo di spalle. «Sii seria, Marta. Su!» fece lui. Aveva un abito di pregio ma sgualcito dall'affanno dei balli.

Si riposizionò gli occhiali di chi legge troppi libri in cima al naso e le prese la mano come per farla roteare in una nuova giravolta. «Ma tu mi fai bere e poi non vuoi che rida...» rispose lei, divertita e vezzosa.

«Ascolta la canzone, tesoro mio, è nel "*mi fermerò*" che Endrigo fa la sua vera dichiarazione d'amore, lì fa il suo voto. Sceglie rifiutando, nel momento in cui si arrende al tempo accoglie l'eternità del sentimento...»

Dora fu catturata da queste parole, come poco prima lo era stata dall'arrivo impetuoso di Renato Binaschi sul piazzale.

L'uomo, che pareva venire da un'altra città, continuava: «E allora lasciati dire che esistono due tipi di amore. Quello immaginato e quello vissuto. Il primo è assoluto perché non si confronta con la finitezza e quindi è eterno, il secondo è assoluto perché rifiuta ostinatamente di essere eterno.» Scoppiò a ridere, come se non ci credesse nemmeno lui.

Eppure Dora Bois lo ascoltava. Dava un peso a certe parole. Tornando in sala, sentì di aver rubato una verità che rimandava a un nome e un cognome: Giovanni Pitorsi. Si chiese quindi due cose. Una, che cercava di non chiedersi più: dov'era finito Giovanni? L'altra, che non si era mai chiesta: era stato un amore assoluto, il loro?

4

Il Sessantotto che fa paura

L'avvocato De Masi, cavaliere del lavoro e vicino dei Sacchetti-Altovini, batteva la punta delle dita sulla scrivania, dal mignolo all'indice, come fossero il corpo di un bruco in movimento. Sinuoso e regolare. Arrivato al pollice batteva due volte e poi tornava indietro ricominciando dal mignolo. Era un tic legato al rischio di dover fare qualcosa che non voleva.

L'invito del circolo dei canottieri all'apertura della stagione teatrale minacciava la sua quiete serale protetta dalle mura della villa. L'avvocato non era un uomo mondano. Far parte di un'associazione lo faceva sentire fuori posto: la messa di Natale, il Capodanno degli associati, i convegni trimestrali, la noia di riti e celebrazioni.

Non si andava a messa per la messa, non si festeggiava il Capodanno per il Capodanno, non si facevano convegni per i convegni. Tutto era un'occasione per tessere una fitta rete di mani che si stringono, pacche sulle spalle e sguardi d'intesa che sarebbero tornati utili, prima o poi.

L'avvocato era un borghese, amava la pesca della domenica mattina al circolo, ma rifiutava istintivamente frivolezze e sotterfugi del suo ambiente. Forse si era innamorato di Anna proprio per questo: per l'asciuttezza rurale della sua morale e dei suoi comportamenti. Allo stesso tempo, dell'essere borghese conservava la riluttanza a risultare sgarbato, cosa che viveva come una maledizione.

Così batteva le dita rimuginando sul da farsi fino a quando la moglie, portandogli il caffè corretto delle due e vedendolo preoccupato, gli propose di accompagnarlo alla chiusura della stagione teatrale. «Così ti passa meglio il tempo e non fai cosa maleducata con il circolo.» Concedere al marito e soprattutto a se stessa una serata di mondanità era una novità per Anna.

Il 20 settembre del 1968 la coppia andò al teatro comunale di Ferso per vedere *La duchessa di Urbino*. Con sobrietà: lui in completo blu, lei con uno scialle e un abito marrone lungo fino ai piedi.

Era una serata calda, l'estate tardava a finire. La gente *perbene* della città si intratteneva con piacevoli chiacchiere appena fuori la biglietteria, quando un frastuono di voci riempì la strada fino al palco, ancora vuoto. Erano manifestanti: studenti che volevano esprimere solidarietà ai colleghi arrestati alla Sorbonne di Parigi in quelle settimane.

Era ancora un evento inusuale, per l'epoca e per la città. C'era la polizia locale, c'erano i carabinieri e da Roma erano stati mandati rinforzi: mantenere l'ordine, reprimere i facinorosi. La manifestazione non sarebbe dovuta passare da lì, davanti al teatro, ma avrebbe dovuto seguire il corso che dall'istituto d'arte portava all'ospedale.

Quando un gruppo di dimostranti si staccò e cominciò a marciare verso il teatro, il vicequestore fece schierare una ventina di agenti all'imbocco della via. Cercarono di contenere i manifestanti con un paio di cariche. Intanto gli ospiti del teatro comunale cominciavano ad agitarsi per il vociare che arrivava dall'imbocco della strada. Dalla loro posizione la scena non era visibile, così il commendator Neri si allontanò dagli altri per avvicinarsi, capire cosa stava succedendo e riferire al resto della comitiva. Quando tornò, disse sorridendo: «La giovinezza di tutti è un sogno, una forma di follia chimica.»

Nessuno colse la citazione di Fitzgerald, ma le parole erano confortanti perché una follia simile doveva essere appartenuta a tutti, anche a loro, in un qualche momento della vita.

Il pubblico in attesa della *Duchessa di Urbino* si calmò per appena qualche secondo, ovvero finché vide passare un giovane che correva fuggendo da uomini in divisa col manganello in mano.

Da lì le forze dell'ordine cominciarono a retrocedere: la pressione dei manifestanti aveva spostato lo scontro di duecento metri, il parapiglia aveva svoltato l'angolo e adesso era visibile anche all'avvocato De Masi e a sua moglie Anna.

Si sentirono un paio di colpi.

«Entrate nel teatro!» gridò con fermezza un appuntato dei carabinieri che li aveva raggiunti. La folla si spinse all'interno mentre le mascherine aprivano anche gli ingressi laterali, ma l'avvocato era rapito da quel sogno di altrui giovinezza. In particolare lo incantava un coro, prima indistinto, poi chiarissimo. «Fascisti, borghesi, ancora pochi mesi!»: gli sembrò che quell'unisono lo chiamasse per portarselo via.

Ce l'avevano con lui? Ce l'avevano con i suoi compagni di circolo che in fondo anche lui non amava? La «follia chimica» di quei giovani rivelava una verità mai messa a fuoco? Si voltò, Anna non fece neanche in tempo ad accorgersi che il marito era rimasto fuori dalla porta del teatro.

Nella ressa il figlio del dottor Dell'Oglio lo afferrò per un braccio: «Avvocato, da questa parte! Entriamo!» Lui si divincolò con fastidio e proseguì controcorrente. I manifestanti erano fuori dal teatro, se non fosse stato per le divise degli agenti sarebbe stato impossibile distinguerli dalle forze dell'ordine.

L'avvocato De Masi teneva le spalle contro la porta di

vetro e ferro dell'ingresso principale. Osservava i tafferugli a pochi metri da lui, ma non sentiva più il coro. Intravide però nella folla un ragazzo, giovane, forse al primo anno di università, che impugnava una pistola a salve e aveva i capelli biondi come un principe delle favole. Il giovane sparò un paio di colpi in aria. Le forze dell'ordine risposero con armi da fuoco. Il frastuono risvegliò l'uomo dall'incanto che lo aveva condotto fin lì, a ritroso come un'anguilla.

Appena fece per tornare indietro, De Masi sentì un forte e improvviso bruciore alla spalla destra seguito da un dolore lancinante. Sui pezzi di vetro sparpagliati davanti all'ingresso del teatro comunale c'era il suo sangue.

I feriti negli scontri furono cinque: l'avvocato, un agente di polizia e tre studenti di sinistra, di cui uno grave. Il pensiero di tanti era che i manifestanti se la fossero cercata, perché va bene la follia chimica dei giovani, ma a nessuno di loro, da giovane, era mai capitato di portare scompiglio e violenza tra persone pacifiche e rispettabili come il pubblico del teatro comunale.

Qualche mese dopo ci fu anche un lancio delle uova, contro il municipio, il tribunale e tutte le ville della zona alta di Ferso. Erano uova marce, e l'avvocato De Masi, che dal settembre precedente ancora aveva il braccio fasciato, nonostante l'attacco fosse avvenuto al buio fu certo di scorgere dalla finestra del suo studio lo stesso studente biondo dell'attacco a teatro.

Non aveva dubbi: facinorosi di sinistra. Così era andato alla polizia e poi aveva chiamato Bartoccini, il consigliere comunale socialdemocratico che appoggiava il sindaco Pent e che aveva contribuito a eleggere: «Così non si può più andare avanti.»

5

L'uomo con i guanti

Silvana aveva prestato a Dora un erbario. Disegni di foglie su carte ingiallite che spiegavano la storia e le proprietà delle piante. Dora lo usava per studiare i decori dei vestiti da sposa. Non era la prima volta che lo apriva, e la sua attenzione fu catturata dalla carota selvatica.

Fiori raggruppati in un ombrello fitto e piatto. Somigliava all'elicriso, ma era bianco, non color miele. Ed era molto meno ordinato. «Sin dai tempi di Ippocrate i suoi semi vengono assunti come contraccettivo.»

Li raccoglieva in un campo vicino al lago. Seccava i semi e quando aveva paura di essere rimasta incinta li mangiava, di nascosto da Angelo. Le venivano i crampi, niente di più. Non le sembravano interruzioni, ma indigestioni. Si convinceva che non stava fermando nulla perché in lei nulla poteva avvenire. Se non fosse stato per la profezia di Silvana, avrebbe pensato di restare per sempre senza figli.

Raccogliere i fiori l'aveva avvicinata al lago. Scendeva lì la domenica. Anche d'inverno, quando le giornate erano troppo corte. Camminava, respirava un'aria diversa, guardava verso il Porticciolo e pensava di nuovo a Giovanni. Così passeggiare al lago era diventato un modo per tenerlo confinato ad alcune ore e spazi scelti, convincendosi che lui non potesse che arrivare su invito.

Era il 1969. A qualche mese dai fatti del teatro e a pochi giorni dal lancio delle uova, Dora scese dalla zona orientale della città. Da un belvedere s'intravedeva il lago che curvava all'orizzonte. Lo faceva in modo anomalo e marcato, come se qualcuno, sottoterra, in fondo in fondo, con le dita tenesse due corde attaccate ai lembi di quel pezzo di terra e acqua.

La notte era arrivata già nel pomeriggio, vicino all'acqua c'era così tanta nebbia che Dora si era accorta della presenza di un paio di persone solo quando, come fantasmi, apparvero a due metri da lei. Si avvicinò alla zona abitata per raggiungere un bar. Passò davanti all'Hotel Royal. C'erano tante auto, più o meno da ricchi. C'erano Api e Vespe.

Non era un congresso, non erano turisti. Erano una quarantina di cittadini nostalgici, di simpatie monarchiche e fasciste. Erano arrivati anche da Roma e dal Nord per suggerire idee. Si riunivano intorno al timore che la violenza degli studenti di sinistra potesse riesplodere da un momento all'altro, in Italia e soprattutto a Ferso, dove porticcioli, faggete e luna park trasformavano la dignità rurale in un paese dei balocchi.

Vicino all'ingresso alcuni fumavano e chiacchieravano. Ridevano, dicevano frasi reboanti con toni seri e accenti puliti o locali.

«E se la polizia non è capace di difenderci bisogna armarsi per difendersi da soli...»

«Io il porto d'armi già ce l'ho pe' anna' a caccia!»

Dora si teneva lo scialle intorno al collo con le mani, camminava veloce. Nessuno aveva riconosciuto la fidanzata del sindaco. Da un'auto spenta, vicina al gruppetto, con il finestrino abbassato, si udì il movimento del guidatore. Dora si voltò. Troppo buio, il viso era coperto.

«Signorina, questo è per lei!»

Aveva dei guanti neri, parevano seta, parevano di pelle,

parevano di gomma. Dora non si accorse di averli già visti in un incubo. L'uomo ritirò la propria mano e poi sembrò sparire nel buio dell'abitacolo. Dora stringeva nella sua un volantino che ripiegò in fretta e lesse al bar:

> Cittadini, la situazione sempre più tragica in cui versa l'Italia ci richiama al dovere civile di prendere una grave decisione. Le agitazioni, le ribalderie, gli oltraggi inammissibili dei cosiddetti "contestatori" e soprattutto ciò che essi preparano con la delittuosa complicità di organizzazioni politiche di sinistra c'induce a chiedere alla parte sana del popolo italiano di predisporre la propria difesa, di organizzarsi e insieme di pretendere che l'Arma benemerita dei Carabinieri, la Questura, le forze tutte dell'Ordine siano rispettate ed armate nel rispetto della sicurezza nazionale. Per questo abbiamo costituito il primo Comitato di salute pubblica al quale invitiamo a iscriversi tutti i cittadini benpensanti.

Angelo non era in casa. Dora era tornata dalla sua passeggiata sentendosi inquieta, quasi spaventata. Preparò la cena perché un amore vissuto era fatto di cura, quella che si presta nel far cose che piacciono anche all'altro. Per apparecchiare spostò alcuni quotidiani locali. Ci poggiò sopra il volantino che le avevano dato. Sembrava il controcanto del titolo centrale sulle pagine di Ferso: «Voto sul bilancio. Tremano Pent e la sua giunta.»

Il giornalista Mino Pazzaglia, storico collaboratore locale, dava per certo il passo indietro del socialdemocratico Bartoccini: «Pronto a sfilarsi: "C'ho messo la faccia ma non voglio finire che ce la rimetto."» Il consigliere era preoccupato per il suo elettorato, per quelli come De Masi: la parte produttiva della città, moderatamente progressista, si lamentava con lui, aveva paura degli studenti e, perché no, di operai, disoccupati, perdigiorno, deviati. «Rissa alla riunione di maggioranza. Tensione alle stelle per un'amministrazione prossima alla caduta.»

Il voto era previsto per quella sera. Angelo tornò a casa dopo mezzanotte. Un piatto capovolto non era riuscito a tenere in caldo la cena. Dora era seduta sulla poltrona, accanto al finestrone che dava sul giardino. Metteva dei punti, illuminata dalla lampada in tessuto. In sottofondo la radio trasmetteva la canzone che Milva aveva portato al *Festival di Sanremo*.

Il sindaco Pent aveva un'espressione indecifrabile. Aveva incassato una vittoria, ma era una vittoria sghemba. Il socialdemocratico Bartoccini aveva votato contro, ma a sorpresa il missino Randolfo Caponi aveva appoggiato la giunta. Prima di salire sulla sua Fiat Campagnola, sul cui parabrezza campeggiava l'adesivo della fiamma tricolore, Caponi aveva confidato velocemente al cronista Pazzaglia: «Scriva pure che l'ho fatto per tenere la poltrona. Scriva quello che vuole, se le serve a vender meglio. Ma sappia che l'ho fatto perché l'onore è nemico della convenienza, e che questa giunta non cadrà per colpa di alcuni studentelli.»

Non per colpa di alcuni studentelli. E per colpa di chi, allora? Dora non chiese nulla del voto, intuì da un invito a brindare che il sindaco era ancora in sella. Angelo le accarezzò la testa, non desiderava parlare di un trionfo su cui incombeva una minaccia.

6

Sergio Rambaldi: la scomparsa di un bambino

A luglio, a Ferso, c'era aria di temporali. Una nebbia fitta era salita dalla diga come se fosse novembre per poi disperdersi oltre le colline durante la mattinata. Era rimasta una cappa umida, sospesa nell'attesa della pioggia estiva.

Sergio Rambaldi, undici anni, si svegliò verso le otto e mezza. Recitò le preghiere del mattino e cercò di richiamare i merli alla finestra con il fischietto che gli aveva regalato Mario Diotallevi, il giardiniere di villa Sacchetti-Altovini, nella cui proprietà il ragazzino viveva insieme alla madre. Era un fischietto da richiamo per la caccia, piatto e tondeggiante. Il ragazzo lo usava per avvicinare i tordi che facevano il nido nel parco.

Sergio voleva fare lo scienziato. Diventare ornitologo, in particolare, gli pareva emozionante. Ma era affascinato da qualsiasi questione riguardasse la natura e le scoperte. Non a caso, in tarda mattinata si mise a leggere con un certo entusiasmo *Viaggio al centro della terra*, uno dei libri che gli erano stati assegnati per l'estate. Rimase su quelle pagine fino all'ora di pranzo. Non era un bambino avventuroso, men che meno spericolato. Lo affascinava però il mondo sotterraneo che Giulio Verne raccontava: il vulcano, le grotte, i geyser... Sul proprio diario aveva annotato una celebre frase: «La scienza è fatta di errori, ma di errori che è bene commettere perché a poco a poco conducono alla verità.»

Con un pastello a cera azzurro ci disegnò intorno un cerchio che somigliava a una lente da microscopio. Poi tornò alla finestra a tentare di richiamare i merli. Silvana era in giardino a raccogliere erbette. Gli disse: «*Get down here!* Pranzo pronto in cinque minuti...»

Sergio scese a mangiare il pasticcio di piselli e carne insieme alla madre. La porta del soggiorno, che dava sul giardino, era aperta, come sempre in estate.

Mentre riempiva il piatto del figlio, Silvana guardò verso la serra. Aveva passato gran parte della propria vita in Irlanda e, sebbene avesse genitori italiani e l'italiano fosse la lingua dell'uomo che aveva sposato e di suo figlio, per lei era ancora difficile rinunciare all'inglese.

«Sta per piovere. Dobbiamo portare dentro i vasi di limoni!»

«Mamma, ti aiuto io che sei piccolina.»

Silvana non era piccolina, e di certo era più robusta del figlio, alto un metro e cinquanta per poco più di quaranta chili. Ma agli occhi di Sergio era minuta perché senza un altro uomo in famiglia andava protetta. Lei sorrise: «Amore, non c'è bisogno. Mi aiuta Mario!»

Il 5 luglio il ragazzo finì di mangiare e alzandosi chiese se poteva andare a fare un giro in piazzetta. La piazzetta era la superficie di un garage interrato, alle spalle dell'oratorio; i ragazzi tra i dieci e i diciotto anni andavano lì a vendere e a scambiarsi giochi e piccoli oggetti usati.

«Voglio trovare un cordoncino per il mio fischietto...» disse Sergio alla madre alzandosi da tavola.

«Se non lo trovi, possiamo chiedere un po' di stoffa alla sarta... Ci passo domani.»

«Grazie, ma non voglio che mi compri niente, posso trovare un cordoncino robusto da cacciatore, posso scambiarlo con dei tappi.»

«Va bene... Ma non far tardi che pioverà.»

«Torno per le cinque così ti aiuto a tirare la pasta.» Un sabato sera al mese, infatti, Silvana preparava i cappelletti in vista del pranzo domenicale in villa, e per Sergio era un piacere darle una mano e intanto mangiare la carne cotta e ben condita del ripieno.

Quel giorno il ragazzo uscì dalla proprietà Sacchetti-Altovini alle tre meno dieci. Silvana nella serra stava raccogliendo le foglie cadute dei limoni. Mario, il giardiniere, lo salutò mentre alzava l'ultimo vaso per metterlo al riparo dal pericolo della pioggia incombente. Sergio ricambiò quando era già a metà viale: «Signor Mario, buon pomeriggio!»

Alle 18.30 Sergio non era ancora rientrato. Neanche una goccia dal cielo. Venti minuti dopo Silvana chiamò preoccupata l'oratorio. Nella sala d'ingresso c'era un bar che affacciava sullo spiazzo. Era un ritrovo frequentato soprattutto da anziani: vino, gassose e cambio moneta per la briscola.

«Visto 'sto tempaccio non ci stanno tanti ragazzetti in giro e io a Sergio non l'ho visto proprio, ma capirà, so' stata sempre qua dietro...» disse al telefono la donna che aveva in gestione il locale. Da dietro il bancone vedeva passare tutti i clienti, non riusciva però a scorgere la piazzetta.

«C'è stato il mercatino?»

«Sì, ma mi sa che erano in pochi.»

Silvana riattaccò e si guardò distrattamente la punta sporca degli zoccoli che aveva usato in giardino. Era preoccupata, Sergio non era un bambino che amava avventurarsi. Facendosi il segno della croce si voltò in direzione della credenza, sulla quale era poggiata la foto del marito Vezio. Accanto ce n'era una di Sergio; era l'unica che aveva, oltre alla fototessera che teneva nel portafoglio.

Sergio era ritratto in giardino, con un pallone tra le mani. Nonostante il bianco e nero, s'intuivano le gote arrossate dalla corsa che doveva aver fatto.

Silvana tolse il grembiule da lavoro e, senza sistemarsi, s'incamminò velocemente verso l'oratorio. Attraversò viale dei Pini, la strada principale di zona Cavour, nella parte alta e pianeggiante di Ferso. I rumori delle cucine dove si iniziava a preparare la cena restavano intrappolati oltre le tende e gli alberi dei giardini signorili.

La donna non incontrò nessuno, tranne il conte Dozzini, smarrito nella sua demenza senile: sedeva su una panchina, davanti al cancello della propria villa, facendo oscillare il bastone sopra il marciapiede.

«Avete visto Sergio?»

«Stamattina!»

«È sicuro che non fosse oggi pomeriggio? In che direzione andava?»

Indicò la villa Sacchetti-Altovini da cui arrivava Silvana: «Tornava da scuola!»

Sergio studiava da privatista, non andava a scuola, tanto meno a luglio. Il conte non era lucido, così Silvana proseguì verso il parcheggio dell'oratorio. La città era quasi deserta per via del caldo e la minaccia di pioggia. Incontrò un paio di conoscenti che non avevano visto Sergio e, una volta arrivata in piazzetta, prese atto che non c'era nessuno, tranne il sagrestano della chiesa che stava ordinando di ritirare i panni alla perpetua, affacciata alla finestra dell'appartamento sopra l'oratorio.

«Avete visto Sergio? Sergio Rambaldi... un ragazzino con gli occhi verdi e i capelli biondi, con lo *scrimo*!» chiese Silvana a entrambi mimando la direzione in cui piegavano i capelli del figlio: da destra a sinistra.

«Stava qua sotto, un paio d'ore fa... Che nun se ritrova?» azzardò vedendo la preoccupazione della madre.

«Che faceva?»

«Me pare che stava seduto là sul muretto.»

«Sì, l'ho visto pure io» aggiunse il sagrestano.

«Era da solo?»

«No, no, steva co' un paio d'amici ma nun j'ho dato grande attenzione... Nun se preoccupi che vedrà che torna a casa.»

Sergio non tardava mai.

Silvana era agitata. Non aveva sensazioni rivelatrici, nessun presentimento intelligibile. Solo una confusione leggera, simile a quella procurata da un risveglio. Fece un giro nel bar dell'oratorio che aveva chiamato poco prima. Passò per il parco e la piazza e tornò a casa.

La signora Aurelia la fece salire in salotto, la invitò a cena ma Silvana preferì aspettare nella dépendance, nel caso in cui il figlio tornasse a casa. Erano passate cinque ore da quando Sergio era uscito, e per la prima volta in vita sua il bambino non avrebbe cenato con sua madre.

Alle 20.40 Silvana tornò in villa e chiese a Raniero Sacchetti-Altovini: «Signore, vorrei fare un giro in auto giù a valle fino al lago per vedere se mio figlio è alle giostre... Magari è arrivato fin laggiù e preso dai giochi *he forgot to come back home*. Chiedo a Mario di accompagnarmi.»

«Certamente. Quando rientrate, se non l'aveste trovato, chiamiamo le autorità, che ne dice?»

Poco dopo le 21.00 Silvana salì in auto con Mario. Girarono intorno al luna park, ma tra le persone fermate nessuno aveva visto Sergio. Appena tornarono in villa, trovarono la signora Sacchetti-Altovini che li aspettava fuori dal portone, alla fine del viale. Era insieme a Rosanna, la cameriera. «Senza indugio, dica a Silvana cosa è successo!» fece la signora mentre si teneva stretta alla cintura della vestaglia.

Rosanna esitò appena. Guardò in cielo come a cercare le parole, ma arrivarono solo le prime gocce di pioggia. La signora Sacchetti-Altovini tagliò corto: «Hanno chiamato.

Erano precisamente le 21.47. Hanno chiesto un riscatto per Sergio...» Non si erano voluti far passare nessuno, avevano promesso di richiamare e di preparare intanto quindici milioni da lasciare alla diga. «Hanno detto: "Venite personalmente e portate i soldi, e noi in cambio vi ridiamo Sergio."» Era stata una chiamata veloce, la voce era ovattata, forse per via di una mano o di un tessuto usati per dissimularla. A lei era sembrata assolutamente giovane, forse femminile. Rosanna si sentiva in colpa per non aver avuto la lucidità e il tempo di capirci di più.

Silvana si appoggiò al cruscotto dell'auto di Mario. Rimase immobile perché il suo corpo non aveva gesti, la mente non aveva pensieri per assorbire un fatto del genere. E lo stesso valeva per tutti gli altri.

A parte qualche orrendo racconto che risaliva a prima delle guerre, nessuno aveva mai sentito di un bambino rapito non solo a Ferso, ma in tutta Italia. Chi poteva essere così bestiale? «Non so da' tande indicazioni, se sendiva così male, pareva 'na voce giovane giovane, forse una donna, forse se camuffava» intervenne Rosanna quasi scusandosi di non essere di grande aiuto.

Silvana si passò la mano sul viso per rimuovere le gocce di pioggia; avrebbe voluto lasciare spazio al pianto, ma si contenne. Chiese di poter restare nell'ingresso della villa, vicino al telefono. Poco dopo sentì una fitta al ventre, digrignò i denti, in bocca il sapore del sangue. Aurelia le portò un calmante e Rosanna si assicurò che trovasse sonno.

7

«Qui nessuno paga niente»

La richiesta di riscatto era di quindici milioni. «Né tanti, né pochi» aveva commentato il colonnello comandante Guglielmo Santi stringendo i braccioli della sedia ottocentesca su cui stava seduto. Era una sedia del tutto fuori misura, tanto sontuosa da disorientare in una stanza come quella.

In alto, l'ufficio aveva una finestrella lunga e stretta, il calendario dei carabinieri chiuso e appeso per il cordoncino, il crocefisso senza Cristo e un ritratto di Saragat. Il presidente della Repubblica, in particolare, era immortalato su una sedia non troppo dissimile da quella del colonnello. Ma i due erano profondamente diversi: il presidente aveva gli occhiali, era stempiato con guance cascanti e l'aria quasi rassicurante; Santi, invece, era un fascio di muscoli, lo sguardo vivo e la faccia rigata dai nervi.

Comandante di legione, Santi si era recato a Ferso proprio per seguire da vicino un caso che poteva essere una bravata come una tragedia. Lo aveva fatto dopo che il signor Sacchetti-Altovini in persona si era preoccupato di andare a parlare della scomparsa con carabinieri e polizia nel capoluogo.

Silvana aveva preso il bus che passava a nord del lago e aveva raggiunto la caserma dei carabinieri più vicina, che si trovava appena prima del confine con il Lazio, in località Callalta. Davanti al colonnello Santi provava un sottile disagio che, viste le circostanze, trascurò: «Secondo voi chi potrebbe averlo rapito?»

«Signora, non abbiamo queste informazioni. Ma ho voluto incontrarla proprio per rassicurarla sull'importanza che l'Arma dà a tutta la vicenda. Una donna senza marito annaspa tra le ansie...» ridacchiò. «Io lo so come siete fatte voi!»

Voi chi? Le femmine. Silvana sorrise, imbarazzata.

Il colonnello continuò: «Deve andare a pregare la Madonna se le dà sollievo. Se è uno scherzo, si risolve in giornata. Se non è uno scherzo, non è opera di gente di qui. Avranno visto il ragazzo uscire dalla villa e avranno pensato che è figlio di ricchi. Non va escluso che sia un'azione di contestatori. Sono mesi che fanno atti criminali come gli scontri davanti al teatro. Ma quelli sono studenti, li prendiamo. Quindi si tranquillizzi. Il vicemaresciallo Di Gennaro le darà i numeri per contattare la caserma nel caso in cui dovesse venirle in mente qualcosa di utile sulla scomparsa. Ovviamente state vicini al telefono.»

«Va bene. Non so se è importante che lo sappiate, ma vorrei dirle che se noi non abbiamo i soldi è anche vero che la famiglia per cui lavoriamo sarebbe disposta a pagare.»

«E perché mai?»

«Perché ci vuole bene.»

«Non scherziamo, qui nessuno paga niente o si giustifica l'azione di chi magari l'ha rapito. E s'immagini: se Sergio li avesse visti in faccia?» Parlava al plurale, come a voler sottolineare l'ipotesi dei contestatori. Continuò: «Quelli saprebbero che, una volta liberato, il bambino li denuncerebbe. Non si paga! Questa è la prima regola! Saremo noi a prendere i criminali e a liberare il nostro Sergio.»

«Voi nel frattempo indagate?»

«Signora, non si preoccupi. Vada a preparare il dolce preferito di suo figlio... Che gli piace? Che fate in Inghilterra? La zuppa inglese? Gli piace la zuppa inglese? O il pudding? Lo conosco perché mio fratello è stato prigioniero degli Alleati e poi lì ci è rimasto a vivere, pensi lei... Lo chiamavano il *wop*, il guappo!»

«Non siamo inglesi, veniamo dall'Irlanda ma siamo italiani.»

«Be', allora Sergio amerà il tiramisù. Un bel dolce tutto italiano. Vada a prepararglielo, vedrà che torna a casa presto.»

Silvana rientrò a casa con un foglietto sul quale erano appuntati due numeri diretti della caserma. Era preoccupata, le parole del colonnello erano state vaghe e il suo paternalismo era l'opposto della franchezza di cui la donna aveva bisogno.

Il signor Sacchetti-Altovini fu più pragmatico e, prendendola in disparte, disse: «Silvana, nessuno può fare soldi con un cadavere. Mantenga la calma.»

Un cadavere. Finalmente qualcuno nominava l'eventualità peggiore e a Silvana sembrò per un attimo di liberarsi da un pensiero che aveva taciuto a se stessa troppo a lungo.

Avevano messo sotto controllo i telefoni della villa. A turno Mario, la cameriera Rosanna, i coniugi Sacchetti-Altovini, la figlia Anna Rosa arrivata da Genova per aiutare e ovviamente Silvana presidiavano l'apparecchio. La madre aveva il turno da mezzanotte alle 6.30 perché tra tutti era quella che poteva garantire la vigilanza più attenta. Inoltre di notte, se avevano qualcosa da dirle, gli spiriti le avrebbero parlato, ne era certa.

Gli spiriti, però, non intervennero mai. Quando arrivò una nuova telefonata dei rapitori, di turno c'era il padrone di casa, che aveva concesso tre ore per rispondere al telefono, la sera, dalle nove a mezzanotte, mentre controllava la contabilità giornaliera di aziende, proprietà e alberghi. Era il 7 luglio, erano passati due giorni dalla scomparsa di Sergio.

«Pronto? È il dottor Sacchetti-Altovini?»

Diversamente da quanto avvertito da Rosanna, a lui quella voce pareva di un adulto. Aveva un accento pulito, forse di chi si sforzava di farlo.

«Chi parla?»

«È lei il dottor Sacchetti-Altovini?»

Sì, era lui ed era certo che quello dall'altra parte della cornetta fosse un uomo.

«Non dirò chi sono ma dovreste considerare quello che dico.»

«Sì, ma io voglio sapere come sta Sergio e chi parla.»

«Sergio sta bene, il resto non importa.»

«Può dirmi di più?»

«Non posso stare molto al telefono. Sergio sta bene ed è scappato...»

«Ma dove? Chi è lei?... Dove lo troviamo?»

«Mi sente?»

«No. Se può ripetere, per cortesia...»

«No, non posso ripetere, guardi... Sergio sta bene, l'abbiamo visto poco fa che passeggiava, aveva un fischietto al collo.»

«Sì ma dove?»

«Per questo la richiamo. Va bene? Arrivederci.»

La chiamata fu registrata e trascritta dalla polizia. Il dettaglio del fischietto rendeva tendenzialmente attendibile la testimonianza. Nel frattempo, Silvana faceva quello che anche il colonnello Santi le aveva suggerito di fare: pregava.

8

I forestieri stanno arrivando

Nella mesta compostezza delle cinque del pomeriggio, i cipressi cigolavano come bare. Silvana era sfiancata dalla salita e dal vento che sotto il sole facevano la guerra ai suoi passi. Alcune donne in fondo al gruppo che recitava il rosario non si trattenevano: «Dopo tre giorni solo ta Dio te poi affida'...» Arrivata in chiesa, quando il mistero glorioso si spezzava tra respiri affaticati, Silvana si sedette al primo banco e, diversamente dalle previsioni delle donne, decise che il dialogo non sarebbe stato tra le lei e Dio, ma tra lei e la Madonna, perché santa ma, soprattutto, madre.

Le promise che avrebbe mantenuto ogni voto. Con l'arrivo di una piccola, buona notizia su Sergio non avrebbe dimenticato l'impegno. Silvana sarebbe stata esemplare, e così sarebbe stato anche il figlio: «Ti giuro che se me lo ridai vivo, lo faccio cresimare subito.» Se non fosse bastato, lo avrebbe mandato a messa tre volte alla settimana. Se la Madonna avesse voluto di più, Silvana avrebbe fatto costruire un altare nella villa Sacchetti-Altovini. E uno in camera sua. Sergio avrebbe fatto il chierichetto a tutte le messe del pomeriggio.

Silvana si faceva una colpa per aver ceduto troppe volte alle sue capacità di sensitiva, come fossero un dono pagano, o peggio una diavoleria. Si scusava con la Madonna ma quella, che guardava verso il soffitto della chiesa, aprendo le braccia in un impeto mistico eterno, sembrava assorta in questioni più ingombranti.

Silvana aveva un groppo alla gola che somigliava a quello che avvertiva quando le andava di traverso un pezzo di pane secco. Restò un po' con gli occhi appesi verso l'alto, con la corona tra le dita, per poi riabbassare lo sguardo: «Rosa mistica, prega per noi... Torre di Davide, prega per noi...» Da lì in poi rannicchiò i pensieri dietro la cantilena e rimase isolata per tutta l'ora successiva.

All'uscita dalla chiesa, sul piazzale in cima alla salita, c'erano un paio di giornalisti. Le donne fingevano indifferenza, ma dentro erano scosse dall'arrivo dei forestieri, che magari, chissà, avrebbero scritto anche di loro. Silvana invece si manteneva distante dalle donne, dai cronisti, da tutto il resto; anche se il "resto", tutto quanto era accaduto, le stava incollato addosso.

Meno minuta di come se la immaginavano i giornalisti, si muoveva tra la gente con le spalle incurvate dell'animale ferito. Si avvicinò un cronista di Ferso che lavorava per un quotidiano regionale, Filiberto Tartaglione. Taccuino, passo veloce, occhiali in punta di naso. Le volse contro la penna come un fioretto chiedendole un commento sulla scomparsa del figlio.

«Che vuole che le dica? Oggi sono tre giorni che è andato via. Tanti ragazzini scappano via. Sono ragazzini per questo, no? Perché scappano, perché gli piace *to wander*, gli piace fare i vagabondi...» minimizzò Silvana cercando di tenere lontane le domande sulla telefonata.

«Ma suo figlio era uno di quelli che scappano spesso? Un ragazzaccio, come si dice?»

«No, mio figlio era ben educato per la verità... Non è che amasse molto scapp...»

«Signora Rambaldi, o vedova, mi dica lei, è vero che avete ricevuto una telefonata ieri notte?»

Tartaglione si era informato su di lei, non era difficile

scoprire che Vezio era morto lavorando e che l'aveva lasciata sola con un bambino, ma come poteva sapere già dell'ultima telefonata? Silvana non era stata istruita dalle forze dell'ordine sul modo in cui avrebbe dovuto rispondere ai giornalisti. Chiese con preoccupazione: «*How do you possibly know that?*»

Il sindaco Pent aveva assistito al rosario e alla messa per Sergio e poi era stato fermato in fondo al piazzale da alcuni cittadini che volevano parlare della scomparsa. Sospettò che Silvana potesse essere in difficoltà e la raggiunse.

Sin dal suo arrivo a Ferso, il sindaco era solito fare un gesto d'altri tempi: si toglieva il cappello quando parlava, tenendolo appena sotto il petto come a raccogliere il respiro. E poi Angelo Pent guardava sempre negli occhi. Era una persona perbene, la stessa cui Dora Bois, anni prima, aveva chiesto di restare fedele.

«Guardate che la signora non vuole noie. Lasciatela stare...» fece rivolto a Tartaglione. Rimasti soli, guardò Silvana: «Signora, vogliamo tutti riunirci a Sergio. Lo ritroveremo, vedrà. Finché non sarà qui, però, a Ferso arriveranno sempre più forestieri. Si stanno muovendo dalla provincia, presto giungeranno anche da Roma. Un bambino forse rapito è una cosa incredibile; vorranno far capolino dentro le vostre vite, e voi dovete essere brava a tenerli lontani.»

Per quanto fosse virtuoso e intelligente, per quanto riuscisse a guardare dentro la psiche umana e in faccia alla società, il sindaco non poteva fare di più per prevedere e indirizzare il corso degli eventi. Ancora una volta, la realtà sembrava ricordargli che non tutto poteva essere deciso dalla sua volontà.

9

Giovanni Pitorsi è disponibile: lui non ha famiglia

A pochi giorni dalla scomparsa di Sergio Rambaldi, nella redazione centrale di Milano il caporedattore Gian Pietro Tolcani camminava con il busto in avanti come a cercare di star dietro a pensieri più veloci di lui. Fermò in corridoio Roberto Molina, appena entrato per il turno serale: «Ci sarebbe da coprire quella storia del ragazzino scomparso nel Centro Italia. Forse si risolve prima che arrivi giù, ma ci sono sopra tutti, non possiamo rischiare di bucare.»

Molina, che invece stava sempre bello dritto e con il mento disponibile a suggerire un'aria di sufficienza, lo guardò pronto a obiettare che lui si muoveva solo se il caso davvero valeva la pena. «*Il Giorno* e il *Corriere* stanno già lì» lo anticipò Tolcani. Poi, a prevenire possibili altre obiezioni: «Scanalli sta in ferie, quindi devi andare tu. Al direttore interessa che porti a casa qualcosa sia per il quotidiano, sia per *Tempi moderni*.»

«Quindi mi porto anche il fotografo!»

«Senti Pitorsi, che lui non ha famiglia, e non si fa problemi a stare in giro...»

Giovanni non si faceva problemi, infatti. Semmai il problema ce l'aveva Molina, perché andare con Giovanni Pitorsi, l'invalido, significava fare un viaggio di quasi seicento chilometri senza darsi il cambio alla guida. A fronte di questo inconveniente, c'erano dei vantaggi. Giovanni era un compagno gradevole: non faceva pesare i silenzi e quando parlava aveva da dire cose tutto sommato interessanti, soprattutto sul suo passato (le origini rurali, la passione per gli scavi clandestini...). E poi, quando scattava, Pitorsi riusciva a trasformare il tempo in geometrie. Per questo era da molti considerato il miglior fotografo della redazione.

Quando lo chiamarono, Giovanni stava seguendo l'impaginazione di un servizio per *Tempi moderni*. Accettò di partire il mattino dopo: appunto, senza problemi. Tornò a casa, preparò la valigia e aprì la mappa dell'Italia rimanendo sdraiato sul letto. «Ferso... Ferso...» si ripeteva cercandola lungo la penisola, sul confine tra Umbria e Lazio. «Ferso...» sussurrò piano.

Da Milano l'inviato speciale Roberto Molina e il fotografo Giovanni Pitorsi impiegarono mezza giornata per arrivare a Ferso. Giovanni non amava i viaggi così lunghi, soprattutto d'estate, quando la gamba nell'imbracatura sudava, si gonfiava, faceva male.

Era sfinito, ma appena la cittadina si rivelò davanti a loro, il fotoreporter si ridestò, come rinvigorito dalla luce. Era calda, rimbalzava tra l'erba e le pietre, restituendo colori vivi, in movimento. Ferso stava aggrappata al fianco della collina come un fossile che perde i propri contorni nel calcare. Il massiccio affastellarsi di case e chiese a tratti ricordava piccole colate di sabbia bagnata realizzate dalla mano di un bambino.

Giovanni ebbe l'impressione che l'antichissima torre sulla sommità avesse lentamente figliato architetture: in un secolo una grossa cinta muraria, in un altro chiese di santi minori, in un altro ancora un po' di ville signorili. E così via, fino a quel giorno, con una zona periferica ancora in costruzione che li inghiottì per condurli dentro la città vecchia.

Al di là di un arco ricoperto d'edera, c'era il parcheggio. Sulla sinistra una farmacia e l'ospedale, sulla destra un bar che viveva intorno al tavolo della briscola. C'erano piccoli negozi, piccole chiese, piccole case. In alto i merli si accalcavano su fili e cornicioni e i vicoli si stringevano in salite così ripide che mozzavano il respiro.

Giovanni camminava lentamente insieme a Roberto Molina per una città di tufo e pietra. Il vento estivo della sera faceva aderire i pantaloni all'imbrago, contro le cinghie, le giunture e il cuoio che gli proteggevano una gamba dal muscolo debole e la carne illividita.

Ferso era meno cupa di alcuni luoghi della Maremma, ma a suo modo gli pareva più sinistra.

Nonostante il rapimento, ancora il turismo reggeva, soprattutto nella zona del lago. Anzi, erano arrivati a Ferso anche alcuni forestieri solo per il gusto di curiosare su questa inquietante vicenda. La città poi si stava riempiendo di giornalisti come loro. Non c'erano bici. Troppe salite, troppe discese. Ma si poteva noleggiare un'utilitaria, mentre era più difficile trovare una Vespa, uno dei mezzi più ambiti per viaggiare agilmente tra le vie e raggiungere le campagne. In alternativa, c'erano i bus. Più stretti del vagone di un tram, poco più lunghi di un furgoncino Volkswagen.

La pensione La Pace era in pieno centro, tra gli edifici medievali. Di proprietà dei Sacchetti-Altovini, si trovava a un incrocio tra via Roma e il vicolo del Vento. Aveva sei camere che anche nella stagione di punta faticavano a riempirsi. Disponeva di un telefono all'ingresso e di un portiere onnipresente: il signor Aristide, che gestiva tutta la struttura. Il prezzo permetteva all'editore di pagare due camere separate ai suoi dipendenti e uno stanzino che Giovanni poteva utilizzare come camera oscura.

Sulla mappa di Ferso, aperta sul bancone dell'ingresso, Giovanni percorse le strade per raggiungere il lago, i punti di balneazione, le aree turistiche, la diga, il confine con il Lazio, i nomi e gli indirizzi di locali e alberghi. Tracciò con la penna un bel cerchio intorno alla stazione: a Milano, Tolcani si era accordato con un ferroviere che lavorava sulla tratta Roma-Milano che transitava per Ferso, un solo treno, ogni mattina alle sei e cinquanta.

A quell'ora Giovanni doveva consegnare le sue foto a corredo dei pezzi che Molina avrebbe dettato al telefono. La consegna rapida era fondamentale.

Sulla mappa c'era anche la faggeta, dove il sesso si pagava, ma che era anche un rifugio dai benpensanti in cui ci si poteva incontrare liberi, lontano dagli occhi altrui. Il signor Aristide, con voce tonante, la descrisse come «un porcilaio».

Ci volle la solita citazione dotta di Molina per chiarire a Giovanni il senso dell'allusione. Stavolta furono i versi di Dino Campana, recitati con fare ispirato mentre salivano le scale verso le camere: «*Scoiattolano con occhi di gatti i finocchi, tra il vociare assorto e lo striscio dei piedi. È l'ora della rivolta voluttuosa...* Bla bla bla.»

«Capito» fece Giovanni mentre apriva la porta della propria camera.

«Domani usciamo da qui alle otto. Andiamo dalla mamma del ragazzino.»

10

Scattare una foto... Rubare una foto

La villa dei Sacchetti-Altovini respirava il confortevole isolamento che concede il lusso: i viali intorno erano silenziosi, ordinatissimi, il vicinato riservato e quindi turbato dalla presenza dei giornalisti nel quartiere. Molina doveva firmare un pezzo di apertura per la cronaca del quotidiano e mettere insieme quattro pagine per *Tempi moderni*. Silvana Rambaldi e Aurelia Sacchetti-Altovini li accolsero nel salone degli ospiti, tra divanetti imbottiti e quadri dalle cornici di legno placcato.

«Alloggiamo in uno dei vostri alberghi. La Pace. Modesto ma gradevole» fece Roberto poggiando la tazzina di caffè che la cameriera aveva offerto ai due, mentre la signora si affrettava a rispondere: «Gli alberghi non sono la nostra attività principale. Cerchiamo tuttavia di offrire qualità a qualsiasi fascia di prezzo.»

«E qual è l'attività principale?»

«Laterizi. In Europa e Canada.»

«Già... in Irlanda, per esempio» disse Roberto guardando Silvana, dimostrando così di aver studiato la storia dalle pagine dei giornali. «Voi e Sergio vivete in questa villa...»

«Più precisamente, vivono nella nostra proprietà: hanno una dépendance tutta per loro» disse la signora intervenendo al posto di Silvana, che però aggiunse: «Siamo venuti qui dopo la morte di Vezio, mio marito. Sono una tuttofare...»

«Non sia modesta, Silvana, lei è un'ottima governante.»

«In effetti mi occupo di controllare il lavoro delle cameriere, del cuoco, del giardiniere... e poi faccio qualche commissione per la signora... Sergio vive qui da quando ha due anni, ha ricevuto un'ottima educazione grazie alla famiglia che ci ha accolto. Elementari e medie da privatista, con un'insegnante tutta per sé.»

«Perché?»

«Cosa intende?»

«Perché non mandarlo a scuola con gli altri?»

E di nuovo intervenne la padrona di casa: «Lei crede che sia facile per un ragazzino orfano di padre vivere in quest'epoca?»

«Non saprei...»

«Suo padre, pace all'anima sua, è stato vittima di un incidente tragico in una delle nostre fabbriche. Vezio, si chiamava così, era estremamente caro alla nostra famiglia... Dopo quello che hanno passato, sentiamo che è nostro dovere aiutare Silvana e Sergio come meglio possiamo.»

Molina stava per chiedere delucidazioni, ma la signora lo anticipò: «Significa che dobbiamo anche proteggerlo dalle chiacchiere che si fanno su un ragazzino arrivato da un altro paese, solo con la madre, con un lutto alle spalle e tutto il resto.»

«Quali chiacchiere?»

«Con rispetto, ma si vede proprio che venite da una grande città...»

Giovanni ascoltava la conversazione scrutando i volti delle due interlocutrici per capire come fotografarle al meglio una volta terminata l'intervista. Ricordava lo sguardo indagatore di alcune anziane donne sedute lungo la via dell'albergo, quindi per lui quella frase era comprensibilissima.

Roberto non voleva arenarsi sui tratti della provincia, quindi chiese alla signora Aurelia: «Voi non avete figli, giusto?»

«Ne ho una, vive a Genova. È tornata in questi giorni terribilmente concitati per aiutarci.»

«Nessun maschio però...»

«Esatto, nessun maschio. Perché le interessa?»

«Un buon pezzo si costruisce sui dettagli.»

«Sono dettagli del tutto superflui» fece Silvana, indifesa. «Le ricordo» insistette con fare protettivo l'altra, «che non siamo qui per rilasciare interviste. Silvana intende solo fare un appello perché i rapitori siano a conoscenza della nostra posizione. Quale mezzo migliore del rotocalco più importante d'Italia?»

Roberto annuì estraendo il taccuino e sorridendo, quasi in segno di resa: «Possiamo fare una foto a entrambe?»

«La mia non è necessaria» disse la signora Sacchetti-Altovini.

«Intendete dichiarare che pagherete il riscatto? Sarà la famiglia Sacchetti-Altovini a pagare?»

«Ma noi non intendiamo pagarlo.»

«La disponibilità, così come l'indisponibilità, è nelle mani della famiglia, per così dire, "adottiva" di Sergio. Scriveremo che» sottolineò la parola successiva indicando la signora, «*voi* non pagherete. Quindi ci serve una foto che rappresenti lei e la famiglia tutta.»

«In questo caso, dovrò chiamare mio marito... Ma vi prego di non chiedere della telefonata cui ha risposto. Come abbiamo detto e ribadito, non rilasceremo interviste né dichiarazioni. Solo un appello.»

«Quindi voi credete alla prima telefonata, quella del riscatto. Non alla seconda, quella di chi avrebbe visto Sergio in giro.»

Silvana spalancò gli occhi: «La polizia e i carabinieri dicono che entrambe le storie starebbero in piedi. Ma Sergio non aveva alcun motivo per fuggire da noi e, se fosse scappato da qualcuno che gli voleva fare del male, allora sarebbe tornato qua.»

Era un rapimento e forse qualcuno aveva voluto sviare l'indagine. Silvana estrasse un'agenda sulla quale aveva annotato a mano le cose da riferire alla stampa: «In relazione alle richieste dei rapitori di Sergio Rambaldi pervenute nella notte tra il 5 e il 6 luglio, si dichiara che...»

In quel momento piombò nella stanza la cameriera Rosanna, che si avvicinò furtivamente alla signora Sacchetti-Altovini comunicandole qualcosa sottovoce. Subito dopo, quest'ultima si congedò con una tensione sufficiente a incuriosire il fotografo.

A forza di accompagnare cronisti abili e smaliziati, Giovanni era diventato un fotografo di nera scaltro. Sapeva come fare il proprio lavoro, conosceva i tempi, le strategie per ottenere quello che serviva a confezionare un buon pezzo. Al termine della dichiarazione, che durò un paio di minuti, e prima che Roberto riuscisse a strappare alla donna altre informazioni, disse: «Scendo a pulire la lente, ho lasciato la pezza in auto.»

Una volta uscito, per prima cosa cercò la signora Sacchetti-Altovini. Era all'ingresso, parlava con un poliziotto. Si avvicinò abbastanza da riuscire a origliare la conversazione: la prima chiamata era arrivata dalla pensione La Pace, dove soggiornavano Giovanni e Roberto; la seconda dalle campagne. Quando la cameriera trovò Giovanni fermo, attaccato alla parete del corridoio adiacente all'ingresso, con una Rolleiflex tra le mani e lo sguardo perso verso una delle finestre, lui la rassicurò: «Sto cercando un punto con una buona luce, potrebbe andar bene per la foto.» Continuò a mentire: «Mi permetto di cogliere il suggerimento della signora Rambaldi e darei un'occhiata alla veranda della dépendance. Potrebbe indicarmela?»

«Certamente. Ma mi segua sul retro, non dobbiamo disturbare la signora, sta parlando con un ospite.»

Giovanni uscì nel giardino. Rosanna, incuriosita dal

personaggio, continuò: «Come s'è fatto male alla gamba? Appostandosi per fotografa' qualche diva?»

«Non fotografo la dolce vita... Io fotografo vittime e carnefici.»

Lo disse con enfasi. Lei si ritirò spaventata: «La dépendance di Silvana e Sergio è quella. Può da' un'occhiata per vede' se la luce è bòna. Buon lavoro.»

La luce era pessima. Era dura, giallastra. Ma Giovanni non era interessato a quella. A lui serviva una foto di Sergio che non fosse ancora stata pubblicata. Conosceva troppo bene il mestiere: sapeva che dall'ambiente familiare non avrebbe ottenuto niente di nuovo rispetto alla fototessera che la madre aveva consegnato alla polizia e che a sua volta era stata girata alla stampa locale.

Appena rimase solo provò a entrare nell'abitazione, ma la porta era chiusa. Doveva essere veloce e invisibile. Si chinò a fatica, posò a terra la macchina fotografica, alzò il pantalone. Sul suo imbrago c'era un ferretto che reggeva a malapena una giuntura. Lo tirò via senza che la tenuta generale dell'apparecchio ne risentisse. Si rimise al collo la Rolleiflex. Inserì il ferretto nella toppa.

Non era la prima volta che forzava un ingresso, del resto era riuscito ad aprire tombe inviolate da secoli. E del resto non era nemmeno la prima volta che rubava la foto di una vittima. Quando fu dentro la casa dei Rambaldi, gli apparve essenziale ma a suo modo pacchiana.

Le pareti erano rivestite di carta da parati. C'erano calendari di santi e foto in bianco e nero ricolorate a mano e risalenti ad almeno quindici anni prima. Quello che cercava stava sulla credenza. Accanto alla foto ricordo di Vezio Rambaldi, c'era quella di Sergio. Aveva un pallone in mano. Il ritratto corrispondeva all'immagine di preadolescente che si andava raccontando e che finora aveva avuto il volto di una fototessera sbiadita.

Giovanni tornò nella villa passando sempre per il retro.

La signora Sacchetti-Altovini aveva appena congedato il poliziotto e stava tornando in salotto. «Cosa ci fate qua in giro?» gli chiese perplessa.

«Sono andato a vedere la luce fuori: troppo dura, troppo gialla. Non va bene. Le scatto nel salotto.»

Tornò da Roberto e fece il ritratto a Silvana. La donna aveva cercato di irrigidire il volto per non concedere emozioni al fotografo, ma Giovanni era riuscito a portarle via un'espressione di sovrumana attesa. «Grazie mille, vedrete che Sergio tornerà a casa presto.»

Saliti in auto, Giovanni disse contenendo la soddisfazione: «Abbiamo la notizia: la prima chiamata è arrivata dalla pensione La Pace.»

«Sei sicuro? Dalla nostra?»

«Del tutto. La seconda invece veniva dalle campagne.»

Era quanto Giovanni aveva colto ascoltando il poliziotto parlare. Nel frattempo, consegnò la foto di Sergio nelle mani di Roberto che, soddisfatto, gli confessò: «Il primo giorno, quando ti sei presentato con un capretto, ho detto che andavi bene giusto a ciapa' i ratt. Mi sbagliavo. Eh... il Pitorsi...», e mise in moto per tornare in albergo. Sapeva di avere un vantaggio sui colleghi delle altre testate, e per nessuna ragione poteva permettersi di bruciare quello che tutti si aspettavano da uno dei maggiori quotidiani italiani e dal suo rotocalco: lo scoop.

11

«Meglio che parli solo chi sa»

Sergio Rambaldi, dodici anni non ancora compiuti, figlio di una governante, era sparito da giorni. Rapito da chissà chi, tenuto chissà dove, riempiva i pensieri non solo della madre, e non solo della sua città.

Angelo Pent aveva preso a fumare più di una sigaretta al giorno. Sapeva che faceva male, a sé e agli altri, gliel'aveva detto un amico medico che aveva letto studi americani pubblicati qualche anno prima. Spezzava le sue Nazionali senza filtro e le tirava col bocchino. Per precauzione fumava sul balcone dell'ufficio, nel caso in cui fossero entrati una donna, un bambino, un anziano, poiché era preoccupato che potessero subire le conseguenze indirette del suo vizio.

Voleva che il rapimento si risolvesse al più presto. Invece di rivolgersi alle forze dell'ordine, i cittadini andavano da lui, come fosse il padre di tutti. Cercavano rassicurazioni, chi su Sergio, chi per i propri figli. Alcuni si recavano al suo cospetto solo perché non si pensasse che fossero stati loro a rapirlo. Lui rassicurava per ipotesi, opportunità e fantasia.

Il presidente dell'Azienda di soggiorno, Paolo Pontremoli, si trovava spesso nel suo ufficio. Portava notizie. Un suo parente, per esempio, era convinto di aver visto un ragazzino insieme a Sergio, dalle parti del lago, il giorno del rapimento.

«Che facevano?»

«Non si sa, forse erano andati a tirare sassi.»

Angelo chiamò i carabinieri di Callalta, una frazione di Ferso. Ma non gli diedero altre notizie rispetto a quanto era già stato raccontato da Pontremoli. Fu di sera, al bar tabacchi, dove si fermava a comprare le sigarette, che il sindaco venne a sapere il nome del ragazzo interrogato. Il farmacista del quartiere di Porta Nuova sputò la rivelazione con il compiacimento di chi ne sa più degli altri: «Hanno fermato per strada Piero Lauri. Mia suocera ha visto i carabinieri avvicinarsi a lui fuori dall'oratorio, oggi pomeriggio.»

Piero Lauri aveva sedici anni. Occhi neri e vivaci, capelli folti e lucidi. Aveva una testa di bambino su un collo e due spalle da adulto. Le mani erano lunghe come quelle di un pianista ma sempre sudicie di terra e olio per motori. Il padre non l'aveva mai riconosciuto, la madre faceva tre o quattro lavori di cui almeno uno illegale e lui si era in breve fatto una fama da teppista. Come ogni teppista minimizzava le sue azioni con aria divertita. Sulla sua faccia raramente si leggeva qualcosa che non fosse un moto di derisione.

«Forse è la volta buona che esce fuori qualcosa sul povero Sergio... Ho una pena qua nel cuore...» disse l'anziana che gestiva il bar tabacchi insieme al figlio.

«Dubito, signora. Quello è un poco di buono, ma non al punto da recar certi danni!»

«Ma magari sa qualcosa! Ha visto qualcosa! Qualcosa lo deve sape'... I carabinieri l'hanno fermato! Signor sindaco, voi che dite?»

Avrebbe voluto dire: proprio meglio che parli solo chi sa, ma così facendo temeva di mortificare gli interlocutori, quindi si limitò ad augurarsi la veloce risoluzione del caso.

La risposta di Pent scivolava via dal centro della domanda e risultava banale. Eppure l'anziana signora l'accolse come fosse una gran rivelazione.

Recependo quel consenso, Pent si ricordò di quanto fosse importante in politica saper dire anche quello che i cittadini vogliono sentirsi dire.

«Non era Lauri, dice che quel giorno *stea* a casa» fece un altro cliente, «l'hanno confermato 'n amico e il padre dell'amico.»

12

L'attesa di Silvana

Sulla saponetta che tracciava con un segno la stoffa, sulla lama che tagliava il tessuto, sulla punta del filo che entrava nella cruna e sul ricamo largo per imbastire gli orli, Dora costruiva meticolosamente la sua quiete. E la sua intimità, violata solo dalle incursioni delle clienti che andavano a trovarla in laboratorio. Nel 1969, Dora dava ormai lavoro a quattro persone, e mandava soldi a Ester. Per le feste faceva una chiamata a Francesco e al padre, ai quali raccontava però poco dei propri successi.

Era ormai la sarta di fiducia della signora Sacchetti-Altovini, alla quale confezionava personalmente gli abiti per tutte le festività e le occasioni mondane. Tra il 20 e il 21 luglio al Porticciolo si sarebbe tenuta la Festa della Luna per l'attesissimo sbarco. «Il vestito va consegnato, perché allora certamente Sergio sarà tornato e potremo tutti festeggiare» aveva commentato la signora, come a prevenire l'indignazione. Avrebbe quindi indossato un abito da sera con bolero in crêpe realizzato a mano da Dora.

Andava consegnato alla cameriera della villa dei Sacchetti-Altovini senza disturbare la famiglia e in particolare Silvana, che normalmente svolgeva quel tipo di commissioni. Dora arrivò alla villa un giorno dopo il passaggio di Giovanni. Entrambi ignoravano che l'altro si trovasse in città: percorrevano sfalsati le stesse vie, suonavano allo stesso campanello. Dora consegnò il pacco alla portineria accanto al cancello e quando fece per andarsene Silvana la chiamò dal viale: «Dora, *come here*!»

La invitò a prendere un caffè a casa sua, e si aprì con impeto alle confidenze.

La madre di Silvana era morta di polmonite a vent'anni. La famiglia era così povera che il padre, tornato dalla guerra, una sera mise i figli in fila. Come in una fiaba, li indicò uno a uno, e di ognuno tracciò il destino con un gesto: «Tu no perché hai braccia forti... Tu no perché sai tener di conto... Tu no perché sai sbrigare le faccende di casa...» Silvana era la più piccola, la meno utile alla famiglia, e così l'affidò a una coppia di conoscenti che non poteva avere figli.

«Era una famiglia modesta. Ci trasferimmo in Irlanda per lavorare. Mio padre Sergio in particolare... *he loved me deeply!*» Le aveva fatto prendere il diploma di terza media, l'aveva fatta studiare da stenografa. Quando diventò anziano, lei se ne prese cura ogni giorno. «Mia mamma era morta, lui aveva una malattia per cui scordava tutto... All'inizio dimenticava le cose, poi non sentiva più i suoni, non ci vedeva più.» Era come un cono di luce che pian piano si spegneva. Quando morì, Silvana era disperata: «La donna più infelice del mondo. Pregai tantissimo, e fu allora che nacque il mio bambino. Lo chiamammo Sergio in ricordo del nonno.»

Dora, che non s'immaginava madre, era incuriosita da come quella donna parlava del figlio, non solo come un dovere ma anche come una benedizione: «Dora, Sergio fu una magia. Sergio ogni giorno imparava qualcosa. Aprire gli occhi, poi vedere i colori, rispondere ai suoni e parlare. Fino al giorno in cui fui certa che mi riconosceva. Mi sorrideva. Era come se il cono fosse di nuovo lì, ma rovesciato: anziché chiudersi si apriva. Una clessidra della morte e della vita.»

Per Silvana la nascita del bambino aveva riequilibrato

ogni lutto. «Ora che Sergio non c'è, io non so più dove sia il senso. Non so se c'è. E non sono sicura che Dio possa aiutarmi a trovarlo, neanche gli spiriti mi aiutano.»

Dora era stata male, così tanto male da finire in un istituto. Aveva imparato che non si confrontano le ragioni del dolore. Del dolore ci si serve per riconoscersi. Per questo fino a quel momento non aveva parlato ma, guardando la tazzina, disse: «Pensa che potrei aiutarla in qualche modo? Vuole parlare con Angelo?»

«No. Ma mi sembra di impazzire», e facendo un cenno con la mano alla credenza, continuò: «In tutto questo trambusto non ritrovo più neanche la foto di Sergio. Una in cui ha il pallone in mano...» Silvana sembrava davvero addolorata per questo che era solo un dettaglio della sua tragedia.

«Mi pare chiaro che non intendiate pagare il riscatto. Ma sarebbe importante mettere insieme una taglia per chi darà informazioni utili... Potrei aiutarla, se vuole.»

Silvana fece cadere la proposta e sentì di dover chiarire: «Noi in realtà vorremmo pagarlo il riscatto. Non va detto pubblicamente. Polizia e carabinieri dicono che non bisogna legittimare un crimine come il rapimento. E se si decide di farlo, bisogna esser certi che Sergio non abbia visto in faccia chi l'ha preso con sé.» Fece un lungo sospiro. «Ma comunque, nessuno ci ha più dato indicazioni per pagare.»

Silvana era scettica sul contenuto della seconda chiamata: se fosse stato libero, se fosse stato bene, allora suo figlio sarebbe dovuto già stare con lei, a casa.

Dopo un breve silenzio, Dora azzardò: «Lei mi ha detto una cosa precisa su un fermaglio, la prima volta che ci siamo incontrate...»

«Oh sì... quel fermaglio...»

Dora voleva chiederle se avesse qualche presentimento su Sergio, ma si limitò ad accennare: «Lei sa guardare attraverso le cose...»

Dove sta Sergio? Cosa vede? Le domande non venivano, ma Silvana stava già rispondendo: «Diamoci del tu, però...» Fece una breve pausa. «*Girl... I see a flatline...*»

Una *flatline*.

Una linea piatta. Una linea senza buone notizie, piatta come un battito che non c'è più.

Silvana Rambaldi scosse la testa. Poggiò le tazzine sporche nel lavandino, mentre sul ripiano i piatti puliti da giorni aspettavano di essere sistemati nella credenza.

13

Il matto del paese ha un messaggio

Dora tornò a casa passando per l'oratorio e poi per la piazza. Andava veloce, stando attenta a non scivolare sul lastricato delle vie in discesa. Erano le sei del pomeriggio, il cielo era di un blu intenso e pieno. Si fermò a guardare la vetrina di una pasticceria. Nella speranza di scacciare le zanzare di metà luglio, comprò una pianta di gerani dal fioraio sulla piazza.

Agatino, il matto del paese, le si avvicinò mentre camminava. Era zoppo e si vestiva con la pelliccia d'estate e con la camicia d'inverno. Puzzava ma si rasava con puntiglio, tanto da procurarsi piccoli tagli su tutta la faccia, anche in mezzo alle sopracciglia, dove ci teneva a non avere peli. Era tra i pochi a darle del tu. A lei ricordava il manicomio e non amava averlo intorno. «Tieni, ho scritto questa, dalla al sindaco. Dagliela però!» Le consegnò una specie di poesia scritta con una matita su un foglietto a righe.

Ora che l'uomo va sulla luna
dove finisce la terra?
Sopra alla testa dei bambini!

O nel loro naso?
Un altro uomo ha paura,

in mezzo ai titoli dei giornali,
ma che fantastico divertimento per tutti
è guardare un cielo dalla riva.

Dora la lesse ad alta voce, per controllare se riusciva a decifrare la grafia. «Gliela consegno, non temere.»

«Ci vai alla Festa della Luna? Ci va anche il sindaco?»

«Sì, ci andremo. E tu?»

«A me m'hanno invitato ma non ci vado perché ho da fare» rispose lui. Poi scappò via senza neanche salutare.

Dora stava rileggendo le parole di Agatino quando passò sotto la pensione La Pace. Giovanni vi era appena rientrato per sviluppare le ultime foto. Quando lei superò l'edificio, lui aveva varcato la porta da un paio di minuti. Sfalsati, ancora una volta, i due non s'incontrarono.

Né, dopo cena, mentre rassettava la stanza, lei si accorse di chi erano le foto sul quotidiano in cima alla mazzetta lasciata all'ingresso da Angelo. Vide solo il titolo sullo scoop del giorno: «Rapimento Rambaldi. In casa qualcuno sa? La chiamata del riscatto viene da uno degli alberghi dei Sacchetti-Altovini.»

14

Finestra, finestrino, una visione, un fantasma

Dora e Giovanni ascoltavano la stessa trasmissione radiofonica. Questa volta erano sintonizzati entrambi da Ferso: una in laboratorio, l'altro nella pensione. Questa volta erano vicinissimi alla storia raccontata da Gabriella Nanni: il caso Rambaldi, quello che terrorizzava tutta Italia, a cominciare dai bambini, potenziali vittime di chissà quale delinquente. Un *kidnapping*, lo chiamavano così i giornalisti, in inglese, rendendo quel crimine ancora più incomprensibile e, quindi, spaventoso.

Con loro ascoltava anche Molina, svegliato presto per via di una perquisizione alla pensione. Era seduto alla scrivania di Giovanni e annotava le cose da fare.

Buongiorno, Italia. Sono Gabriella Nanni e grazie ai nostri inviati speciali a Ferso oggi parleremo del primo rapimento di un bambino nella storia repubblicana: quello di Sergio Rambaldi. Poliziotti e carabinieri rovistano ovunque. Si sono messi a cercare in case e alberghi in città, ma anche nelle campagne intorno al lago. Di Sergio non c'è traccia. Ascoltiamo la voce della madre, Silvana, avvicinata dai nostri microfoni all'ingresso della villa da cui il figlio è scomparso lo scorso 5 luglio: «Cosa devo fare? Resto qui in casa ad aspettare perché penso che dovrebbe essere questo il posto in cui qualcuno, in una maniera o nell'altra, cercherà di avvicinarmi per comunicare con me. Certo, però, che se sono continuamente sotto controllo nessuno mi può raggiungere...» A Ferso è arrivata anche la maga Cinzia. Un piccolo diadema sulla fronte evoca viaggi in Oriente e il terzo occhio da veggente: «Sergio è uscito di casa, ma non è andato alla piazzetta dietro l'oratorio. Sergio è andato verso Roma. Sergio è a Roma!»

«Andiamo bene, andiamo...» commentò Molina ascoltando la dichiarazione della maga. «Questa l'ha sognato vicino al finestrino di un treno da cui vedeva il Colosseo e quindi ha detto che sta a Roma. Poi ha fatto una seduta spiritica, ha visto un corno rosso muoversi nell'aria e a quel punto ha detto che Sergio sta a Napoli.» Scuoteva la testa. Lui non le avrebbe dato spazio né sulla *Pagina* né su *Tempi moderni*, né in un'edizione del mattino né in una della sera. Non era neanche una degna nota di colore.

Per Giovanni sarebbe stato un ritratto fotografico interessante, ma Molina aveva un altro compito per lui: «Niente foto oggi, riposati. Poi magari stasera vai nella piccola sala accanto alla reception a nasare... Magari becchi qualche informazione sulla famosa telefonata arrivata da qua.»

Giovanni era fotografo, non un collega giornalista. Nel compito che gli aveva affidato Molina c'era un assaggio di indagine: sempre gli era parsa la parte più interessante del lavoro di redazione, sebbene andasse oltre le sue mansioni.

Gli ricordava le esplorazioni di una volta in Maremma. Questo caso non era, infatti, come le storie di piccoli e grandi reati che aveva seguito finora. Quello che veniva raccontato come «il primo rapimento di un bambino nella storia repubblicana» era intrigante – e non solo spaventoso – proprio nella misura in cui i contorni sfuggivano alla piena comprensione, di Giovanni e di tutti.

Aristide era nato e vissuto in una terra che conosceva solo le asimmetrie millenarie dei rapporti tra signorotti e contadini. Per un'inclinazione sedimentata dal tempo e calcificata dal temperamento, non riusciva a essere naturale nell'accoglienza che, per il suo ruolo, avrebbe dovuto riservare a un ospite. Stentava in cortesie e gentilezze e, incapace di distinguere un cliente da un padrone, restava diffidente.

Era di poche parole, ma in modo diverso rispetto a Giovanni. Lo era in modo ottuso, scontroso, medievale come certi muri di Ferso. Con voce pesante, quasi cavernicola, mugugnava risposte minime, quasi non parlava con chi veniva da fuori e gli dava da vivere. Davanti a tanta ostilità, Molina era stato criptico ma diretto e veloce come una freccia: «Se lo lasci dire, lei non si ama!»

Con Giovanni invece Aristide era più morbido, come se riconoscesse in lui un'affinità di origini, un'oscura somiglianza rurale. Il fotografo se ne stava silenziosamente seduto nella saletta della reception, vicino all'ingresso. Dopo la veloce perquisizione per cercare Sergio, alla quale nessuno aveva potuto assistere, nessun poliziotto o carabiniere si era presentato.

Il gestore della pensione si avvicinò a Giovanni: «D'estate la gende ormai va al lago. Nun ce steano tanti clienti quassù a Ferso. La notte de la chiamata ce stea solo una camera occupata, una coppia che nun c'entra gnende de gnende. Manco c'erano a quell'ora! Al momento della famosa telefonata ce stavo solo io. Guardi che nun è uscito fori gnende manco dalla perquisizione!»

«E come se lo spiega che la chiamata veniva da qui?»

«Che hanno sbajato!»

«E se fosse vero che la telefonata è partita da una camera o dal telefono pubblico qua alla reception?»

«Nu lo so, a me nun me l'hanno detto.»

«Ma le hanno chiesto se ha visto qualcuno qua alla reception...»

«Certamende.»
«E non lo aveva visto...»
«None!» chiuse lui mentre annoiato spolverava con un fazzoletto il comò accanto al divano dove sedeva Giovanni. Quindi si allontanò tornando al bancone della reception, vicino al calendario di Frate Indovino e l'agenda delle prenotazioni.

Giovanni doveva coltivare quel rapporto, e quindi lo seguì. «Senta, posso avere un amaro?»

«Del Capo, rabarbaro o Cynar?»

«Del Capo.» Giovanni lo mandò giù, e ne chiese un altro.

Dietro il bancone, oltre una porta, s'intravedeva lo stanzino di Aristide. C'erano appesi un poster di Orietta Berti e uno di Dean Martin. «Le piace la musica...» chiese Giovanni incuriosito.

«Sì, me piace.»

«Ci va mai al Porticciolo?»

«Solo quanno viene qualcuno d'importande. C'ho visto i Camaleonti che a momenti quest'anno vincevano *Il Cantagiro*... Gran bel programma quello.»

«Andrà alla Festa della Luna?»

«La luna me la guardo dal televisore che c'ho qua dietro. L'avevano comprato per la saletta ma nun funziona bene. Tocca daje certe botte pe' fallo anna'!» Aristide sottolineava che l'apparecchio era troppo guasto per essere messo a disposizione dei clienti. «Sarebbe stato mejo se tutti quei soldi pe' comprallo i proprietari l'avessero risparmiati così ce pagavano il riscatto.»

«Ma sa, non credo che ai Sacchetti-Altovini manchino i soldi del riscatto...»

«Allora perché non pagano?»

Giovanni era infastidito da tanta cretineria, per giunta polemica e venata di slealtà nei confronti di chi dispensava lavoro e televisori. Al fotografo sembrava di essere tornato a quando faceva il tombarolo e scavava circondato da gente che non distingueva una moneta da un sasso.

«Riscatto fa rima con ricatto» commentò prendendo in prestito la frase da un pezzo di Molina, e poi: «Comunque non ci sono informazioni su come andrebbe fatto il pagamento... Questo è il problema!»

«Sarà...» aveva chiuso il gestore dell'albergo.

«Me ne dia un altro. Lo metta sul conto del giornale.» Giovanni se ne tornò al suo divano facendo roteare l'amaro nel bicchiere. Avrebbe bevuto quello, forse un altro ancora e poi, senza aver raccolto nessuna informazione interessante, sarebbe andato a dormire.

Erano le dieci di sera e fuori c'era di nuovo un temporale. Giovanni passò davanti al telefono dell'ingresso, da cui era partita la chiamata del riscatto. Era in un angolo protetto, a pochi passi dalla porta principale. Un tuono fece lampeggiare le luci della reception e della saletta. Il fotografo si alzò per guardare fuori. Scostò la tenda. Il lastricato luccicava di pioggia. Nessuno per strada. Un'auto si fermò dall'altra parte della via, accanto al marciapiede. Alla guida c'era un uomo con cappello scuro, senza barba, slavato. Stava parlando con qualcuno che gli sedeva accanto.

Il finestrino posteriore era appannato dall'umidità. Il passeggero che sedeva dietro fece un cerchio con l'indice. Con la parte laterale della mano pulì il centro rimanendo nel bordo, come fosse un disegno da colorare. Solo qualcuno con un'anima creativa poteva pulire così il vetro di un'auto. Ipnotizzato da quel movimento lento e preciso, Giovanni prese un sorso di amaro. E dall'oblò riuscì a intravedere la persona che sedeva sul sedile posteriore dell'Alfa.

Gli occhi di Dora saettarono attraverso il temporale di quell'estate sconquassante. Vivi e magnetici come un'aurora nel cielo polare, non erano appena cerchiati come li ricordava Giovanni. Erano truccati alla moda, con righe nere sopra e sotto che li facevano apparire ancora più grandi.

I capelli neri, che Giovanni aveva visto sciolti sul cuscino o scomposti tra le sue mani, erano raccolti con una fascia e lasciavano il collo scoperto. Dora guardò verso la pensione, prima distrattamente, poi con più attenzione concentrò lo sguardo sulla finestra accanto alla porta d'ingresso.

Nonostante il colletto della camicia fosse più stretto e sui capelli non avesse più la brillantina, Giovanni agli occhi di Dora appariva sempre lo stesso. Gli zigomi alti e lo sguardo accigliato di lui si curvarono facendo spazio a un sorriso. La sorpresa rese esitante la mano di lei, che accennò un saluto.

In quel momento dall'auto uscì Molina, che corse sotto il temporale dirigendosi verso l'ingresso dell'albergo.

«Piove, apra la porta» disse Giovanni ad alta voce verso la reception, da cui si sentì ribattere: «È sempre aperta!»

Intanto Dora aveva raggiunto la portiera dalla parte opposta, era scesa ed era risalita al posto di Molina senza guardare in direzione di Giovanni.

Il giornalista era entusiasta: «Abbiamo una notizia, vado a dettare prima della chiusura... Dal *Corriere* al *Messaggero* bruciamo tutti.»

«Chi c'era in macchina con te?»

«Il sindaco. Ho cenato con lui e Sacchetti-Altovini: domani mattina la Rambaldi comunicherà che daranno una ricompensa a chi offre informazioni determinanti per riportare Sergio a casa.»

«Chi era la donna che stava dietro?»

«Lascia stare... è la fidanzata del sindaco!»

«Si chiama Dora?»

«Sì. La conosci?»

Giovanni esitò. «È una persona a cui ho voluto bene.»

Molina rise mentre digitava il numero della redazione

per dettare la notizia, ma senza sforzo ricordò la citazione con cui aveva inquadrato Giovanni subito dopo averlo conosciuto: «Dovresti vederti. Hai una faccia trasparente... D'alabastro! Non è che abbiamo trovato a chi sta "incatenato il cuore" di Pitorsi?»

Un morto tornato in vita. Questo aveva visto Dora. La sua faccia si era ricomposta all'improvviso nella memoria. Arrivata a casa corse in bagno. Aveva i conati. Si sedette sul pavimento, si aggrappò alla tazza, graffiò la ceramica fino a rompersi le unghie. Il trucco scendeva con le lacrime. Vomitò. Si mise a letto.

Angelo pensò che si fosse intossicata con qualcosa che aveva mangiato. Non andava in terapia da quando era arrivata a Ferso. Aveva smesso di prendere il litio in vista di una possibile gravidanza che di nascosto in realtà scongiurava.

Dora voleva rimanere al buio. Angelo non ci capiva più niente. Si alzò dal letto due giorni dopo, lui stava leggendo i giornali nel suo studio. Lei comparve sulla porta con una nuvola enorme di capelli, la faccia scavata, gli occhi da gufo.

«Come ti senti?»

Dora aveva tra le mani vecchie confezioni di aloperidolo, carbamazepina, clordiazepossido... Lo guardava per farsi dire cosa prendere per dormire meglio, dormire il più possibile. Angelo vacillò, non gli piaceva che avesse aperto l'armadietto dove teneva i farmaci da dottore. Per riflesso frugò in uno dei cassetti della scrivania, tirò fuori la chiavetta di quell'armadietto per chiuderlo.

«Guarda che io non intendo proprio ammazzarmi.»

«E io non penso che tu lo faresti.»

Dora cambiò espressione perché Angelo stava mentendo: «Hai piacere a trattarmi come se fossi ancora fragile?»

Lui scosse la testa trasformando l'insinuazione di lei in un'occasione per ferirla. «Tu *sei* fragile.»

A Dora non importava il giudizio, c'era la sua vita a dimostrare cos'altro poteva essere. Però non sopportava il paternalismo con cui lui era certo di poterla definire e che lo faceva sentire autorizzato a mentirle, per il suo bene. Non sopportava la mancanza di fiducia.

Dora si mise a urlare, si fece dare la chiave, tirò via tutto quello che stava nell'armadietto. Prese scatole di farmaci, una manciata di siringhe nuove e ci riempì la valigetta del marito: «Ecco qua. Ora le puoi portare sempre con te, così non avrai paura che le prenda magari di nascosto.»

Era stata esplosiva e plateale. Cercando di consolarla, lui peggiorò la situazione. Quindi uscì da solo. Al ritorno lei dormiva e lui svuotò la valigetta: solo due siringhe rimasero dimenticate in fondo a una tasca.

Molina fece appena in tempo a far riportare la notizia della ricompensa alla redazione. La foto del ragazzino, rubata alla madre qualche giorno prima, campeggiava nell'apertura del servizio. Le pagine dedicate alla scomparsa di Sergio Rambaldi erano salite a sei e Tolcani voleva che i due rimanessero a Ferso almeno un'altra settimana.

Nel pezzo c'erano frasi pronunciate da Silvana, dal sindaco Pent, dai Sacchetti-Altovini, dal parroco, dalla polizia e dai carabinieri. C'era anche una battuta attribuita ad Aristide e riferita da Giovanni a Molina: «Una chiamata da questa pensione? Forse si sono sbagliati.»

I colleghi delle altre testate stavano davanti alla villa ad ascoltare Silvana mentre riferiva una notizia che nelle edicole già portava la firma di Roberto Molina. «Grazie al sostegno della famiglia che ci ospita e al contributo di persone care a Sergio» disse la donna al gruppo di cronisti, tra cui quelli della televisione, «viene offerta una ricompensa di tre milioni a chiunque dia informazioni chiave per la riconsegna di mio figlio. Chi sa dove si trova rinchiuso, ce lo dica. Ai rapitori rivolgo nuovamente l'appello di ridarmi Sergio. O almeno, vi prego, chiamate, fatemi sentire la sua voce.»

«Direbbe che i rapitori potrebbero avervi scelti proprio in virtù del legame con una famiglia tanto facoltosa?» chiese il giornalista della *Nazione*.

«Non so perché abbiano scelto Sergio, è probabile che sia per questo.»

«Potrebbero essere stati i contestatori? Un attacco contro la ricca borghesia?»

«Non è escluso.»

«Ci sono notizie sulle chiamate?»

«No.»

«Erano due voci diverse... Che ci sia un gruppo organizzato?»

«Non lo sappiamo.»

«E se la seconda chiamata fosse stata fatta da un approfittatore? Uno sciacallo?»

«Mi pare un'ipotesi fantasiosa...»

«Sergio frequentava i locali?»

«Ma se era ancora un bambino!»

«Sergio frequentava il lago?»

«No.»

«Sergio frequentava la faggeta?»

«No.»

15

Il rapitore? Un maniaco sessuale

A polizia e carabinieri arrivarono quasi duemila segnalazioni, persino più inverosimili delle visioni della maga. Mitomani e cittadini presi dal genuino entusiasmo di poter aiutare. C'era chi dichiarava di aver visto Sergio in piazza Duomo a Milano, chi al porto di Palermo, chi su un treno per la Francia. Un contadino diceva che fosse rinchiuso in una cantina in Friuli, ma in realtà era solo un gatto che miagolava incastrato dietro un vecchio armadio.

C'era poi chi si organizzava in gruppo. Una squadra, guidata dal preside dei licei, il professor Mingatti, si era divisa zone della città, dei boschi dietro la collina e intorno al lago e delle campagne. Andava in giro chiamando Sergio tra le vie e cercandolo in cascine abbandonate. Un altro gruppo invece si muoveva ascoltando la maga Cinzia e faceva pressione sugli investigatori affinché indagassero lungo la provinciale per Roma, o a Napoli.

Il commissario Mario Jovine, noto come «il Maigret italiano» per il suo fiuto infallibile, chiamato dai giornalisti per un commento sul caso disse: «È un maniaco sessuale, uno della zona, diciamo un noto professionista.»

Infine, da La Spezia, arrivarono i sommozzatori di polizia. Pitorsi fu incaricato di andare a fare le foto: «Belle!» avevano raccomandato da Milano. «Che se esce qualcosa, una la facciamo illustrare e va in copertina!»

L'operazione della polizia non piaceva ad Angelo, e soprattutto non piaceva a Paolo Pontremoli, socialista che si trovava a capo dell'Azienda di soggiorno. Il primo la riteneva un tentativo maldestro di rassicurare, più che la famiglia, la stampa: «Immagina di aspettare un figlio rapito» disse al compagno di partito, «e vedere questi qua che arrivano a cercare un cadavere!»

Pontremoli invece non amava che quel trambusto scaccia-turisti si facesse proprio all'inizio del fine settimana. Entrambi andarono comunque a controllare come il lago di Ferso veniva scandagliato. Rimasero in piedi sulla banchina dal momento in cui i sommozzatori si gettarono di schiena dal piccolo battello della squadra nautica fino a quando uscirono dalle acque commentando che erano troppo limacciose: «Impossibile vedere là sotto!»

«E intanto abbiamo avuto una bella passerella a favore d'obiettivo» commentò Angelo buttando a terra la sua sigaretta mozzata e gettando un'occhiata stanca verso il fotografo che documentava l'evento.

Giovanni sapeva chi era Angelo, ma Angelo non aveva idea di chi fosse lui. Mentre il sindaco si allontanava, il fotografo l'osservò quel tanto che serviva a farsi un'idea del perché Dora l'avesse scelto. A vederlo meglio, era un bell'uomo, con lineamenti regolari, la bocca sottile e uno sguardo languido. Aveva i capelli chiari e, diversamente da quelli di Dora, che non conoscevano riflessi, si scaldavano e schiarivano alla luce del sole.

Angelo si rimise il cappello. Era vestito con un'eleganza tale da risultare non convenzionale. Una cosa però colpiva Giovanni più di tutto il resto: la lentezza quasi magica, simile a quella di un capo che impartisce gli ordini, di un santone che recita l'ultima messa.

Lento nel battere le ciglia, lento nel gettare la sigaretta, lento nel buttare lo sguardo addosso a Giovanni, Angelo Pent si muoveva come se il vivere stesso fosse un rito di autorevolezza o di ineluttabilità. C'era del fascino in questo. Così sembrava a Giovanni; così, si convinse, doveva sembrare anche a Dora.

16

... silenzioso come un ladro

Dopo aver stampato le foto dei sommozzatori nella piccola camera oscura allestita nella pensione, Giovanni Pitorsi andò in edicola. Ce n'era una all'incrocio sotto l'albergo, con cartoleria annessa. Voleva leggere tutte le dichiarazioni rilasciate dal sindaco e farsi un'idea definitiva su che tipo fosse. Fuori dal negozio era parcheggiata l'auto del proprietario, una vecchia 1500 azzurra molto ben tenuta, che a Giovanni ricordò la serata con Dora sulla Parrina.

Erano lc scttc di scra. L'cdicolantc, già prossimo alla chiusura, stava sul retro e parlava a voce alta con uno dei tipici personaggi che a Ferso piantonavano negozi, bar e luoghi pubblici, avventori assidui che non sono semplici clienti ma angeli custodi del titolare.

«Gioacchi, c'è uno!»

«Eccoce» disse Gioacchino Liviani riemergendo dal fondo del locale. Era un uomo di mezza età, basso. Aveva naso e bocca piccoli, stretti tra guance piene che non corrispondevano a una corporatura altrettanto tondeggiante. Teneva le sopracciglia alzate come se fosse sempre in attesa di ricevere una richiesta.

«Vorrei tutti i giornali che parlano del caso Rambaldi...»

«Vole tutti i giornali, allora!»

Mentre l'edicolante raccoglieva quotidiani e rotocalchi, Giovanni si sedette sulla panchina accanto alla pila di cartoline e diede uno sguardo alle copertine delle riviste musicali. Quella di *Amici della canzone* era dedicata al vincitore del *Cantagiro*: Massimo Ranieri.

Nel taglio basso della copertina: «Da Peggy Lee a Gigliola Cinquetti, tutte le versioni di *Johnny Guitar*.» *Johnny Guitar* era la canzone che la radio suonava quando Dora si era seduta a guardare le foto, a terra, accanto alla gamba rotta di Giovanni. Pensando a quale citazione sul destino Molina avrebbe dedicato a quella coincidenza, prese una copia: «Mi dia anche questa!»

«Magari anche lì si parla del povero Sergio» buttò là il proprietario dell'edicola.

Una volta in camera, Giovanni lesse tutti gli articoli sul caso di Ferso. Scorreva velocemente i pezzi, in parte perché non gli interessavano, in parte perché era certo che nelle altre testate non avrebbe trovato qualcosa in più rispetto a quello che già sapeva. Quando arrivava al nome del sindaco Angelo Pent, si soffermava e con avidità leggeva.

FERSO SI STRINGE INTORNO ALLA MADRE DI SERGIO E DICE A LUI DI NON AVER PAURA: TORNERAI A CASA, ACCADRÀ PRESTO.

CHI AMA FERSO E IL SUO MAGNIFICO PAESAGGIO, DEVE SAPERE CHE QUESTO NON È UN POSTO PERICOLOSO. SONO CERTO CHE SERGIO TORNERÀ E CHE I RESPONSABILI SARANNO ASSICURATI ALLA GIUSTIZIA.

LA SCELTA DI UNA RICOMPENSA NON DEVO ESSERE IO A COMMENTARLA. COME PERSONA VICINA ALLA FAMIGLIA, PRIMA CHE COME SINDACO, HO PIENA FIDUCIA IN QUESTA DECISIONE.

Quest'ultima era una dichiarazione contenuta nell'articolo a firma di Roberto Molina.

Giovanni sentiva sbattere contro un muro di frasi di

circostanza la sua frustrazione di maschio ferito. Ferito da cosa? Non era in fondo stato lui a far finire le cose con Dora, a non farle neanche iniziare?

Chiuse i giornali, convinto di dover ripristinare l'amor proprio. Non ci doveva essere spazio per Angelo. Lo spazio doveva essere solo per lei, cui andava almeno un pensiero ogni giorno. Dora era per lui ancora un ritratto in riva al mare, e un altro tra le travi di legno.

Più che una compagna immaginaria, era un accompagnamento, un controcanto muto. Si affacciava tra le preoccupazioni quando la gamba faceva male, quando una foto usciva sfocata. Era l'ombra con cui condividere la scena vietata di un delitto in periferia, la luce migliore sul volto di un indagato, il sole che scendeva su Milano. Era la decorazione sottile sulla sua imbracatura, il nome al quale affidare messaggi segreti attraverso un giornale letto chissà dove, chissà quando. Dora era l'ipotesi erotica di mille fantasie mai vissute e, soprattutto, era la guardiana della sua solitudine. Per questo, che importava se era fidanzata, o anche sposata? Che importava se non pensava più a lui?

Annoiato da se stesso, sfogliò *Amici della canzone*, saltando a piè pari tutta la parte su *Johnny Guitar*. Si mise a leggere di Massimo Ranieri, che con *Rose rosse* aveva vinto il *Cantagiro 1969*.

> Si è concluso lo scorso 5 luglio a Recoaro Terme lo spettacolo canoro itinerante *Il Cantagiro*... Ranieri aveva staccato gli altri già nella tappa di Torre Annunziata...

In un riquadro arancione, c'era la nota: «La finale del *Cantagiro* è andata in diretta alle 21.00 sul Primo canale.»

Giovanni scese alla reception dal signor Aristide: «Lei l'ha vista la finale del *Cantagiro*?»

«Certo... Ma co' 'sto ganghéro de televisione pe' riuscì' a vedella ho dovuto di' il Padre Nostro! Però bravi i Camaleonti, me piaciono!» Gliel'aveva già confidato, ma ripeté l'informazione quasi spaesato, mettendo via la solita scontrosità.

C'era solo una camera occupata il giorno della scomparsa, una coppia di settantenni che erano venuti a trovare i parenti, lui sulla sedia a rotelle. Aristide era il solo a occuparsi della pensione la sera. All'ora in cui era partita la chiamata stava nel retro davanti alla tv: la porta rimaneva sempre aperta, rendendo non affatto impossibile l'ingresso a uno sconosciuto. Era anzi del tutto plausibile che qualcuno fosse entrato nella reception e avesse fatto la chiamata dal telefono dell'ingresso, che rimaneva nascosto e isolato.

Giovanni faceva deduzioni da giornalista investigativo: «Quindi non può escludere che la sera della chiamata qualcuno sia entrato mentre lei ascoltava la gara! L'ha detto alla polizia o ai carabinieri?»

«Non me l'hanno chiesto, ma se così fosse, chi ha chiamato deve esse' silenzioso come un ladro!»

In quel momento scese Molina per discutere del rientro a Milano: «Dalla redazione ci chiedono di tornare su se la storia non monta ulteriormente. Dicono di decidere con te...» In redazione ogni tanto dimenticavano che fare giornalismo significa documentare la realtà e che la realtà quasi mai è prevedibile.

«Come se avessi la palla di vetro!» fece Giovanni indispettito, più che altro perché da Ferso non voleva andarsene senza prima rivedere Dora. Ma dato che pure il reporter del *Giorno* stava per rientrare a Milano, la loro presenza a Ferso cominciava a essere professionalmente ingiustificabile.

Lunedì Giovanni sarebbe stato di corta, il giorno di pausa per chi lavora in redazione, così con Molina decise di mettersi in viaggio per Milano martedì all'alba. La domenica l'avrebbero passata al Porticciolo a godersi l'allunaggio, sempre con la macchina fotografica al seguito nel caso in cui succedesse qualcosa.

Salendo in camera, Giovanni fece un passo indietro con la gamba rotta. Si rivolse a Molina, già sulla porta dell'albergo pronto ad andare a una delle cene che in teoria dovevano servire a stringere contatti con le fonti: «Tu che l'hai conosciuto... che uomo è il sindaco?»

«Un uomo ambizioso.»

«A che ambisce?»

«Ha viaggiato, ha studiato. Di certo non ambisce a restare a Ferso. Guarda verso i palazzi romani. In prospettiva, ambisce a qualsiasi cosa: è tenuto su un piatto d'argento dal partito...»

«Ti è sembrato intelligente?»

«Direi che è di pasta diversa dalla tua.»

«Cioè?»

Quante domande faceva Pitorsi, che pure stava sempre zitto...

«Tu sei un uomo d'immaginazione, lui è un uomo d'azione.»

«Buon per lui. Io ora vado a immaginare nei miei sogni che domattina faccio un giro alla faggeta, visto che tutti ne parlano.»

Aristide gli lanciò un'occhiata di sordido dileggio. Molina colse che i due avevano creato una forma di confidenza.

«Non pensi sciocchezze, non frequento uomini nei boschi, non frequento nessuno... e mi dia dei fogli» disse Giovanni ad Aristide troncando qualsiasi ipotesi di ironia, che trovava moralmente misera, sui propri giri alla faggeta.

Il fotografo non dichiarò al giornalista la propria considerazione sulla chiamata: qualcuno poteva essere entrato di nascosto, approfittando di una reception vuota. Azione furtiva, forse estemporanea. Del resto, lui era solo un fotografo, non un cronista. Ma voleva annotarla nel caso in cui gli fosse tornata utile. Prese così i fogli e camminando con il suo passo incerto salì in camera.

17

Foto di G. Pitorsi

Il 20 luglio, per lo sbarco sulla luna, al Porticciolo sarebbe andato in scena un grande spettacolo della durata di due giorni. Dall'atelier di Torino erano arrivati i costumi per le ballerine. Dora si era trascinata in laboratorio, teneva gli occhiali da sole come una diva ubriaca.

Doveva lavorare: stringere un polsino, allungare un orlo, ammorbidire le zip. Graziella, che era andata ad aiutarla con i ritocchi, non chiedeva a Dora del perché avesse chiuso il laboratorio nei giorni precedenti. Teneva l'attenzione solo sulle tute argento da "soubrette di varietà": «Manco a Capodanno se fanno tante scene... Speriamo almeno che non porti male. Immaginate se la navicella salta per aria quando tocca terra...»

«O se trovano gli alieni... O se gli astronauti volan via come un pallone!» scherzò Dora, rimanendo serissima.

«E dove devono volare?»

«Nello spazio, fino a Marte!» Senza rendersene conto, Dora replicava gli esercizi dell'assurdo che aveva imparato con Giovanni.

«Non ve capisco, certe volte... Non me fa ride» fece Graziella passandosi il filo sulle labbra e inserendolo attentamente nella cruna di un ago.

Oltre alle ballerine, al Porticciolo erano previsti quattro televisori sintonizzati sulla diretta Rai, una grande luna coperta di vetrini e paillettes al centro della sala, due gruppi musicali, un'orchestrina jazz e una zona juke-box all'aperto. Aspettando i primi passi dell'uomo sulla luna, cibo e bevande fino al mattino.

Dora lavorava a testa bassa e teneva lontano il pensiero di Giovanni che le si era presentato come dall'aldilà. Cuciva da ore, sembrava allegra, ma i gesti tradivano ansia. «Dovete riposare. Conoscendovi, non avrete manco mangiato!»

Dora si alzò dal divanetto su cui normalmente sedeva per lavorare. Graziella indicò la propria borsa: «Ci stanno un paio di riviste là... Rilassatevi un tantino...»

Dora prese *Tempi moderni* e sfogliandolo finì sulle pagine dedicate al caso Rambaldi. Appena aveva mollato la presa sul lavoro, che teneva stretto come un salvagente contro la marea dei pensieri, Giovanni era tornato, questa volta in forma di firma: FOTO DI G. PITORSI. C'erano vari ritratti, alcune immagini di Ferso. Soprattutto, c'era una grande, inedita foto di Sergio con un pallone in mano apriva il servizio di sei pagine.

Doveva essere quella che Silvana era convinta di aver perso e che ora avrebbe ritrovato sbattuta sui giornali. L'uomo che Dora aveva amato era davvero diventato un fotoreporter di successo, si trovava a Ferso per coprire la storia del rapimento di Sergio e sapeva ancora far male alle persone. «L'ha ammazzato qualcuno nella faggeta» sentenziò Graziella mentre chiudeva un punto. «Un invertito. L'ha detto anche il Maigret là, quell'investigatore famoso! Se penso che abbiamo certa gente in città. Son cose obbrobriose!»

Senza dare peso alle parole dell'amica, Dora ripose il giornale, afferrò una tuta argentata e si rimise al lavoro.

18

Verso l'acqua del lago

Il bus per la faggeta su cui viaggiava Giovanni era poco più grande di un'auto e si muoveva agile tra le vie di Ferso. Il fotografo aveva con sé una borsa, dentro c'erano la Rolleiflex, la Koni Omega della redazione e i fogli con gli appunti.

Passando per la valle e girando intorno alle frazioni di Rocchette e Marascano, il bus faceva un giro lungo sui colli sopra il lago. Dopo mezz'ora, superata Ripabella, Giovanni arrivò alla faggeta. «Mi può lasciare laggiù?» chiese. Una signora alle spalle dell'autista lo guardò, e sul suo volto il sospetto iniziale che fosse un frequentatore della faggeta mutò presto in disprezzo.

Il parcheggio era stato costruito per le famiglie che volevano fare un picnic nel bosco, ma quasi subito era diventato un luogo di appuntamenti.

Lungo il perimetro fatto di assi arrotondati, simili a quelli di una baita, c'erano fioriere in legno che conservavano l'aria di un luogo ameno e decoroso. FAGGETA DI FERSO – FORESTA VETUSTA, stava scritto su un segnale affisso all'ingresso, somigliante all'entrata di uno stabilimento balneare. Ma sotto non c'erano pini, non c'era il mare. Si scendeva lungo una stradina sterrata che solo per i primi cinquanta metri accompagnava i visitatori con dei gradini in legno incastrati nella terra.

Giovanni procedeva con cautela, per evitare di farsi male all'unica gamba buona che gli rimaneva. La discesa quindi si addolciva, e iniziava la faggeta. Alberi di almeno dieci metri creavano un reticolo proteso verso le nuvole. La nebbia del mattino, leggera d'estate, si confondeva nell'intreccio dei fusti che degradava dolcemente fino a perdersi nel buio, dove iniziava la gola e si arrivava all'acqua del lago.

Il bosco sarebbe stato spettrale se non fosse stato pieno di vita, con il terreno umido, l'erba verdissima, uccelli e insetti che si facevano sentire sin dall'alba. Per muoversi meglio Giovanni raccolse un ramo e lo usò come bastone. Scattò un paio di foto, cogliendo i raggi che bucavano a fasci l'aria biancastra.

Nonostante le chiome ombreggiassero il sentiero, era così caldo che si tolse la giacca rimanendo in camicia. Si sedette su una delle panche da picnic a respirare e far riposare la gamba prima di riprendere a camminare. Sollevò la stoffa del pantalone, allentò le cinghie dell'imbracatura. Lo scenario era rarefatto, irreale, solo un lieve movimento delle foglie accarezzava il silenzio. Sul legno della panchina c'erano scritte di ragazzini, iniziali di nomi, FORZA ROMA, FORZA FERE, FORZA GRIFO, qualche oscenità...

Si fermò invece a respirare a pieni polmoni prima di riprendere a passeggiare. Pensò a Dora; immaginava di essere con lei senza nessuno intorno e di chiederle che fine avesse fatto Sergio Rambaldi, di raccontarle della teoria sulla telefonata, di ragionare insieme a lei sulle possibili ipotesi.

Sospinto dalle fantasie camminò lentamente per circa mezz'ora, quando arrivò ai ruderi della chiesa di San Pantaleo. Niente tetto, niente pavimento, solo tre pareti invase da foglie d'edera e muschi. A terra c'erano fazzoletti e pezzi di vestiti logori, forse gli unici segni di notturni amplessi furtivi. Scattò delle foto, come sulla scena di un crimine, poi camminando piano tornò al parcheggio, ad aspettare l'autobus per Ferso.

Lì, intanto, la notizia del giorno era questa: la polizia aveva il diario di scuola di Sergio. Molina era riuscito a ottenere alcuni stralci nella speranza di poter rispondere alle domande dei propri lettori: chi è Sergio Rambaldi? a cosa pensa? quali interessi ha? chi può averlo rapito? Le descrizioni sui giornali facevano pensare a un bambino, più che a un ragazzo.

Il diario contava i giorni da settembre del 1968 e finiva ad agosto del 1969. Nella parte scolastica c'erano annotazioni come: «Faccio italiano e matematica, poi aiuto Mario. Posso giocare un'ora» oppure «Religione: per due minuti sto con gli occhi chiusi e silenziosamente sento quel che c'è fuori e dentro di me». Essendo un diario di scuola, le pagine di luglio e agosto erano stampate a righe, senza giorni. Sergio aveva segnato a mano la data prima di ogni nota. Con una penna nera aveva scritto: «4 luglio: aiutare di più la mamma in casa; 5 luglio: trovare dei nuovi cordoncini per il fischietto.» Nessun allarme, nessuno stupore.

19

L'uomo cammina sulla luna

Il proprietario del Porticciolo, Renato Binaschi, era alto, con gli occhi scolpiti come Peter O'Toole. Aveva capelli color cenere, mossi e definiti. Le spalle larghe su una corporatura snella lo rendevano signorile. Aveva una parlata pulita, solo quando si arrabbiava usciva fuori l'accento romano.

Era infatti nato nella capitale, ma aveva viaggiato in tutto il mondo prima di decidere che i suoi quarant'anni li avrebbe spesi in una tranquilla provincia italiana, dove avrebbe messo su un'attività con la quale portarsi dietro un po' di mondanità e una famiglia. Era sposato con una giovane donna, Flavia, nata a Ferso e conosciuta al circolo del tennis di Perugia.

Avevano due gemelle di quattro anni e una villa sul lago circondata dal verde, che si svelava solo navigando le acque o guardando dalla riva opposta nei pressi della diga. L'idea di una grande festa per l'allunaggio era stata proprio della moglie, che aveva una passione per la televisione e attendeva con ansia la diretta mastodontica di quasi trenta ore, sulla Rai, per documentare quel fatto epocale.

Il vestito della signora Sacchetti-Altovini non venne mai indossato. Nessuno della famiglia avrebbe partecipato alla serata: restavano in attesa di una nuova chiamata. Il preside Mingatti, militante Dc e capo della solerte squadra civica di ricerca, era invece molto critico. Aveva inviato una nota al giornalista locale Mino Pazzaglia affinché, visto il clima di cordoglio che si era creato intorno al rapimento, si evitassero in città «sfrenatezza e festeggiamenti strampalati». Una questione morale. Eppure laggiù, nella valle, lungo le rive del lago, c'erano imprenditori che dovevano risollevare una stagione. Se sulla collina si piangeva, lungo il lago Ferso bisognava ancora ballare.

Binaschi aveva coinvolto una cinquantina di collaboratori. Alle 19.00 era prevista l'accensione dei televisori disposti lungo la sala principale. Una selezione di dischi per accompagnare la discesa, poi calata della luna al centro della sala e orchestra e canzonette fino alla passeggiata lunare.

Se l'operazione nello spazio fosse andata male, il tecnico avrebbe spento le tivù, Binaschi non avrebbe fatto scendere la luna e le ballerine vestite da astronauta sarebbero tornate a Roma, «con cachet pagato, s'intende». Chi voleva restare poteva continuare a godersi balli misurati fino al mattino.

Salendo sullo stesso bus che aveva preso Giovanni il giorno precedente per raggiungere la faggeta, Dora arrivò al Porticciolo nel pomeriggio. Fermata Ripabella. Il sole batteva incandescente, le case del paese, costruito quando ancora c'era solo un fiume, avevano le finestre aperte, con stoffe bianche pesanti a restituire ombra dentro casa. Le stradine intorno alle ville di nuova costruzione, a ridosso del lago, brulicavano di auto decapottabili e biciclette.

Dora aveva con sé quattro grandi buste in cartone con dentro le tute ripiegate per le ballerine, stoffa per aggiunte, fili, forbici. «Potevamo mandarla a prendere tutta questa roba! Non c'era bisogno che si scomodasse a portarla...» fece un collaboratore di Binaschi vedendola arrivare.

Dora non lavorava per vivere, né viveva per lavorare.

Dora cuciva per stare bene: non aveva fatto più del dovuto presentandosi di persona dal cliente e portando i vestiti con sé.

I camerini del Porticciolo erano piccoli, senza finestre e con il soffitto basso. In un paio c'erano specchi illuminati, oltre a divanetti in velluto e moquette come in un teatro. Le ballerine indossarono le tute, fecero dei movimenti ampi per controllare la cedevolezza del tessuto. Il lavoro era finito.

«Che traffico, eh!» scherzò un cameriere che le chiese permesso passandole accanto mentre Dora tornava in sala. La piccola operosità di tecnici, baristi e musicisti non riusciva a riempire il locale che allestiva lo spazio ancora in attesa dei clienti. La donna si sedette su un divanetto per riposarsi. Gettò lo sguardo verso il tavolino abitualmente prenotato dai Sacchetti-Altovini e ora destinato a clienti romani. Teneva i piedi uno accanto all'altro, le mani conserte, eppure c'era qualcosa di scomposto in lei: le spalle ingobbite, la testa un po' inclinata di sbieco, come se si stesse guardando intorno.

Binaschi si avvicinò fumando un sigaro. Aveva fascino, ma non quello a cui Dora poteva essere sensibile. Era un fascino intessuto di orpelli. Con una mano teneva il toscano, con l'altra si toccava la catenella dell'orologio da taschino, i soli elementi classici di una figura in realtà protesa verso una contemporaneità attentamente costruita e fatta di capelli spettinati, camicia aperta sul petto, pantaloni di lino.

«Vi spiace se aspetto qui che arrivi mio marito? Dovrebbe raggiungermi per la serata...»

«Non mi spiace. Vorrei anzi ringraziarla per lo splendido lavoro che ha fatto il vostro atelier. Le ballerine sono molto contente. Voi lo siete?»

«Abbastanza» rise Dora.

«Il perfezionismo. La chiave per fare sempre di meglio, fatevelo dire da un imprenditore...» Per Binaschi era scontato che lei non lo fosse; forse la sottovalutava proprio perché non teneva le spalle dritte, non respirava a pieni polmoni, non esibiva gesti fermi e insieme vezzosi. O forse perché era solo una donna.

Dora si alzò in piedi, lo guardò con vaga perplessità.

Lui non le prestò attenzione, stava già lanciando occhiate severe al barista che beveva a servizio appena iniziato. Poi tornò su di lei: «Posso offrirvi qualcosa?»

«Certamente.»

Si avvicinarono al bancone.

«Per me quello che stai bevendo tu» disse Binaschi al barista che qualche secondo prima aveva gelato con lo sguardo. «Per la signora invece... una novità appena arrivata dall'America! Guido, falle provare il *tequila sunrise*!»

Guido al posto del volto aveva la luna. Una maschera curiosa e scomoda che gli copriva quasi tutta la faccia.

«Brutta storia questa del ragazzino, ma tornerà a casa e ce la dimenticheremo. Probabilmente è una bravata. Qualcuno che sta giocando a fare il rapitore.»

«Cosa ve lo fa dire?»

«Un rapitore vero richiama per farsi dare i soldi!»

Semplice, ovvio. Dora prese tra le dita la ciliegia candita del cocktail, per capire se si potesse mangiare.

«È commestibile, non abbia paura. Guardi che bell'allestimento! Ci aspettiamo grandi numeri per stasera, verrà gente da tutta Italia! Hanno prenotato anche da Trieste. Il sindaco cosa pensa della stagione?»

«Non sono nella testa del sindaco... Ma penso che sia in apprensione per Sergio...»

Di nuovo Binaschi guardava altrove, come se non avesse alcun interesse per le risposte a quelle domande che lui stesso aveva posto. Dora mangiò la ciliegia e guardò le lunghe file di bottiglie alle spalle del barista. D'un tratto gli scaffali si illuminarono: il locale era ufficialmente aperto, la serata poteva iniziare.

«Mi scusi, vado a far accendere le tv, stanno entrando i clienti.»

Dora rimase in disparte accanto al bancone. Aspettando di veder comparire Angelo, passava stancamente in rassegna i clienti che entravano, elargiva saluti a chi la vedeva e riconosceva, cedeva a una lieve ebbrezza mentre s'intratteneva a parlare con qualche conoscente.

«L'estate, il lago... la luna!» esordì dal palco Binaschi. «Signore e signori, questa lunga notte sarà indimenticabile. Fino a domani mattina vi accompagneremo con orchestra, balli e gruppi musicali scelti da Achille Rinetti, il Mozart della pista da ballo. Calici pronti a riempirsi nei bar di sala e all'esterno. Per chi non vuole perdersi l'allunaggio, ai lati della sala ben quattro tv sono già sintonizzate sulla diretta Rai. Per chi ha le gambe che fremono, invece... la pista è pronta a spumeggiare!»

Alle 20.30 il sindaco non era ancora arrivato. Dora salì nel privé e si sedette al proprio tavolo. Ordinò delle patate gratinate e si mise a guardare di sotto: la sala era un trionfo festoso. Solo piccoli gruppi seguivano l'allunaggio senza distrarsi, alcuni si avvicinavano ai televisori e subito ritornavano a ballare. La maggioranza stava ai tavoli o in pista. L'orchestra, da dentro scintillanti completi dorati, aveva iniziato a suonare uno swing a tema: *Fly Me to the Moon*.

Si avvicinò un uomo chiedendole di ballare, ma Dora rifiutò. Alle 21.30 Angelo ancora non era lì. Provava invidia per la facilità con cui gli altri riuscivano a divertirsi. Lei era annoiata, oltre che preoccupata. Lasciò il tavolo, s'intrattenne con delle conoscenti e poi fece per tornare al piano di sotto: voleva andare al telefono del locale e chiamare Angelo a casa e in Comune.

Un boato dai lati della stanza salutò l'atterraggio del modulo Apollo sulla superficie lunare. La grande sfera fu calata lentamente dal soffitto mentre la sala esultava. Era un'opera impressionante, che riempiva gli occhi. Dora la guardava abbassarsi, mentre anche lei scendeva le scale.

A qualche gradino dalla fine della scalinata si fermò: da quell'angolazione le luci della sala s'infrangevano sulla luna fiorendo in screziature brillanti sulla testa della gente. «*Sha la la la... Ci perdi solo tu...*» Una ragazza vicino a lei cantava un pezzo beat che l'orchestra aveva appena suonato.

Un uomo, passandole accanto, disse: «Statte attenta co' quelle gambe all'aria che per strada incontri le serpi...» Non c'erano vipere in discoteca, ma d'istinto la ragazza si tirò giù il vestito in maglina e con imbarazzo tentò di coprirsi le ginocchia mentre un'altra voce maschile, più rassicurante, le suggeriva: «Le vipere di notte dormono!» Dora riconobbe una voce familiare, con le viscere prima che con la testa, e si voltò.

Sotto di lei, a un paio di scalini, c'era Giovanni.

«Ciao.»

«Ciao.»

Nella penombra di un locale notturno, si ritrovarono a pochi centimetri l'una dall'altro.

Era passato un decennio. Lui aveva capelli più lunghi, lei indossava degli stivaletti. Lui aveva lineamenti scavati, lei un'espressione ormai sostenuta. Giovanni non azzardò ad avvicinarsi per un abbraccio, Dora istintivamente salì un gradino, come per tornarsene da dove veniva.

«T'ho visto da sotto e volevo salutarti... T'ho visto anche l'altra sera, in realtà.» Giovanni sorrideva in modo esaltato e insieme frastornato. Il respiro di lei si fece più corto, riscese di uno, due gradini. Poi lo superò.

«Felice di sapere che stai bene» rispose lei, senza che lui gliel'avesse confidato.

Dora si sentiva a disagio, si sentiva male. Sapendo di contare su gambe più agili, era già al piano terra. Giovanni, senza pensarci, la seguì. Non aveva idea di tutto quello che lei aveva vissuto dopo la loro separazione e del dolore che le aveva causato. Anzi, dentro di sé aveva maturato l'idea di essere lui la parte lesa: dalla natura, che l'aveva reso inadeguato a stare con lei... Lei che, almeno, era riuscita ad avere e mantenere una relazione sentimentale.

Facendo cenno al piano di sotto, dove stava il telefono pubblico, Dora disse: «Devo andare a chiamare Angelo.»

Angelo. Sentirlo definire così autorizzò l'immaginazione di Giovanni a collocarlo lontano dall'intimità di Dora. Non era *il marito.* Era un ragazzo, un uomo come tanti. Il pensiero fece sì che il sorriso, sempre più indipendente, restasse immutato. Rideva, lui.

Era come bloccato in una felicità che sfiorava l'estasi. Dora invece si sorprese tiepida, come se avesse provato emozioni più intense nel pensare a lui che non trovandoselo davanti. Eppure si sentiva in una posizione scomoda, a suo modo sleale.

Mentre aspettava che l'apparecchio si liberasse, Dora teneva lo sguardo davanti a sé, pesando quello di Giovanni sulle proprie spalle. Con la cornetta tra le mani, si affrettò a chiedere la linea e poi a comporre il numero. Angelo era in ufficio. Era ancora bloccato a parlare con il prefetto di «faccende locali». L'avrebbe raggiunta al Porticciolo nel giro di un'ora.

Dora riagganciò la cornetta. Giovanni era di nuovo vicino a lei. Passò lo sguardo sui capelli perfettamente pettinati, sulle unghie con lo smalto, sul vestito privo di pieghe.

A lei batteva il cuore come batte quello di un animale braccato.

«Posso offrirti qualcosa?»

«Un *tequila sunrise*, grazie.»

Suonava come una scelta davvero sofisticata. Tutta un'altra storia rispetto alla ragazza di montagna che Giovanni aveva conosciuto e pensato per anni. Era esaltato. Le chiese di uscire sulla terrazza.

A Ripabella, lungo la via dei locali, l'aria era elettrica. Le luci rimbalzavano sull'acqua come scintille. «Gobba a ponente! Luna crescente!» rise un ubriaco indicando la luna che tutto il mondo ora guardava da vicino.

Erano davanti al lago, nel punto esatto in cui qualche anno prima, durante la serata d'apertura del Porticciolo, Dora si era scoperta a pensare al loro amore finito. Era lunga la sua lista di recriminazioni, ma non intendeva mostrare ferite, né quelle chiuse, né quelle ancora aperte.

Lui le raccontava di Milano, della redazione, dei casi che aveva seguito. Quando accennò alla separazione con Marina, lei non si mostrò stupita. Notava invece un accento diverso nel modo di parlare di Giovanni: non era solo l'arretramento dell'intonazione dialettale, addomesticata dalla vita milanese; aveva imparato a camuffare le esitazioni, che erano state la parte più autentica dei suoi discorsi.

Giovanni era trascinato dalle sue stesse parole che correvano via come non succedeva da anni, come non succedeva con nessun'altra persona. Dora accennò alla sua impresa: senza orgoglio né entusiasmo, come se condividere con lui una gioia equivalesse ad assolverlo. Giovanni era incantato e amava il fatto che non facesse riferimento né a un possibile matrimonio, né a quanto amasse vivere a Ferso, lontana da lui. Non gli dispiaceva figurarsi un quadro simmetrico ma falsato almeno per metà: entrambi avviati a una vita di borghesi trionfi professionali, entrambi in equilibrio nella propria solitudine.

Una cosa Giovanni non diceva: *scusa.* Come se il tempo si fosse incaricato di perdonarlo al posto suo. Finirono a parlare del rapimento di Sergio e la cordialità di una conversazione in cui le emozioni più antiche restavano sepolte sotto la sabbia degli anni s'infranse nelle parole di Dora.

Tutto il peso dei rancori che lei fingeva di ignorare esplose in una manciata di frasi. Riguardavano la foto di Sergio che Silvana non ritrovava più e che campeggiava sulle testate per cui lavorava Giovanni.

Così azzardò, in modo impassibile: «La tua vigliaccheria mi è nota. Ma non pensavo che saresti arrivato a rubare la foto di Sergio. Avresti almeno la decenza di riportarla alla madre?»

Parlava senza esitazione, pulita, a Giovanni sembrava di ascoltare una nota stampa di Angelo. Diversamente da quelle del sindaco, le sue parole erano però di fuoco, senza alcuna compiacenza da politico esperto. Eppure non erano esatte. Non era infatti per vigliaccheria che Giovanni aveva preso senza chiedere quella foto, ma per competenza.

«Non conosci certe cose.»

«Cosa non conosco?»

«Il mio lavoro.»

Dora si aggrappò alla ringhiera, accanto alla quale una volta aveva pensato proprio a lui. E come per allontanarsi da quel ricordo, si spinse indietro come una bambina sull'altalena. Non gli perdonava l'abbandono. Non perdonava le parole sbagliate che Giovanni le aveva detto e ancor meno quelle che aveva taciuto. «Il tuo lavoro... Fai ancora il ladro. Sei ancora un tombarolo.»

Lui le appoggiò una mano sul fianco e lei non la tolse.

«Non ferirmi. Ti voglio bene» le confessò nell'orecchio. Quindi la tirò a sé, non sapendo se quello era l'abbraccio finale che le aveva negato o quello di un possibile nuovo inizio. L'abbraccio di un istante o quello di una vita. Sotto gli occhi di tutti e nessuno. Leggero nell'intento, si rivelò da subito struggente.

Aggrappati l'uno all'altra volevano dirsi le cose che non si erano mai detti. Da una parte il carico della depressione che restava sopito nel congegno perfetto di una vita serena, dall'altra l'ossessione inconfessabile di un'occasione sprecata e rivissuta ogni giorno attraverso la fantasia.

Dora si staccò come se all'improvviso le fosse venuta paura. Sibilò con rabbia: «Sai, Giovanni, io ora sono felice.»

Giovanni, al contrario, senza di lei felice non era. Lei se ne andava mentre lui voleva che restasse: anche se voleva convincersi che la reciprocità nei desideri non gli interessasse, Giovanni si sentì trafitto da quel distacco improvviso. Quando poco dopo la vide ballare con Angelo, in sala, sotto la luna di carta, gli parve di essere a pezzi.

Era una canzone rockabilly e il sindaco faceva girare davanti a sé e dietro le spalle la compagna, cambiando direzione a ogni accento della musica. Angelo la guardava alzando le sopracciglia, con espressioni buffe e protettive. Ridevano. Se la testa di quell'uomo era occupata dal lavoro, di certo dissimulava abilmente le apprensioni.

E poi si muoveva bene: era veloce e ordinato con le gambe, perfetto con i piedi. Con i suoi, invece, Giovanni riusciva a malapena a camminare.

La gamba fantasma diventava il fantasma di tutta la sua vita. Non aveva mai davvero sognato di ballare con Dora, eppure su quella pista vedeva farsi carne, sguardi e risate l'idea più compiuta che aveva di se stesso, ma nei panni di un altro. Poteva lottare, eppure sentiva che, dopo averle negato quasi tutto, a Dora doveva almeno concedere rispetto.

Prese quindi per buone le ultime parole del suo unico vero amore e si convinse che con quella felicità lui non poteva competere.

«I suoi passi sono leggeri, ma dentro porta un macigno» disse Roberto Molina seguendo la linea dello sguardo di Giovanni, che restava fisso su Dora. Lei non ricambiava e ballando trascinava Angelo il più lontano possibile dal divanetto su cui era seduto il fotografo.

«Un macigno. Da cosa lo capisci?»

«Da come ti evita.»

«Ha paura di sprofondare se si avvicina troppo?» rise Giovanni.

«No, non direi che tu sia una voragine. Tu sei il macigno.»

Giovanni si alzò, andò al bar e ci restò per ore. All'una Dora se ne andò. Non si incontrarono, non si salutarono. Senza niente di utile per il giornale, Roberto uscì poco dopo:

«Ci vediamo a Milano!» *Milano.* Giovanni non aveva voglia di tornarci. Voleva cancellare tutto, ripartire dall'inizio.

Smettere di fare il fotografo, riprendere a scavare. Forse doveva salire su un traghetto e arrivare in Grecia. Oppure ritornare alle origini, rilanciare il destino di buttero in America, come cowboy. Avrebbe scoperto un tempio di Giove nell'orto di un pescatore vicino al mare. Avrebbe condotto la più grande mandria di mucche dal Montana all'Arizona.

Le sue imprese sarebbero state grandi, così grandi che la sua fama avrebbe riecheggiato in patria giungendo fino alle orecchie di Dora. Lei non si sarebbe potuta difendere, avrebbe dovuto ascoltare il mondo intero parlare di quanto ammirabile e talentuoso era quel Giovanni Pitorsi. Che euforia. O forse Giovanni Pitorsi doveva solo tornare a Milano, smetterla con la storia della solitudine e trovarsi una donna. Una da cui non scappare, da abbracciare prima di dormire, una che lo guardasse mentre ballava per lui.

Giovanni era talmente ubriaco che mise la macchina fotografica sotto un divanetto, convinto che fosse al sicuro. Nel frattempo ciondolò tra la terrazza e la sala, intrattenendosi con le donne che gli si avvicinavano. «Guarda che ho la gamba guasta, non posso farti ballare.» Una si fermò a chiacchierare, ma lui aveva poco da dirle, così la baciò. Sapeva baciare, forse doveva sposarla. «Ti va di venire da me a Ferso? Sono un fotografo io. Sto alla Pace, la pensione... Magari ti faccio anche una bella foto!» La sconosciuta stava per accettare, ma le amiche la portarono via da tanta miseria anche perché nel frattempo un altro uomo, non Giovanni, stava finalmente facendo il primo passo sulla luna.

Erano le quattro del mattino e Giovanni pensò che proprio la luna si faceva beffa di lui: sulla piana di Roselle, quando sotto la sua luce gli era caduto addosso il coperchio di una tomba, e di nuovo quella sera, quando l'aveva guardato abbracciare una donna che non lo amava più. La sua sabbia d'argento meritava di essere calpestata per bene. Al diavolo!, si disse, e sperando di dar pace almeno alla propria autocommiserazione rimase là a bere fino all'alba. Cercò la macchina fotografica. Quando la trovò, tentò di addormentarsi sul divanetto.

Stava scomodo, alla fine si convinse a tornare in albergo. Non c'erano tassì per Ferso, e il primo bus da Ripabella sarebbe partito alle 7.30. I pochi clienti rimasti erano diretti a Roma o a Firenze, dall'altra parte del lago. Chi andava a Ferso non aveva intenzione di caricarsi in macchina uno ridotto in quello stato, uno che zoppicava, tanto era ubriaco. Un barista gli suggerì di proseguire oltre Ripabella, verso il Lazio, dove forse avrebbe potuto intercettare una linea che passava con maggiore frequenza.

Si mise in cammino barcollando, con la macchina fotografica appesa alla spalla. Oltrepassò il tratto che costeggiava la faggeta. Alla prima curva, un'auto quasi lo mise sotto. Se avesse proseguito lungo la strada avrebbe intercettato la salita che entrava in un tunnel, probabilmente senza marciapiede. Era troppo rischioso anche per un intrepido buttero che avrebbe scoperto il tempio di Giove. Meglio allungare deviando per la spiaggia.

Era l'alba del 21 luglio 1969.

20

Il corpo di un bambino

Con l'estate, l'acqua del lago si ritirava. Ad agosto si aprivano crepe in alcuni punti, come fosse un deserto. Ma a luglio la terra era solo secca, spaziosa e perfetta per qualche pescatore in cerca di trote e carpe. Ivo Mangiabene era rimasto sveglio, a casa, per seguire la passeggiata lunare alla tivù, quindi era uscito con canna, secchiello e cassetta.

Verso le 5.30 del mattino s'era seduto davanti all'acqua piatta. Tutt'intorno le dolci colline illuminate dall'alba, dentro di sé la certezza che con l'imminente pensione si sarebbe comprato una casa al mare. Come sempre lo aveva accompagnato Gina, una giovane setter regalata dal fratello cacciatore. Era un animale vivace e fedele: se si allontanava, tornava dopo pochi minuti. Per questo, sulla spiaggia, Ivo la lasciava libera, senza guinzaglio.

Non era una mattinata pescosa: aveva lottato con un piccolo siluro e poi l'aveva ributtato in acqua. Nel secchiello non aveva niente. Eppure il cane si avvicinò, come se stesse cercando qualcosa. «Gine', e levate via, fa' la brava!» disse Ivo cercando di allontanarla. Ma quella restava ferma, non voleva rubare niente tra gli attrezzi del pescatore, voleva anzi lasciargli qualcosa che stringeva tra i denti: un fischietto da caccia. «E dove l'hai preso questo?» Ivo glielo tolse dalla bocca e lo buttò tra i cespugli.

Gina andò a riprenderlo e abbaiò. Sempre più forte. Il

padrone si alzò per capire cosa volesse e vide che a una decina di metri, proprio accanto ai cespugli, il cane aveva scavato tirando fuori qualcos'altro.

Era scuro, sembrava leggero. Avvicinandosi, Ivo capì che era un piccolo pezzo di stoffa, che ora giaceva abbandonato sulla sabbia. Raccolse un bastone e smosse la sabbia lì dove Gina aveva scavato. All'inizio pensò che fossero delle radici, ma l'odore faceva pensare alla carogna di un animale. Erano capelli. Spostò altra sabbia e apparve il viso gonfio, macchiato e deforme di un essere umano.

Quando Giovanni passò di lì, alle 7.15, erano già arrivati i carabinieri di Callalta. Cinque militari, un paio di curiosi, Ivo, il cane. E adesso anche Giovanni. Intorno al piccolo scavo il silenzio era carico di angoscia e s'infrangeva contro poche parole, quelle del colonnello Santi, che si era precipitato lì da casa.

Giovanni chiese: «Che succede qua?»

«Niente che le competa...»

«Sono un giornalista.»

«Mostri il tesserino.»

«Suvvia, cosa credete che faccia con una macchina simile? I servizi per i matrimoni?»

Il colonnello Santi lo riconobbe: «Si ritenga fortunato. Quello è il cadavere di Sergio Rambaldi. Può fare le foto ma tenendosi a questa distanza. Si sbrighi che tra poco lo portano via.»

Giovanni si mise dove gli avevano detto di stare, era l'unico fotoreporter sulla spiaggia e un'esclusiva simile non aveva bisogno di dettagli. Concentrandosi per usare tutta la lucidità che gli restava, scattò le immagini della stoffa della camicetta rossa, sbiadita, che il cane aveva strappato via. Fotografò anche un carabiniere che, circondato dai colleghi, sopra il cadavere, sollevava con dei bastoncini un altro brandello, come per studiarlo da vicino. Poi abbassò la macchina e s'avvicinò.

Aveva appena ottenuto per caso qualcosa di prezioso, ma nella nebbia della sua ubriachezza che sfumava sapeva che Santi si sbagliava. Non era fortuna, era l'unica abilità davvero necessaria a un cronista così come a un fotoreporter: trovarsi dove le cose accadono, restare fuori, non andare a dormire, non tornare a casa; non importa che sia per bere fino a stordirsi e cullare la propria disperazione, anche quello vale, la disperazione conduce alla realtà, la disperazione è un merito, bisogna saperla usare. E Giovanni sapeva usarla benissimo.

A Milano, Giovanni aveva visto il cadavere di una prostituta pugnalata nel quartiere Greco, quello di una ammazzata nel bosco di Lacchiarella, e poi quello di due delle vittime della banda Cavallero, di un paio di ladri e altri ancora. Nonostante seguisse la nera, però, non aveva mai visto un cadavere umano in un tale stato di decomposizione. Conosceva l'odore delle carcasse, l'aveva respirato negli allevamenti, l'aveva sentito nei boschi in Maremma. Ma questo era più acuto e ripugnante.

Con l'olfatto, il più primitivo e sincero dei sensi, Giovanni tornò istantaneamente a quando era bambino e aveva nascosto il corpo di un cane morto dietro un pollaio nella convinzione che le galline lo avrebbero covato, scaldato e riportato in vita. Non provava particolare tenerezza per l'infanzia e la giovinezza, non desiderava essere padre e solo lontanamente rimpiangeva le occasioni ormai perse che aveva avuto per diventarlo.

Eppure la mattina del 21 luglio del 1969, sulla spiaggia del lago di Ferso, ogni forma di distacco si dissolse. Forse era l'alcol che aveva bevuto, forse era proprio l'odore che andava dritto alla memoria, forse era stato l'incontro con Dora: Giovanni si sentiva vulnerabile come mai gli era capitato prima. Abbassò la macchina fotografica. Coprì la lente. I tratti del viso di Sergio sembravano annacquati. La figura gli appariva scura e mostruosa.

Al tempo stesso Giovanni voleva proteggere quel corpo seppellito in fretta e furia, in una tomba di sabbia e terra così piccola che le gambe erano state piegate all'indietro. Un rovesciamento della posizione fetale.

I vestiti logori e la patina di sabbia non bastavano a coprirlo dalla vergogna di un abbandono tanto empio. Sergio, che non aveva bara, in nessun modo si ricongiungeva alla natura. E in nessun modo doveva essere lì, a poche dita dalla superficie, sotto un cielo giovane e ancora lunare. La vista del corpo fu per Giovanni un dolore compiuto, capace di mostrare la faccia più angosciante e assoluta dell'essere soli.

Con il primo autobus diretto a Ferso, arrivò alla pensione. Corse a svegliare Roberto, per raccontargli del ritrovamento, delle foto, per dirgli di informare la redazione a Milano che loro sarebbero rimasti lì. Prima di chiudersi nello stanzino a stampare i rullini passò in camera a prendere la foto che aveva rubato a Silvana.

Aveva avuto la premura di tenere l'originale inviando alla redazione una copia, una foto della foto, destinata a perdersi in mezzo a pile di fascicoli dimenticati tra la telescrivente e le copie dei giornali.

Fino a quel momento aveva trattato l'immagine con generica sufficienza: un oggetto di lavoro, lo strumento di un caso qualunque. Ora teneva quello scatto tra le mani come fosse una reliquia trovata in una tomba antica, e ripensava alle parole di Dora.

Cercò sull'elenco l'indirizzo del suo laboratorio e gliela lasciò nella cassetta delle lettere con un biglietto:

Forse è vero, sono un vigliacco, non a caso ora non trovo
il coraggio di ridarla a Silvana. Se puoi, fallo tu.

Giovanni

21

Sepolto vivo?

Le foto scattate sulla spiaggia erano un'esclusiva. Eppure il ritratto di Sergio che Giovanni aveva rubato in casa di Silvana restava la foto più celebre del caso, e dopo il ritrovamento del cadavere fu rilanciata ovunque. Non solo *Tempi moderni*, ma anche le altre testate, i quotidiani locali e persino la tv la usarono riprendendola dallo scatto letteralmente rubato di Pitorsi.

Con le guance rosse e le labbra socchiuse, Sergio aveva persino qualcosa di lascivo, e fu per questo che il ritratto piacque ai giornalisti, che sulle prime pagine poterono accostarlo ai dettagli scabrosi emersi dalla conferenza stampa degli investigatori.

Il colonnello Guglielmo Santi, comandante di legione, e Massimo Tanelli, capo della Criminalpol, mandato dal ministero a coordinare le indagini per la polizia, rispondevano ai giornalisti. Le forze dell'ordine si contendevano il primato sui risultati, e persino sulle piste investigative: i due uomini incarnavano la reciproca diffidenza tra i due corpi, che nel loro caso prendeva le sembianze di una schietta antipatia umana.

Intraprendente, sfacciato, chiacchierone, Santi monopolizzò la conferenza stampa, avendo i carabinieri trovato il cadavere e presidiato la scena del delitto. Tanelli, ben più discreto, si limitava a toccarsi la base del naso, battendosi il mento con l'indice mentre i giornalisti facevano domande.

Forse per non essere da meno rispetto al primo, o forse per una sincera convinzione, anche Tanelli diede ragione a Santi, al Maigret italiano e a tutti quelli che pendevano dalle loro labbra. Sposò una versione che scaldava gli animi e le penne: a uccidere Sergio Rambaldi era stato un maniaco sessuale.

In copertina *Epoca*, diretto rivale di *Tempi moderni*, azzardava ipotesi macabre: «Sergio sepolto vivo?» Era lo schianto che faceva saltare gli argini. La foto del bambino veniva associata alle cronache da un mondo che fino a quel momento era rimasto fuori anche dalle traiettorie del chiacchiericcio locale: «Capovolti nella Sodoma sul lago», dove «capovolti» era un sostantivo.

Si parlava di «anormali» e «invertiti». Di «figli della luna». In meno di una settimana la faggeta occupò stabilmente il centro dei quotidiani, insieme a tutte le piste che Molina e Pitorsi erano chiamati a percorrere per riempire le pagine, che adesso erano diventate otto.

> Buongiorno, Italia. Gabriella Nanni vi porta di nuovo a Ferso per il caso di cronaca che tiene il fiato dell'Italia sospeso: l'omicidio Rambaldi.

Dora ascoltava la cronaca del mattino. Il biglietto con la foto per Silvana era stato un gesto inatteso. Pensava a quando e come avrebbe rivisto Giovanni. Sapeva che sarebbe successo. Più respingeva quel momento, più lo voleva. Morsa dal desiderio si era messa a cucire un vestito per sé. Fantasticava di chiedere a Giovanni di fare due chiacchiere. Questa volta da soli. Perché forse era così che andava chiusa tutta quella storia. Credeva che cucire qualcosa per un'occasione inesistente ne avrebbe propiziato l'esistenza.

Sono state rese note le informazioni sul cadavere. Perdonateci se saranno sgradevoli. Il piccolo indossava una camicia rossa a maniche corte e dei pantaloncini grigi di cotone. Ai piedi aveva calzini e scarpe numero trentasette. Nemmeno quaranta centimetri sotto la sabbia: l'assassino ha tentato una sepoltura sommaria. L'orologio al polso era fermo sulle 20.00.

Il vestito doveva essere color miele, con una cinta in vita tenuta dal fermaglio dell'elicriso. Mentre Dora imbastiva, le mani dell'ex tranquilla tremavano. A intermittenza, come una radio. Poi si bloccarono. E smisero di funzionare.

«L'autopsia ha stabilito che nello stomaco c'erano ancora i resti del pranzo del 5 luglio: un pasticcio di carne e piselli. L'ora della morte è collocata attorno alle 21.00 dello stesso giorno. Quando è arrivata la prima chiamata alla villa, Sergio era già morto. Quindi entrambe le telefonate sarebbero state dei tentativi di depistaggio. Nessun segno di tagli né di ferite. Alcune contusioni sul viso e sul busto fanno pensare a delle percosse. Un'altra perizia parla di asfissia.»

Dora non capiva cosa fosse il suo malessere. Forse la pena per il bambino che non aveva mai conosciuto e al quale sentiva di essere legata. Forse la paura e la tristezza che quell'omicidio aveva portato in città. Forse le conseguenze del manicomio e del litio. Cercava di fermare le mani tenendo una e poi l'altra. Prese una fettuccia e se le fasciò. La destra continuava a muoversi. Poi sempre più piano, sempre più piano, finché si fermò. Uno scatto della testa. Era spaventata. Ripiegò il vestito e andò a riposarsi.

22

Un genero sospetto

Al funerale di Sergio la gente arrivava da ogni vicolo affollando le anguste e irregolari geometrie medievali della città. La piazza era una distesa di teste sulle quali Angelo Pent, in cima alla scalinata della cattedrale, gettò uno sguardo formale e dolce, come si confà a una figura istituzionale. Lui e Dora passarono lungo la navata laterale salutando con gli occhi, e si sedettero davanti, insieme a Silvana, ai Sacchetti-Altovini e alle autorità.

Silvana Rambaldi teneva il viso coperto da una veletta d'inizio secolo. «Non urla, non si sente più. Piange in silenzio anche a casa. Questo è un funerale per due: madre e figlio» disse la signora Altovini a Dora.

La gamba malandata di Giovanni Pitorsi gli impediva di conquistare una posizione favorevole, aggrappandosi a un lampione o salendo sui gradini d'ingresso come facevano i colleghi degli altri giornali. Mentre tutti guardavano l'entrata della chiesa, lui alzò la testa alla ricerca di una soluzione.

Le finestre che davano sulla piazza erano tutte aperte. Due di trovavano sopra le Poste: si intravedevano una plafoniera in vetro, un pezzo di muro un poco scrostato, una cucina aperta sulla sala. Non era un ufficio. E nonostante l'affaccio padronale sulla piazza principale, la casa non arrivava neanche a essere borghese.

Giovanni spalancò il portoncino al piano terra come

fosse casa sua. Lungo il corridoio, a sinistra, c'era l'uscita secondaria delle Poste. Davanti a lui delle scale. Arrivato al primo pianerottolo, suonò. La signora Giacomelli, con il grembiule, invece di seguire il funerale Rambaldi dall'alto stava cucinando.

«Cosa volete?»

«Chiedo scusa per l'intrusione, signora, ma lavoro per un giornale. Posso fare una foto da qui?»

«Siete toscano?»

«Sono maremmano.»

«Uh, c'ho un parente di Carrara, chissà se lo conoscete...»

«No, non conosco nessuno a Carrara. Sta dall'altra parte della Toscana.»

La signora non la smetteva di parlare: «Perché zoppicate? Che ve siete fatto alla gamba? Una ferita? Ce volete mette' l'alcol? Volete un caffè? Un bicchiere d'acqua? Me ridite per che giornale lavorate? Poraccio, e come fate co' quella gamba? Poretti noi. Senti le campane a morto, me se strigne el core. Nun ce se crede.»

E poi: «Chi è stato per voi ad ammazza' il povero Sergio?»

Giovanni, che fino a quel momento era stato cordialmente evasivo, rispose a sua volta con una domanda: «E per voi chi è stato?»

«Chi è stato nun se sa. Ma chi ce l'ha mannato lo sanno tutti. Il genero dei Sacchetti-Altovini.»

Era la prima volta che Giovanni lo sentiva tirare in ballo. «E chi sarebbe? Me lo può indicare appena esce?»

«Se riconosce, è alto du' metri...»

«E perché lo avrebbe fatto uccidere?»

La signora Giacomelli, officiante del *si dice*, espose con disinvoltura il teorema collettivo, come se lo tenesse pronto fin dal primo giorno: «Quello c'ha poco più de un negozietto. Mo se sposa co' Anna Rosa. Sergio in famiglia era come un figlio. Un figlio in più significa un pezzo in meno dell'eredità per il genero...»

Per una settimana il genero dei Sacchetti-Altovini, Nicola Crisanti, fu il più nominato dai giornali, compresi quelli nazionali. Giovanni lo fotografò di sfuggita in mezzo alla piccola calca di giornalisti davanti alla villa, giorni dopo il funerale di Sergio, mentre rilasciava dichiarazioni con gli occhi sgranati e si consegnava di peso all'opinione pubblica come ultima speranza della disperazione.

La Pagina gli dedicò un taglio basso in cui l'uomo confessava:

> «Sono stato interrogato più volte dai carabinieri, anche insieme ad Anna Rosa. Ma io non ero a Ferso all'inizio di luglio. Evidentemente non è bastato a convincerli. C'è sempre qualcosa che hanno dimenticato di chiedermi, o che vogliano che io ripeta per vedere se le mie versioni coincidono. E non si limitano alle domande: sono sempre intorno a me, di nascosto, a Perugia, a Terni, c'è sempre appostato in borghese uno di loro che mi segue o tiene sott'occhio. Vorrei che mi rivelassero di cosa pensano che sia colpevole: per quale motivo avrei ucciso Sergio? Forse per far diventare Anna Rosa l'unica erede? M'indigno solo all'idea. Mi vogliono raccontare come un giovane approfittatore e opportunista che ha trovato l'affare in casa Rambaldi? Non auguro a nessuno di sentirsi come mi sento io in questo periodo. È un'ossessione, un incubo.»

L'ipotesi su Crisanti non reggeva, e da quel momento si cercò qualcuno che rispondesse davvero alla figura del «maniaco sessuale» abbozzata da Jovine, il Maigret, e a seguire da polizia e carabinieri. Toccò a Mario, che prelevato dalla villa fu interrogato per ore. Candidato ideale al ruolo di colpevole, come il maggiordomo in un brutto romanzo, il giardiniere di Villa Sacchetti-Altovini si trovò addosso i sospetti di inquirenti, stampa e cittadini perché era un uomo solitario «come tutti i pervertiti», che conosceva Sergio e pertanto poteva «circuirlo facilmente».

Mario non aveva moglie. Si intratteneva spesso con il bambino, al quale aveva insegnato anche a riconoscere gli animali e le piante. Il fischietto, in fondo, era stato un suo regalo.

Era nato in una famiglia benestante che possedeva terreni. Poi ebbe una crisi mistica e si fece eremita, ritirandosi per dieci anni sull'Appennino. Tornato a valle, per sopravvivere si era messo a fare il giardiniere. Molina e Pitorsi ottennero un'intervista da fare a casa sua. Viveva, come Silvana, in una dépendance della villa, ma nel suo caso l'edificio era minuscolo e messo male: una sola stanza, con il tetto a pezzi. In casa c'erano solo un fornellino, una croce francescana, una brandina. E due sedie: Giovanni, però, rimase in piedi.

«Che io sia considerato strambo dalla gente è affare più loro che mio. Ma passare per il carnefice di un bambino che piangerò tutta la vita, be', questo mi addolora.» Mario parlava con un'eleganza che dal suo aspetto dimesso non traspariva.

«Un giardiniere singolare» lo definì Molina nel suo pezzo per *Tempi moderni*.

Alla fine fu lo stesso Mario a riportare il silenzio sulla villa. Di sua iniziativa mandò una nota alle testate locali e nazionali per fermare l'ondata di fango. Fu violento, perché la violenza era diventata il linguaggio della realtà. Decise di costringere tutti a entrare davvero nella sua intimità, dopo aver tentato di raggiungerla attraverso le speculazioni e le illazioni.

«Non ho rapporti sessuali da almeno diciott'anni. Il mio corpo, prima che il mio spirito, va detto per onestà, me lo impediscono. Non ho alcun desiderio di congiungimento carnale con altre donne, ma questo non può autorizzare illazioni su presunti simili interessi nei confronti di uomini o bambini.»

Impotenza. Le parole riconsegnarono Mario all'oblio. Ma la vergogna non fu tale da suggerire prudenza rispetto ad altre ipotesi. Trovare l'assassino del piccolo Sergio era l'unica, vera questione degna d'interesse.

23

Un golpista a capo delle indagini

A fine luglio il caporedattore Tolcani chiamò nientedimeno che l'editorialista politico Franco De Rubertis per stilare un ritratto di Santi. Non l'aveva mai visto, ma conosceva bene la vicenda del tentativo di golpe del 1964. E così, anche da Milano, era sicuro di poterlo inquadrare:

> Il colonnello comandante Guglielmo Santi, piccolo ed energico, è convinto di potercela fare. Ha avuto una brillante vita professionale. Non ama addossarsi responsabilità e questo gli ha permesso di mantenere intatta l'autostima.
> Cinque anni fa, sotto il governo Moro e con un clima sociale incandescente, ha ricevuto l'incarico dal generale De Lorenzo di guidare le operazioni contro i sovversivi. Sono ambienti particolari in cui l'accondiscendenza si rivela più complessa della lealtà: pigrizia e calcolo si alleano, il successo si lega a strette di mano riservate, invisibili, solo immaginate eppure definitive. La fedeltà gli è valsa una promozione a capo di stato maggiore dell'Arma. Santi è arrivato in cima ad appena quarant'anni.
> Il riconoscimento risponde alla fortuna di essersi trovato nel posto giusto quando si è trattato di esibire devozione, non importa se interessata. Quella devozione è irremovibile al punto che persino la clemente commissione parlamentare Lombardi, chiamata a relazionare sul Piano Solo

per farlo dimenticare, è stata costretta ad accusare Santi almeno di reticenza.
Agli occhi dei generali che componevano la commissione in quella fedeltà c'era però uno spirito corporativo lodevole. Ma le omissioni sono state tali che dal vertice dello stato maggiore dei carabinieri il colonnello Santi è stato assegnato al comando di legione in Umbria.
Mantenendo lo stesso grado, e lo stesso stipendio. Insomma, una punizione a metà, che lui ha accettato volentieri. Un costo da pagare per il suo servizio. Una società ormai infestata di teste calde richiede di obbedire a comandi e seguire regole diverse dalle leggi ufficiali. Mai lo ha sfiorato l'idea che questa necessità superiore possa assimilarlo ai criminali che perseguita.
La fedeltà alle leggi invisibili lo rende ai propri occhi, e a quelli di molti colleghi, completamente esente da responsabilità morali e ancor più dalla vergogna di un declassamento. Nessun vanto, ma soprattutto nessuna colpa. Porta anzi con sé il sottile orgoglio di raccontarsi come «servitore dello stato».
Il presupposto e il fine delle azioni di Santi è nell'ordine: quello dei superiori da eseguire e quello sociale da garantire. Non sta a lui chiedersi se il primo sia legittimo e se il secondo sia davvero in pericolo. Sente istintivamente che interrogarsi è più pericoloso di organizzare deportazioni o manganellare studenti, come ha fatto a Ferso, davanti al Teatro, nel '68.
Con convinzione indaga sul caso Rambaldi, certo che la risoluzione lo riabiliti pienamente. Un sorriso compiaciuto lascia intendere, più delle pur esplicite parole, che i carabinieri da lui guidati risolveranno il caso. Più si parla di Sergio Rambaldi e dei suoi osceni assassini, meglio è. Per questo non risparmia parole con i giornalisti; anzi, ne alimenta le pagine con informazioni e suggestioni.

Un pezzo durissimo, che Tolcani dovette rifiutare sia per evitare querele sia per non intralciare i rapporti di Molina e Pitorsi con gli inquirenti. Così l'editorialista prese il pezzo e lo spedì a Roberto Molina. L'inviato speciale lo intese come la solita tirata incendiaria di De Rubertis, mentre Pitorsi gli diede peso e lo conservò.

Di certo Santi aveva costruito ipotesi intorno ai contestatori e le aveva date in pasto alla stampa e alla famiglia. Un'azione spregevole come il rapimento di Sergio poteva essere nata dal fermento di lotta che sconquassava la vita italiana, arrivando fino a Ferso. Una mossa contro la borghesia: «Rapire un bambino per far soffrire la gente a modo!» Non aveva però elementi sufficienti per battere una pista simile.

Dopo il ritrovamento, con la faggeta a neanche un chilometro dalla spiaggia, l'idea che a minacciare la pace sociale fosse l'omosessualità gli pareva coerente con l'ipotesi di un maniaco: «Chi vuole sovvertire l'ordine dello stato, vuole sovvertire anche quello della famiglia, quello della natura!» Poco importava che lui stesso avesse appoggiato un tentativo di colpo di stato: lui l'aveva fatto dalla parte dei buoni, non di chi voleva il comunismo, il caos.

La teoria gli pareva definita, filava. La possibilità di mettere le mani su un assassino tanto dissoluto ed empio, infarcito di ideologie malsane e dai *gusti ribaltati*, gli faceva assaporare l'inizio di una nuova fortuna.

Per propiziarla, Santi ordinò una retata notturna, condotta insieme alla polizia di Ferso, nei pressi della faggeta. Tanelli non si presentò. Santi poteva prendersi la scena, e aveva intenzione di farlo in grande stile. Scese dall'auto appena la polvere si posò sulla strada sterrata e sbattendo con veemenza la portiera fece un fischio ai sottoposti richiamandoli come se fossero i suoi cani da caccia.

Nella ricerca di maschi imboscati, le torce illuminavano i faggi. Santi si posizionò dove gli alberi si diradavano e facevano spazio alle stelle. Era un'area per i pranzi al sacco. Le panchine sulle quali Giovanni si era seduto giorni prima, piene di incisioni, testimoniavano una frequentazione giovanile. «Comandante, forse si congiungono su queste panchine...»

Santi sorrise condiscendente, provando tenerezza: «Maresciallo, i depravati sono depravati. Ma non arrivano al punto di accoppiarsi dove vanno a fumare le sigarette i ragazzini...» fece scansando delle cicche che si intravedevano tra l'erba secca. «L'operazione a raggio limitato», come la chiamava lui con tono marziale, comportava di muoversi velocissimi fino ai ruderi di San Pantaleo. In assoluto silenzio.

Erano notti calde, di piena estate. Un falò al centro della chiesa sconsacrata riverberava sulle pietre delle pareti diroccate. Due travestiti, come vestali in un tempio abbandonato, lo tenevano acceso più per illuminare lo spazio che per scaldarsi. Di clienti non ce n'erano. Un agente della Buoncostume beccò tra i sentieri un cittadino di Callalta che in piena notte, secondo la sua difesa improvvisata, era in cerca di «more», i frutti selvatici. «Quelli là sono biondi ma chissà che sotto la parrucca non siano bei moretti!» scherzò allora un agente, mentre Santi rideva soddisfatto.

Lasciarono andare il signore ma si portarono dietro i due travestiti. Gianna, una quarantina d'anni, indossava collane, bracciali, orecchini, una veste a fiori stretta alla vita, zoccoli col cinturino e cavigliere. Lea, poco più che ventenne, protestò: «Sono una professoressa! Sono qui a fare ricerche sulla chiesa...»

Erano solo due, ma pittoresche. Il magro bottino poteva far scena e fu diviso. Le volanti tornarono a est con la più anziana, che fu soprannominata «la figlia dei fiori». Le gazzelle rientrarono in caserma, a ovest, con la sedicente Professoressa. Una fanfara di sirene e marmitte si propagò su tutta la costa del lago, fino ai piedi delle colline.

«Retata dei "belli di notte" vicino al luogo del ritrovamento – Squallidi personaggi popolano la faggeta» titolò Tartaglione due giorni dopo, in seguito a una telefonata di Santi, che dietro un tono impostato conteneva a fatica parole trionfanti. L'inviato speciale Molina aveva invece scritto un pezzo dal titolo interlocutorio: «Fermati travestiti alla faggeta sul lago. Sanno qualcosa su Sergio?»

Gianna ripeteva ai poliziotti che lei di quel bambino non sapeva niente. In caserma la Professoressa si lamentò del trattamento e rivendicò il diritto a frequentare liberamente la faggeta. A lei i carabinieri non fecero domande troppo convinte, l'idea di Santi era che qualsiasi cosa avesse detto sarebbe stata inattendibile: «Si può credere a qualcuno che finge persino sul proprio sesso?» aveva commentato con scetticismo insieme ai colleghi, al momento dell'inevitabile rilascio.

I carabinieri sequestrarono però quello che definirono «un inventario di depravati». Si trattava di un registro di scuola che la professoressa Lea teneva in una valigetta usata all'occorrenza per difendersi, allo stesso modo in cui le colleghe usavano il tacco di una scarpa o la borsa da passeggio. Sui fogli erano annotate le iniziali dei clienti con la data e la somma ricevuta. «Ma quali clienti! Sono i nomi dei miei studenti. Ma quali 2000 lire! Quello è "due punto zero zero"! Un voto! Devo aver messo una grave insufficienza...»

Lea era stata inamovibile, neanche mezzo nome, nessun riferimento alla prostituzione. Il registro restò agli investigatori, certi di poterci tirar fuori possibili piste. Il nome del maniaco doveva essere racchiuso nel mistero di quelle iniziali scritte in un corsivo pieno di vezzose grazie.

Dopo dodici ore la Professoressa poté tornarsene ai suoi affari. Così il pezzo di *Tempi moderni*, arricchito dai ritratti a figura intera scattati da Giovanni nel piccolo parcheggio a bordo strada della faggeta, indugiava sui dettagli di colore: il trucco delle due, la bigiotteria che si portava appresso una e gli occhiali con la montatura a punta dell'altra, oltre a vari altri particolari che riempivano la pagina senza nulla aggiungere sul caso. Nonostante questo, Gianna e Lea colpirono l'immaginazione di tutti: erano messaggere di un mondo nascosto.

Negli stessi giorni da Roma arrivò a Ferso il «principe nero»: Junio Valerio Borghese, l'ex comandante della X[a] Flottiglia Mas, che si fece intervistare dal *Messaggero* mentre i militanti del suo Fronte nazionale distribuivano volantini lungo il corso della città. Fermavano tutti, e consegnavano fogli con su scritte frasi come «Mamma e papà, cosa aspettate a difendermi?», «Italia drogata e democratica», «L'oscenità uccide i nostri figli».

Alcuni cittadini si intrattenevano a parlare, sospirando, lamentandosi di quei tempi bui e senza più valori; alcuni si lanciavano in rabbiose invettive contro la giunta di sinistra, ritenuta responsabile di un degrado tale da permettere a «un pervertito di sentirsi libero di ammazzare un bambino!». In molti restavano in silenzio, perché quel rumore era già troppo e feriva ingiustamente tutta la città.

I locali, la faggeta, i travestiti, la prostituzione. I tempi dei campi di tabacco e di grano, degli orti e degli allevamenti che tenevano la valle impegnata a lavorare per sfamarsi sembravano lontanissimi, e in realtà lo erano solo quel tanto che bastava per poterli rimpiangere.

La fatica che condannava tutti alla secolare ripetizione degli stessi gesti era meno spaventosa dell'idea che niente potesse più ripetersi. A Ferso era sempre più diffusa la convinzione che Pent, il sindaco progressista, avesse creato una città perduta.

«Non per colpa di alcuni studentelli» aveva detto una volta il missino Caponi. Ecco per cosa rischiava di cadere non solo la giunta di Angelo Pent, ma anche la sua reputazione: un assassinio.

24

L'edicolante e il viveur

Un ragazzino, tale Paride Mecocci, dodici anni, aveva fatto un nome. Quel nome aveva iniziali presenti anche nel registro della Professoressa: R.B., Renato Binaschi.

I giornalisti aspettavano davanti alla caserma. Callalta non era un colle e non stava in alto. Era una larga manciata di case distribuite lungo la provinciale. Il proprietario del Porticciolo doveva comparire per essere interrogato. Qualche foto e intanto i giornalisti parlottavano tra loro. Ricapitolavano le informazioni, come per esempio i risultati dell'autopsia: «Pare sia stata emorragia per trauma. In pratica una botta fortissima in testa. Un'altra perizia parla di asfissia.» Si facevano ipotesi agghiaccianti.

Tra la frustrazione e la noia, Giovanni riprese a fare quello che gli riusciva meglio: allontanarsi, rimanendo ancorato a un perno ideale, in questo caso l'ingresso della caserma. Faceva giri claudicanti cercando prospettive nuove, aspettando che almeno l'edificio in qualche modo gli desse qualche informazione utile.

Era una giornata umida e la gamba pulsava di dolore. In certi momenti Ferso e il lago, col loro clima, sembravano una maledizione costruita apposta per lui, per ricordargli il punto esatto in cui il suo corpo era venuto meno.

Sedette sugli scalini di un palazzetto condominiale costruito da poco. Era da solo. Davanti ai suoi occhi, le spalle spioventi di una caserma triste che pareva compatirlo per tutta la noia che provava.

Addossata alla caserma c'era una chiesetta di inizio Novecento, modestissima, senza niente che contribuisse a glorificare la missione dell'edificio. Pareva abbandonata, forse sconsacrata. Nell'insignificanza della facciata Giovanni credeva di leggere una promessa, l'annuncio che qualcosa si sarebbe rivelato.

Di nuovo stava esercitando la sua più radicata competenza professionale: esserci, stare sul campo, consumare la suola delle scarpe, come dicevano in redazione, perché solo così la notizia «ti viene incontro». Ma non succedeva niente. Non passava nessuno.

Giovanni Pitorsi fumava una sigaretta dopo l'altra. Poi notò la 1500 azzurra parcheggiata. Era quella di Gioacchino Liviani, l'edicolante. Stesso modello e stesso colore di quella sulla Parrina, una macchina memorabile in cui aveva trascorso l'ultimo incontro intimo con Dora.

Dopo qualche minuto, infatti, Liviani uscì dalla chiesa accompagnato da un carabiniere. Le guance tonde, le sopracciglia sempre alzate. Era lui. Il militare lo salutò con la cordialità che si usa con chi si conosce. Doveva esserci un ingresso che metteva in comunicazione la chiesa con la caserma, e alcuni testimoni venivano fatti passare dal retro, così da essere al riparo dai giornalisti.

Giovanni non fu visto da Liviani, che mise in moto e partì al riparo dal capannello di giornalisti. Il fotografo si riavvicinò al gruppo; tornò da Molina, ma non gli disse niente. Poco dopo arrivò Binaschi. Non fu sottratto alla stampa. Nessuna protezione dalla foga dei cronisti. Ammanettato, entrò dall'ingresso principale alle tre del pomeriggio, mentre le domande lo colpivano come fossero pietre lanciate da una folla inferocita.

In cambio di due colonne d'intervista a Santi sul quotidiano, Roberto Molina ottenne di poter incontrare Binaschi dentro la caserma. Di notte. Poteva entrare anche Giovanni, ma niente fotografie.

In una saletta spoglia, illuminata appena da un faretto arrugginito, il presunto colpevole appariva pallido nonostante l'abbronzatura. Un carabiniere, nell'angolo, teneva d'occhio l'incontro e traccia delle parole. Molina era seduto bello dritto su una sedia, in posizione di massima ricettività, il taccuino appoggiato sulle gambe.

«Ho accettato questo incontro perché voglio dire la mia, ma sia chiaro che non è un'intervista. La mia è una dichiarazione. Quindi per favore la scriva bene e con attenzione.»

Il giornalista annuì.

«Io ho una famiglia. Due figlie. Ho un'attività fiorente. La mia vita è invidiabile. Chiaro?»

Il carabiniere guardava Molina, Molina guardava il taccuino. Solo Giovanni osservava Binaschi, che piegava lo sguardo in una grinza minacciosa: «No, mi ascolti bene. Scriva proprio questo, che è invidiabile, perché forse proprio nell'invidia sta la chiave. Qua oggi qualcuno si è divertito a fare il nome di un innocente – il mio – perché odia tutto quello che ho.»

«Ma chi sarebbe questo qualcuno? Il testimone dodicenne... Paride Mecocci? Uno che è poco più che un bambino?»

«Non solo lui. Si è presentato anche un adulto!» Più che una rivelazione, il suo era uno sfogo. Uno sfogo maldestro.

Giovanni Pitorsi ipotizzò subito, tra sé e sé, che si trattasse dell'uomo che aveva visto uscire dal retro della caserma: Liviani. L'inviato Molina non ne sapeva nulla.

Incredulo, come se non avesse capito bene, il giornalista si rivolse al carabiniere che piantonava la stanza indicando Binaschi con la penna: «Anche un adulto ha fatto il suo nome?»

Il carabiniere non fece in tempo a reagire per contenere l'uscita della notizia che Binaschi aveva già ammesso il colpo autoinferto: «Sì. Ma a quanto pare, se sono un carnefice, lo sono solo di me stesso.»

«Che intende?»

«Preferirei che non scrivesse che ora a Ferso tutti si divertono a fare il mio nome. Perché, comunque sia, mentono!» Binaschi era preoccupato. Lui Sergio Rambaldi non l'aveva mai visto, ma alla faggeta andava per appartarsi in compagnia maschile all'ombra degli alberi, sulla riva opposta della villa in cui viveva con moglie e figlie. L'informazione che lui stesso aveva rivelato, su un secondo testimone, poteva definitivamente trascinarlo nello scandalo, davanti ad accuse ingiuste e spropositate.

Fintanto che a parlare era un ragazzino, un piccolo disgraziato, si poteva non credergli. Ma se a farlo era un adulto, magari un buon padre di famiglia? Temeva che tutto prendesse una piega gravissima. Cosa sarebbe stato della sua vita? Non rischiava solo di perdere la reputazione ma di finire in carcere da innocente, di lasciare sole una moglie e due figlie.

Molina invece era confuso, aveva tra le mani una notizia che non si aspettava: ben due persone facevano il nome di Renato Binaschi. «Ma che cosa avrebbe detto questo adulto?»

«Ne parli con Santi...» gli fece il carabiniere, invitandolo a chiudere l'intervista.

Non c'era niente da fare: interrogato su questa informazione a metà, il comandante giocava a farsi desiderare.

Molina e Pitorsi uscirono dalla caserma per l'ora di cena. Il primo era pensieroso, il secondo faceva finta di niente. Mangiarono in una trattoria lungo il lago e arrivati in albergo, a Ferso, Giovanni salì in camera. Prima di addormentarsi, sui fogli che stavano diventando un diario annotò: «2 agosto: incontro con Binaschi. Giovanile. Intelligente. Pieno di sé.»

25

Il tombarolo sonda il terreno

Giovanni si svegliò all'alba dopo una notte afosa che l'aveva fatto girare e rigirare sopra il lenzuolo. Seduto sul materasso medicò la gamba, strinse l'imbrago con i lacci e le cinghie, tentò di ignorare il disegno che Dora ci aveva inciso anni prima.

Lo specchio penzolava sopra una poltroncina del primo dopoguerra riflettendo un cono di arredo misero in cui una bella radio, appoggiata sopra la scrivania, stonava per la sua inopportuna modernità.

Alzandosi dal letto cigolante, Giovanni si scoprì sorprendentemente luminoso. Lo sguardo accigliato con cui da sempre, e soprattutto di notte, passava in rassegna il mondo sembrava rischiarato. La promessa di una giornata che iniziava prestissimo, sostenuta dalla volontà di contribuire a svelare un mistero, lo faceva sentire quasi rinnovato nello spirito.

Zoppicò fino all'edicola. Voleva parlare con Gioacchino Liviani, il testimone di cui aveva riconosciuto l'auto. Come aveva fatto per Binaschi, il fotografo cercava di ricavare una sensazione decisiva, dando significato a un'espressione, un gesto, una parola. Sperava di vedersi confermare l'intuizione: era lui il testimone adulto.

Separata dalla latteria della moglie da uno sgabuzzino, l'edicola di Liviani era una stanza stretta che faceva anche da cartoleria. Quasi tutto il centro storico leggeva e scriveva grazie a lui. La vetrina era affollata di quotidiani, riviste e giornali che ancora non riportavano la notizia custodita da Giovanni: l'edicolante era un testimone.

Quando Giovanni entrò, Liviani stava sistemando un pacco di quotidiani appena arrivati. Si misero a conversare. L'edicolante curiosava con una cordialità quasi ostentata: «Lei è forestiero, ma io già l'ho vista a lei. S'è trasferito a Ferso?»

«Sono qua per ragioni professionali... Lavoro nel settore! Sono passato già una volta, alloggio qua vicino.»

«Un giornalista?»

«Un fotografo.»

Liviani non andò oltre. Lo scambio stava finendo su un binario morto, così Pitorsi, in uno slancio di loquacità, chiese: «Lei cosa ne pensa? Del caso Rambaldi... Lo conosceva?»

«Certo. Veniva qua a compra' i quaderni e le penne pe' la scuola.»

«Ha idea di chi possa essere stato?»

Liviani abbassò la voce, come se qualcuno potesse sentirlo: «Un uomo perverso.» E con un sospiro profondo si spostò mettendosi al riparo dalla croce che campeggiava sopra l'ingresso dell'edicola. Scuotendo la testa fece capire che era meglio non parlarne.

Non disse nulla di quanto aveva visto, non disse di essere un testimone. Non che Giovanni si aspettasse una simile confidenza. Sperava però in un'impressione, e per questo sondava il terreno come qualsiasi tombarolo faceva prima di uno scavo.

A Giovanni parve che quell'uomo fosse spaventato. Il motivo per cui era stato portato in caserma poteva avere a che fare con qualcosa che aveva visto, magari alla faggeta. Di certo non voleva parlarne. Oppure era solo uno che sapeva fingere bene.

26

Un tentativo di corruzione

Renato Binaschi riteneva che, tra i giornalisti, Roberto Molina avesse un particolare prestigio: scriveva per un'importante testata ed era l'unico ad aver ottenuto dai carabinieri la possibilità di incontrarlo in pieno fermo.

Chissà quanto influenti potevano essere le sue parole. Tramite un giovane e fidato dipendente, che lavorava nell'amministrazione del Porticciolo, diede disposizione affinché Molina fosse raggiunto da una sua lettera.

Giovanni tornò alla pensione, dall'edicola, con una mazzetta di giornali in mano. Aristide non era alla reception, a quell'ora faceva colazione: calma, lunga, in solitudine. Giovanni imboccò il corridoio delle camere. Un uomo era chinato davanti a quella di Molina e indossava un impermeabile da film noir. Un impermeabile in piena estate era un indumento se non altro bizzarro. Divenne parte di un quadro tipicamente sospetto quando scattò alla sua vista nascondendo dietro le spalle, e poi in tasca, una busta di carta. Arancione. Senza scritte.

Giovanni ebbe un riflesso: «Lei chi è?»

L'uomo non rispose alla domanda ma rilanciò con un accento locale che a fatica riusciva a trattenere: «Sto cercando il sor Molina... Ho bussato ma non risponne.»

Giovanni aveva davanti a sé un uomo più impacciato che minaccioso. «Un giornalista alle sette del mattino dorme» disse sapendo che il collega non lo avrebbe tirato giù dal letto neanche una raffica di pugni contro la porta. «Non lo troverà in piedi prima delle dieci. Deve lasciargli qualcosa?»

Quello esitò, estrasse un pezzo della busta, la rimise in tasca, poi la tirò fuori completamente. La guardava, tenendola tra le mani. Non sapeva più che farne, voleva liberarsene e allontanare l'attenzione di Giovanni. Quell'attenzione, però, era tutta e inevitabilmente sull'oggetto.

Il fotografo insistette: «La dia a me, non vorrà mica lasciarla alla portineria di una pensione! Ci penso io.»

Il dipendente del Porticciolo si era di nuovo abbassato con uno scatto finalmente risolutivo. Spinse la busta sotto la porta, fino a farla sparire al di là dell'uscio: «Non si preoccupi.»

Giovanni alzò leggermente le spalle: «Come preferisce.»

L'uomo si allontanò. Chi era? Perché tutto questo mistero? Giovanni era incuriosito come se avesse di nuovo un tesoro da tirar fuori dal terreno. A costo di farsi scoprire da Molina, che poteva aprire la porta da un momento all'altro, buttò i giornali sul pavimento, si mise con le spalle alla parete, scivolò fino a sedersi. La gamba faceva male, ma riuscì a estrarre il ferretto con cui aveva anche forzato la serratura, per rubare la foto di Sergio, nella proprietà dei Sacchetti-Altovini. Si sdraiò. Riuscì a vedere la busta: era a un paio di centimetri.

Allungò e schiacciò il ferretto, lo fece passare sotto la porta. Dopo una decina di tentativi riuscì ad agganciare un lembo della busta. La tirò a sé. Come se lì si sentisse più al sicuro che nella propria stanza, Giovanni entrò nella camera oscura arrangiata al piano terra della pensione.

Aprì la busta. In stampatello c'era scritto:

EGREGIO DOTTOR MOLINA,

IL NOSTRO INCONTRO È STATO PIACEVOLE. SPERO SIA STATO ANCHE UTILE PER IL SUO ARTICOLO.

IN VIRTÙ DELLA SUA ECCEZIONALE PROFESSIONALITÀ LA PREGO DI NON INDUGIARE SUL SUPERFLUO. CONSIDERI IL DONO UN OMAGGIO PER DIVERTIRSI IN COMPAGNIA AL LAGO DI FERSO APPENA TUTTO QUESTO SARÀ DIMENTICATO. LEI SARÀ SEMPRE OSPITE BENVENUTO DEL PORTICCIOLO E DELLE MIE PROPRIETÀ.

R.B.

Il dono a cui alludeva erano centomila lire. Una mazzetta di banconote. Un disperato tentativo di corruzione. Per Giovanni c'erano pochi dubbi: Binaschi sperava di ottenere il silenzio sulla propria imprudenza, quella che l'aveva portato a rivelare il fatto di essere stato visto da più di un testimone alla faggeta e di essere forse collegato alla scomparsa di Sergio Rambaldi.

Quel tentativo di mettere a tacere il giornalista era un comportamento sconsiderato, ma Giovanni sospettava che Molina avrebbe potuto cedere. Richiuse la busta con dentro i soldi e la passò di nuovo sotto la porta della camera del collega.

Annotò quanto aveva visto e tornò sugli appunti del giorno precedente: «2 agosto: incontro con Binaschi. Giovanile. Intelligente. Pieno di sé.» Aggiunse: «(Forse) colpevole.» Giovanni scambiò la paura di un uomo per una possibile prova di colpevolezza. Nell'immoralità di un gesto impacciato rischiava di vedere la traccia persino di un assassino.

Inframezzo

I

«Senza mani io unisco»

Angelo e Dora erano a letto. Era stata una giornata per lei improduttiva: le mani tremavano, la destra non era stata capace di reggere neanche le forbici. Angelo diceva che i traumi delle volte si manifestano dopo anni: «E purtroppo ancora oggi non tutti tra i miei colleghi sono così illuminati da rinunciare a pratiche barbare come l'elettroshock.»

In quella frase diceva dei colleghi ma pareva che parlasse anche di sé. Quasi affatto di lei. Dora non si sentiva rassicurata. Frugò nel cassetto del comodino. Nella penombra, strinse l'elicriso sentendo la sua geometria ruvida sul palmo.

Sfilò il santino e si trascinò sotto le coperte dando la schiena a Angelo, che faceva le parole crociate, un passatempo che ogni sera lo traghettava verso il sonno. Dora chiuse gli occhi e scivolò ancora di più sotto il lenzuolo, fino a rannicchiarsi come una bambina. E ripensò a una storia che le raccontava sua madre.

Dobroslava era una principessa boema ed era la ragazza più devota del continente. Era destinata a sposare don Fortún Garcés, secondogenito di una nobile famiglia ispanica. Fortún Garcés era un monaco e, dopo la morte del fratello in battaglia, per mano dei mori, per ereditare il trono avrebbe dovuto ottenere dal papa la dispensa dai voti religiosi. Gli sarebbe stata concessa a patto che sposasse Dobroslava, fiore esemplare della fede.

A quindici anni la ragazza si mise in viaggio per l'Europa scortata da ambasciatori aragonesi e boemi. La destinazione era Jaca, oltre i Pirenei. Lì avrebbe incontrato il suo promesso sposo. Sulle strade interrotte e i ponti abbandonati del vecchio impero la piccola carovana di Dobroslava si muoveva lenta, mentre i finimenti preziosi dei cavalli, i colori accesi dei vestiti, le linee ruvide delle carrozze contrastavano il paesaggio ostile.

Attraversarono Pasau, poi le terre franco-occidentali, e a fine settembre arrivarono a Panticosa, la città dalle acque pure. Finalmente intorno a Dobroslava si mostrarono le montagne su cui avrebbe regnato: le cime più alte già innevate e la vallata stretta erano ravvivate dai colori di un'estate che arrivava ancora rigogliosa alla sua fine.

Il villaggio accolse la carovana lanciando petali al passaggio della futura regina. All'ingresso del mercato ci fu un banchetto con zuppe, timballi e pandolce. Prima di addormentarsi Dobroslava pregò Dio di proteggere la gente che li aveva accolti. Nel regno d'Aragona i saraceni, guidati dal bandito Aben Lupo, facevano infatti continue scorribande terrorizzando tutti, tranne Fortún Garcés, che non li temeva.

L'indomani la comitiva partì per l'ultimo tratto che li separava da Jaca. Il rio Gallego era costeggiato da una vegetazione fitta che non lasciava intravedere le cime piatte dei Pirenei. Alberi e arbusti ancora verdi e folti per la stagione piovosa permettevano ai banditi di nascondersi e aggredire i viaggiatori. Gli ambasciatori aragonesi che scortavano la principessa decisero così di allungare il tragitto girando a sud-est in direzione del castello di Yebra de Basa. Lungo la strada si fermarono in una taverna e da lì mandarono un messaggero per informare dell'arrivo della principessa.

Appena salì a cavallo, il messaggero ebbe la sensazione di udire in lontananza il tamburo dei saraceni.

Tam tam tam.

Si diceva che gli infedeli lo facessero vibrare prima della battaglia.

Tam tam tam.

E che fosse ricoperto della pelle dei loro nemici.

Tam tam tam.

L'uomo cavalcava con angoscia attraverso una terra sempre più brulla. Il diradarsi degli alberi allontanava la minaccia degli agguati, eppure si sentiva aggredire a ogni sussulto del vento, a ogni fruscio di animale che si muoveva tra gli arbusti.

Come sono diventato tanto vigliacco?, si chiedeva, mentre con una mano teneva le redini e con l'altra stringeva al petto il messaggio, proteggendolo. C'era scritto: «La principessa Dobroslava, futura sposa di Fortún Garcés, figlio di Fortún Jiménez e Urraca Ibn Musa di Toledo, futura regina d'Aragona e Navarra, farà tappa a Yebra de Basa. Su mandato della dinastia Arista gli ambasciatori aragonesi chiedono ospitalità nel castello per la principessa, perché possa poi giungere a Jaca, dove incontrerà il suo sposo.»

Il sole incombeva sopra al cavallo che galoppava veloce e all'uomo pieno di paure che lo cavalcava. La loro ombra diventava sempre più piccola man mano che si avvicinavano a una macchia, trecento passi nel bosco prima di arrivare a Yebra. Il cavallo avanzava, il messaggero si sentiva vicino alla salvezza. Il rumore degli uccelli, degli insetti, delle fronde e del vento fuggiva ai lati via via che la luce di là dal bosco s'espandeva oltre i rami diradati.

Il galoppo era una sequenza rapida di colpi soffocati dalle foglie.

Il galoppo era un tonfo continuo che faceva vibrare il terreno.

Patum patum. Patum patum. Pat tu tum tum.

Tum-tum.

Tum.

Tum. Tam.
Tam.
Tam-tam-ta. Ta-tam. Ta-tam.

L'orrido tamburo dei saraceni era ormai vicino, risuonava sempre più nelle orecchie e nel cuore dell'uomo a cavallo: il messaggero non era braccato, era lui ad andare incontro alla morte. Gli infedeli si trovavano sulla piana di Yebra, avevano saccheggiato il villaggio e fatto prigionieri i suoi abitanti. Il vociare in una lingua immonda divorava le preghiere di chi non era riuscito a fuggire nel castello.

Il messaggero non fece in tempo a fermare il cavallo e a tornare indietro che un giavellotto lo colpì al petto, pesante, letale: morì senza avere il tempo di invocare pietà. Il saraceno raggiunse il corpo dell'aragonese e lo trascinò oltre la soglia del bosco.

La terra arida e le rocce scure del monte Yebra cingevano il villaggio dall'alto, come a cullarlo. I cadaveri dei cittadini erano ammassati nel lavatoio mentre gli altri cristiani, assediati, erano chiusi nel piccolo castello. L'acqua delle fontane traboccava, il cavallo per un po' continuò a correre sul campo umido e fangoso. Tutum. Tutum.

Quàdrupedànte putrèm sonitù quatit ùngula càmpum.*

Aben Lupo aveva la tunica immacolata, a differenza dei compagni. Il tramonto indorava il suo copricapo da cui penzolava una stoffa scura che gli girava intorno fino alla schiena, come un grande serpente. A braccia conserte guardava il piccolo castello da espugnare, dando le spalle al bosco, ai compagni, ai morti.

Gli portarono la lettera del messaggero destinata ai signori di Yebra. L'occasione di incontrare la comitiva e far saltare il matrimonio di Fortún Garcés accese lo sguardo di Aben Lupo: voleva trovarla, doveva diventare la sua sposa.

* Con quadruplice suono lo zoccolo percuote il campo fangoso.

Il sole era sceso, la notte sui Pirenei aveva portato il freddo. Il messaggero non rientrava e gli ambasciatori, preoccupati, discutevano nella taverna sul da farsi. L'albergatore suggerì di abbandonare quel posto perché se i saraceni erano nei paraggi sarebbe stato quello, lungo la strada, il primo luogo che avrebbero messo a ferro e fuoco.

Temendo che il messaggero fosse caduto vittima di un agguato dei saraceni, il gruppo si convinse a raggiungere il castello dalle montagne dietro Yebra. Abbandonarono quindi le carrozze dietro l'albergo e Dobroslava, gli ambasciatori e i soldati s'incamminarono tra i sentieri. La notte era fredda sui Pirenei e nessuno voleva che la principessa arrivasse ammalata a Jaca.

«Nostra signora, prenda i mantelli che umilmente le offriamo.»

«Non offendetevi, ma non ne ho bisogno.»

Non ha freddo chi ha Dio nel cuore, pensarono tutti.

Dobroslava era riservata. Apriva bocca solo per ringraziare e per pregare. Non opponeva resistenza, non obiettava. Quasi sempre sorrideva. La principessa somigliava a una bambina ma non era bambinesca, anzi, i suoi silenzi gentili apparivano definitivi come quelli di un vecchio saggio. Per gli ambasciatori, anche i boemi che la conoscevano meglio, era difficile stabilire se si fidasse di loro o se, più semplicemente, non le interessasse il destino perché era in mano solo a Dio.

S'addentrarono nel bosco e dopo un paio di chilometri, come indicato dall'albergatore, trovarono i ruderi di un vecchio villaggio. Pietre ammassate, rami secchi con cui i soldati costruirono un rifugio dignitoso per Dobroslava. Illuminati appena dalla luna e dalle braci di un fuoco stanco, come per incantesimo, s'addormentarono. Dobroslava invece rimase sveglia. Si alzò dal giaciglio tra le pietre e sotto un abete bianco che nei secoli aveva allargato e incurvato le braccia come un enorme candelabro, si rivolse alla Madonna:

Sub tuum praesidium confugimus,
Sancta Dei Genetrix.
Nostras deprecationes ne despicia
sin necessitatibus,
sed a periculis cunctis libera nos semper,
Virgo gloriosa et benedicta.

L'apparente cantilena rimbombava nel petto per uscire come un sussurro dal significato semplice: proteggici. Non c'era silenzio. Crepitii, fruscii e il canto di una civetta riempivano continuamente, ovunque, la notte nel bosco. Dal buio si stagliarono le figure di tre uomini. Al centro stava Aben Lupo. Il rinnegato. Il bandito. Il capobanda degli infedeli. Li aveva trovati. Non aveva trent'anni ma la pelle innervata e il naso curvo sulla faccia dura lo rendevano simile a un pirata di lungo corso. Con lui c'erano due compagni. Si avvicinarono portando del cibo. In un latino imbastardito, imparato in un decennio di scorribande tra la Provenza e i Pirenei, lo offrì in dono.

Raccontò a Dobroslava che di quella zona lui era il futuro re e che possedeva già terre e castelli; un uomo come lui poteva sposare solo una principessa, e in nessun modo lei avrebbe avuto una vita degna del suo rango se avesse dato seguito alla promessa di matrimonio con Fortún Garcés. Tutto ciò che doveva fare era convertirsi e seguirla. Dobroslava ascoltò la proposta senza mai alzarsi. Per ricevere la sua risposta Aben Lupo fu costretto ad abbassarsi. Il no di Dobroslava uscì avvolto in un fiato di voce sottile. Eppure l'ambasciatore aragonese fu certo di essere stato svegliato da quella parola: «No.» Sottile, ma fermissimo.

L'aragonese chiamò in soccorso i compagni inorridito all'idea che i saraceni volessero rapire la principessa. Non fecero in tempo a raggiungere l'abete bianco, però, che quelli se ne erano già andati. La principessa era salva, e parve a tutti un miracolo.

Un turbamento intanto si muoveva dentro Aben Lupo, mentre tornava verso Yabra assediata. Provava a coprirlo con la rabbia per l'affronto ricevuto. Ma un senso di confusione lo accompagnava. Dobroslava non aveva avuto paura di loro tre, non aveva avuto paura dell'uomo più spietato del regno, e questo bastava a muovere in lui un'inquietudine. In nessun modo sarebbe tornato a pregare la ragazza, ma chiese ai compagni di raggiungerla e offrirle tutti gli ori presi negli ultimi saccheggi: «Se si opporrà ancora, uccidetela.»

I saraceni tornarono all'alba e chiesero di parlare con gli ambasciatori boemi. L'insulto era grave nei confronti degli aragonesi che viaggiavano in rappresentanza della corona e proteggevano l'unione del loro sovrano con Dobroslava. Non ci fu bisogno di intervenire, perché la principessa rifiutò ancora. A quel punto l'affronto era compiuto per i saraceni e, come da ordine di Aben Lupo, andava punito.

Sciabole e spade.

Sei soldati cristiani che avevano scortato il gruppo attraverso mezza Europa si batterono contro dodici infedeli. Anche gli ambasciatori si unirono allo scontro. I saraceni erano selvaggi: se le lame delle sciabole scivolavano dalle mani insanguinate, estraevano pugnali e finivano il nemico tagliandogli la gola. Altrimenti afferravano i cristiani per i capelli e gli riempivano la bocca di terra per poi strangolarli con la corda che avevano per cinta. Il bosco, ancora verde, si screziò di giallo, come se l'autunno fosse all'improvviso, finalmente, arrivato.

La resistenza, eroica e disperata, andò avanti per più di un'ora. Intanto un ambasciatore boemo, un soldato aragonese e un manovale navarrese erano saliti sugli unici tre cavalli che il gruppo aveva portato fin dentro il bosco. Il primo prese la principessa sollevandola da terra come se fosse un sacco pieno di foglie. Dovevano salvarla e per salvarla andava portata via, fino in cima alla montagna. Un saraceno si staccò dal gruppo che combatteva e, a distanza, da dietro una quercia, provò invano a colpire i quattro con una freccia.

Dobroslava e i suoi tre accompagnatori vagavano tra sentieri, pendii e salite. L'ambasciatore, uomo di scienza, guardava tra le fronde cercando il sole affinché lo guidasse. La principessa, donna di fede, lo invitò a seguire le proprie indicazioni. Forse affascinato da quella calma, forse disperato, smise di orientarsi e s'affidò alla ragazza seduta davanti a lui. Con il mantello e i lunghi capelli colmava appena l'ampiezza delle sue spalle; più giovane di sua figlia, non si proteggeva contro il suo petto ma restava dritta stringendo la croce, guardando la strada.

Dopo ore, i quattro raggiunsero una grotta nascosta dalla vegetazione, in prossimità della cima piatta del monte Yebra, sul fianco scosceso e opposto al villaggio. Dovevano fermarsi. Dovevano nascondersi e aspettare che i saraceni si stancassero di cercarli. Non avevano cibo. E soprattutto non avevano acqua. Con le vertigini, il battito che accelerava e la bocca secca, il gruppo stava seduto tenendo le spalle contro la parete fredda della caverna. Dobroslava si alzò e andò verso lo strapiombo. Nonostante per ruolo e per onore gli uomini dovessero proteggerla, nessuno ebbe la forza di fermarla. Gli uccelli smisero di cantare, e così le cicale; il vento sembrava immobile.

Raccogliendo le mani al petto, Dobroslava pregò Gesù Cristo di aiutarli e alle sue spalle la roccia iniziò a bagnarsi come se piangesse. L'acqua fuoriusciva piano tra le fessure dei massi in alto, sembrava quella di una fontana, poi si fece sempre più forte, potente, scrosciante. Cadeva come una tenda davanti alla grotta. Nel cuore di tutti fiorirono il pensiero e la parola: «Miracolo.» Dobroslava li invitò a pregare perché Dio conducesse il loro destino alla pace. Continuarono fino a notte quando, nonostante il digiuno e ancora per miracolo, la loro fame sembrò placata.

Intanto, Aben Lupo aveva dato ordine di abbandonare Yebra a costo di interrompere l'assedio. Tutti i soldati dovevano cercare la principessa fuggitiva. Andava torturata, fatta schiava, uccisa. Il tamburo dei saraceni suonava.

Tam. Tam. Tam.

Il frinire delle cicale era un controcanto di morte che accompagnava Aben Lupo e una ventina di compagni. Salendo sul monte e scendendo in prossimità del nuovo corso d'acqua, fu proprio lui a trovare la principessa.

L'ambasciatore, il soldato e il manovale furono catturati. Come un eroe troiano Dobroslava venne trascinata fin sulla cima piatta del monte. Mani immonde le stringevano i polsi mentre i massi e la terra le martoriavano il corpo. I saraceni ridevano, in una lingua oscura raccontavano quello che le avrebbero fatto una volta raggiunta la cima. Gli alberi di nuovo smisero di muoversi, le civette tacquero. Solo l'acqua del miracolo, che sgorgava dal bordo di una roccia, prestava al martirio imminente un suono avvolgente e primordiale.

In cima al monte Yebra, la ragazza sembrava svenuta: non gridava, non piangeva. Con le vesti stracciate, le braccia slogate, la pelle rossa di sangue, Dobroslava giaceva al centro pianeggiante della vetta. Nel vederla, Aben Lupo avvertì di nuovo quell'inquietudine. Lui che aveva violentato, straziato, ucciso, provava ancora una volta un sentimento molesto che tormentava la certezza di poter ottenere tutto. Lo ricacciò indietro urlandole di rinunciare al suo Dio, altrimenti avrebbe conosciuto e subito tutto il potere del capo dei saraceni.

Dobroslava alzò la testa: «Il solo potere che riconosco è quello dell'unico, vero Dio.»

Per un istante Aben Lupo si sentì atterrito, schiacciato dall'immensità della notte, terrorizzato. Diede ordine a due saraceni di tagliare i piedi a Dobroslava. Toccandola, quelli sentirono la pelle fredda come ghiaccio. D'istinto si ritirarono e afferrandola per i capelli la costrinsero a stare in ginocchio.

Le uniche urla che si sentivano erano quelle straziate dell'ambasciatore, del soldato e del manovale che pregavano i nemici di uccidere loro e risparmiare la povera ragazza.

Il sangue scorreva, l'ordine era stato eseguito. Dobroslava sarebbe morta in pochi minuti.

«Ora rinunci al tuo Dio?»

«Mai.»

La principessa offrì le mani ai suoi carnefici e poi, senza guardare Aben Lupo, le alzò al cielo.

Il bandito la colpì con un calcio per farla crollare a terra. Poi sguainò la sciabola e le tagliò la testa. Quindi le mutilarono le mani.

E se il diavolo veniva tra gli uomini per dividere, lei avrebbe continuato a unire anche senza mani.

Talitha Kum.*

Dal cielo un boato coprì le urla entusiaste dei soldati. Nuvole cariche di pioggia coprirono la luna. Il vento riempì la valle e salì con violenza sulla montagna portando con sé le foglie dorate del bosco strappate ai rami, alla terra e alla gravità. Una voce che parlava ogni lingua dall'alto squarciò l'aria: «Sia dato a Lei il dono di placare le tempeste, ovunque sia invocato il suo nome!»

Un fulmine cadde tra Aben Lupo e quello che restava del corpo di Dobroslava, lasciando il bandito sprofondare nel riverbero universale della voce di Dio. Gli parve poi di vedere la più nera delle tristezze, senza alcuna consolazione, nemmeno quella della vittoria, della conquista, della distruzione. Che fosse quella la dannazione? Fu un istante, ma avrebbe detto che, come in un sogno, quell'istante non avesse durata. Quindi Aben Lupo scappò, come un bambino sorpreso a rubare; e con lui anche i compagni e i prigionieri, che

* «Fanciulla, io ti dico, alzati», dal Vangelo di Marco, capitolo 5, versetto 41.

mai tornarono a Jaca o in Boemia. Dobroslava invece era destinata all'infinita gloria dei cieli.

Non nella speranza di meritarsi la salvezza divina, ma nell'illusione di procurarsi quella terrena, quando don Fortún Garcés seppe cos'era successo a Dobroslava e ai suoi accompagnatori fece della ricerca dei banditi la sua unica ragione di vita. La rabbia lo accompagnava tutti i giorni, e anche nel sonno, quando gli incubi gli ricordavano la morte della promessa sposa, immaginava che l'infelicità potesse trovare riscatto solo nella vendetta. Il suo animo era talmente consumato dall'ossessione di uccidere Aben Lupo che non si preoccupò mai di dare una sepoltura alla principessa.

La storia del viaggio, dell'assedio al castello, del miracolo e del martirio in pochi anni si era arricchita di fantasie e impoverita di ricordi. Con il tempo si erano moltiplicate le versioni, il nome di Dobroslava era stato cristianizzato: Eurosia. Ogni modifica, piccola o grande che fosse, non intaccava la certezza che in quella notte di tempesta a Yebra fosse calata la voce di Dio. Nel frattempo era stata messa una taglia, voluta dalla corona di Aragona e Navarra, che avrebbe intascato chi avesse trovato il nemico dei cristiani.

Ma Guillén, giovane pastore di Orús, nella zona di Yebra, ai racconti e alle promesse prestava poca attenzione perché più che alle parole era abituato alla fatica. L'estate del suo tredicesimo compleanno s'incamminò per raggiungere il padre all'alpeggio. Avrebbe dovuto impiegare poche ore e invece, nonostante conoscesse i sentieri a memoria, si perse. Vagò sotto gli alberi che, apparendogli simili ma sempre diversi, gli rendevano impossibile trovare un punto per orientarsi. Il sole scompariva e riappariva in una danza di illusioni. Guillén non riconosceva più il nord o il sud, l'est o l'ovest. Camminando fino al tramonto, pensando al padre che lo aspettava, si ritrovò sotto la vetta piatta del monte Yebra. Era assetato, quasi come Eurosia e i suoi mentre due anni prima fuggivano dai saraceni. Sentì l'acqua, la vide scendere davanti a una grotta. Seguì il suono e salendo trovò il rivolo che sgorgava da una roccia, sulla radura.

Dall'alto, finalmente, Guillén poté vedere meglio il bosco, riconoscendone i sentieri. Bevve dalla fonte e quando alzò gli occhi, sopra la roccia, c'era una luce: da un raggio bianchissimo proveniva una voce che non aveva sesso né età: «Guillén, qui non viene più nessuno. Gli aragonesi si sono dimenticati di Eurosia ma Dio la vuole glorificare. Prendi i suoi resti che stanno dietro la roccia e portali a valle. Lascia la testa a Yebra. Poi porta il corpo a Jaca e mettilo sull'altare della chiesa, sotto il tabernacolo.»

Dietro la roccia c'era un corpo rivestito di foglie gialle: sembravano la pelliccia di un animale d'oro. La testa appoggiata tra i seni aveva gli occhi chiusi, i lunghi capelli scendevano dal busto e s'intrecciavano all'erba. Eurosia era intatta come il giorno in cui era morta. Guillén obbedì alla voce. Avvolse il corpo nella sacca in cui teneva gli attrezzi per l'alpeggio e si rimise in cammino: improvvisamente conosceva la strada.

Arrivò a Yebra, dove lasciò la testa della santa al parroco. Quindi camminò tutta la notte e arrivò a Jaca. Appena entrò in città con il corpo della principessa, le campane delle torri presero a suonare da sole. Alla vista di quei resti, i malati guarivano, gli affamati si sentivano sazi, gli infelici trovavano pace. Il pastore pose il corpo di Eurosia sull'altare, salì sul pulpito e raccontò le sue avventure ai fedeli accorsi fin lì. Guillén non uscì più dalla chiesa e fu nominato custode dei resti di sant'Eurosia. Fu lui il primo a scriverne la storia.

Dora stringeva sempre più piano il santino di sant'Eurosia. Ripassava quella storia, per come era arrivata fino a sua madre e quindi a lei. Ripassava quella storia e finiva su Guillén. Arrivata a Guillén pensava a Giovanni. Come quel pastore secoli prima, Giovanni aveva ritrovato il corpo innocente di un ragazzo.

Dora lo aveva appreso da Angelo, che discuteva con i compagni di partito invitati a cena: «Sulla spiaggia c'erano il pescatore, i carabinieri, qualche curioso... C'era anche il fotografo di *Tempi moderni*, quello che zoppica...» Angelo ora stava accanto a lei, nel letto. Dora non provava alcun senso di colpa per non avergli ancora raccontato chi fosse per lei quell'uomo giunto dal passato fino a Ferso.

Il tremore era sempre più leggero, brevi fascicolazioni prima del sonno. «Colpa dell'elettroshock.» Era colpa dell'elettroshock anche l'aver dimenticato molte delle cose che aveva fatto con Giovanni? Dora aveva dimenticato lo scontro con le suore, l'incontro in falegnameria, il libro di foto e le giornate trascorse a letto insieme a lui.

Si ricordava però di aver fatto l'amore in una 1500. Si ricordava di aver provato paura e di come quella paura fosse diventata piacere. Sottopelle, dal ventre, dentro di sé. Una scoperta che arrivava fino ai piedi, mentre Giovanni cercava di dirle qualcosa in un orecchio. Dora si addormentava, i pensieri diventavano frammenti confusi, e fu allora che vide sant'Eurosia, la santa senza mani, come senza mani era lei, in Maremma, il giorno in cui per la prima volta Giovanni l'aveva fotografata.

Prima di abbandonarsi, si chiese cosa avesse provato Giovanni quel mattino, sulla spiaggia, davanti al corpo di Sergio. Si chiese se fosse stato guidato da un suono, magari non una voce divina, ma almeno un inciampo del destino. Si chiese se era lui quello chiamato a raccontare la vera storia di un omicidio.

Seconda parte

I

Il ritorno a Milano

Il caso Rambaldi aveva fatto aumentare le vendite del quotidiano *La Pagina* del dieci per cento, mentre per il rotocalco erano cresciute del trenta. *Tempi moderni* aveva bruciato la concorrenza anche grazie alle immagini. Aveva pubblicato le foto di tutti: c'era l'uomo di mondo, Binaschi, il sospettato; c'era l'uomo dell'ordine, Santi, il colonnello; e poi c'erano una madre inconsolabile, un sindaco preoccupato, il giardiniere e il genero, i carabinieri e la gente di Ferso. E infine c'era il ritratto della vittima, Sergio.

Giovanni Pitorsi aveva fatto un gran lavoro, aveva persino portato lo scoop delle prime foto del ritrovamento. Molina sarebbe rimasto lì a coprire la vicenda, Giovanni invece poteva tornare a casa, prendersi qualche giorno e poi rimettersi sulla cronaca. «Stai un po' sul locale» aveva detto Tolcani, «poi lavorerai di nuovo sul nazionale.»

Dopo il soggiorno a Ferso, Milano gli apparve smisurata. I palazzi, le strade, le piazze erano immensi. Appena arrivato, come un turista, salì sul Duomo per la prima volta e attraverso il cielo limpido vide le torri, il grattacielo Pirelli e, più in lontananza, le Alpi. Nonostante l'afa, si sentì rinfrescato. Giovanni tornò nel suo appartamento a Repubblica e si accorse che non riusciva a smettere di pensare all'omicidio Rambaldi.

Se ne sentiva orfano, come un corrispondente di guerra che una volta gli aveva raccontato di sentirsi orfano del Vietnam. *Roba da pazzi.* Nella valigia, ripiegati, dimenticati, c'erano ancora i fogli della pensione La Pace, su cui aveva appuntato le sue considerazioni. Mise in ordine tutto quello che sapeva, attingendo dagli articoli di Molina su *Tempi moderni*, dai pezzi delle altre testate e dagli appunti sulle cose scoperte a Ferso:

> Sergio Rambaldi è scomparso il 5 luglio, è morto il giorno stesso intorno alle nove di sera. Per un colpo alla testa o per soffocamento.
>
> Alle 21.47 di quel giorno è arrivata una chiamata dal telefono comune della pensione La Pace. Aristide, il gestore, è scettico, pensa addirittura non sia partita da lì, ma le autorità sono sicure. Per la collocazione delle stanze e perché il receptionist aveva la tv accesa, la telefonata potrebbe essere stata fatta da qualcuno che è entrato furtivamente ma dall'ingresso principale. Escluderei lo stesso Aristide perché la voce che ha sentito la cameriera Rosanna era di un ragazzo o forse di una donna.
>
> Alle 23.37 del 7 luglio è arrivata una chiamata dalle campagne, un telefono pubblico sopra il lago. Il dettaglio del fischietto col cordoncino, che Sergio cercava quando è uscito e che è stato ritrovato sul cadavere, fa pensare che la telefonata sia stata fatta, come la prima, per depistare.
>
> Secondo i carabinieri l'omicidio è avvenuto nella faggeta, a due chilometri dal ritrovamento del cadavere. La faggeta è un luogo di incontri per uomini. Le donne si prostituiscono lungo la strada sul lago, ben prima della faggeta. Possibile che Sergio si prostituisse? No. Era un bambino,

non ancora un ragazzo: non sfiorava certi pensieri, men che meno certe azioni.

Si cerca l'assassino, un maniaco.

Sospettati:

- Il genero della famiglia Sacchetti-Altovini, Nicola Crisanti; ha un alibi. Impressione ricevuta: spaesato, incredulo, innocente.
- Il giardiniere della famiglia Sacchetti-Altovini, Mario Diotallevi, è impotente, in quelle ore era nella proprietà dei Sacchetti-Altovini e non frequenta la faggeta. Impressione ricevuta: non uno che uccide. Innocente.
- Poi c'è il proprietario del Porticciolo, Renato Binaschi. Avrebbe un alibi, un uomo d'affari rintracciato a fine luglio ritiene di averlo incontrato a Roma quel giorno, ma potrebbe essere una dichiarazione fatta per aiutarlo e non rischiare che saltino gli accordi fatti con lui (la compravendita di nuovi locali in Costa Azzurra). Binaschi dice di aver frequentato saltuariamente la faggeta e di non aver mai visto Sergio. Le iniziali di Renato Binaschi sono nel registro di Lea, la Professoressa. Impressione ricevuta: giovanile, intelligente, pieno di sé. (Forse) colpevole.

Testimoni:

- Alcuni giornali riportano che Patrizio Tarabella, contadino di Callalta, dice di aver visto nei pressi del lago Sergio con tale Piero Lauri. I carabinieri sostengono che si sia sbagliato con la data. La madre esclude che Sergio si frequentasse con Piero. Testimonianza da eliminare?
- Un dodicenne, Paride Mecocci, dice di essere stato minacciato da Renato Binaschi il 10 luglio.
- L'edicolante Gioacchino Liviani ha visto Renato Bina-

schi, presumibilmente nella faggeta. Nessuno ne scrive. Binaschi ha fatto pressioni su Molina perché la notizia non uscisse.

Nota: se fosse stato il sindaco Angelo Pent? Nessun elemento, ma non mi pare un granché d'uomo.

Domande:
- Chi ha fatto le chiamate?
- Cos'hanno visto esattamente i testimoni?
- Chi ha ucciso Sergio Rambaldi?

Giovanni passò la settimana successiva a coprire notizie locali. In piena estate si ritrovò a vorticare tra fatti improbabili come lo schianto senza vittime di un biposto a Rho («Vai a fotografare i resti dell'aereo sul prato e poi vai in ospedale dove trovi il bambino che era a bordo insieme al padre pilota»), violenze (un uomo che in viale Misurata aveva legato e poi picchiato la moglie con un bastone: «Forse ci facciamo solo un trafiletto, ma vai a vedere se becchi qualcuno»), eventi di colore (lo smarrimento di Pepe, il barboncino di Celentano: «Fatti dare un ritratto insieme che lo pubblichiamo a fondo pagina»).

Tolcani gli chiedeva sempre di portare a casa una dichiarazione. Poi ci avrebbero pensato i cronisti a metterla giù in un buon italiano. Ma di fatto Giovanni Pitorsi non era più solo «quello che si occupa delle immagini». Così lavorava giorno e notte, aveva smesso persino di passeggiare. L'attività non riusciva però a tenergli la testa lontana da Ferso.

Continuava a leggere tutto quello che veniva pubblicato sul caso, anche dalle edizioni della sera. E sfogliando sperava che qualche collega avesse fatto una foto a Dora, che si intravedesse nella folla, o accanto al sindaco. Gli sarebbe servita per sapere che il loro incontro, dopo dieci anni, non era stato un tiro maldestro giocato dalla sua mente.

Di Dora nessuna foto, le notizie sul caso erano invece costanti, senza però informazioni risolutive. Una domenica, però, arrivò in redazione una chiamata da Molina. L'inviato speciale a Ferso dettò nuove dichiarazioni del giovanissimo testimone Paride Mecocci. Giovanni lesse il titolo mentre il pezzo veniva impaginato.

«IO FACCIO MARCHETTE E QUELLA BESTIA DI BINASCHI È STATO UN MIO CLIENTE.»
NUOVE RIVELAZIONI SUL CASO RAMBALDI.

2

Un caso torbido e misterioso: un caso che vende

Roberto Molina non aveva scritto dell'adulto che aveva tirato in ballo Renato Binaschi. Nessuno raccontava che quell'adulto era l'edicolante Gioacchino Liviani, identità che sia i carabinieri sia Giovanni Pitorsi continuavano a tenere per sé. Su *Tempi moderni*, come su tutti gli altri giornali, si parlava di un solo testimone: il giovanissimo Paride Mecocci. La pista della faggeta e dei suoi loschi giri era la notizia del momento.

Dettagli di incontri intimi nel bosco con clienti adulti non meglio identificati alimentavano un immaginario di perdizione. Tanto più per la naturalezza con cui venivano raccontati: come se certe cose si fossero sempre fatte.

Da quel pezzo in poi le pubblicazioni sul caso Rambaldi ricevettero ancora più spazio: due articoli al giorno sul quotidiano più le pagine di approfondimento nel rotocalco. Molina arrancava per consegnare tutti i pezzi che la redazione chiedeva. Mandarono a Ferso un editorialista di punta, uno scrittore, per avere un paio di contributi d'atmosfera. Toccata e fuga. Non sarebbe bastato.

La redazione era quasi vuota. In pieno Ferragosto, il caporedattore Tolcani chiamò Giovanni Pitorsi alla sua scrivania piena di libri, fogli, ritagli e cianfrusaglie di una vita consumata là dentro. Nessuno spazio per una moglie o dei figli, per un cane, un gatto, un santo, un calciatore o un presidente della Repubblica, neanche da tenere incorniciato vicino alle macchine fotografiche.

Offrì una sigaretta a Giovanni che si sistemò di lato, con la gamba tesa e il corpo pigiato contro la scrivania della segretaria di redazione.

«Il caso Rambaldi fa vendere: è torbido, è misterioso, ha tratti di tragedia e d'indecenza. Queste cose intrigano. La gente vuole sapere chi ha ammazzato il poverino. E vuole vedere le facce. Tenere due inviati fissi con tutti quegli anni di anzianità e un fotografo, vitto e alloggio nel buco del culo d'Italia, per tutto questo tempo, costa. Posso tenerne uno e affiancargli te.» Raramente Tolcani si concedeva il turpiloquio: evidentemente si stava innervosendo.

Stava ricordando a Giovanni che guadagnava meno di un giornalista, e gli stava dicendo che doveva tornare a Ferso, ma con un ruolo leggermente diverso. «Servono le foto dei testimoni: i due ragazzini. Dobbiamo sbaragliare *Il Giorno*, il *Corriere*, *Il Messaggero* e *La Nazione*. Pure *Epoca*. Non fare solo foto, però. Aiuta Molina. Trova qualche notizia.» Il vantaggio di conoscere il testimone «adulto», di aver già esplorato la zona ed essere stato sul luogo del ritrovamento lo facevano sentire fiducioso: Giovanni sapeva di poter trovare informazioni esclusive.

Con la quinta elementare e una scrittura claudicante quanto il suo corpo, non si azzardò a proporre di essere lui a firmare. Al tempo stesso, però, non se la sentiva di lasciare informazioni in mano a Molina perché temeva che potesse agire senza avere troppa cura della verità. A quella neanche Tolcani sembrava dedicare troppa attenzione. L'importante, per loro, era la notizia. Giovanni taceva, come sempre.

Il caporedattore allora lo incalzò: «Facevi il tombarolo da ragazzo, no? Allora scava!»

Giovanni si alzò facendo cenno di aver capito la metafora e la proposta. Secondo la gerarchia di redazione, però, quello era un ordine. Appena fu in piedi, guardandolo dall'alto, rispose a Tolcani: «Non scrivo ma posso raccontare. Lascia a me due delle pagine che devi riempire per *Tempi moderni*.»

«E con cosa le riempi?»

«Con le foto.»

«Vorresti fare due pagine di sole foto?»

«Sì.»

Sebbene fosse in uscita un numero con le immagini dell'allunaggio, quella era una proposta azzardata, un eccesso di fantasia: non si erano mai viste pagine di cronaca nera interamente occupate da fotografie.

Tolcani era spiazzato: «Te ne do tre se porti qualche novità. Resta però a Molina la possibilità di inserire interviste a seguire.»

«Mi sta bene.»

3

Le moderne caterinette

Le mani di Dora continuavano a funzionare male. Tremavano senza preavviso. Delegava il più possibile la cucitura, portava avanti lentamente l'abito su cui avrebbe applicato il fermaglio dell'elicriso. Da quando era avvenuto l'omicidio, non era più tornata a Torino. Viaggiare verso quella meta fu come accogliere un lento sospiro di benessere.

Sopra l'ingresso dell'atelier a Torino non campeggiava più la parola CONFEZIONI, restava solo MILENA. Anche sulle etichette un nuovo logo restituiva la freschezza di un nome più moderno. Dora cercava continuamente qualcosa che migliorasse il suo marchio e la sua offerta. Le piaceva che quel posto mutasse e crescesse insieme a lei.

Eppure un aspetto la disturbava. «Questo è un punto strategico, da qui la vostra bottega diventerà presto una boutique di classe» aveva detto il proprietario del locale al momento della compravendita, anni prima, rivolgendosi ad Angelo e ignorando Dora. Era Angelo il padrone di quelle stanze, e questa formalità persisteva nella mente di Dora come una piccola stonatura che non riusciva a ignorare.

A Torino Dora aveva una commessa, un'orlatrice, due sarte in pianta stabile e in più, quando il carico di ordini era gravoso, si appoggiava a collaboratrici che lavoravano da casa e che lei pagava bene.

Al centro dell'atelier c'era un vaso con dentro i mazzi di viole delle montagne che gli studenti portavano per corteggiare le «caterinette della Milena». Erano ambite perché erano ventenni di classe, abituate a trattare anche con clienti straniere, indipendenti come santa Caterina, che aveva rifiutato di sposarsi.

E infatti vicino ai fiori c'erano due statuine bianche che Dora aveva fatto realizzare per proteggere le sue dipendenti: santa Caterina, appunto, e sant'Eurosia. Nello spogliatoio campeggiava sulla parete anche un manifesto dell'Unione donne italiane del 1963: «A voi moderne caterinette giunga, insieme al nostro saluto, l'augurio che la vostra operosa giovinezza possa certamente sperare in un sicuro avvenire.»

Ogni mese, quando era previsto il ritorno di Dora, Ester si presentava di mattina all'atelier. Arrivava ormai da sola, camminando veloce fino al negozio. Portava con sé una caffettiera e una teiera dentro una borsa. «Qualcuno le avrà detto che si sta così tra signore.» Rimaneva fino a sera a guardare l'ingresso, come un cane fedele. Quando Dora finalmente entrava, Ester batteva le mani e i piedi: una gran festa. Poi si calmava e ascoltava in silenzio i piani per i giorni seguenti. Parlava ancora pochissimo, ma Dora sapeva come comunicare anche con lei.

Con nessuna di loro Dora parlava del caso. Bisognava finire di preparare il reparto per il Samia: sarebbe stata la prima volta di Milena alla fiera della moda. Andavano chiusi gli ordini delle stoffe. Poi andava cucito un vestito di seta da mettere in vetrina, di fattura eccezionale: «A fiori, turchese, fatto di dieci balze, lungo e largo come quello di una dama» aveva disposto Dora. E, ancora, bisognava prendere accordi con un cliente di Sanremo che voleva l'esclusiva di alcuni modelli per i suoi negozi.

Dora si trattenne come ogni mese per quattro giorni. Era una specie di sorella maggiore, una confidente autorevole e una padrona giusta, che garantiva paghe generose e puntuali.

Le dipendenti le raccontarono come sempre della propria vita: i fidanzati, i genitori, le idee per l'impresa. Ma solo nelle pause: in atelier bisognava stare in silenzio, per rispetto nei confronti del lavoro. Dora lasciò tardi il negozio e per tornare all'albergo dove alloggiava fece un giro largo. Non guardava mai le vetrine degli altri ma sapeva che gli altri guardavano la sua, e anche lei: testa bassa protetta da un cappello estivo, spalle incurvate e camminata veloce.

A Torino, Dora Bois non era la fidanzata del sindaco, non era la forestiera taciturna, la bella mora. Aveva un'identità tutta sua: era la giovane mente dietro il Milena, la stilista che più di una volta aveva sorpreso la concorrenza anticipando le mode. Quando stava in città nessuno si chiedeva di chi fosse la moglie o la figlia, se avesse prole o perché ancora non ne avesse, a malapena si accorgevano che non era di Torino. Nonostante lì avesse passato il periodo più infelice della propria vita, in quella città Dora si sentiva accolta da un'indifferenza rassicurante. Avrebbe voluto tornare a viverci, ma l'affetto per Angelo e il suo ruolo di sindaco costringevano anche lei a responsabilità inderogabili.

4

La nascita di un pistarolo

Giovanni tornò a Ferso. Appena lo vide, Roberto Molina gli fece il verso: «È arrivato il *pistard noir*!» Il pistarolo. Di piste il fotografo non ne aveva, solo appunti dozzinali.

Al sarcasmo fece seguito un atteggiamento collaborativo. In fondo Molina, che aveva il doppio dei suoi anni, ne aveva viste talmente tante che di certo non si scandalizzava se la prima firma di un reportage era quella di un fotografo. E poi Giovanni era raffinato con lo sguardo, ma troppo rozzo con le parole. L'inviato di *Tempi moderni* non si sentiva minacciato da lui: era certo che non sarebbe mai diventato un cronista, di sicuro non prima del suo pensionamento. Che provasse, che fallisse.

Molina continuò a essere di quest'idea anche quando il fotografo rivelò di conoscere l'identità del nuovo testimone: «Si chiama Gioacchino Liviani, è l'edicolante che sta all'angolo.»

Convinto dalla busta di Binaschi, sulla parte del testimone adulto Roberto Molina aveva la penna molto trattenuta. Seduto sulla poltroncina all'ingresso della pensione, sgranò gli occhi: «Come fai a esserne certo?»

Giovanni fece cenno ad Aristide di passargli qualcosa da bere. Quasi con pigrizia rispose al collega: «Chiedi a Santi. Il nome direttamente non te lo fa, ma se glielo fai tu non potrà che confermare.»

Giovanni non confessò di aver scoperto l'informazione per caso, spiando un ingresso secondario della caserma. Preferiva che Molina ipotizzasse un'insospettabile capacità di trovare contatti, che s'interrogasse sull'intuito di Giovanni e su quanto l'avesse sottovalutato.

Molina annuì. *Bravo, Pitorsi.* Si teneva stretto le fonti come un giornalista di razza. Si fece versare un bicchiere di amaro da Giovanni e gli sorrise: «Alla tua!»

5

Il furto dell'elicriso

Per tornare a Ferso, Dora prese un autobus e due treni. Undici ore di viaggio durante le quali incontrò una famiglia diretta al mare, militari di ritorno a casa per il congedo estivo e una coppia che a malapena si parlava. L'Italia scorreva verso sud con una lentezza meccanica e cigolante.

Faceva caldo, le vetture erano rumorose e scomode. Solo quando s'addormentava, in preda a un sonno febbrile, Dora aveva l'impressione che finalmente il tempo accelerasse. Sapeva che l'ultimo tratto sarebbe stato il più faticoso. Per questo aveva rimandato all'ultima ora di viaggio, superato il confine tra Toscana e Umbria, l'apertura di una copia di *Tempi moderni* comprata alla stazione.

Era la prima volta che ne acquistava un numero. Era dedicato allo sbarco lunare: «Esclusivo: tutte le foto fatte sulla luna, trenta pagine a colori.» Nel frattempo faceva sempre più caldo. Erano le sei del pomeriggio e l'umidità rendeva insopportabile anche l'aria che entrava dal finestrino aperto.

La luna aveva relegato la cronaca alle ultime pagine. C'era un'intervista a Silvana che ricostruiva per l'ennesima volta il giorno della scomparsa. Era stata fatta quando ancora il cadavere di Sergio non era stato ritrovato.

C'era poi un box sui Comitati di salute pubblica: il loro capo, il direttore del coro comunale nonché armaiolo in pensione, lamentava lo scandalo di un'amministrazione responsabile del degrado morale in città. Titolo: «Ferso, la culla lacustre della perdizione.» A Dora *Tempi moderni* sembrava un giornale pieno di chiacchiere fasulle e inconsistenti, non all'altezza della reputazione che gli si attribuiva. Non c'erano neanche foto realizzate da Giovanni: l'unica cosa che forse le interessava. Incolpava la noia se l'indifferenza iniziale si era trasformata in una svogliata curiosità.

Accaldata, si sventolò. Le immagini della luna spostavano un'aria leggerissima. Sugli zigomi sentì scendere alcune gocce di sudore, veloci come lacrime. Finalmente arrivò a Ferso. Angelo non c'era ancora. Il piazzale della stazione, dietro una fabbrica di cioccolato e un viale alberato, era ai piedi della città, dalla parte opposta al fiume. Nessun altro era sceso, Dora era sola. C'era una cabina, e da lì chiamò Angelo. Lo trovò in Comune.

«Ne avrò ancora per mezz'ora, scusami.» Era la risposta di un uomo che pensava ad altro, e lei non lo biasimava, anzi, lo comprendeva.

«Non ti preoccupare, sono molto stanca, ma posso tornare a piedi.»

«No, aspettami lì.»

Dalla parte opposta della strada, oltre gli alberi, arrivavano i suoni del luna park estivo. A due chilometri dal lago e dal centro di Ferso, era l'unico della regione e uno dei più grandi d'Italia.

Nonostante nel giro di un mese la cattiva pubblicità dell'omicidio avesse offuscato il buon nome della città, le giostre continuavano ad attirare centinaia di persone. Dalle sei del pomeriggio un trenino su ruote, pagato dai giostrai, faceva il giro dei paesi intorno al lago e portava giù la gente del posto, che andava fin là solo per godersi lo spettacolo gratuito dei turisti che pagavano per salire sulle giostre. Il luna park si riempiva già a partire dal primo pomeriggio.

Dora c'era stata solo una volta, all'inaugurazione dell'anno precedente, insieme ad Angelo. Era stata una visione strabiliante. C'erano dieci giostre; l'attrazione principale erano le montagne russe, la cui struttura era l'unica a restare lì tutto l'anno, dominando il grande spiazzo come lo scheletro di un mostro marino.

LUNA PARK.

Dora passò sotto l'arco che era già illuminato nonostante in cielo il sole non accennasse a tramontare. Canti di sirene mirabolanti, tentacoli meccanici, navicelle sospese su fili di lampadine e poi cactus dipinti e pistole pronte a sparare su indiani di latta.

Quanta fantasia serviva per credere a galassie fatte di vernice, oceani di cartone, lontani West illuminati da luci artificiali? Lei ne aveva abbastanza per sentire che ogni giostra, anche la più spaventosa, conteneva in potenza mille storie possibili, come quelle che forse solo con Giovanni aveva sognato.

Sentiva che nonostante il caldo e la stanchezza avrebbe potuto perdersi in quella nube fantastica. Ma voleva solo comprare uno sciroppo d'orzata e tornare all'ingresso della stazione ad aspettare Angelo. Doveva raggiungere La locanda del pirata, un chiosco che si trovava dietro la piovra. Aveva con sé la borsetta sottobraccio e una valigia che cominciava a pesare. La gente era accalcata in una fila scomposta. C'erano ragazzini, qualche coppia, genitori con bambini. Dora si sentiva svenire ma aveva bisogno di bere e sedersi per qualche minuto.

Arrivata quasi al bancone, si spostò appena di lato per raggiungere l'ombra di un tendone. Poggiò davanti ai piedi la valigia e mentre raddrizzava la schiena nella calca sentì scivolare via la borsetta.

Fu un gesto morbido, senza strappi o strattonamenti.

La piovra intanto faceva vorticare ragazzini urlanti. A Dora servirono alcuni secondi per capire cosa stesse succedendo: nessuno intorno a lei dava segno di aver assistito allo scippo. Due ventenni intuirono qualcosa dal suo sguardo allarmato e gridarono: «Al ladro!» Uno scippo invisibile ma plausibile. «Uh! È un continuo! Portano via portafogli a chiunque... So' furbi. So' silenziosi... Ieri notte hanno provato a ruba' anche una macchinina dell'autoscontro, se figuri, l'hanno ritrovata giù pe' 'l lago!»

Il ladro doveva aver agito con placido calcolo, senza guastare l'ordine festoso della folla. Probabilmente era ancora fra loro mentre ne parlavano.

«Però, signora Pent, scusatemi se mi permetto» fece un uomo che aveva riconosciuto la fidanzata del sindaco. «Voi siete elegante, ma dovete sta' attenta coi farabutti che ci stanno in giro!»

Dora era troppo turbata per prestargli attenzione, troppo impegnata a guardarsi intorno, a dare indicazioni sulla fattura della borsa alle persone che cercavano di darle una mano a ritrovarla.

Del responsabile, però, non c'era alcuna traccia.

Fu tornando al piazzale della stazione che Dora ritrovò la borsetta. Era sul ciglio della strada, poco distante dall'ingresso del luna park. Era stata abbandonata. A terra, lì accanto, c'erano il portafogli vuoto, i biglietti del treno, il fazzoletto. E sull'asfalto c'era l'immagine calpestata di sant'Eurosia. Il ladro si era portato via quello che c'era di prezioso: i soldi e soprattutto il fermaglio che Giovanni aveva regalato a Dora più di dieci anni prima. Il santino, che pure dal fermaglio era custodito, non era riuscito a proteggerlo. O forse lo aveva consegnato a un nuovo destino.

6

Gioacchino Liviani, un nervoso testimone

Tre pagine. Una per ogni testimone. «Il terzo testimone è l'edicolante. Iniziamo da lui» aveva detto a un incredulo Roberto Molina, che assisteva all'inversione di ruoli tra fotografo e giornalista: Giovanni non solo decideva dove andare, ma sapeva dove stava la notizia e conosceva nomi che chi aveva il tesserino ignorava.

Molina era incuriosito dalla convinzione con cui si muoveva il fotografo. Lo pregava di non fargli fare brutte figure ma al tempo stesso sperava si sbagliasse. Sul giornalista gravava infatti un obbligo nei confronti di Binaschi, di cui aveva intascato i soldi: doveva continuare a tacere il nome del terzo testimone. Appena prima di uscire dalla pensione La Pace, Giovanni lo mise alla prova: «Perché non hai cercato chi fosse il testimone adulto, quello a cui aveva fatto riferimento Binaschi?»

«Proprio per pietà verso di lui: ci aveva implorato di non parlarne.»

Da quando in qua Molina si tirava indietro davanti a una notizia per pietà di qualcuno, soprattutto di un assassino che non sembrava meritare clemenza? Non fu per pietà che Giovanni glissò sull'immoralità del collega, quanto per l'urgenza di raggiungere l'edicola.

Erano le sei del mattino, Gioacchino Liviani stava sistemando delle locandine sulla porta, pronto ad aprire il negozio. Fuori era parcheggiata la sua 1500. Anni Cinquanta. Azzurra. Ogni volta che ne vedeva una, Giovanni pensava al suo incontro con Dora sulla Parrina. Questa aveva anche la stessa tappezzeria color avorio.

«Ecco il fotografo!» fece l'edicolante a Giovanni, sorridendo.

«Possiamo parlarle?» rispose lui con uno sguardo duro e al tempo stesso sfuggente, che mutò subito il tono di Liviani.

«Come vi posso aiutare?»

«Siamo qui per un articolo. Lui è Molina, l'inviato di *Tempi moderni*, lavoriamo insieme...» Solo quando si trovarono uno di fronte all'altro aggiunse: «Sono convinto che lei sia uno dei testimoni del caso Rambaldi.»

Inatteso e diretto, come sarebbe stata Dora. Con poche parole Giovanni mise all'angolo Liviani, che guardandosi intorno furtivamente suggerì loro di entrare. Quindi chiuse a chiave la porta dell'edicola. «Verranno altri giornalisti, prima o poi» fece Giovanni. «Le chiedo solo di permettermi di scattarle un ritratto e di rilasciare, se vuole, una dichiarazione al mio collega.»

Liviani reagì come un condannato a morte di fronte all'inesorabilità dell'esecuzione: «Va bene. Ma fatemi prima bere un bicchier d'acqua» disse appena prima di mandare giù un paio di sorsi.

Giovanni, intanto, ne approfittò per sistemare l'attrezzatura. Doveva essere rapido. Prese uno chassis vergine, aprì la volet, scoprì la pellicola, accartocciò, mise in tasca, inserì, inquadrò, aggiustò l'esposizione.

Mani sul bancone dell'edicola come un barista in attesa dell'ordine, sguardo preoccupato e alle spalle una fila di copertine di *Epoca* con la faccia di Sergio in primo piano. Giovanni scattò la foto.

Quando Liviani si sentì pronto per parlare iniziò ad accumulare frasi: «Il 5 luglio li ho visti nella faggeta. Era sera ma non era ancora buio... L'ho raccontato alla polizia. Erano Sergio e quella bestia, quel... Binaschi.»

«Cosa facevano?» chiese Molina.

Liviani era nervoso, fragile, incerto. Guardando altrove, sospirò: «Discutevano.»

«Perché non è intervenuto?»

A quel punto Liviani esplose con una voce potente che nelle ultime vocali sembrava anticipare un pianto: «Perché non erano affari miei!»

«Come può essere sicuro che fossero loro?» lo incalzò Molina.

«Binaschi pare uno straniero, un tedesco, un americano, non sembra di qui... Difficile sbagliarsi.»

Aggrappandosi alle informazioni fornite anche da Paride Mecocci sugli sporchi giri alla faggeta, Molina proseguì: «E come può essere certo che il ragazzino fosse Sergio e non uno dei tanti che si prostituiscono laggiù?»

Per Giovanni era chiaro che il giornalista volesse screditare il testimone. Stava per intervenire quando Molina tagliò corto: «E poi mi scusi, che ci faceva lei nella faggeta?»

«Sta forse insinuando che io... che io la frequenti magari... magari per...»

«Io non insinuo niente. Mi pare però che lei non sia molto preciso.»

Liviani prese a respirare come se avesse corso i cento metri. «Allora facciamo così: potrei non aver visto niente. Potrei anche essermi confuso!»

Giovanni era furioso. Molina aveva fatto chiudere a riccio il testimone. Quando se ne andarono, appena furono abbastanza distanti dall'edicola, esplose: «Io fotografo un testimone e tu lo porti a dire che non ha visto niente.»

«Un testimone forse in preda alle allucinazioni piacerà a Tolcani più di uno che ripete le stesse cose degli altri.»

«Le stesse cose degli altri? D'aver visto Binaschi lo dicono solo lui e un bambino...»

«No, lo dice la città intera che è stato Binaschi. Non l'ascolti la gente? Non te ne sei accorto?»

Forse era davvero una lezione di mestiere, ma per Giovanni l'unico scopo di Molina era mantenere un basso profilo sul testimone «adulto», e onorare così il patto di corruzione di cui il fotografo era venuto a conoscenza. Con nervosismo gli disse: «Continuo da solo.»

Quante storie, sembrò pensare Molina. Nonostante i tentativi di Binaschi di ingraziarselo, ora il giornalista aveva un nome da associare al testimone adulto e aveva anche delle dichiarazioni. Era troppo per far finta di niente con Tolcani. Raggiunse il bar per bere un caffè e buttare giù il pezzo da dettare al telefono. La sua parte era fatta, ora toccava a Giovanni fare il fenomeno con il resto delle pagine da riempire.

7

Paride, la faccia d'angelo più famosa d'Italia

Giovanni tornò in camera, prese il libretto degli assegni della redazione e fece chiamare un tassì, uno dei due di Ferso, disponibili solo d'estate. Gli faceva male la gamba, l'umidità maledetta che saliva dal lago. Si fece portare fino all'oratorio, dove interrogò un paio di ragazzini. «Paride Mecocci non sta mica qua a quest'ora... Forse sta a casa sua, a Murlo, oppure prova dietro il macello comunale. Va ad ammazza' i conigli.»

Lo trovò al capanno, dove andava chi aveva cacciagione e piccoli animali da uccidere e rivendere fuori dal mattatoio. Era insieme al cugino, un pacioccone che quando vide la macchina fotografica si alzò su a sistemarsi la camicia come per darsi un tono.

Paride aveva i capelli dorati che parevano un nido rovesciato: sopra erano piatti, lisci e disordinati, e tutt'intorno alla testa diventavano una corolla di ricci fitti, pronti a incamerare polvere e sudore. Dodici anni, minuto, proprio un bambino. Nonostante passasse l'estate a lavorare all'aperto aveva la pelle tutta un candore, tranne per le guance, arrossate dal caldo. Ampi zigomi, occhi azzurri all'orientale, naso e bocca piccoli lo rendevano particolarmente aggraziato.

Teneva un coniglio grigio per le zampe. Giovanni non ne sentiva uno piangere da quando faceva il buttero in

Maremma. Il verso era simile a quello di un maiale e insieme di un gatto in calore: acuto, straziante, insopportabile.

Gli chiese di potergli fare una foto in quanto testimone del caso Rambaldi. Il cugino mise su un sorriso pieno d'orgoglio.

«Per quale giornale?»

«*Tempi moderni.*»

«Me fai diventa' famoso?» fece Paride ridendo.

«Già lo sei...»

«Me paghi?»

«Non possiamo pagare... Non si paga la realtà» fece Giovanni con tono saggio.

«Però alcuni giornalisti m'hanno proposto soldi pe' 'na dichiarazione.»

«A me non interessano le dichiarazioni. Mi interessa la tua faccia.» Giovanni era convincente, pacato e asciutto: per la gamba sembrava solo un povero invalido, ma per lo sguardo poteva essere assimilato a un re. In ogni caso, meglio fare come chiedeva.

Quella faccia, la faccia di Paride, in bianco e nero, con alle spalle il mattatoio comunale, era così bella da colpire perfino Molina, che sul nuovo numero di *Tempi moderni* diede al ragazzo il soprannome di Faccia d'angelo, l'epiteto con cui il giovanissimo testimone sarebbe passato alle cronache.

Poi c'era Piero Lauri. Era stato notato nei pressi del lago con Sergio, ma i carabinieri avevano ritenuto che il testimone si sbagliasse sulla data. Poi lo aveva tirato in ballo lo stesso Paride, dopo la prima testimonianza: «Ho mentito, non stevo da solo alla faggeta, ce steva pure Piero quando Binaschi c'ha minacciato.» Giovanni fu indirizzato a lui da Paride. Piero assisteva gli acrobati del muro della morte. Al luna park.

8

Piero Lauri, il monarchico: «Se lo scrive la querelo»

In piena mattinata le giostre parevano abbandonate. Il sole alto di metà agosto, le luci spente, l'assenza di suoni facevano pensare a un duello nel deserto. Giovanni era accaldato, non si arrotolava le maniche della camicia solo per tenere lontane le zanzare che aggredivano a sciami. Così tante manco in Maremma prima delle bonifiche, pensava. La colpa era del lago, che portava a Ferso la nebbia tutti gli inverni e le zanzare tutte le estati.

All'ombra di una tenda indiana di cartone, zona Far West, un gruppo di giostrai stava cuocendo carne su un falò di fortuna. Poteva essere carne di nutria, tanto puzzava. Con un accento del Nord gli chiesero cosa stesse cercando. «Il muro della morte» fece Giovanni zoppicando, quasi ansimando. «Più avanti, a destra: pare una cisterna.»

Nascosto da enormi cactus di latta, un vialetto portava al margine occidentale del luna park. Un cartello segnalava che il tendone a forma di cilindro davanti a Giovanni era il muro della morte. Si trattava di un'attrazione temporanea, che faceva il giro d'Europa e ospitava anche motociclisti stranieri. Proprio perché provvisoria, si trovava vicino al parcheggio, quasi esterno all'area delle giostre. Il pubblico guardava lo spettacolo affacciandosi dal bordo superiore, che si raggiungeva con una scala.

Per Giovanni era troppo faticoso salire, quindi rimase

fuori ad aspettare mentre le moto rombavano mulinando sul perimetro verticale del cilindro. Quando le prove finirono, Piero Lauri fu il primo tra gli spettatori a scendere. Doveva aver sistemato bene la moto dell'acrobata perché era galvanizzato e per qualche istante si trascinò dietro il sorriso anche dopo che Giovanni lo aveva fermato per via del caso Rambaldi.

Lauri era stato tirato in ballo dall'amico Paride. Nel giorno della scomparsa, dicevano, erano insieme. Aveva sedici anni ma ne dimostrava almeno venti; non per le fattezze, ma per l'atteggiamento. Era sicuro di sé ai limiti della sfrontatezza. A Giovanni ricordava un po' se stesso di tanti anni prima.

Il fotografo non aveva davanti una personalità vulnerabile; non gli parve quindi di approfittare della fragilità di un ragazzino, né di invadere la sua intimità. Era incuriosito, e non si limitò a chiedere di potergli scattare una foto. Gli domandò della sua frequentazione della faggeta.

«Renato Binaschi lo conosco bene... Io e altri avemo avuto spesso a che fa' con lui, laggiù.»

«Perché vi prostituite...»

«Eh, che paroloni!... Offerta de servizi.» Aveva la risposta pronta. Era un ragazzo brillante.

«E che facevate quando lo avete visto con Sergio?»

«Gironzolavamo pe' la faggeta, erano le otto su per giù e avemo visto passa' Binaschi che teneva Sergio per un braccio, come a trascinallo.»

«Ma quando?»

«Proprio quando è scomparso... Lo stesso giorno.»

Era una novità. Finora Paride aveva parlato solo di Binaschi che il 10 luglio, cinque giorni dopo la scomparsa di Sergio, li aveva minacciati. Ora invece Lauri non solo ammetteva di aver visto Binaschi, ma di averlo visto il giorno della scomparsa e, per giunta, insieme a Sergio. Questo incontro cominciava a essere pieno di rivelazioni.

«E tu e Mecocci non l'avete fermato?»

«Ma no, lì per lì no, non c'è venuto. Non j'avemo dato peso. Poi però quanno du' giorni dopo è uscito fòri che Sergio era scomparso Binaschi m'ha fermato e m'ha proposto cinquemila lire pe' sta' zitto.»

Non solo i giornalisti, Binaschi cercava di corrompere anche i testimoni, gli stessi di cui aveva violato l'innocenza. Giovanni, che pure era un uomo smaliziato, era allibito dalla quantità di ombre che si accumulavano intorno all'imprenditore delle feste sul lago.

«L'hai detto alla polizia?»

«L'ho detto ai carabinieri.»

«E tu quei soldi non li hai accettati...»

«Ma no, che me ne faccio? Io so' un meccanico.» I soldi Lauri li faceva con i forestieri facoltosi e i motori con cui sfrecciavano tra le colline. «Mica sistemo solo le moto agli amici... Metto a posto le macchine de quelli che c'hanno le ville intorno al lago e anche de quelli che fanno 'i spettacoli qua dentro» fece Lauri indicando la struttura alle sue spalle.

Ma se non gli servivano i soldi, perché si prostituiva?

«Non so' un frocio, chiaro? Ma perché lo faccio so' affari mii...» disse Lauri, lasciando intendere che per lui comunque era una scelta, quasi un piacere, non un lavoro.

«Vero che t'hanno visto pure nei pressi del lago con Sergio... C'è qualcuno che può dire che nel pomeriggio di sabato 5 luglio tu ti trovavi qua a casa tua o che comunque non eri con lui?»

«Mancolpo! Giorgio m'è venuto a chiede' se c'avevo 'na vernice pel capanno.»

«Chi è Giorgio?»

«Giorgio Sacchi. Un amico.»

«E che va a caccia a luglio?!»

«Oh, ma chiedilo a lui, che voi da me! Nun ce vado a caccia. E comunque nun c'avevo quello che cercava!»

Giorgio Sacchi, che aveva confermato senza però ricordare l'orario, a caccia ci andava con il padre Ruggero Sacchi, che aveva rassicurato i carabinieri: era stato lui a dirgli di passare da Lauri perché gli serviva una vernice verde, visto che Lauri trafficava con le vernici per i suoi lavoretti sulle moto.

«E questa vernice ce l'avevi?»

«No.»

A quel punto chiese al fotografo una sigaretta e ascoltò la richiesta di farsi scattare una foto per *Tempi moderni*. Piero non era convinto. Giovanni spiegò che per diritto di cronaca lui avrebbe potuto fotografarlo comunque mentre faceva altro, rubando la sua immagine, quindi tanto valeva mettersi in posa. Lauri non se lo fece ripetere, cambiò repentinamente atteggiamento e diede persino indicazioni su dove voleva essere fotografato: «Vicino alle Guzzi.»

Era nel personaggio, un James Dean di provincia, scegliere uno sfondo del genere. Si sistemò i capelli con le mani sporche di olio del motore e, in canottiera, si lasciò fotografare.

Fatta. Giovanni aveva tutti i ritratti promessi a Tolcani.

Quindi Piero prese la camicia che teneva legata sui fianchi e la indossò. C'era attaccata una spilla. «E questo che cos'è?» fece Giovanni.

«So' monarchico. Quindi? Guardi che se lo scrive la querelo.» Lo disse non capendo bene che Giovanni fotografava, non scriveva; lo disse senza nervosismo, come fosse un dato inesorabile.

Era un comportamento insolito, che Giovanni sentiva di dover annotare nei propri appunti: il testimone Piero Lauri era un monarchico e, se della sua vita alla faggeta non faceva mistero, sulle sue idee politiche preferiva mantenere il silenzio.

Lauri salì su una motoretta che faceva un rombo da fuoristrada; Giovanni lo seguì con lo sguardo fino all'uscita laterale del luna park.

9

I fattacci avvengono per stupidità

Era stata una lunga giornata per Giovanni Pitorsi. Tre ritratti. Diverse informazioni. Andò all'Osteria della Mannaia a bere. Era l'unica aperta e aveva pochi clienti, tutti seduti al bancone. Da ragazzo quei posti erano i suoi preferiti. Era lì che raccoglieva le massime sulle donne e sulla vita. Ora ci andava solo per ubriacarsi, quindi per punirsi o premiarsi.

«Nun esce più nessuno. C'hanno tutti paura: i bambini e le donne soprattutto. E i maschi restano a casa a proteggeli» disse il ristoratore come a giustificare i tavoli vuoti.

«Io nun devo protegge' nessuno, e infatti guarda quanto campo bene!» fece uno alzando un bicchiere di vino come per celebrare se stesso.

«Tanto per me è stato Binaschi co' Lauri. Un pervertito e un traviato» commentò uno degli avventori.

«Ehhh!» alzò la voce un altro come a far capire che non gradiva sentire certe parole.

«Che ho detto mai? Manco avessi detto "frocio"!»

«Oh, ricordate che quasi sempre i fattacci avvengono per stupidità!»

«Binaschi, ma l'ha visto? Ha la faccia gelida. Si vede che sarebbe capace di tutto.»

«Binaschi somiglia in tutto a un mostro perché un mostro, quando vuoi vederlo, somiglia a tutti.»

Fu una frase degna del nome dell'osteria. Eppure questa mannaia non troncò la chiacchiera dei clienti.

«Sarà pacio, sarà 'n criminale, ma Lauri l'hanno riportato in caserma pure un'ora fa. E più che scemo lui mi pare tiri scemi tutti.»

Un tombarolo deve esse' veloce e notturno. Veloce e notturno. Ce l'hai presente un rapace? Ecco, quello. Il bere aveva portato a Giovanni un delirio di memoria e il desiderio di scoprire qualcosa, un'euforia che non ricordava dai tempi della Maremma.

Era mezzanotte. Pagò e si fece chiamare un tassì per Callalta. Veloce e notturno. Veloce, notturno. E silenzioso. Entrò nella chiesa adiacente alla caserma. La luce della luna illuminava il tabernacolo, il resto era un vuoto su cui splendeva qualche candela. Uno spazio non troppo solenne, ma un poco inquietante.

Giovanni sperava di sentire qualcosa dalla caserma adiacente. Si nascose in un confessionale, come a pararsi dal giudizio di Dio, che l'aveva visto entrare in casa sua per spiare altri.

Si addormentò per quindici, venti minuti. Fu svegliato dalla voce del colonnello comandante Guglielmo Santi che, oltre la parete della chiesa, sembrava avvicinarsi. Era furioso. Lauri aveva ritirato l'accusa ai danni di Binaschi. Il militare non aveva gradito questa inversione di marcia. Giovanni lo sentiva urlare. Sempre di più, sempre più vicino. Ma lui rimaneva immobile.

Santi irruppe in chiesa dalla porta che collegava alla caserma. Teneva Lauri per un orecchio. Il ragazzo, che pure non superava il metro e sessantacinque, era più alto di Santi. Pareva che il trascinato volasse come un fantasma lungo la navata.

Lo spinse e gli mollò una pedata sulla coscia. Sembrava una trottola sbilenca che quasi perde l'asse. Santi si ricompose, gli puntò il dito in faccia: «Questa roba sta diventando una bega per tutti. Il carcere ormai non te lo toglie nessuno... Levati il sorrisetto dalla faccia, schiarisciti le idee e mettiamo fine a queste corbellerie! A queste» scandì bene, «co-glio-ne-rie, anzi!» Lauri taceva.

«Adesso voglio vedere se anche qua dentro continui a dire bugie.» Sai che paura aveva Lauri di Dio... Il ragazzo fece cenno di aver capito l'ammonimento, ma il sorrisetto non se lo tolse. Si mise invece la mano sulla faccia, tenendo la testa bassa.

Arrivò anche il giudice istruttore Socrate Tamilia. Sperava che l'omicidio fosse avvenuto oltre la diga, nel Lazio, così sarebbe passato a un'altra procura.

Entrò in chiesa dimenticandosi del posto in cui si trovava. Tuonò: «Chiamarla confusione mi parrebbe un eufemismo, Lauri. Lei ha fatto un gran casino! Casino! Ha tirato in ballo anche suo padre! Che sta imbarcato da mesi su una nave mercantile! Lo dico in termini che suonano più vicini al suo linguaggio... Magari così capisce meglio! Rischia l'imputazione per omicidio, occultamento di cadavere e, chissà, persino un'incriminazione per aver accusato Binaschi di un reato che in realtà non ha commesso. Lo capisce?»

Santi era nervosissimo. In nessun modo voleva che la pista su Binaschi fosse abbandonata, e infatti intervenne: «Lauri, ci dica in che modo Renato Binaschi ha ucciso Sergio.»

Tamilia alzò ancora di più la voce: «No! Ci dica cos'ha combinato lei il 5 luglio.»

Lauri prese fiato e sorrise: «Quel giorno stavo con Paride Mecocci all'oratorio...»

«Dove?»

«A Ferso.»

«A che ora?»

«Nel pomeriggio... Boh... Saranno state le tre, le quattro... A un certo punto è arrivato Sergio e poi siamo andati alla diga, poi al luna park, poi in faggeta...» Descriveva scene, poi ci ritornava sopra, cambiava non solo i dettagli ma anche i fatti.

Giovanni, che intanto ascoltava, era allibito: un bugiardo incallito come Piero Lauri frullava nomi, luoghi e azioni in modo stupefacente. Avevano ragione all'osteria: stava prendendo in giro tutti, da ore. Giovanni, che d'immaginazione s'intendeva, ne era quasi ammirato. Poi all'improvviso il ragazzo scoppiò in lacrime. Non aveva idea che avrebbe dovuto chiamare un avvocato, ma stava per chiedere di avere almeno la mamma al suo fianco. Sembrava un altro.

L'irriverenza del suo tono vispo era cancellata dalla stanchezza e da un senso di apparente disperazione. Implorava Santi e Tamilia di considerare una nuova versione: all'oratorio, Paride aveva avvicinato Sergio, poi tutti insieme erano andati alla spiaggetta e lì avevano litigato fino ad alzare le mani e a ucciderlo. Si stava autoaccusando. Se c'era Binaschi oppure no, però, non lo ricordava. Il giudice emise un verso di rabbia. L'altro, che preferiva credere a un ruolo di primo piano per l'adulto depravato, stava zitto.

Quando nella chiesa tornò il silenzio, Giovanni uscì.

Cabina del telefono. Tassì. Pensione.

Rubò un amaro. Era euforico. Ancora ubriaco.

Uscì di nuovo.

Elenco telefonico e indirizzo.

Arrivò sotto la casa del sindaco. Voleva raccontare a Dora l'avventura che aveva appena vissuto, voleva investigare con lei, fare qualcosa di buono insieme, qualcosa di buono come quando andavano in giro per la Maremma a fare le foto. Si ricordava di quei giorni come se non ce ne fossero stati altri in mezzo. E lei? Come poteva averli dimenticati?

Da un lato la casa aveva un giardino cinto dalle siepi. Scese lungo un vicolo e si ritrovò sotto un muraglione. Guardando in alto si vedevano quelle che di certo dovevano essere le finestre della camera di Dora. E di un altro. Ma non importava.

Dai, affacciati. Dai, affacciati. Se ti affacci mi arrampico anche se ho una gamba ridotta male, butto dalla finestra quello là, ti porto via. Oppure entro dal giardino, sbatto il portone in faccia a quello là e andiamo sulla torre, in cima a questa città. Torniamo a essere etruschi, medievali, ottocenteschi. A essere tutto.

Qualche civetta, molte zanzare. Nessuno, però, si affacciava. Lui lanciò qualche sasso contro il muro, sperando di svegliarla.

Niente.

Giovanni tornò in albergo. Notturno, un po' meno veloce.

10

«Loro non sanno quello che fanno»

Quando a Piero Lauri i giornalisti chiesero se non gli fosse venuta un po' di compassione con tutte le bugie che aveva detto, rispose: «A me sinceramente no. E alla fine poi Sergio era già morto. Anche se si fosse detto prima come stavano le cose, non è che resuscitava!»

Da psichiatra, Angelo Pent non giudicava, cercava di comprendere. A certe età il cervello non capisce le conseguenze delle proprie azioni, e per questo agisce con una foga libera dalle preoccupazioni.

Da politico, invece, giudicava se stesso. Si chiedeva cos'avesse sbagliato, se avessero ragione tutti quei cittadini – sempre di più – che gli attribuivano responsabilità per la morte di Sergio concludendo che la barbarie fosse una conseguenza delle sue scelte amministrative.

Da uomo, infine, condannava chi gli si metteva contro. Soprattutto la sera, quando tutte le domande rimaste aperte facevano affiorare le paure, passava in rassegna la schiera ingrossata dei nemici.

I presunti assassini che sommavano al crimine le menzogne.

Quelli che per spiegarsi il male avevano bisogno di attribuire colpe.

Gli avversari politici, per lo sciacallaggio che avevano messo in atto.

Gli elettori, per la loro ingenuità.

Dora, perché non volendosi sposare aggravava le sfocature della sua immagine.

Angelo Pent si voltò a guardare la fidanzata che se ne stava lì, in piedi, con la borsetta in mano, sulla porta del suo ufficio. Erano le undici di sera del 23 agosto. Lo stava aspettando per portarlo a casa.

Il sindaco prese i quotidiani tra le mani e le disse: «Chiamano qua tutti i giorni, sperano sempre che abbia qualcosa da dire. Perché questa ossessione? Cos'hanno in testa i giornalisti? Che razza di gente è?»

Era uno sfogo generico, ma Dora si sentì improvvisamente chiamata in causa, come se ci fosse una corrispondenza di colpe. «Angelo, per paura di ferirti non ti ho detto che io conosco uno di loro. Il fotografo di *Tempi moderni*...»

«Quello... claudicante?»

Claudicante. Era sempre accurato nella scelta delle parole.

«Giovanni Pitorsi, sì.»

«E perché avrebbe dovuto ferirmi?»

«Perché è con lui che sono stata prima di conoscerti.»

«E vi siete visti di nuovo?»

«Ci ho parlato al Porticciolo.»

Angelo finalmente si alzò come per prepararsi a uscire. Diede per scontato che quella confidenza fosse dovuta a un senso di colpa: per non aver condiviso subito una parte della propria vita, anche se riguardava il passato? o perché quel passato era ancora presente? Non importava. «In un matrimonio s'impara a convivere con i sensi di colpa.»

«Un matrimonio», uscì detto così ad Angelo, anche se il loro non era un matrimonio. La confidenza per lui era superflua. Quindi, avvicinandosi alla porta, tornò a quello che gli interessava: se stesso. «L'anno prossimo ci sono le prime elezioni dei consigli regionali. Se non ci si dimentica in fretta di questa storia la mia carriera può finire.»

«Hanno preso Binaschi!»

Dora sentì quelle parole mentre si preparava a uscire dalla biblioteca. Quando nel laboratorio il caldo inumidito dal lago si faceva insopportabile e non doveva incontrare clienti, passava il tempo lì, in assoluto silenzio, disegnando vestiti e leggendo libri. Da quell'isolamento tirava fuori idee ispirate, dalla consuetudine distillava laboriosità. Dora cercava di dimenticare Ferso, la tragedia di Sergio, la presenza di Giovanni. Ma il caso Rambaldi era sulla bocca e nella testa di chiunque. E arrivava fin là.

Quelle parole irruppero contro la quiete di quegli spazi e finirono anche addosso a lei. Era stato il giardiniere del parco a pronunciarle. Con gli occhi spiritati e una vecchia forca in mano ripeteva: «L'hanno preso!» Lo diceva come se stesse parlando di un fuggitivo: Binaschi rimbalzava da settimane tra le case in cui era sorvegliato, il carcere e le caserme di polizia e carabinieri. Faceva la spola al ritmo delle accuse e delle ritrattazioni dei testimoni.

Ultimamente le testimonianze vorticavano intorno al caso. Lauri all'improvviso si ricordava che Binaschi era presente sulla scena dell'omicidio. Un compagno arrivava in caserma e confermava ma spostava i fatti dalla spiaggetta al luna park. Ne compariva un altro che eliminava dalla scena Lauri e teneva solo Binaschi. Dov'era la notizia se uno di quei ragazzini aveva tirato fuori il suo nome per l'ennesima volta?

Eppure c'era chi in biblioteca si mise le mani davanti alla bocca, sussultando.

Dora uscì. Voleva tornare a casa. Angelo, risucchiato dalle ripercussioni di quel caso, cenava sempre meno spesso con lei, e quando c'era era distratto. Tra loro si precisava l'idea che, in una coppia, la solitudine si nutre di una sottile, reciproca indifferenza.

Dora s'incamminò con l'idea di mangiare qualcosa velocemente, dire una preghiera per Sergio, dormire. Ma quando fu in cima alle scale sopra la fontana barocca, sentì gridare di nuovo. Era un gruppo di persone. Uomini e donne di ogni tipo, che Dora conosceva almeno di vista.

C'era anche il marito di Eliana, una delle frequentatrici più assidue del suo laboratorio: «Forse è la volta bona che mettono dentro quello schifo d'omo!»

Anche loro parlavano di Binaschi. In città, come nel resto d'Italia, non c'erano dubbi su chi fosse davvero il colpevole. Sergio meritava giustizia, «... e l'avrà solo se quello finisce in prigione e buttano la chiave!»

Camminavano tutti nella stessa direzione. Dora li seguì, incuriosita. Nella vita di tutti loro c'era un amore, un dispiacere, una gioia, un fallimento, eppure quella storia e la caccia al colpevole erano diventati un'ossessione collettiva. La soddisfazione risiedeva nell'accusa prima ancora che nella condanna.

Il gruppo era diretto fuori dalle mura, verso via Tasso, sotto la casa della suocera di Binaschi. Era un appartamento in una palazzina di cinque piani di nuova costruzione, un edificio da fare invidia a chi viveva nelle campagne o nelle case medievali del centro di Ferso.

Renato Binaschi, nuovamente tirato in ballo da Lauri e Mecocci e collocato sulla scena dell'omicidio, ci viveva però nel tormento. Nessuno lo aveva «preso», come aveva detto il giardiniere. Stava solo aspettando di essere portato via, come già era successo altre volte senza destare tutto quel clamore. Sebbene trascorresse le ore tra le mura di una casa accogliente, dove la suocera lo trattava come un figlio, lui aveva un ultimo bisogno: l'oblio. Desiderava quello che in nessun modo poteva ottenere, ovvero essere dimenticato.

Con una parata di mezzi che spandevano luci e rumori, i carabinieri arrivarono sotto la palazzina almeno un paio d'ore prima che Binaschi fosse portato fuori. La fanfara e poi l'attesa avevano permesso a un centinaio di cittadini di radunarsi in strada. Erano le otto di sera, si stava facendo notte. La tensione della folla, che si stava ingrossando, si scaricava in piccoli boati e fischi.

Giovanni si trovava come sempre in una posizione privilegiata per scattare una foto a Binaschi: vicino all'ingresso della casa, in piedi sopra una cassa. Era stabile ma, con diffidenza per la propria gamba, faceva movimenti minimi.

Vide Dora appoggiata a una parete, a pochi passi dalla folla. Era sola. Elegante, in un vestito smanicato. Teneva la schiena contro il muro e un libro faceva capolino dalla borsa. Si guardava la punta delle scarpe, forse chiedendosi cosa davvero stesse facendo là. Giovanni aveva il cuore impazzito. Gli sembrava addirittura che lei portasse le scarpe rosse con cui si era presentata a notte fonda sulla piana di Roselle. Come la notte precedente, smaniava per poterla almeno salutare. Ma lei non lo vedeva. Non si voltava.

Intorno alle nove Renato Binaschi uscì dal portone insieme a sei carabinieri. A testa bassa, si proteggeva il volto con un giornale, le mani ammanettate. Per un istante Dora intravide i suoi lineamenti, si ricordò di cosa volesse dire sentirsi in trappola. Ripensò ai giorni in cui pensava a una corda, la vedeva sulle travi, sull'armadio, sul letto. Ci si vedeva appesa. E desiderava averne una vera per farla finita. Poi aveva capito che vedeva quello che già sentiva. Erano l'infelicità, le sue preoccupazioni, la mancanza di chi amava a darle l'impressione di soffocare.

I carabinieri riuscirono a far salire Binaschi sulla gazzella, che venne subito circondata da una decina di persone. Una raffica di pugni sul vetro posteriore dell'auto rintronò nell'abitacolo. La folla stava impazzendo. Urlava. Alcuni si facevano spazio spingendo gli altri. Dora aveva paura. Il gruppo sembrava posseduto, mosso da una forza più grande di quella di ognuno.

Una signora dall'aria ordinata e borghese urlò: «A morte!»

Un coro scomposto lo ripeté: «A morte!»

Un anziano, trasfigurando la propria fragilità in una mossa agile e aggressiva, si sdraiò sul cofano. Altri tentavano di strappare gli specchietti. Uno spinse via l'anziano e cercò di raggiungere il tettuccio per aggrapparsi alla sirena.

«Assassino!», «Maiale!», «Schifoso!», «Buttate la chiave! Buttate la chiave!».

Era un tentativo di linciaggio. Era un delirio. Nessuno era felice. Forse, si disse Dora, era proprio quello il male: un'assillante indignazione in cui ognuno imitava il dito puntato del vicino senza sapere più di chi fosse stato il primo. Senza sapere neanche quale fosse il proprio vero pensiero o desiderio. Distogliersi da sé, seguire una voce altrui, disgregante e insieme votata al conformismo.

Dora strinse la borsetta, pregò sant'Eurosia. Voleva liberarsi della folla, ma le sembrò che nel frattempo fosse raddoppiata. Tutte le teste ora le apparivano uguali, cupe, sotto un cielo violaceo. Si sentiva tremare le gambe, si sentiva svenire. In quel momento un uomo con dei guanti le afferrò il braccio.

Una stoffa unica: seta? pelle? gomma? L'aveva vista anni prima, sul lungolago, davanti all'Hotel Royal, quando qualcuno le aveva dato un volantino, uno di quelli dei Comitati di salute pubblica. L'aveva vista anche in un incubo:

La colpa è la mia che sono
e sono ovunque.
Ma anche se sono,
arrivo ogni volta.
Io sono per arrivare.
E arrivo per dividere.

Lui lasciò la presa, Dora sentì un sibilo che in pochi secondi annullò il rumore di tutte quelle anime che, grazie a una pietra scagliata, finalmente si liberavano. Cercò il volto di quell'uomo, vide saettare delle pupille d'argento e, appena prima che lui scomparisse tra la folla, ebbe la sensazione di aver incontrato il diavolo.

Giovanni, dall'alto, aveva l'impressione di dominare la scena. Eppure aveva perso di vista Dora. Non la ritrovò. Il fotografo riuscì però a fare uno scatto a Binaschi: era magrissimo, cercava di stare lontano dal finestrino come per paura che qualcuno riuscisse a spaccarlo. L'auto riuscì a partire, diretta a Perugia per un nuovo interrogatorio di un nuovo magistrato.

Il fotografo scese dalla sua postazione.

La folla adesso si era spostata di una decina di metri, accennando a seguire una macchina che in realtà era ormai lontana. Via via che il gruppo si disperdeva, la furia scemava e la vita di sempre tornava ad avere la precedenza. Se dietro a quella storia c'era il diavolo, l'accusatore, il signore della volontà traviata, della violenza e della divisione, in quella notte il diavolo aveva raggiunto il proprio obiettivo.

11

Voci su dettagli osceni: il sindaco è coinvolto

Renato Binaschi fu interrogato dal nuovo magistrato. Per ragioni di salute, il giudice Tamilia venne infatti sostituito da Curzio Monaldi. A Perugia di lui si raccontava che fosse andato in guerra con i libri e fosse tornato dal fronte orientale a piedi, dopo esserseli fasciati con le pagine del *Codex Iustinianus*. Conosceva la legge, ma non era un genio.

A vederlo, si sarebbe detto che era un mugolone: la fronte bassa, lo sguardo che pendeva dietro le palpebre ferme a mezz'asta, il labbro inferiore sporgente verso il mento, come se il viso stesse cominciando a sciogliersi.

Chi lo conosceva da tempo, come un consigliere comunale di Ferso e un paio di medici colleghi di Pent, ad Angelo aveva raccontato che il nuovo giudice era simpatico, «forse un po' pecione, ma sorprendentemente è pure un gran giocatore di scacchi!». Di sicuro, Monaldi non amava i giornalisti. Non rilasciava dichiarazioni, e tanto meno interviste.

Il proprietario del Porticciolo, su cui gravavano accuse di complicità, fu rimandato a casa la mattina successiva. Di nuovo, nulla di consistente, né decisivo. Ben sette amici di Piero Lauri si presentarono quindi alla procura per raccontare le confidenze dell'amico sull'omicidio e confermare la sua versione, qualunque fosse. Erano tutti ragazzini nati da famiglie povere, con scarse possibilità di riscatto e atteggiamenti spregiudicati. Alcuni pretendevano di firmare la deposizione con i propri soprannomi, degni di un fumetto: il Ramingo, l'Intrepido, l'Arcinemico.

Tutti nominavano le solite cose. Di nuovo la faggeta. Di nuovo Sergio adescato. Di nuovo Renato Binaschi assassino. Sulle versioni di Lauri che prevedevano delle autoaccuse facevano piombare dettagli e contro-testimonianze che facevano pensare alla mitomania del ragazzo. Ma Monaldi non vedeva un mitomane, vedeva qualcuno di scaltro e insieme fuori di sé.

Intanto al proprietario del Porticciolo era stato suggerito di farsi curare con gli elettroshock. «Un rimedio per le sue perversioni» scrissero sui giornali. Dora pregò Angelo di parlare con i suoi avvocati, di risparmiargli quella pratica. Ma veniva sottoposto a sedute sia dentro sia fuori il carcere.

Dopo una settimana di quasi totale digiuno, era stremato. Si raccontava, al bar sulla piazza dove Angelo Pent non faceva più colazione, che avesse detto: «Non voglio morire ma mi pesa tanto vivere.» A stento lo si riconosceva.

Nel frattempo il sindaco aveva ricevuto una telefonata dalla procura e si era dovuto presentare dal nuovo magistrato.

Quando Angelo tornò a casa, alle sette di sera, Dora stava studiando dei cartamodelli. Era visibilmente nervoso: «Tale Marcello Madia ha fatto il mio nome. Insieme a Paride Mecocci, il ragazzino.» I due avevano però una storia nuova.

Dora alzò la testa dai fogli, pensava di aver capito male. «Chi sarebbe Marcello Madia?»

«Un amico di Mecocci e Lauri, un becchino.»

Dora spalancò gli occhi.

«Dice che io, Pontremoli, altri socialisti e comunisti

facciamo festini... Orge con ragazzini, nella villa di Binaschi. Dice che anch'io avrei avuto rapporti con un paio di loro. Che Binaschi chiese un nuovo ragazzino, cioè Sergio, proprio per me... Dettagli osceni.»

«E tu cosa gli hai detto?»

«La verità: che Paride non sopporta di essere chiamato dalla stampa "Faccia d'angelo"; è un bullo piccolo in un gruppo di bulli più grandi di lui, e per questo alza la posta. Gli ho detto che possono perquisire casa nostra quando vogliono, li aspetteremo e gli permetteremo di toccare e cercare ovunque.»

«Ma tu pensi che Pontremoli e gli altri potrebbero davvero averli incontrati in circostanze del genere?»

Angelo non conosceva la vita intima dei suoi compagni di partito, ma quell'ipotesi gli pareva fuori dal mondo: «Dora, credo di sapermi fare un'idea di chi ho intorno! In nessun modo penserei che siano i pedofili che va descrivendo quel perdigiorno. Se mi sbagliassi dovrei mettermi in discussione sia come sindaco sia come esperto della mente umana! Non credi?»

Angelo era luminoso e furioso al tempo stesso. Era come se la calunnia che gli era piombata addosso avesse finalmente interrotto per qualche ora un'attesa agonizzante che per giorni lo aveva fatto stare rintanato in ufficio fino a notte fonda. Dora tentò d'abbracciarlo, ma lui scattò come per divincolarsi. Continuava a parlare e diventava paranoico: «Forse ci stanno spiando... I carabinieri vorranno accertarsi che non portiamo via nulla prima della perquisizione. Di sicuro metteranno anche delle cimici. Sempre che non le abbiano già messe.»

12

Perquisizioni e giornalisti invadenti

La perquisizione iniziò alle sette del 4 settembre. Angelo e Dora furono invitati a trovarsi un posto in cui aspettare. Lui rimase in cucina, dove occasionalmente scambiava qualche parola con i carabinieri. Lei a metà mattinata uscì in veranda. La casa del sindaco, affacciata a est, a quell'ora era illuminata da una luce piena.

Il piccolo giardino, un pezzetto di natura sopravvissuta a costruzioni e distruzioni millenarie, era addossato alla parete di un palazzo rinascimentale, protetto su un lato dal muro e dalle edere e sull'altro da un cancello che si incardinava al fianco della casa.

La vista si apriva oltre un parapetto di cemento, lungo il quarto lato del giardino: in lontananza si scorgevano le colline verdeggianti, e poi alture che cedevano al tufo increspandosi in aridi calanchi. Dora guardò rapidamente il panorama, che ogni volta la stupiva. In quell'istante, essendosi avvicinata al parapetto, riuscì a sentire le parole di un giornalista che stava dettando a un praticante le notizie da riportare in redazione: «... poi esiste una Ferso promiscua, quella dei locali, della faggeta, degli incontri proibiti. Il sindaco ha sbagliato a non capire quanto inquietasse la morale dei suoi cittadini. È solo questa la sua colpa? O è vero quello che si comincia a raccontare sul suo conto? Un adescatore, un lussurioso, un pervertito...»

«Non lo è» disse lei dall'alto.

«Mi scusi?» Il giornalista teneva la mano sulla fronte per proteggere lo sguardo dal sole. Era un inviato speciale di *Buongiorno Italia*.

«Non è un adescatore, un lussurioso, un pervertito. Quindi non dovrebbe scriverlo.»

«Lei è la fidanzata, giusto? Le andrebbe di fare una dichiarazione?»

«No.»

«Be', potrebbe essere lei a dirmi che Angelo Pent non è tutto questo...»

Così un fatto veniva ridotto a un'opinione di parte: «Se ne vada altrove a dar sfoggio di miserie!»

Il giornalista sembrava divertito dall'energia verbale della giovane donna, che nel frattempo se n'era andata.

Rientrata in casa, Dora assistette al passaggio della carovana di carabinieri che uscivano in silenzio: alcuni, a testa bassa, offrivano strette di mano e sguardi che quasi cercavano il perdono del sindaco; altri nel contegno formale nascondevano la stizza. Portarono via due casse di oggetti. Tra questi c'era la borsa da lavoro di Angelo. Una valigia a mano, in cuoio, ampia, con grandi scompartimenti. La sua di sempre.

Dentro, in una tasca, c'erano ancora le siringhe messe lì anni prima da Dora. Lo aveva fatto dopo una discussione, per provocarlo, non tollerando più il suo eccesso di zelo. Sebbene si occupasse di nuove strutture e organizzazioni, più che di pazienti, Angelo Pent era pur sempre un medico; non c'era da stupirsi che avesse delle siringhe in una borsa. Ma erano esattamente le siringhe che Curzio Monaldi aveva mandato a cercare, perché erano il perno di un'altra storia possibile.

13

Un uomo aggressivo non è un buon compagno

Carta da parati arancione, una boiserie di legno scuro, quattro tavolini. Giovanni faceva colazione in una trattoria a pochi passi dalla pensione La Pace, dove la proprietaria per poche lire offriva torte, pane e marmellata e caffè. Alle otto lui era l'unico in stanza, si sentiva l'odore dei soffritti e degli arrosti preparati per la giornata. La radio sopra una credenza era accesa:

> Buongiorno, Italia,
> in questo caldo venerdì d'agosto Gabriella Nanni vi porta a Ferso, dove si delinea uno scenario sempre più inquietante. Festini. Balletti verdi. Incontri che coinvolgono il sindaco socialista della città Angelo Pent, il presidente dell'Azienda di soggiorno Paolo Pontremoli e almeno tre esponenti delle sinistre locali.

Giovanni, con la tazzina in mano, si avvicinò all'apparecchio: «Le dispiace se alzo?»

La proprietaria rispose dalla cucina: «Fate pure, fate pure!»

> I dettagli sono raccapriccianti. Sia Paride Mecocci sia un nuovo testimone, Marcello Madia, hanno raccontato che una sera, durante uno di questi incontri in villa, un ragaz-

zo si sarebbe sentito male. Fortunatamente il sindaco, che è anche medico, aveva con sé delle siringhe, probabilmente usate anche per somministrare eroina, e una sostanza, forse il naloxone, con cui lo avrebbe fatto rinvenire. Proprio all'atto dell'improvvisata rianimazione, il Mecocci avrebbe visto che estraeva la siringa da una «sacca», dice lui. Da intendersi come una valigetta, presumibilmente. Stando a quanto raccontano i due testimoni, Pent portava con sé certi strumenti proprio per questa evenienza. Il sindaco si difende. Sentiamo lo scambio raccolto dai nostri inviati a Ferso:
«Come si chiama?»
«Chi?»
«Il ragazzo a cui avremmo somministrato la droga e che poi io avrei fatto rinvenire.»
«Questo non si sa.»
«Certamente non si sa. Perché non esiste. Come non esiste l'eroina. Come non esiste il naloxone. Come non esiste quel festino. Come di sicuro non esiste un qualsiasi festino in cui magari avremmo ucciso il povero Sergio! Sono badolade! Lo capisce? Sono cretinate! Cretinate pericolose!»
«Ma nella perquisizione hanno trovato le siringhe nella sua valigia!»
«Sono un medico!»

Un uomo aggressivo. Ecco l'idea che Giovanni si fece di Angelo Pent ascoltandolo alla radio. Finalmente Angelo Pent poteva essere messo fuori gioco. Da Milano chiedevano foto dei protagonisti della nuova svolta. Giovanni non vedeva l'ora di fornirle. Dalla pensione La Pace al palazzo comunale erano appena cinquecento metri, e lui li percorse immaginando come avrebbe fronteggiato quello che più che un pederasta considerava un rivale in amore.

Doveva fingere di non sapere che fosse l'uomo di Dora.

Non voleva essere ipocrita, ma temeva che un vago senso di colpa lo avrebbe portato a compensare con un eccesso di cordialità, oppure lo avrebbe indotto a sottrarsi.

In nessun modo doveva apparire un vile: ai propri occhi e a quelli di Angelo Pent. Si sarebbe presentato senza stringere la mano, avrebbe tenuto un atteggiamento professionale e distaccato. E se Angelo fosse già stato al corrente del suo legame con Dora? Se lo avesse affrontato mosso dalla gelosia? Non cambiava nulla: Giovanni doveva esibire sicurezza.

Quando arrivò in Comune, però, il sindaco non era disponibile. Per nessuno, precisò la segretaria. Era appena iniziato un consiglio a porte chiuse. Da mesi la giunta Pent aveva una maggioranza traballante. Lo scandalo aveva aumentato le tensioni con l'opposizione conservatrice e democristiana e il malcontento dei socialdemocratici, alimentato da un'opinione pubblica innervosita dallo scandalo.

Il giornalista Filiberto Tartaglione, alto e cascante, la voce fessa e un accento locale, già annoiato alle nove di mattina, gli disse indicando la porta della sala del consiglio: «Se sta a cerca' ta Pent è sicuro che non esce pe' i prossimi du' giorni. E quanno esce non sarà più sindaco.»

«Ma gli devo fare giusto una foto...»

«E che te devo di'? Forze lo trovi a pranzo, ma de solito scappa 'nto l'ufficio suo... Non riceve nessuno da giorni. Non vole sape' niente dei giornalisti.»

Di fronte alla parlata ruvida di Tartaglione, che non tentava di camuffare gli spigoli della provincia, Giovanni si sentì sradicato, lontanissimo dalla propria origine.

«Sono solo un fotografo.»

«Peggio ancora! Comunque se te serve giusto una foto va' all'archivio, sotto alla biblioteca, che c'è il facciario dell'amministrazione...»

«Mi serve una foto da reportage, lavoro per un rotocalco...»

Il cronista accennò un sorriso: «Bon per te. Ma mi sa che più de qualche foto scattata da n'altro non trovi.»

Il cielo di fine estate era una campitura piena, azzurra, senza nuvole. L'archivio e la biblioteca, la stessa frequentata da Dora, si trovavano al di là di un giardino seicentesco, ordinato in aiuole geometriche e circondato da alberi monumentali. Giovanni doveva scendere una scalinata che sovrastava la «grande cascata», una fontana alta dodici metri che faceva da tenda alla statua barocca di Dioniso.

L'intero giardino tra i palazzi comunali e l'archivio era pieno di statue nascoste o mimetizzate in mezzo a piante, muschi e giochi d'acqua. Quando fu a metà della scalinata, Giovanni poté scorgere la passerella che conduceva all'ingresso della biblioteca. Senza sapere che Dora trascorreva lì le mattinate, immaginò di vederla seduta sul muretto, accanto alla statua del satiro coperta dall'edera. L'avrebbe guardata e avrebbe nuovamente constatato di non essere stato furbo a respingerla, dieci anni prima.

Dora era molto più avvenente di qualsiasi donna avesse mai avuto. Era giusto che stesse con un uomo di potere, perché una bellezza simile doveva stare tra allori e corone, in alto, là dove tutti potevano vederla. Doveva stare in un posto che lei di certo avrebbe potuto conquistare anche da sola. E da sola magari sarebbe rimasta adesso che l'irreprensibile Angelo Pent sembrava destinato al carcere.

A quel punto poteva farsi di nuovo avanti Giovanni Pitorsi, il buttero, il tombarolo, il fotografo zoppo? Lei lo avrebbe ancora voluto? Era davvero meschino augurare l'ergastolo a qualcuno? Di certo era vigliacco: la conquista, pensò, dovrebbe richiedere una strategia migliore che aspettare sulla riva il cadavere dell'avversario.

Danzando disallineati nel tempo, ancora una volta Giovanni e Dora non riuscivano a incontrarsi. Quando lui era in giardino, lei si trovava in laboratorio; quando lui era in archivio, lei era impegnata con la contabilità; quando lui usciva con in tasca le foto di Pent e Pontremoli, lei lasciava il portone del palazzo alle proprie spalle.

Arrivata al giardino, Dora non si fermò a leggere vicino al satiro, ma entrò in biblioteca e lì disegnò una gonna gialla. Gialla come la fibbia sull'imbracatura di Giovanni, gialla come la luna calpestata di luglio, gialla come l'elicriso. Giovanni intanto era già alla pensione, con ancora in testa l'immagine di Dora seduta su un muretto.

I loro passi tracciavano un disegno perfettamente accidentale in uno spazio tormentato, quello di una cittadina dove uomini e donne accusavano, avevano paura, crollavano.

14

La fine di Renato Binaschi

A inizio settembre del 1969 crollò anche Renato Binaschi. In poche settimane e nonostante gli iniziali tentativi di contenere le notizie, il suo nome era conosciuto quanto quello di Sergio Rambaldi, la vittima. Sebbene nella sua vita non avesse fatto della rettitudine la prima regola, la sua immagine ormai era distrutta. Non tanto quella professionale, mondana, di gran maestro degli svaghi, quanto quella di maschio ambito dalle donne e invidiato dagli uomini che in un locale brindano alla vita. Renato Binaschi forse non era un assassino, ma di certo frequentava la faggeta: lo aveva testimoniato persino un cittadino modesto e rispettabile come Gioacchino Liviani.

I soldi non bastavano più a zittire i cronisti, in un modo o nell'altro gli articoli continuavano a uscire. L'Italia non smetteva di interessarsi avidamente al caso. Ogni giorno Renato Binaschi riceveva telefonate minatorie; veniva insultato con lettere anonime e viveva nel terrore di essere aggredito.

La moglie, umiliata dall'esposizione dell'intimità del marito e spaventata dal clima creatosi intorno alla famiglia, decise di tornare a Roma insieme alle figlie. Rilasciava però interviste, difendendolo. Lui invece restava a disposizione di polizia e carabinieri. Aveva lasciato la villa sul lago, sulla costa opposta al Porticciolo, e viveva rinchiuso a casa della suocera, alle porte di Ferso, dove pochi giorni prima era stato quasi linciato. La donna lo assisteva oltre qualsiasi giudizio morale.

Renato Binaschi era provato: aveva avuto un esaurimento nervoso, che dopo il primo interrogatorio era stato certificato con tanto di cartella clinica, poi sequestrata dai carabinieri. Viveva in una cameretta degli ospiti, irrequieto, ma non come un animale appena gettato in gabbia che non smette di lottare per uscire; semmai rintanato e nascosto come un cane che cerca il posto per morire. Prendeva sonniferi per dormire il più possibile, per cercare di dimenticare notizie che continuavano a stanarlo.

La governante puliva la cameretta. La finestra era aperta, lui aspettò in corridoio, seduto in silenzio mentre la suocera gli portava caffè e crostata sperando di farlo mangiare. Attraverso la finestra aperta arrivava dal piano superiore la voce a tutto volume del radiogiornale. Era un approfondimento sul caso di cronaca più famoso dai tempi di Wilma Montesi.

La suocera ordinò alla donna di servizio di chiudere la finestra. Binaschi la pregò di non farlo e di lasciarlo solo ora che la camera era stata pulita. Dalla radio si sentiva un commentatore: «Se è innocente perché continuare a interrogarlo?» La domanda era l'eco di tutti i suoi patimenti. Il giudizio del mondo intero gli sembrava ormai un supplizio meritato: Renato Binaschi aveva colpe imperdonabili.

Colpe che aveva nascosto in un posto così remoto da poterle ignorare per anni, fino a convincersi che non esistessero. Ora però quelle colpe tornavano in superficie una dopo l'altra, come il ricordo di una preghiera imparata a memoria da bambino e mai più pronunciata.

Perdonami, se ho finto di essere un buon padre, ho mentito a mia moglie, ho oltraggiato la famiglia.

Perdonami, se ho desiderato i corpi di tanti giovani maschi.

Perdonami, se ho avuto le loro bocche, ho toccato le loro mani, ho pagato per la loro pelle.

Perdonami, se mi sono perso dove le tue leggi non esistono.

Perdonami, se anche adesso, nella litania dei miei peccati, il più grave continua a sembrarmi quello di non essere riuscito ad amare.

Anche se non aveva mai visto Sergio, anche se non l'aveva mai sfiorato, Renato Binaschi era tornato decine di volte con lui nella faggeta, in riva al lago, sulla spiaggia: nella realtà parallela dei suoi incubi. Che per lui stava diventando *l'unica* realtà. Alla radio discutevano: «Renato Binaschi ha la faccia del colpevole.» Ora la vedeva anche lo stesso Renato, nello specchio appena lucidato, in una camera fresca di lenzuola pulite. Si sentì schiacciato dalle proprie finzioni e dalla propria aridità.

I locali, la villa, le auto, la moglie, le figlie, gli amici, i conoscenti: più che un appiglio, erano un fardello. Un peso da tenersi stretto al petto perché smettesse di essere una condanna e diventasse il modo per ritrovare la libertà. Così quella sera, quando il lenzuolo ancora pulito, legato a un gancio della finestra, si tese intorno al collo, il magrissimo corpo di Renato Binaschi era di nuovo abbastanza pesante per piegarsi, appeso alla stoffa, e, in pochi minuti, arrendersi alla morte.

15

Un incontro vicino alla fontana di Dioniso

Il suicidio di Binaschi non era ancora diventato una notizia, mentre l'articolo di Molina sui testimoni era pronto per uscire sul quotidiano e parlava dei presunti festini in villa. Era l'ennesima scossa che prometteva di abbattersi sulla città, ormai dimentica della sua secolare indolenza.

Guardando le immagini che Giovanni aveva preso in archivio, Molina sembrava sfotterlo: «Servono foto da vero reporter, non le pezze che potrei trovare in giro anch'io.» In realtà il suo era un attestato di stima, un sintomo della simpatia che non era venuta meno nemmeno quando Tolcani sembrava solleticare la competizione e prometteva di fare di Giovanni una nuova firma.

Le foto prese in archivio, del resto, non convincevano neanche Giovanni, perché erano poco più che fototessere, immagini istituzionali che nulla dicevano di Pent e Pontremoli, protagonisti del nuovo colpo di scena. Di Pent ormai ci si aspettava di vedere di più, era arrivato il momento di tirargli fuori l'anima.

Alle dieci e mezza di sera Giovanni uscì di nuovo dalla pensione La Pace. Fumando una sigaretta s'incamminò lentamente verso i palazzi comunali. I lampioni doravano d'ambra i ciottoli del corso, dalle finestre aperte si sentivano i suoni intorpiditi di una giornata finita. Ferso si rivelava un paesaggio interiore: non più opaco gioiello in cui l'Italia etrusca, romana, medievale, rinascimentale, barocca e ottocentesca esibiva asfittiche testimonianze d'arte e architettura, ma luogo dell'inconscio in cui erano gli uomini di ogni epoca a parlare.

Palazzi, giardini e chiese, che durante il giorno erano primattori dello spazio, di notte diventavano immutabili scenografie di ombre, sibili, spettri. Le loro voci, che si lasciavano solo immaginare, rimbalzavano sulle pietre fino al palcoscenico della piazza, centro perfetto della città. Giovanni l'attraversò impettito, sprezzante delle suggestioni sinistre e del vento che annunciava la fine dell'estate. Non c'era nessuno in giro. Raggiunse il luogo dove il sindaco Pent doveva essere ancora al lavoro. I portoni sembravano chiusi, ma le luci della sala comunale erano accese.

Costeggiò lateralmente l'edificio e raggiunse la scalinata dell'ingresso posteriore che dava sul giardino della biblioteca. Vicino alla porta, su in alto, c'era Dora con una coperta in mano. Era andata lì per portarla al sindaco, che probabilmente avrebbe dormito nei palazzi comunali anche quella notte. Per un riflesso che il suo corpo aveva imparato dall'animo, in fondo non dissimile da quello che l'aveva fatto allontanare dieci anni prima, Giovanni si ritirò, si nascose. Se al Porticciolo l'aveva cercata, adesso si sentiva a disagio a trovarsi del tutto solo con lei.

Imboccò un vicolo, ma la gamba non gli permetteva di andare veloce.

Dora l'aveva visto e invece di entrare nel palazzo scese le scale. Lo raggiunse. Lui si voltò, goffo, fingendo di essere spaesato.

Con le gambe appena divaricate e nuove scarpe grigie piantate a terra, Dora dominava lo spazio. Non indossava il vestito che aveva sperato di avere addosso, quello cucito con l'idea di rivederlo. Le tremavano le mani, le congiunse tra loro. Teneva la testa leggermente inclinata, come se di sbieco riuscisse a vederlo meglio. «Andiamoci a sedere là dentro...»

Il parco era aperto perché il giardiniere si stava occupando dell'innaffiatura notturna. Si sedettero sulla coperta, in cima alla scalinata, sopra la fontana dalla quale intanto scrosciava acqua.

«Ho perso il tuo fermaglio.»

Giovanni finse di non ricordare bene, come se ricordare potesse esporre i suoi sentimenti.

«Quello etrusco, quello della regina.»

«E che sarà mai... Te ne ricomprerò un altro al mercatino» scherzò lui.

Dora sorrise e poi, di nuovo seria, disse: «In realtà me l'hanno rubato al luna park. Potrebbe essere stato qualcuno di quella banda di ragazzini che frequenta le giostre...»

Giovanni si sentì scaldare dalla rabbia. Non tanto per il furto in sé, ma perché quel furto gli aveva dato in un istante la misura del tempo passato. Poi, per qualche istante, il silenzio li avvicinò.

Giovanni fu sincero, le disse che era lì per cercare di fotografare Angelo. Lei riprese a parlare con un tono distensivo: «Giovanni, tu lavori per uno dei giornali più in voga. Siete sempre sulla notizia, come si dice. Scriverete dei festini... è così?»

Giovanni era spiazzato dalla domanda: «Sì, ne abbiamo già un po' scritto in realtà e penso che continueremo.»

«Be', sono bugie.»

«Tu potresti giurare che Angelo non fa dei festini...»

«Certo che lo giurerei!»

Nella foga di vedere l'avversario sconfitto, Giovanni non aveva mai pensato alla sua innocenza e a quanto la faccenda potesse ferire la donna che amava. Provò a spiegarle che la stampa è una bestia che si nutre di notizie come quella: c'era il sesso, c'erano i soldi, c'erano delle figure in vista. C'era l'omicidio di un bambino. C'era tutto quello che serviva per creare uno scandalo. «Lo so che ti parrà cinico, ma alcuni dettagli, come quello della siringa, la fanno sembrare più di una chiacchiera...» Il dettaglio, insomma, rendeva più difficile ridurre la storia allo scherzo di alcuni ragazzacci.

Dora si alzò in piedi, la luna sembrava appoggiata sui suoi capelli come un fiore d'elicriso. Giovanni abbassò la testa intimorito. Si mise a fissare la punta della scarpa in fondo alla gamba tesa. Dora teneva lo sguardo sulla sua nuca e sulle spalle, come aveva fatto una decina d'anni prima sulla piana di Roselle. Ci fu una pausa, e lei la usò come una rincorsa.

«Quando tu te ne sei andato e la mamma è morta, io sono finita in manicomio, e ci sono rimasta per mesi. Ero molto triste. Angelo l'ho conosciuto proprio lì. Si è preoccupato per me, si è preso cura di me...» Giovanni era spiazzato. Si sentiva male se pensava a quello che lei aveva passato lontana da lui, forse anche per colpa sua. Non trovava le parole.

Ma Dora continuava a raccontare. Spiegò che a volte Angelo temeva che lei potesse tornare a star male come un tempo, che volesse ammazzarsi, che potesse usare le medicine che tenevano in casa. Così si era ricordata di un episodio che aveva riportato anche agli inquirenti: «La siringa che Angelo aveva nella borsa non era per i festini. Ce l'ho messa io dopo una discussione che abbiamo avuto...»

In realtà, agli occhi di Angelo Dora era sempre stata troppo forte per potersi uccidere. Angelo sapeva trattare la sua forza, sapeva accoglierla, per questo poteva starle accanto, mentre Giovanni da quella forza era scappato.

Giovanni alzò lo sguardo: «Ero solo un ragazzo...» Gli uscì detto come un'ammissione, più che come una giustificazione. «Io di te avevo paura.» Non della rabbia di Dora. «Ero intimorito da chi eri già.»

«E chi ero? Una donna che poteva avere il comando di qualcosa? Di me stessa?»

«Ma no!» Giovanni aveva avuto paura della sua capacità di vedere le cose per ciò che erano. Si sentiva assediato da quel talento. «Non volevo trovare nei tuoi occhi il riflesso di uno che non valeva niente.»

Giovanni diceva la verità quando ormai Dora aveva la sua vita e lui si sentiva escluso dalla possibilità di fare un nuovo tentativo. Ora che non poteva più smentire il suo egoismo, né disinnescare le loro solitudini.

«Pensa a chi non ha niente di suo dentro» disse Dora. Non un desiderio incrollabile, come il suo. Non un desiderio vacillante, come quello di Giovanni. Nessuna scintilla di innamoramento per qualcosa che sia in grado di offrire la vita. «Pensa per chi non ha niente quanto è facile essere traviati, portati via. Quanto è facile diventare infelici senza neanche accorgersene.»

Quanto è facile fare infelici gli altri, finire male. Valeva anche per i ragazzini del caso Rambaldi, tanto determinati e sicuri di sé. Il loro era uno spettacolo crudele, fatto di mille verità mai vere fino in fondo. Lo spettacolo del manipolato, di un servitore del male che quasi non sa quello che fa.

Il giardiniere fermò la pompa delle fontane. La tenda d'acqua cessò di scendere e la statua di Dioniso riapparve. La bocca socchiusa, le palpebre illuminate dalla luna.

Quando Dora si sedette di nuovo e guardò Giovanni con una specie di dolcezza, a lui parve di leggerle nella mente: *chissà se pensi mai, almeno quanto faccio io, al tempo che hai sprecato a tremare, prima di toccarmi. E alla colpa di avermi negato l'abbraccio, come se non stringermi potesse liberarti da quella prigione in cui vengo a trovarti e che porta ancora il mio nome.*

Certo che ci pensava, Giovanni. Ci pensava fino a tormentarsi.

Dora gli disse: «All'inizio ho creduto che fossi solo io quella condannata a pagare la tua colpa. Forse mi sbagliavo.»

Giovanni sorrise: quelle parole erano vere.

Angelo Pent sosteneva che dire «emozione» non significasse niente perché significava troppo, era un'espressione vaga e convenzionale. Quando sentiva qualcuno reagire a uno spettacolo a teatro, al matrimonio di un figlio, alla nascita di nipote dicendo «Uh, che emozione!», il sindaco psichiatra puntualizzava sottovoce con Dora: «"Emozione" è la parola che si usa quando non ci si conosce.»

Eppure Dora si sentiva emozionata a stare lì, seduta sopra la grande cascata, insieme a Giovanni. Provava come una scossa costante tra la gola e il petto. Avrebbe voluto continuare per ore a tirare le somme e intanto tacere sulla nuova aritmetica che avrebbe potuto schiudersi.

Giovanni invece aveva sulla punta della lingua un dato di fatto che nascondeva una speranza: *cara Dora, non ti sei sposata, come mai?*

Ma taceva, per riguardo.

Tirò fuori una sigaretta e l'accese, cambiando discorso: «Non sono io a scrivere sui giornali. Faccio solo le foto. Sono venuto qui per Angelo perché in questi giorni usciranno articoli sullo scandalo. Non è una cosa che puoi fermare. Travolgerà anche te.»

«Già ci sta travolgendo, Giovanni.» E lo fissò, come a domandargli se si sentisse a suo agio a contribuire.

Lui stava zitto cercando le parole azzeccate. Gli sembrò di averle trovate, e quindi partì, concitato come raramente gli capitava: «Non chiedere a un giornalista la verità, perché quasi mai la serve. Se la chiedi a me, invece, be', t'assicuro che è un'altra storia. Io c'ero quando hanno ritrovato Sergio, è una cosa che uno nella vita non vorrebbe mai vedere. Ho preso appunti su questo caso, li ho raccolti senza sapere neanch'io perché, ma questa per me non è una notizia come un'altra. Li lascerò alla pensione, se vorrai andare a prenderli. Per quanto riguarda noi, sappi che la mia vita, in questi anni, è stata piena di tentativi di essere un uomo migliore.»

Il corpo di Dora si piegò in avanti, con le braccia si strinse le ginocchia. Giovanni le piaceva ancora. La cosa bizzarra era che le piaceva per ragioni nuove, per qualità che finora erano state invisibili, o forse inesistenti.

Lui avrebbe voluto appoggiare la sua mano sulla schiena di lei, accarezzarla. Voleva abbracciarla, sentire il calore del sangue attraverso la camicia, appoggiare il viso sul suo collo, dirle di andarsene da lì, di andarsene con lui. Ma lei era imprigionata in una vita che forse non aveva mai scelto.

Il giardiniere si mise a innaffiare i cespugli. Poi chiuse anche quell'acqua. Non si sentivano i suoi passi. Forse era fermo a contemplare il lusso di un dialogo privato con la notte. Dora e Giovanni furono rispediti al centro di un silenzio vibrante che all'improvviso riempiva la città come l'eco dopo l'ultimo amen.

16

Faccia a faccia e in mezzo un obiettivo

Il giornalista di Ferso Filiberto Tartaglione aveva ragione: Angelo Pent non sarebbe uscito prima di due giorni. Quella notte il primo cittadino si addormentò sul divano dello studio. Il custode se ne era andato, Dora non era riuscita a portargli una coperta e Giovanni Pitorsi non era riuscito a fotografarlo.

Come vaticinato dal cronista locale, quando Angelo uscì da lì, dopo altre venti ore di consiglio comunale, non era più il sindaco di Ferso: la giunta era caduta. Non per le uova degli studenti di sinistra, ma per le parole di ragazzini sbandati.

Angelo Pent era certo che la sua carriera fosse finita. Non l'avrebbero candidato per le prime regionali, non avrebbe potuto ambire a un posto a Roma. Niente cattedra, persino la sua carriera da psichiatra finiva sotto la scure dei pettegolezzi: «Chissà se avrà mai approfittato di qualche paziente fragile...» Arrivarono anche telegrammi di vicinanza, come se fosse andato in scena il funerale all'uomo che era.

L'uragano rischiava di portargli via anche la casa. Dora era chiusa in un mondo tutto suo, gli sembrava che aspettasse solo un cenno per poter finalmente tornare a Torino.

A una settimana dal suicidio di Binaschi e dalla caduta della giunta gli inviati speciali cominciarono ad andarsene da Ferso. Il rubinetto delle informazioni si chiuse. L'uragano era finito.

La valigia di Giovanni era aperta sopra il letto duro della pensione. Un letto sul quale aveva fantasticato di poter stringere ancora il corpo di Dora. Sul mobile rivestito di radica la sua figura si rifletteva appena. Stava riponendo le lenti delle macchine nelle custodie quando la donna delle pulizie bussò alla porta: «Dottore, la vogliono all'ingresso.»

«Chi?»

«Non lo so, Aristide mi ha solo detto di chiamarvi.»

Sulle prime Giovanni pensò che a cercarlo fosse proprio il gestore della pensione, ma poi, mentre camminava sulla passerella del corridoio, man mano che si avvicinava alle scale cominciò a concedersi un'immagine: Dora che era venuta alla pensione per prendere gli appunti sul caso Rambaldi. Li aveva lasciati in camera, ma invece di tornare indietro continuò a scendere, regalandosi una meschinità: magari è l'occasione per farla salire.

La fantasia da due soldi si rovesciò però nel suo contrario: alla reception c'era Angelo Pent, con un'espressione austera e il cappello in mano.

«Dora mi ha detto che voleva farmi una foto.»

Era chiaro che non fosse lì per quello. Il pezzo era uscito da giorni, tutta la stampa arrivata da fuori regione se ne stava andando. Nel codice dei maschi, da gentiluomo, Angelo stava dicendo a Giovanni: so chi sei, so che hai visto e parlato con Dora; lei mi ha raccontato del vostro incontro perché tra noi c'è intimità e onestà. E soprattutto: io esisto.

Giovanni lo fece accomodare nella saletta della pensione. Quando tornò con la macchina fotografica, Angelo Pent era in piedi, accanto alla finestra attraverso la quale settimane prima Giovanni aveva visto Dora sotto la pioggia, nell'auto del sindaco.

«Decido io dove stare, se non le dispiace.»

Il tono era perentorio quanto l'affermazione. Mentre lavorava sull'esposizione, il fotografo rispose a una domanda non fatta: «Non credo che Dora possa stare lontano da me, nonostante staremo lontani tutta la vita.»

Angelo teneva le gambe solidamente piantate a terra. Appariva più alto di quello che era. Abbassò la testa e il suo sguardo si fece intenso: «Non credo che Dora possa stare lontano da me, visto che staremo insieme per tutta la vita.»

Clic. La foto c'era.

Giovanni abbassò la macchina fotografica senza reagire alla replica di Angelo. Quell'uomo aveva la profondità di chi indaga la mente e la sicurezza di chi lavora per procacciarsi il consenso: sapeva stare davanti alla macchina fotografica, ma lo faceva mentendo.

Angelo era ferito dallo scandalo e si sentiva vulnerabile. L'ostentazione della propria centralità era un atto di disperazione, e per questo Giovanni lo aveva inquadrato sul terzo segmento più esterno dell'immagine, come se pendesse appena, accanto a una crepa della parete, vicino alla finestra. Angelo sapeva stare davanti alla macchina fotografica, ma Giovanni sapeva come si costruisce un'immagine.

17

Un passo indietro al 1957: la paura dell'acqua

Da quando era nato, Sergio piangeva continuamente. Silvana, che viveva ancora a Dublino, si era convinta di non avere latte. Il piccolo non cresceva. Vezio era rimasto vittima di un incidente sul lavoro alla Spencer & Bolivar appena sei mesi prima. Lei era completamente sola con un figlio piccolo. Dall'Italia la signora Sacchetti-Altovini fece in modo che una balia andasse a casa dei Rambaldi, nel sobborgo gelido dove la maternità di Silvana si faceva sempre più insopportabile.

La balia andava da lei la mattina, il pomeriggio e la sera. Silvana la guardava con sospetto. Voleva essere lei a dare al figlio tutto quello di cui aveva bisogno, ma Sergio faceva progressi solo con quella sconosciuta, madre di otto figli, che sorrideva unicamente davanti al bambino. La preoccupazione, il senso di inadeguatezza, la gelosia di Silvana avevano almeno il pregio di contenere il suo lutto di vedova.

Di notte, quando rimaneva sola con il bambino, i pianti del piccolo erano così forti che le pareva di impazzire. Lei, che di giorno sorvegliava chi veniva ad aiutarla e di notte cercava di calmare il piccolo, non dormiva più. In una notte di luna piena, nel mezzo dell'inverno, Sergio era particolarmente disperato. Per cercare di consolarlo lo strinse al seno teso, graffiato, dolorante. Provò a cullarlo.

Gli cantò delle canzoni, sussurrò ninne nanne nelle sue piccole orecchie. Lui piangeva più forte.

Silvana lo poggiò a terra. Si contorceva avvolto in una coperta di lana. La madre si sedette accanto a lui dopo aver preso una grande bacinella piena d'acqua e dell'olio. Da quando era bambina credeva di avere doti di sensitiva, e una zia le aveva insegnato formule e segreti di magia bianca per combattere il malocchio. Sospettava di essere stata colpita dallo sguardo storto e maledetto di qualcuno, qualcuno che poteva averla resa prima vedova e poi madre infelice di una creatura inconsolabile.

Illuminata da una lampada a olio, Silvana versò delle gocce d'olio sull'acqua. Invece di allargarsi e dividersi, come sarebbe successo nel caso di un malocchio, rimase compatto. Silvana era incredula. Sergio piangeva come l'agnello che viene condotto al macello. Se non erano vittime di cattiverie e sortilegi, quel bambino semplicemente non voleva stare con lei. In un istante di piena sospensione della ragione, l'istinto di sopravvivenza prevalse su quello materno.

Silvana afferrò Sergio come un pacchetto da spedire indietro e lo immerse nella bacinella. Per qualche lunghissimo secondo lo tenne sott'acqua desiderando che tutto finisse. Quanto la morte si lega alla vita? Quanto il sacrificio nutre l'amore? Silvana in quella notte cominciò a darsi risposte. Mentre vedeva il piccolo riprendere fiato, asciugava quel minuscolo corpo e lo rivestiva con cura, cominciò a vedere qualcosa di nuovo: dare la vita a qualcuno significa offrire se stessi perché l'altro possa combattere e diventare ciò che è. Sul placarsi del pianto, la luna era entrata lentamente nel quadro della finestrella della camera. «*Moonchild*» disse Silvana accarezzando la fronte del figlio, che per la prima volta pareva accettare la sua cura.

Dall'istante in cui era rimasta incinta a quello in cui Sergio era morto, Silvana era stata attraversata dal mistero di aver generato una vita. Quel mistero continuava a farle visita nel lutto con una domanda: a cosa serve questo dolore? Forse le avrebbe garantito la pace eterna, ma avrebbe avuto una qualche salvezza in terra? Lo chiedeva alla Madonna, pregandola di portare un po' di calma, chiedendole di salutare suo figlio, con il cui spirito non aveva ancora la forza di comunicare. Cercando di conciliare religione e magia bianca, sopravviveva bevendo infusi di erbe calmanti.

18

La richiesta di Silvana

Giovanni se ne era andato da due giorni e Dora pensava a lui. Brevemente, ma secondo un rito quotidiano. Succedeva al mattino quando, per raggiungere il laboratorio, imboccava il vicolo che, nel gioco di altezze collinari, passava sotto il giardino dove si erano ritrovati a parlare.

Dora decise che era tempo di recuperare gli appunti che lui le aveva lasciato alla pensione. Deviando dal percorso quotidiano si presentò da Aristide, il gestore. «Li ho raccolti senza sapere neanch'io perché» le aveva detto Giovanni. Li aveva raccolti per passarli a lei.

Alla reception, com'era nel suo stile, Aristide glieli consegnò senza aggiungere nulla. Lei li prese, li sfogliò rapidamente. Si dispiacque vedendo che Giovanni non aveva lasciato alcun messaggio per lei. C'era solo una nota scritta a matita, nella prima pagina: PER DORA BOIS.

Quindi la donna s'incamminò per il laboratorio, dove intendeva passare la mattinata a leggerli. In un vicolo incontrò Silvana che, diretta ai campi e al bosco vicino al fiume, stava andando a raccogliere erbe per dormire. Dora conosceva bene quel rito, era grazie al suo erbario che aveva preso a riconoscere le piante: «Vengo con te» le disse, «ti aiuto.»

Erano almeno quattro chilometri. Oltrepassarono le mura di tufo, il vecchio fossato medievale che proteggeva il rudere di una torre, la zona residenziale, il ponte, la periferia. Poi arrivò la campagna. Lungo la strada Silvana spiegò che era convinta dell'innocenza di Renato Binaschi («Pace all'anima sua»), di Angelo Pent e di tutto il gruppo di adulti messo in mezzo dai ragazzi della banda di Piero Lauri: «*I just don't believe it.*» Passarono davanti a un'edicola con la Madonna, e Silvana si fece il segno della croce.

«L'hanno ucciso proprio loro, quei ragazzini, che infatti raccontano bugie.»

«Hai idea del perché frequentassero Sergio?»

«Non lo frequentavano affatto. Sergio era un ragazzino timido, riservato, poco abituato al mondo... ma non diffidente. L'hanno attirato con qualche *trick*. Quindi l'hanno rapito.»

«Pensi che volessero ucciderlo?»

«Non lo so, ma i carabinieri hanno fatto grandi pasticci; mi hanno chiamato più di una volta, sempre dicendomi che erano vicini a risolvere il caso e sempre riportando versioni diverse. Pure quel giudice, quel Monaldi, non ha la stoffa! Tu sì che avresti la stoffa... Del resto sei una sarta!» disse spiritosamente Silvana, che rise della sua stessa battuta. «*Bad joke, bad joke...* Ma era da un po' che non ridevo.»

Anche Dora rideva: «Vorrei poterti aiutare...»

«Penso davvero che potresti. Penso davvero che saresti meglio di loro.»

«Non direi... Sono una povera ignorante, non saprei investigare su nulla.»

«Invece sì. Le donne, che sono le orecchie di Ferso, con te parlano; grazie ad Angelo puoi accedere a quello che si dice nelle élite... e poi leggi tanto, sei integra, conosci le lacrime. Quindi hai *sense of justice*.»

Dora la guardava senza mostrare alcun compiacimento per quelle parole di ammirazione. La guardava in maniera sospesa, come se aspettasse di essere ulteriormente definita, svelata a se stessa dalle parole dell'altra. «Senso di giustizia!» tradusse Silvana.

Mentre entravano nel bosco, Silvana continuò a spiegare che a lei avrebbe portato giustizia solo Dio. E sarebbe stata forse solo nell'aldilà. Confidò a Dora che ogni giorno chiedeva alla Madonna dove avrebbe trovato la pace in questa vita. La risposta l'aveva ricevuta in sogno: «Io avrò pace quando avrò il coraggio di parlare con Sergio... Non posso parlarci ora perché se lo facessi riuscirei solo a chiedergli: "Cosa ti hanno fatto?", e non riceverei una risposta. Potrò parlarci quando saprò la verità.» Escludeva di trovarla sui giornali, di vederla chiarita in una sentenza.

Silvana voleva affidare proprio a Dora la ricerca della verità.

La verità.

Giovanni aveva pensato di consegnarle un frammento di verità attraverso gli appunti che adesso lei teneva nella borsa.

La verità.

Quanta arroganza le serviva per sentirsi all'altezza di trovarla?

«Di sicuro ti trovo la malva! Eccola là!» disse Dora per stemperare la tensione della responsabilità. Erano gli ultimi fiori dell'anno. Silvana se ne riempì la borsa.

All'ora di pranzo Dora era di nuovo in laboratorio. Chiuse a chiave il portoncino dietro di sé. Angelo era a Perugia: il caso e l'impatto che aveva avuto sulla città che amministrava gli rendevano sempre più difficile portare avanti i suoi impegni da psichiatra e quelli all'università. Allontanarsi da Ferso gli faceva però prendere ossigeno e quando se ne andava non tornava prima della notte. Dora non sarebbe dovuta rientrare per preparargli il pranzo. Così aprì gli appunti di Giovanni sapendo che avrebbe avuto tutta la giornata a disposizione. Un plico di cartoncino racchiudeva decine di ritagli di giornale e carte intestate della pensione con note scritte a mano.

Passò il dito sulle parole di Giovanni. Pensò alle cose di lui che lei ancora non conosceva. Vedere la sua grafia era come scoprire un dettaglio nuovo del suo corpo, un'inclinazione della mano, una ruga della fronte. Sulla prima pagina, sottolineato, c'era scritto: «Cos'è successo a Sergio Rambaldi?» Le tornò in mente il primo incontro con Silvana, quando le aveva predetto che avrebbe avuto un figlio. Adesso aveva chiaro che il figlio era proprio quello di Silvana: lei gliel'aveva affidato. Dora sentì un sussulto simile a quello che aveva provato in manicomio avvicinandosi a Ester, lo stringersi dentro di sé di un nodo che era un promemoria del destino.

19

Se non basta che le acque si calmino

In laboratorio, sul fondo della cesta delle pezze, Dora teneva una pila di fogli. Con la pazienza e il rigore con cui negli anni aveva imparato a tenere la contabilità, riordinava ogni informazione. Da una parte annotava con un numero e la data tutti i riferimenti a quotidiani e rotocalchi. Dall'altra c'erano, nuovamente accompagnate da numero e data, tutte le trascrizioni delle chiacchiere e delle confidenze sentite, quelle delle clienti, delle amiche, di Angelo, di Pontremoli e di chiunque.

Su due fogli, con una matita così da poterlo all'occorrenza cancellare e correggere, aveva disegnato uno schema per la ricostruzione di quanto era successo a Sergio prima che morisse. Accanto a ogni domanda ancora aperta metteva un asterisco.

Come Giovanni non aveva voluto condividere le sue note con il collega Roberto Molina, così Dora non desiderava parlare del contenuto dei suoi appunti con Angelo Pent. L'ex sindaco e psichiatra aveva ripreso a frequentare la sezione come fosse l'unica cosa importante della sua vita.

Angelo, che aveva mal digerito l'incontro con Giovanni, faceva scontare a lei con l'indifferenza un sentimento di sconfitta che conservava senza provare a contrastarlo. Aveva preso una pausa dal lavoro a Perugia. Usciva la mattina con il suo cappello in testa. Tornava alla sera appoggiandolo sul tavolo della sala, come a dire: sono tornato, e da adesso silenzio.

La sua ossessione quotidiana non aveva a che fare con Dora, verso la quale la gelosia e il risentimento che provava erano tiepidi quanto l'affetto e persino la stima. Era spinto solo dalla volontà di rimediare davanti al resto del partito e di riabilitare la propria immagine. Sapeva che in Italia tutto si perdona. Che tutti hanno almeno una macchia, un errore, una distrazione, un cedimento, una ruffianeria interessata da scontare. Figuriamoci se non si poteva perdonare il danno legato a un'accusa ingiusta. Sapeva che molto spesso basta solo aspettare che le acque si calmino. Ma se nel suo caso non fosse bastato?

Angelo aveva indagato a fondo gli effetti della paura sulla psiche, ma non riusciva a tenere lontano il timore che forse non si sarebbe mai pulito da certe macchie, neanche una volta scagionato. Il problema di Angelo era il consenso. Passavano i mesi da quando l'infamia era stata riversata su di lui, ma la gente non lo vedeva comunque come un innocente. Pochissimi lo ritenevano una vittima.

«Perché non ce ne andiamo da qui?» gli chiedeva Dora. Perché non aveva ancora perso. Mentre il giorno in cui se ne fosse andato la sconfitta sarebbe stata completa.

Nelle riunioni locali di partito e persino nella sede romana del Psi, che raggiunse in autunno per capire cosa ne sarebbe stato delle candidature regionali, si rese definitivamente conto che la sua stella non brillava più. Era una consapevolezza logorante.

Vedeva una sola via di fuga; anzi, una possibilità di rinascita: se sui giornali si era consumata la sua credibilità, era sui giornali che avrebbe potuto ricostruirla. Gli serviva un gesto, qualcosa che lo rendesse nuovamente apprezzato dalla comunità, che lo restituisse definitivamente alla luce del buon uomo: un benefattore. Angelo Pent si era messo in testa di fare una donazione importante a un ospedale pediatrico del capoluogo.

Si affezionò all'idea, illudendosi che l'opportunismo non c'entrasse. Si sentiva anzi spogliato di ogni egoismo. Il suo era un gesto generoso, nel quale credeva e che lo riconciliava con l'essenza del suo essere psichiatra e politico: la volontà di aiutare gli altri.

In banca i risparmi erano stati erosi dall'acquisto della casa e del locale di Dora a Torino. La casa era di Angelo, non importava se un giorno l'avrebbe venduta per trasferirsi intorno ai palazzi romani del potere. Per ora quella non si toccava. Decise quindi di ipotecare l'atelier. Nonostante Dora fosse quasi pronta a riscattarlo, Angelo non esitò a finanziare la propria tranquillità mettendo a rischio l'attività di lei. Del resto, era certo di poter ripagare il debito entro pochi anni, dopo le prime elezioni regionali che, con ritrovato e disperato ottimismo, contava di vincere.

Era una strategia strampalata, disperata, che non aveva alcuna certezza di riuscita, ma nella caduta libera della sua esistenza politica ad Angelo sembrava che l'azzardo fosse la sola garanzia di sopravvivenza. Dora per mesi non seppe che il suo atelier era appeso al destino di un'altra persona.

Lui non ne faceva parola neanche quando lei andava a Torino per le sue visite consuete. Il loro rapporto sembrava sprofondato nel silenzio di una convivenza logora, esaurita dai troppi momenti in cui Dora aveva cercato un contatto che ormai era solo fisico, notturno e impetuoso. Angelo era cambiato, o forse rivelava solo adesso ciò che era sempre stato. Se non fosse stato per le indagini che intendeva condurre a Ferso, lei avrebbe senza alcun dubbio allungato le sue permanenze a Torino, dove il lavoro la faceva sentire viva.

20

«Dorata come il sole, nera come l'eclisse»

A sei mesi dalla morte di Sergio, per tanti il caso era solo una brutta parentesi: non ancora chiusa, ma da dimenticare. Dora però non la metteva da parte. Tra i fogli sparsi sulla scrivania di Angelo, trovò il biglietto che a luglio le era stato consegnato da Agatino – che era considerato il matto di Ferso – prima del ritrovamento del corpo di Sergio Rambaldi. Era un pezzo di carta tra tanti, il sindaco non gli aveva dato peso.

Ora che l'uomo va sulla luna
dove finisce la terra?
Sopra alla testa dei bambini!

O nel loro naso?
Un altro uomo ha paura,
in mezzo ai titoli dei giornali,
ma che fantastico divertimento per tutti
è guardare un cielo dalla riva.

Rileggendolo, Dora si stupì. All'epoca non si sapeva nulla della morte di Sergio, che risultava ancora scomparso. Eppure quando l'uomo andò sulla luna la sabbia limacciosa e terrosa del lungolago era sopra la testa e nel naso del bambino.

Sembrava una premonizione.

Serviva lucidità, tenere a bada le suggestioni. Dora prese comunque il biglietto. Le sembrava che servisse più a lei che non ad Angelo e lo portò con sé. Quindi andò a cercare Agatino.

Lo trovò davanti al bar della bocciofila: il petto nudo sotto la pelliccia, i capelli arruffati, le mani a sorreggere i fianchi. Negli occhi la traccia lontana di una paura invincibile.

«Agatino, ti ricordi di questa poesia?»

«Il biglietto pel sindaco.»

«Che cos'è questa terra di cui parli?»

«Il mondo.»

«Il mondo...»

Quindi non si riferiva alla terra sulla spiaggia o a quella della faggeta, con cui Sergio poteva essersi sporcato magari cadendo tra gli alberi, colpito dai ragazzi o da Binaschi? Dora continuò: «Hai visto qualcuno seppellire Sergio?»

«L'anima a Dio, il morto alla fossa, la roba a chi tocca...»

Pareva di parlare con l'oracolo.

Se c'era un contributo che Dora poteva dare alla storia di Sergio era quello di riuscire a parlare con tutti, anche con le menti più imperscrutabili. Lo faceva con un'immediatezza che Angelo riteneva stupefacente. Eppure Agatino non le risultava leggibile, le sue farneticazioni erano talmente articolate ed evocative che scoraggiavano ogni sforzo di razionalità.

Un paio di operai, sbolinati e già ubriachi alle due del pomeriggio, chiamarono Agatino affinché tornasse a intrattenerli con le sue storie assurde; le portava con sé nella testa e scritte su pezzetti di carta che gli riempivano le tasche.

Ne tirò fuori una manciata; la scrittura era fitta fitta, talvolta ricorreva ai disegni: «Dora... Dora... dorata come il sole... nera come l'eclisse» rise con la sua bocca sdentata mentre cercava tra i suoi scritti qualcosa da lasciarle.

21

Il caso Rambaldi continua a far parlare di sé

Erano passati nove mesi da quando Giovanni Pitorsi aveva visto il cadavere di Sergio Rambaldi sulla spiaggia del lago di Ferso. A Milano lavorava senza sosta. Aveva chiuso la serata precedente nel gasometro della Montedison, in zona Bovisa. Aveva sviluppato e mandato in stampa la foto di un cronista della *Pagina* che si era avventurato su una mongolfiera. SFERONAUTA PER UN GIORNO. La mattina si svegliò presto, anche se era di corta. Si mise a pulire le ottiche.

A Ferso, Dora aveva dormito male. Lo aveva fatto in un laboratorio che ormai, lontana da Angelo, stava diventando la sua casa. La mano si fermava, aveva piccole scosse. Si era messa a riordinare i rocchetti di filo per colore, ma le erano caduti. Era di umore cattivo. Avrebbe voluto il litio ma temeva che così i tremori sarebbero peggiorati. Mise un telo sopra il vestito che aveva iniziato con l'idea di indossarlo per Giovanni.

Accese la radio. Nello stesso momento, a Milano, lo fece anche Giovanni. L'inconsapevole sovrapposizione di gesti li faceva gravitare intorno alle stesse parole e accompagnava pensieri e sensazioni simili.

Per il secondo programma stava parlando Gabriella Nanni. Raccontava di nuovo di Sergio Rambaldi.

Sono passati mesi dal rapimento e dall'omicidio del piccolo Sergio Rambaldi. Un bambino dolcissimo che l'Italia intera ancora piange. Il giudice Monaldi, che segue il caso, non si sbottona con i giornalisti. Lauri resta in carcere con un'accusa di omicidio. Ma il magistrato cerca conferme, prove su di lui e su possibili complici. Continua a fare perquisizioni che vanno a vuoto e a interrogare con poca convinzione contadini che gli restituiscono un mutismo esasperante. Intanto ricorderete Giorgio Sacchi, amico di uno dei ragazzi terribili di Ferso. Di qualche anno più grande di Lauri e gli altri, modi di fare da adulto ben educato, è stato l'ultimo a entrare come uno dei responsabili nelle cronache di questa brutta vicenda. Scaduti i termini di carcerazione preventiva, dopo dieci di giorni, il ragazzo è stato raggiunto da un nuovo ordine di cattura, questa volta per omicidio volontario e tentata estorsione. Si è quindi rifugiato sull'Appennino, latitante. Lo ha trovato un nostro inviato in un paesello sul Verghereto, dentro una catapecchia di legno. Con capelli ossigenati e un paio di occhiali da sole, mostra ciotole con funghi e bacche: «Questo è il mio unico cibo. Mi perseguitano!»

Giovanni ascoltava con irritazione. Giorgio Sacchi non viveva in una «catapecchia», non aveva solo quel «cibo» e non era stato «trovato». Giorgio Sacchi era ospite di una famiglia di amici ai quali faceva chiamare i giornalisti per farsi intervistare in una rimessa nel bosco che raggiungeva per l'occasione. Aveva fatto contattare anche Molina, che aveva declinato l'invito. Tutti ormai sapevano dove si trovasse.

Di questa bizzarra fuga, Silvana si lamentò con Dora dopo averla invitata a casa sua: «Che latitanza è quella in cui tutti sanno dove stai ma nessuno viene a prenderti per portarti dentro?» Una domanda retorica che restava senza risposta. La stufa a legna della casetta nella proprietà dei

Sacchetti-Altovini scaldava appena la cucina e il soggiorno, lasciando il resto delle stanze al freddo.

L'acqua bolliva nelle pentole, sopra la ghisa, sempre pronta a riempire borse di gomma, ad avviare minestre e a far fumare tazze di tè.

Silvana pensava sempre a Sergio. In fondo non era cambiato nulla rispetto a quando era ancora vivo. Ci pensava anche se faceva o parlava di altro. Occuparsi di cosa gli fosse successo nel giorno della morte non la sollevava, ma la riavvicinava alla possibilità di tornare a parlargli. La mancanza di Sergio, della sua educata, silenziosa presenza, era grande. Sergio. Il suo piccolo Sergio. Bello, dolce, buono.

Buono...

Buono, Sergio.

«Stai buono, Sergio.»

«Vorrei tornare a casa...»

«Dai che ci divertiamo. Ma poi cosa fai a casa? Ti annoi a casa. Con noi vedrai che ti diverti.»

I pensieri di Silvana tornavano sempre al volto di Piero Lauri. I suoi occhi brillanti e il sorriso seducente che appassiva in smorfie di sufficienza si definivano nella sua mente appena prima di addormentarsi. Il più insolente dei ragazzi della faggeta veniva sempre a ricordarle, su questo non c'erano dubbi, che in qualche modo le aveva strappato via Sergio. Durante la conversazione con Dora il volto di Lauri tornò, stavolta in pieno giorno, come un lampo. La disturbava.

Si affrettò a trovare un discorso: «Dora, come stai? Come va con Angelo?»

Dora era titubante: «Perché me lo chiedi?»

Silvana alzò le spalle, come a lasciar intendere che la sua era solo una domanda casuale.

«Non lo so» rispose Dora, «mi pare pensi alla politica più adesso che non è sindaco di quanto ci pensasse prima.

È angosciato, e non vuole condividere le sue preoccupazioni con me. Io, dal canto mio, penso all'atelier, lavoro molto per ricomprare il negozio di Torino da Angelo. Dovresti vederlo, è un posto bellissimo...»

«A proposito, ti ricordi quando sono venuta al tuo laboratorio qua a Ferso, la prima volta?» disse Silvana pensando di alleggerire con un aneddoto.

«Certo!»

«*You had that amazing pin... That flower...*», e cercò di imitare con le mani la forma del fermaglio di Roselle donato da Giovanni.

«Il fermaglio!»

«Sì! Il fermaglio.» Silvana aveva incontrato l'avvocato in procura. Da una stanza era uscita una ragazza accompagnata dalla madre. A Silvana era sembrato che indossasse un fermaglio molto simile a quello di Dora, appuntato sulla camicetta.

Il legale le disse che si chiamava Sonia Ricci, aveva sedici anni. Viveva in una casetta di Murlo con otto tra fratelli e sorelle. Figlia della campagna più povera, passava la giornata ad aiutare la mamma nell'orto o il padre nei campi. Da lì veniva anche Paride Mecocci, e appena oltre il paese, in una cantina abbandonata, c'era il ritrovo dei Lupi d'acciaio.

Sonia Ricci aveva avuto a che fare con alcuni di quei ragazzi: nella primavera del '68 era stata rapita da Lauri e altri ragazzini. Per un paio di giorni era stata in balia del gruppo. Era stata violentata, seviziata e scaricata vicino alla diga. Sonia aveva raccontato la vicenda alla madre. Erano andate a sporgere denuncia, ma al fatto era stato dato poco peso e i ragazzi, tutti minorenni, erano poi finiti nel turbine del nuovo caso, considerato ben più grave di una «guasconata su cui, be', chissà, la vittima magari non era poi così vittima», avevano commentato a Ferso.

A pochi giorni dalla scomparsa di Sergio, la polizia era

andata dritta da Lauri perché veniva già tenuto d'occhio a causa della vicenda Ricci, ma poi lo aveva messo da parte mentre cresceva la pressione dei carabinieri e la consistenza della pista sessuale della faggeta. Il giudice Monaldi stava indagando sul profilo di Lauri, così aveva voluto incontrare la ragazza per quell'episodio.

«Perché diresti che somigliava al mio fermaglio?»

«Ricordo bene quell'oggetto, *it was magic.*» Quando Sonia Ricci era uscita dalla stanza aveva chiesto un bicchiere d'acqua ed era rimasta nel corridoio a parlare con la madre, in piedi davanti a Silvana.

Le due si erano guardate per un istante, poi gli occhi di Silvana erano scesi sulla camicetta, realizzata con della stoffa rimediata, stirata ma lisa sul bordo delle maniche. Mentre Sonia beveva, Silvana aveva visto il fermaglio, agganciato come una spilla sul bavero. Conosceva troppo bene quel fiore, un sedativo. Il gioiello lo riproduceva in modo perfetto.

Dora non le rivelò che era un oggetto unico, antichissimo, un tesoro archeologico impossibile da replicare. Se quella spilla somigliava tanto al fermaglio di Dora, allora non poteva che essere lo stesso oggetto che le era stato rubato al luna park: era l'elicriso d'oro.

22

Le rivelazioni di una ragazza

Dora era sicura di saper fare due cose: cucire e parlare con tutti, in particolare con le donne. Ne comprendeva anche i silenzi. A Torino, Ester con lei comunicava, le dipendenti le volevano bene; a Ferso Graziella si sentiva protetta, e Silvana credeva nel suo aiuto.

Era aprile del 1970. Alla pesca di beneficenza della Madonna dei Miracoli, Dora andò sperando di poter incontrare Sonia Ricci. Sapeva che la ragazza sarebbe venuta insieme ai fratelli perché portava uova e qualche pollo da vendere alle bancarelle che circondavano l'angolo della lotteria serale. Dora aspettò al tavolo di un bar, a pochi passi dal viale della lotteria, leggendo riviste di moda e libri sotto un sole generoso.

Riconobbe Sonia perché aveva i capelli rossi e corti, non c'erano tante ragazzine così. Quando i fratelli si allontanarono da lei, Dora si avvicinò. Avrebbe potuto chiederle informazioni sui prodotti, farle un complimento, ma la sincerità ripudia ogni forma di manipolazione. Per questo fu diretta e pulita: «Sonia?»

«Sì» fece la ragazza alzando la testa da una gabbia di polli coperta da fogli di vecchi giornali.

«So che non ci conosciamo, non voglio spaventarti. Mi chiamo Dora Bois, ho bisogno di parlare con te.»

«Di cosa?»

«Ho bisogno di vedere un gioiello a forma di fiore che ogni tanto indossi.»

Dora era naturalmente gentile. Sonia non rispondeva, pareva che sapesse benissimo di quale gioiello stesse parlando: l'unico che poteva possedere una ragazzina che viveva nelle sue condizioni. Ignorando Dora, si rimise a sistemare le uova. Senza chiederle se le servisse una mano, la donna l'aiutò a tirare giù un paio di gabbie impilate e abbandonate là dai fratelli, quindi si sedette sul muretto alle sue spalle.

Appena finì di sistemare il piccolo angolo di vendita, senza neanche un banchetto, Sonia Ricci mise la mano nel sinale: «Ecco qua, tie'.» Lo stava offrendo come se mai avesse pensato che un oggetto simile le potesse appartenere davvero. Propose uno scambio, con seria preoccupazione: «Ma adesso me toji *il male d'occhi*...»

«Cosa? Il che?»

«El malocchio... Quello che m'hai fatto adesso mentre me guardavi.»

Dora era stupita, il suo sentimento era benevolo: «Non ho fatto nessun malocchio...»

Sonia sbuffò, non sapeva se crederle.

«Uso aghi e spilli, ma sono una sarta, non una strega. Almeno per quanto ne sappia io...» sorrise.

Sonia sembrò rassicurata e aprì la mano sudicia. Era lui, il fermaglio con l'elicriso. Intatto e bellissimo. Visto che non c'erano scambi da fare, la ragazza azzardò una compravendita: «Era 'na spilla rotta...» fece mostrando che aveva incastrato sul retro una spilla da balia. «Se je interessa, jelo venno. Vale, eh... Vale tanto. Quanto me date?»

«Dove l'hai trovato?» chiese Dora.

«Me l'ha dato mi' nonna quann'è morta.»

Sonia stava mentendo. Nessuna morta poteva averle regalato quel gioiello, tranne quella che Giovanni doveva aver risvegliato sulla piana di Roselle.

«Sonia, quel fermaglio era mio. Sei stata tu a rubarlo, al luna park?»

La ragazza era stupita da quel tono, più materno che arrabbiato. Non era nella posizione di trattare e rispose timidamente: «Me l'ha regalato un amico.»

Dora prese delicatamente il fermaglio tra le mani, le raccontò che non era una spilla rotta, che avrebbe potuto indossarlo tra i capelli o sui vestiti, anche senza usare una spilla incastrata che rischiava di rovinare il metallo antico. Mentre spiegava, lo appoggiava sui capelli impolverati di Sonia. «Tu li porti corti, ma lo potresti legare a un nastro da mettere intorno alla testa.»

Era un'idea di vanità con cui Sonia non aveva nulla a che fare, seppure nascosto in un luogo inaccessibile di se stessa ci fosse l'inconfessato desiderio di sentirsi bella. Era per quel desiderio, del resto, che si portava dietro il fermaglio e talvolta lo esibiva: come se fosse l'unico modo in cui potesse risplendere.

«'Sto coso è tuo per davero?»

«No, ormai è tuo. Tienilo, considera che è proprio un oggetto speciale.»

Quella garbata retrocessione davanti al proposito di ottenere informazioni o di riprendersi il fermaglio avrebbe avuto l'effetto sperato.

Due giorni dopo, Sonia si presentò al laboratorio di Dora. Era arrivata a piedi, camminando per due ore dalle campagne di Murlo fino al centro di Ferso. Mentre toccava gli scampoli, guardava i disegni, mangiava cioccolatini, cominciava ad aprirsi. Il fermaglio era stato un regalo di Paride Mecocci, raccontò. «Me l'ha dato un anno fa.»

Paride Mecocci, frequentatore assiduo del luna park, era probabilmente anche l'autore del furto. Di certo era molto amico dei sequestratori e degli stupratori che l'avevano fatta sparire nella primavera del '68. Facevano parte dello stesso gruppo, forse anche dello stesso partito, quello monarchico.

«Ti deve voler bene Paride.»

«Non me ne vole penniente.»

«E perché te l'ha regalato?»

«Perché non vole che parlo.»

Paride Mecocci, Faccia d'angelo, era stato mandato da Sonia per farla tacere sull'orrendo sequestro che aveva subito. Tirare fuori di nuovo quella storia, in pieno caso Rambaldi, significava soffiare sul fuoco dello scandalo e aggravare la posizione del gruppo. «Ai carabbinieri o alla polizia nun je frega gniente de quello che hanno fatto a me» spiegò Sonia a Dora, «ma preferivano se stavo zitta pe' non fallo sape' al giudice.»

Sonia in effetti non aveva parlato.

«A me lo regalò un ragazzo che amavo» confidò Dora.

Sonia la guardò come a chiederle se davvero i ragazzi fossero in grado di amare.

Dora precisò: «Lui m'amava, a suo modo.»

Disegnava gli abiti di un ordine destinato a Roma, e mentre ne aggiustava uno Sonia le disse: «Fammelo vedere.»

«Il disegno?»

«No, quello che te piageva.»

«Non ho una sua foto. Era poco più alto di me, eppure sembrava imponente; aveva gli occhi sempre rabbuiati, ma a me sorrideva.»

«Sei sposata?»

«No, ma sto con un uomo.»

«Lo sposerai?»

«Non credo.»

«Io non me sposerò mmai perché niuno me vole, e io non vojo niuno.»

Sonia era perentoria ma al tempo stesso pareva nascondere i propri sentimenti reali. Se ne stava in piedi vicino alla finestra e fissava Dora, che teneva la testa china sui fogli. «Il fermaglio Paride me l'ha dato pe' famme sta' zitta.»

«Me l'hai già detto.»

«Sì ma non t'ho detto tutto.»

A quel punto Dora alzò lo sguardo, confusa: «Non ti sto capendo... Perché Paride ti ha dato il fermaglio?»

«Perché uno m'aveva consegnato degli aggeggi.»

Uno, chi? Quali aggeggi? Quando?

Era una delle poche confessioni autentiche dall'inizio di quella vicenda. Non una chiacchiera, una ritrattazione, una bugia, ma il segreto taciuto di una testimone e vittima, un segreto rivelato pian piano.

Sonia spiegò che Paride, Lauri e i loro amici si riunivano alla Tana, un edificio abbandonato fuori Murlo, verso la strada per San Michele. All'inizio dell'estate del 1969, Lauri e altri che lei conosceva bene, essendo stati i suoi aguzzini, per settimane avevano rubato uova nell'orto e acqua potabile dal catino dei Ricci.

Una sorella era andata al loro rifugio e aveva visto che le uova e l'acqua erano conservate lì. I ragazzi avevano allestito anche un piccolo angolo con «una specie di lettino a terra». Una tana che ora sembrava pronta per ospitare qualcuno: non più una stanza per riunioni e giochi, ma una specie di casa. Quando Sonia aveva rivelato al padre il furto che avevano subito, lui le aveva detto di lasciar perdere, che non valeva la pena mettersi a discutere.

Del resto aveva detto la stessa cosa anche quando avevano rapito la figlia, «quindi figurate...».

La notte del sequestro di Sergio Rambaldi, Sonia era andata a bruciare il trifoglio contro i temporali, all'incrocio della chiesetta di San Biagio. Dopo aver portato a termine quell'operazione, mentre si apprestava a dire una preghiera notturna a compimento del rito, lungo la strada le era andato incontro uno degli amici di Piero Lauri: Tritolo Kid, soprannome di Gianni Capasso.

Tritolo Kid era uno dei capi, insieme a Piero, dei Lupi d'acciaio. Una ventina di ragazzini con nomi da fumetto: Mefisto, l'Arcinemico, il Ramingo, l'Intrepido... Chi non aveva abbastanza fantasia si teneva il nome originale, campestre ma non meno epico: Paride, Nestore, Ettorino. E chi non aveva genitori con abbastanza fantasia, si teneva il nome ordinale, sintomo di una visione del mondo basata sull'inesorabile linearità del destino: Primetto, Duilio, Ottavio. Della banda facevano parte anche Paride Mecocci e i fratelli Madia.

Il gruppo di ragazzi, che si ritrovava nella Tana, era formato da clan più ristretti. La divisione, secondo Sonia, non era chiara: nemmeno loro sapevano chi facesse parte della banda. Piero Lauri si prostituiva alla faggeta. Non era l'unico e i suoi compari erano spesso coinvolti in vicende che riguardavano il sesso, come nel caso del rapimento della stessa Sonia. Giorgio Sacchi, insieme a Lauri, guidava la parte di quelli interessati alla politica.

I Madia gestivano furti e contrabbando. Poi c'erano quelli innocui, quelli che si vedevano alla Tana per giocare a calcio o per scambiarsi le figurine. Infine Tritolo e i suoi seguaci si divertivano soprattutto con congegni elettronici come circuiti, transistor, radioline, ultimamente pure con gli esplosivi. Guidare o far parte di un clan non escludeva di partecipare ai riti e alle attività di un altro. Soprattutto, se un altro Lupo aveva bisogno tutti accorrevano.

Tritolo era cattivo, faceva cose sbagliate, rubava. Ma non faceva parte del gruppo che l'aveva rapita: con lei Tritolo era sempre stato gentile. La notte del 5 luglio 1969 si era presentato da lei affannato.

Aveva con sé «una specie di coperta, come quella dei cacciatori o per anna' in guerra». Si trattava di un sacco a pelo verde, di una maglietta e di un pantalone per ragazzo. Tritolo le chiese di nascondere quelle cose in camera, per qualche giorno.

«L'hai raccontato al magistrato?»

«No, m'ha chiesto solo di quello che hanno fatto a me, cercava di capire che tipi fossero Lauri e tutti gli altri.»

«Ma perché non l'hai raccontato a nessuno?»

Sonia non trovava le parole. Forse non le aveva per davvero, perché parlare significava ammettere di averlo fatto per lealtà e affetto verso Tritolo.

Nelle ore successive le due continuarono a parlare: a Dora fu chiaro che i maschi di casa Ricci erano arrabbiati perché lei e la madre avevano denunciato lo stupro, una scelta che alla ragazza avrebbe impedito di trovare marito. In nessun modo, secondo loro, avrebbe dovuto nuovamente esporsi parlando della banda: quei ragazzi erano pericolosi. Soprattutto le sue parole sarebbero potute sembrare la rappresaglia di una spia.

Sta di fatto che, secondo il racconto di Sonia, il sacco a pelo e i vestiti le erano stati affidati da Tritolo Kid.

«Perché Tritolo t'ha dato quelle cose?» E soprattutto: perché aiutare chi le aveva fatto male?

«Ma io che ne sapevo che stavo aiutando loro?» Sonia ci teneva a sottolineare ancora una volta che l'aiuto gliel'aveva chiesto Gianni, non gli altri Lupi, e con lei Gianni era sempre stato buono. «Secondo me gli altri manco lo sapevano che era venuto da me.» E anche se lo avessero saputo, c'era da dire che facevano cose sconsiderate, perché quelli della Tana erano «stuppidi e agitati».

Stupidi e agitati.

Stupidi perché agivano senza calcolare bene le conseguenze. Agitati – e molto – per qualche motivo che Sonia lì per lì non era in grado di decifrare.

«Hai tenuto con te quelle cose?»

«No, due giorni dopo è passato Paride a riprenderle e

m'ha dato in cambio il fermaglio. Mica lo sapeva lui quanto valeva...» Per lui era solo uno dei gingilli rubati che tenevano «nel forziere della Tana».

«Che forziere?»

«'Na cassetta dei furti che c'hanno in fondo al pozzo della Tana... La controlla Lauri.»

Lauri era una specie di tesoriere, teneva le mani su tutti i beni che giravano nel ritrovo.

La storia era chiara. Nella notte del rapimento Tritolo aveva affidato a Sonia un sacco a pelo e un cambio presumibilmente destinati a Sergio Rambaldi, il bambino rapito. Era un gesto dettato dalla paura di un gruppo di ragazzini, dal timore che già da subito potessero rintracciarli e perquisire la Tana. Sonia non doveva raccontare ai giornalisti la brutta storia del suo sequestro e delle violenze. Soprattutto non doveva raccontare a nessuno del sacco a pelo e dei vestiti che stava nascondendo. Così due giorni dopo si era presentato Paride Mecocci e le aveva offerto il fermaglio: «Prendilo e sta' zitta. Oppure Lauri t'ammazza.» Era andata così.

Dora aveva tra le mani una dichiarazione importantissima, che la fonte non aveva rilasciato né al magistrato né alle forze dell'ordine. Era difficile da dimostrare ma contribuiva alla ricostruzione dando maggiore sostanza alla pista del rapimento ed escludendo la faggeta. Fosse stato così, Binaschi era probabilmente morto da innocente e da vittima.

«Secondo te gli oggetti che hai custodito per due giorni servivano per tenere Sergio Rambaldi nascosto nella Tana?»

«Ah boh, io non lo so.»

Bisognava chiederlo a Tritolo Kid.

Si era fatta sera, così Dora le propose di riaccompagnarla; lei però disse che non aveva paura a camminare da sola di notte, perché «se le cose brutte hanno da succede', succedono anche sotto 'l sole».

23

Il cuore non è sereno, il cuore va liberato

Con i soldi ottenuti grazie all'ipoteca dell'atelier, Angelo Pent aveva fatto una donazione sostanziosa all'ospedale pediatrico. Il gesto aveva avuto una buona copertura da parte dei giornali locali. I democristiani trovavano volgarissimo che una beneficenza venisse resa nota: «Ma del resto, so' socialisti, che t'aspetti?» aveva commentato il preside Mingatti. Nel partito, alcuni avevano preso a parlare del sindaco come di un martire, affossato da bugie che magari avevano un movente politico, mentre altri rivedevano il fascino del politico rassicurante che li aveva conquistati anni prima.

Si sapeva che alle prime regionali avrebbe vinto il Pci, nonostante a Ferso il consenso fosse ormai in mano alla Dc. Angelo Pent era ancora un tassello buono per assicurare l'alleanza tra socialisti e comunisti. Eppure, l'estremo tentativo di riaccreditarsi da filantropo agli occhi dell'opinione pubblica non era servito a molto, così come non erano servite tutte le chiamate a Roma, Terni, Perugia.

«Torna in studio, nei reparti, rimettiti a fare solo quello che facevi prima e dimentica l'onta» gli aveva detto il segretario regionale. I vertici preferirono così tenere la promessa socialista in panchina per un paio d'anni, anche se non si escludeva di ricandidarlo direttamente alle politiche quando la ferita collettiva procurata dall'omicidio Rambaldi si fosse rimarginata.

Nel frattempo c'era chi gli consigliava di sposarsi una volta per tutte perché un matrimonio metteva «al riparo da oltraggiose e fantasiose speculazioni», e perché «va bene che il nostro elettorato non è bacchettone, ma abbiamo bisogno di recuperare un po' di moderati».

Angelo ormai mentiva a se stesso. Aveva mentito convincendosi di avere davvero a cuore la donazione all'ospedale. E mentiva convincendosi che dopo dieci anni il matrimonio sarebbe arrivato insieme a un figlio.

Dora, dal canto suo, non aveva mai fatto cenno al desiderio dell'altare, che tutt'al più continuava a guardare da lontano mentre le spose vestite con i suoi abiti attraversavano la navata. L'unico bambino a cui pensava, poi, era ancora Sergio Rambaldi.

Angelo la invitò a mangiare fuori, intendeva saggiare il terreno per una possibile proposta di matrimonio. La portò al ristorante del circolo del golf, vicino al fiume. Tavolo con vista sulla veranda, vicino alla finestra. Nessuna nebbia, l'acqua sulla riva si era ritirata, in lontananza si vedeva il Porticciolo con le finestre chiuse.

Il direttore della banca, Guglielmi, rientrava dal campo e andava verso il bar del circolo. Aveva uno sguardo tonto, spaesato, ma appena vide l'ex sindaco si accese e cominciò a sbracciare con la sacca dei ferri che ondeggiava dietro la schiena: «Dottore! Che meraviglia vedervi qua con la sua eccezionale consorte.» Dora non era consorte, ma nei modi affettati il direttore cercava di essere gentile. «Che brava modista, mia figlia è molto contenta di come sta realizzando l'abito.»

Si riferiva al vestito di laurea della ragazza, una delle prime ingegnere donna di Ferso. «Se è sempre così brava» fece guardando Angelo con complicità, «non ci sarà nessun problema con i nostri affari.» Dora non colse il riferimento al prestito con ipoteca sull'atelier di Torino.

Non poteva coglierlo perché ignorava l'accordo. Il debito con la banca era di venti milioni. Una somma che Angelo aveva ottenuto scommettendo sul proprio traballante successo. Intendeva ripagarlo lentamente, anche se quella vittoria si allontanava sempre di più. Di certo, intendeva fare tutto alle spalle di Dora.

«Chi era?» chiese Dora riferendosi a Guglielmi, non appena se ne fu andato.

«Il direttore della banca.»

L'informazione fece tornare alla mente di Dora una buona notizia: «A proposito di banca. Abbiamo chiuso un accordo con il teatro.» La capacità di procacciarsi clienti e contratti del suo piccolo gruppo di donne era strabiliante. «In estate sarò pronta a ricomprare l'atelier e ripagarti per i soldi e la fiducia che mi hai dato.»

«Brava, sono proprio fiero di te» fece lui con tono distratto e condiscendente.

A giugno, di ritorno dal consueto viaggio a Torino, Dora si presentò in casa dichiarando la cifra che nel frattempo aveva accumulato.

Angelo si congratulò nuovamente: «Sei una gran lavoratrice, cara Dora.» E minimizzò l'accordo preso con il direttore Guglielmi: «Dovremo firmare qualche foglio e potrai ricomprare la tua azienda.»

Gliel'aveva detto mentre affettava il pane per la cena, serenamente, celando e placando qualsiasi nervosismo. Dora apparecchiava e, allineando forchetta e coltello, sistemando accanto ai piatti i due tovaglioli chiusi negli anelli, si scoprì infastidita.

«Potrai ricomprare la tua azienda.» Facile. Solo «qualche foglio». Facile.

«Quale foglio?» domandò allora.

Angelo, che aveva la testa sulla campagna regionale alla quale tuttavia non partecipava da candidato, ruppe la tensione. Con un atto liberatorio che non aveva la forza della deflagrazione, confessò sommessamente: «Va estinta l'ipoteca e fatta una compravendita.»

Ogni ordine, ogni contratto, ogni vendita, ogni reso, ogni bilancio, ogni tassa, ogni somma e sottrazione, aveva costretto Dora ad avere contezza di numeri, clausole e gergo tecnico. Sapeva benissimo cosa fosse un'ipoteca, ma non capiva cosa c'entrasse con il suo atelier. Nascondendole la verità, Angelo le spiegò che era servita per la beneficenza all'ospedale. Messa così, lamentarsi sembrava ingiusto e malevolo.

Ma ciò che Angelo le diceva non coincideva con la realtà: quella non era semplice beneficenza. Dora intuiva insincerità da parte di lui. Le sembrava che Angelo avesse cercato di comprare il consenso mettendo a rischio il lavoro di lei, delle sue dipendenti e compagne. L'aveva fatto alle spalle di chi diceva di amare, non solo tradendo lei ma attribuendo alle proprie ambizioni un valore più alto di quelle di Dora. In altre parole, non la rispettava. Questo pensiero cominciò a farsi strada dentro di lei.

Nella notte insonne, mentre Angelo dormiva, Dora uscì in giardino. Rimuginava. Dal canto suo, cos'aveva concesso di se stessa, a parte l'affetto? E non l'aveva fatto aggrappandosi come ci si aggrappa quando si vuole solo sopravvivere? Nel pane tagliato, nel tovagliolo avvolto nell'anello si dispiegava una cura quotidiana sufficiente a motivare un'esistenza insieme? Ipotecando l'atelier, tacendo vigliaccamente, Angelo aveva manifestato in fondo solo una perdonabile debolezza, in un momento difficile della propria vita.

Ma il tempo passava e non c'era confronto con Angelo che riuscisse a lasciare entrambi con il cuore sereno. Quindi Dora sentì che era arrivato il momento di essere onesta. Un'indiscutibile presa di coscienza la tormentava. Non c'era debolezza nell'azione di Angelo, perché sopravvalutare se stessi non era una cosa da deboli. Dora provava rabbia, e nella rabbia si convinceva del suo giudizio finale su Angelo: il loro amore vissuto forse era stato un amore assoluto, ma non era quello che lei cercava.

24

Milano e la festa della giovinezza

Era passato quasi un anno dal giorno in cui Sergio era stato ucciso e seppellito sotto la sabbia di una spiaggia lacustre. Giovanni pensava a lui ogni giorno, mai gli era successo con una vittima delle storie che aveva coperto.

> Caso Rambaldi. La Cassazione ha accolto il ricorso dei legali di Sacchi, riconoscendo l'insufficienza delle motivazioni contenute nel mandato di cattura. Nel capo di imputazione il giudice istruttore Curzio Monaldi ha combinato un pasticcio perché i «sufficienti indizi di colpevolezza» alla base della propria decisione non erano affatto elencati. Una svista non da poco, che getta il sospetto dell'inadeguatezza su questo magistrato silenzioso, che pure da mesi lavora a testa bassa sull'omicidio del piccolo Sergio.

Giovanni gettò il mozzicone di sigaretta a terra e scosse la testa, pensando allo sbaglio grossolano di Monaldi. Sempre di più quella storia gli appariva come una sequenza di istinti, irrazionalità, scelte emotive ed errori.

Se n'era convinto a forza di coprire omicidi e scandali. Diversamente dall'idea che hanno molti lettori, di giornali e di libri, diversamente da quello che lui stesso aveva pensato per tutta la vita, il male quasi mai è il frutto di un'attenta elaborazione, il piano di un'intelligenza malevola. E quasi mai la soluzione della giustizia, l'equilibrio finale del bene, è una conquista logica e lineare fondata su una causalità perfetta.

La citrullaggine, la leggerezza, talvolta l'inerzia del conformismo muovono il mondo anche nei suoi fatti più crudeli. Lo aveva sentito dire anche all'osteria a Ferso... «Quasi sempre i fattacci avvengono per stupidità!» Il tentativo di ricondurli alla ragione, attraverso i tribunali, non doveva far credere che a prevalere fosse sempre il limpido procedere del senno. La giustizia, come la verità, era in mano comunque a uomini imperfetti.

Era sabato notte. Chi non aveva il turno o la moglie a casa scendeva alla fiaschetteria. La fiaschetteria era a pochi passi da piazza Duse, il salotto silenzioso dell'alta borghesia, alla quale – nella redazione – appartenevano solo il direttore e pochi altri, quasi tutti legati all'editore. Il locale, bohémien e un filo chiassoso, era tollerato dai residenti solo perché si trovava ai margini del quartiere. E poi si lasciava frequentare da qualche intellettuale, comprese alcune firme prestigiose della *Pagina* e di *Tempi moderni*, la cui sede da qualche anno dava sui giardini di via Palestro.

L'aria fresca di un'estate pronta a concedere un po' di ferie spingeva i giornalisti più audaci a concludere la giornata facendo serata alla Sala Venezia o al Basso. Giovanni non si sentiva affatto audace, voleva solo un amaro e poi camminare lentamente verso casa. Con un bicchiere pieno in mano si accomodò quindi su una sedia isolata rispetto al resto dei tavoli festanti, all'aperto, fuori dalla fiaschetteria.

Molina gli si avvicinò: «Hai letto la breve di domani su Rambaldi?»

«Sì, era tua? Non c'era la firma.»

«Sì, giusto due righe per aggiornare...» Milano, pochi mesi dopo la strage di piazza Fontana, era un susseguirsi di scioperi e proteste. Poco spazio per la nera nazionale, anche nel rotocalco. «Che disastro Monaldi... Allierini, il pubblico ministero, è certo che il delitto sia a sfondo sessuale.» Stavano scadendo i termini di carcerazione anche per Lauri e per Madia. «Vedrai... Se non trovano buone prove quelli tornano in libertà e magari ci restano.» Lo diceva con una punta di amarezza, come a lasciar intendere che del caso in fondo gli importasse davvero.

«Secondo te ci rimandano a Ferso?»

«No, no. Almeno non per ora. Non interessa...» fece lui guardando verso l'arco della Società Buonarroti, colonne d'Ercole del quartiere.

Stavano arrivando due giovani donne, studentesse universitarie amiche di Molina.

Il giornalista respirò a pieni polmoni come a voler accogliere il profumo di quel momento, per ricordarlo. Con una figlia ormai alle medie, una separazione in corso e un patrimonio di citazioni da migliaia di libri letti, pareva navigato e insieme refrattario a coinvolgimenti emotivi troppo intensi: dava l'idea di saper bene cosa volesse dire *godersela*.

«Tu, caro Pitorsi, come diceva Giovanni Verga, "hai avvelenato la festa della giovinezza esagerando e complicando i piaceri dell'amore", e così ti prendi i dolori che ne sono il risultato. Ma hai quanto? Venticinque anni?...»

«Trenta. Quasi.»

«E allora fai ancora festa, che a forza di far festa ti passa la voglia di avvelenarla!»

Giovanni quella voglia l'aveva vista svanire negli ultimi anni; si era appena rinvigorita dopo l'estate trascorsa a Ferso. Gli pareva di poter essere finalmente lineare. Ma com'era finita? Con la certezza che Dora andasse solo dimenticata, che fosse persa per sempre.

Quindi, per quanto lo riguardava, ogni giro di danza sarebbe stato solo accidentale. Non erano più i tempi dei corteggiamenti, dei complimenti, degli amoreggiamenti operosamente ricercati. Quelli dai quali poi scappare in modo rocambolesco o vigliacco. Non erano più i tempi in cui si potevano avere insieme una promessa sposa a casa, un'amante al lavoro e una di cui innamorarsi in Maremma. Non ne aveva più la forza, anche se non aveva neppure trent'anni.

Proprio l'ex amante, Imma, la segretaria di redazione, stava lì, al tavolo del bar, alle loro spalle. La donna, brilla, fissava Giovanni da quando era arrivato. In quello sguardo, normalmente celato dietro la scrivania da un dignitoso autocontrollo, il fotografo sentiva il peso delle lacrime che lui doveva averle causato.

Quante donne aveva fatto stare male? E quante non ne aveva piante per poi ritrovarsi sempre schiacciato dal suo mistero, quello di essere fatto male, di saper solo guastare la festa? Forse quel mistero era, come diceva Verga e ribadiva Molina, una condizione ben più comune di quanto credesse?

Le amiche del «caaaro Roberto dolcissimo» salutarono il giornalista che, mentre sul lavoro, da inviato, manteneva le distanze, a Milano sbocciava in tutto il suo decadente vitalismo. Molina rideva. Rideva in modo rumoroso, spiccando sul vociare confuso che si propagava intorno alla fiaschetteria. Molina era un turbinio di «come diceva questo», «come diceva quello», «un altro amaro, grazie». Molina era pieno di battute briose e brillanti. «Un altro, grazie.» E a forza di ciacolare e imbellettare le conversazioni alla fine si guadagnava almeno le risate delle convenute. «Ancora un amaro, l'ultimo.»

Che carine che erano le studentesse... Una, Barbara – sì, forse si chiamava Barbara –, cercava di coinvolgere Giovanni con fare sinceramente incuriosito: «Quando hai iniziato a fare il fotografo?», «Ti piace?», «Qual è il tuo scatto migliore?» Era un accidente, Barbara? Un accenno di amore non cercato che gli stava di nuovo piombando addosso? Giovanni voleva lasciarsi andare ma, mentre rispondeva alla raffica di piccole domande col suo solito stile laconico, sentiva addosso lo sguardo di Imma.

Se fai un'altra festa di lacrime questa volta la paghi. Non voleva rischiare di incrociare il suo volto, lo evitava come fosse quello della Medusa. Eppure, se le avesse dato le spalle avrebbe provato il fastidio di una coltellata invisibile, alla schiena.

Pensando di poter vincere l'aria da sortilegio che la donna aveva portato davanti alla fiaschetteria, Giovanni prese per mano Barbara e, tenendo nell'altra l'ultimo drink, si avviò verso il parco come per sottrarsi allo sguardo altrui. Era l'unico sforzo che era disposto a fare per accogliere il nuovo incontro.

«Dove vivi?»

«A Porta Ticinese.»

Stava dalla parte opposta rispetto a casa sua, ma ora che l'aveva allontanata dall'amica e dal gruppo provava un senso di colpa a lasciarla sola nella notte milanese.

«Ti accompagno io... Ma andiamo piano che, come vedi, so' zoppo...»

«Che ti è successo?»

Avrebbe dovuto raccontarle dell'incidente da tombarolo, ma non aveva voglia di addentrarsi in storie bizzarre con una sconosciuta: «Incidente sul lavoro, durante un servizio.»

Lei lo guardava incuriosita: nella misteriosa e frettolosa ritrosia ad approfondire c'era il principio di una fascinazione. La ragazza studiava Lettere, veniva da Novara, le piaceva disegnare. «Perché non sei fidanzato?»

Quello che Giovanni non aveva chiaro era che la festa della giovinezza l'avvelenano anche le ragazze quando invece di tirarsi indietro di fronte a una possibile complicazione cedono rovinosamente alla sua seduzione. Per questo quando lui rispose: «Barbara, sono un disgraziato», credendo di destare con la franchezza una qualche saggia ritrosia, quella replicò altrettanto francamente: «Be', a me piacciono i disgraziati.»

E lui se ne stupì, come ogni volta. All'altezza di piazza Duomo si sarebbero potuti baciare. Lui le avrebbe potuto persino tenere la testa tra le mani, le dita tra i capelli. Avrebbero fatto dietrofront, avrebbero potuto avviarsi verso casa di Giovanni, in zona Repubblica, e stare un po' soli. Ma lui, zoppicando, l'accompagnò fino a casa. «Prenditi cura di te» le disse, e poi, con più lentezza di quella a cui la sua gamba normalmente lo costringeva, s'incamminò per raggiungere il proprio appartamento.

Lungo la strada non si chiese, come faceva di solito tornando dal lavoro, a piedi o sul tram, se Dora stesse guardando lo stesso cielo, se fosse illuminata dalla stessa luna. Non si chiese quale vestito avesse cucito, quale avesse indossato. Se avesse finalmente rotto con quell'Angelo. E soprattutto se stesse ancora investigando sul caso Rambaldi. Era spensierato e stupito di sentirsi in pace.

Quella notte, girò la chiave nella toppa del portone, raggiunse le scale e fece per salire fin su. Passò davanti alla cassetta della posta. E la ignorò. Dentro c'era una lettera, ferma lì dalla mattina. Arrivava da Ferso:

Caro Giovanni,

Non è facile per me scriverti, non lo è stato neanche tornare a parlarti.
Lo faccio perché sento per Silvana l'obbligo di capire chi abbia ucciso Sergio. So che anche tu provi qualcosa che è più della compassione verso un bambino che hai visto morto.
Le cose che avevi annotato sono state utili, ma ne ho trovate delle altre.

Se intendi tornare, ti prego di scrivermi o chiamarmi ai contatti che trovi qua.

Dora

Giovanni la lesse con due giorni di ritardo. Era una lettera scritta con una grafia regolare, senza errori, essenziale, contenuta. Netta e inesorabile, come Dora era sempre stata.

25

«Con i guanti io divido»

L'uomo con i guanti appare nei sogni dei tormentati. Ma ci sono luoghi in cui, se viene propriamente invocato, diventa materia. Ha voce suadente, sa adulare. Ma per sua natura suscita il caos. Lui arriva per dividere. Divide amanti, divide famiglie, città, paesi. Si nutre di dita puntate, capri espiatori e sacrifici. Quando è sazio scompare. A Ferso lo avevano visto alcuni, tra l'autunno del 1968 e quello del 1969. Lo aveva visto Dora Bois. Lo aveva visto anche Giorgio Sacchi.

Aveva dieci anni Giorgio quando il padre, Ruggero, gli aveva spiegato come ci si muove nella vita: «Se nella vita vòi qualcosa, qualcosa de grosso, nun lo devi chiede'. Se lo vòi ottene' e non esse' disturbato, non devi da' nell'occhio.» Se sei parente di, se implori, se vai a letto con, se paghi le mazzette, può succedere – non è detto, ma può succedere – che gli altri ti additino. A quel punto il rischio è di vedersi togliere quanto si è ottenuto col sudore. «Il modo migliore pe' ave' qualcosa e mantenello è esse' fedele.»

L'insegnamento era chiaro: entra in contatto con chi può darti quello che vuoi e fa' sì che possa contare su di te al punto che aiutarti diventi parte di un accordo mai scritto, e mai detto.

Grazie alle conoscenze del padre, che era stato assistente del geometra comunale nella costruzione della diga, si fece accreditare presso i marchesi Donnini. Nella vasta tenuta tra Murlo e San Michele, Giorgio fu inizialmente mandato a lavorare nei campi. In virtù di una certa affidabilità, fu poi indirizzato ai magazzini: doveva imparare la rendicontazione.

Un giorno, riportando un fascicolo nel casale, Giorgio Sacchi si fermò a guardare delle foto esposte su un comò dell'ampio ingresso, gravato da quadri e tappezzerie. Erano immagini recenti. Ritraevano scene di vita in società: una premiazione, una festa di Capodanno, un congresso.

In una di queste il marchese era in compagnia di Umberto II. Posavano per uno scatto di rito in un salotto affrescato, tra poltrone d'oro e velluti. «La monarchia è stata tradita dagli invidiosi che hanno in odio la bellezza. Quando c'era il re era tutta un'altra Italia!» fece il marchese sorprendendolo immobile davanti alle foto.

«Era migliore, vero marchese?»

«Era più felice!»

Fu una semplicissima rivelazione. Giorgio si immaginò là dove un giorno avrebbe voluto essere: al cospetto del re, accanto a lui, felice.

Il marchese vedeva in Giorgio Sacchi niente più che un assistente promettente, ma lo aveva in simpatia per una devozione istintiva. Portò il ragazzo a visitare il monumento in onore del principe Amedeo all'aeroporto di Gorizia. Poi lo portò a Nizza per un'udienza pubblica davanti ai Savoia. Pian piano prese ad affidargli dei compiti. Poi a rivelargli segreti, e a chiedergli di coprirli. Giorgio Sacchi si sentì finalmente importante: avvertiva su di sé la luce riflessa del marchese e del sogno monarchico.

Giorgio Sacchi usava i soldi guadagnati dai Donnini per comprare vestiti dignitosi. Li sfoggiava alle riunioni del partito monarchico che si tenevano nella casa del marchese ogni venti giorni. Nel salone delle feste, accomodati su sedie ben ordinate, partecipavano nelle prime due file i militanti dell'al-

ta società locale e romana; nelle file posteriori, dove si sedeva anche Giorgio, sedevano invece i militanti del popolo.

Ricchi e poveri non avevano in comune niente: le case, le stanze, i profili, le mani. Il modo di amare o di non amare. Non avevano nulla in comune se non la nostalgia per i tempi andati in cui c'era ancora il re. Alle riunioni Giorgio taceva, ma ascoltava con attenzione, quasi con trasporto.

Fondò il Fronte giovanile di Ferso. Gli servivano iscritti. Si rivolse agli amici della Tana, una vecchia rimessa oltre la frazione di Murlo. Nella Tana, che Giorgio aveva frequentato fino a poco tempo prima, si ritrovavano i Lupi d'acciaio.

Erano teppisti tra i dieci e i diciotto anni che si divertivano a marcare il territorio disegnando su muri, alberi e panchine una specie di V *che indicava la zanna del lupo. Alcuni rubavano, alcuni giocavano con armi da caccia e piccoli esplosivi, alcuni si prostituivano alla faggeta.*

Giorgio Sacchi incontrò l'uomo con i guanti all'inizio del 1969, all'Hotel Royal, durante la riunione per costituire i Comitati di salute pubblica. Guidava un'auto nera. Indossava un cappello, degli occhiali, e i guanti. Per coprire gli sfregi dovuti a sparatorie e accoltellamenti, pensava Giorgio Sacchi. Era sicuro che portasse con sé almeno una pistola. Il suo nome, aveva insistito il marchese Donnini, doveva restare segreto: «Quando ci vuoi parlare, chiedi a me.»

Alla riunione nessuno guardava Giorgio, nessuno dei grandi gli parlava. Tranne quell'uomo in fondo alla stanza che gli altri parevano non vedere. Il marchese glielo presentò senza farne il nome. «Il nostro prestigioso ospite» disse, e li lasciò soli.

Senza aggiungere altro, l'uomo disse: «Sei un ragazzo sveglio. Il mondo ha bisogno di uno come te.»

Uno come te.

Come te.

Un mondo sconsiderato, sgangherato, in cui solo la pu-

rezza di un giovane uomo poteva garantire il ritorno dell'ordine. Giorgio si sentiva un prescelto.

Il mondo ha bisogno di me.

L'uomo con i guanti gli propose di comprare bombe e pistole, perché quello che s'era visto al teatro comunale di Ferso era solo l'inizio: la guerra al comunismo era ormai vicina. Solo chi sapeva combatterla poteva avere un posto di rilievo nella nuova Italia e quindi nel nuovo mondo. «Ormai in tanti trafficano certa roba. Non solo intorno a Ferso.»

Avveniva anche in altre zone d'Italia, come Roma, Milano, Bologna e Viareggio. Lo stesso Tritolo Kid farneticava di vendere ai Comitati di salute pubblica gli esplosivi che rubava o fabbricava.

«Ma con quali soldi?»

«Una causa giusta trova sempre le sue vie.»

Giorgio si congedò dall'uomo con i guanti con una sensazione incerta: sulla gioia di essere compreso, considerato e visto, pesava la paura di non riuscire. Parlò della proposta a Piero Lauri e Marcello Madia, e con loro trovò una soluzione: il riscatto di un rapimento poteva fruttare il denaro di cui avevano bisogno.

Con Sonia il gruppo aveva fatto esperienza, anche se per poche ore, di cosa fosse un sequestro. I tre erano bravi a convincere gli altri a seguirli fedelmente. E poi avevano la Tana, per nascondere la vittima. Soprattutto, avevano idea di chi potesse essere la vittima: Sergio Rambaldi. Il bardascio sotto la teca. *Una teca circondata dalle attenzioni di una delle famiglie più ricche della provincia.*

«Quello è uno strano, tocca esse' bravi ad avvicinallo.»

Lauri e Mecocci furono bravi. Ma poi il sequestro andò male. Molto male. Sergio era morto. Per non sporcarsi le mani, Giorgio si fidò dei suoi amici, ma dentro di sé sapeva che non erano adeguati. Non a caso l'uomo con i guanti aveva scelto lui, non altri.

Giorgio lo ammirava senza condizioni, tanto da dubitare che le lusinghe che si era visto riversare addosso non fossero che il riflesso della propria adorazione. Al tempo stesso, sentiva di doverlo temere.

Nell'estate del 1969, quando ancora il suo nome non era citato nelle cronache, Giorgio arrivò fino a Viareggio, nello studio di un avvocato, per incontrare di nuovo l'uomo con i guanti. Era la riunione di un'organizzazione anticomunista che faceva da copertura al Movimento di azione rivoluzionaria.

L'uomo con i guanti portava i guanti anche d'estate. Lo aspettava fuori dallo studio dell'avvocato. Vestito sempre di nero, con un'espressione stranamente accogliente. Giorgio si scusò per l'esito del sequestro e per l'affare saltato; intendeva persino rilanciare auspicando future collaborazioni. Quello del Fronte giovanile di Ferso era stato un brutto pasticcio, ma non era stato gestito troppo male: fino a quel momento la pista politica non era mai emersa, non si credeva neanche più che si trattasse di un sequestro.

«Non vengo qua solo a portarvi il problema. Vengo con la soluzione.» Sergio Rambaldi era stato ucciso per uno squallido incontro nella faggeta, e su quella linea gli amici di Giorgio avrebbero cantato finché quella storia non fosse stata dimenticata. Tirare in mezzo gli avversari e scatenare la guerra di tutti contro tutti. Accusare. Dividere.

L'uomo con i guanti si era avvicinato al suo volto, abbassandosi appena. Era notte, era così buio che pareva di essere sprofondati in un inferno gelido, senza fiamme.

Nella penombra i suoi occhi sembravano d'argento. In un istante a Giorgio parve di vedere sul volto dell'uomo quello del proprio padre, quello del marchese, quello di Marcello, di Piero, di Paride. Infine vide, orrendo e ripugnante, quello putrefatto di un innocente.

Poggiandogli una mano sulla camicia ben stirata, l'uomo sibilò in faccia al ragazzo come se in fondo stesse andando tutto secondo i suoi piani: «Avete fatto un errore. Ma non prenderlo come tale. Prendilo come un sacrificio. Chissà che non sia il vostro caos la via della causa giusta.»

Quelle parole dovevano apparire rassicuranti, invece Giorgio era terrorizzato. Ma non si tirò indietro. Con gli occhi spiritati e il cuore indemoniato, tornò a Ferso per dare ordini ai propri amici.

Se il caos era la via, il caos doveva iniziare.

III

Una storia di potere

I

L'estate del ritorno a Ferso

Dal belvedere il lago si riconosceva appena. Un triangolo tra le linee dei campi, mercuriale, piccolissimo. L'acqua, come la pelle di un serpente, abbagliava sospinta dal movimento. Intorno c'erano i luoghi che l'estate precedente, nel 1969, Giovanni aveva conosciuto da vicino: la faggeta, le rive del fiume, la diga, le ville, gli alberghi e il Porticciolo. Tutto laggiù si lasciava immaginare come la mappa di una storia da ricostruire, una storia che in città, e nel resto d'Italia, non interessava quasi più a nessuno.

Nelle edicole di Ferso ormai c'era spazio solo per la partita del secolo: Italia-Germania Ovest; nelle bacheche dei partiti si parlava delle prime elezioni regionali e delle nuove comunali. Giovanni, che con la sua gamba malmessa aveva attraversato in treno mezza Italia per cercare di tirar fuori qualcosa sulla morte di Sergio Rambaldi, non trovò il nome di Angelo Pent tra i candidati.

Senza alcuna certezza di scoop o coperture rilevanti, la redazione non era stata disposta ad accordargli le spese. Giovanni era partito usando tutte le ferie che aveva accumulato. A Ferso era finalmente riuscito a noleggiare una Vespa. Aveva con sé la macchina fotografica, una piccola valigia e la lettera di Dora, che sembrava un lasciapassare per un mondo a parte. A testa bassa, con gli occhiali da sole, come chi sfugge a un paparazzo – proprio lui che era un fotografo – raggiunse l'indirizzo annotato sulla lettera. Era quello del laboratorio, dove un anno prima Giovanni aveva riconsegnato la foto rubata di Sergio. Erano le sette di sera. Non sapeva se Dora e Angelo stessero ancora insieme. Aveva il cuore in gola.

Ogni volta che le traiettorie delle loro esistenze si avvicinavano a un punto d'incontro, quello subito svaniva. E così il tempo del rimpianto era sempre più lungo di quello vissuto. Il peccato originale dell'abbandono a lungo aveva trattenuto Dora in un'amara sottrazione; per anni il ricordo di Giovanni aveva girato intorno all'arroganza con cui l'aveva affrontata la prima volta sulla piana di Roselle, alla crudeltà con cui l'aveva schivata per settimane, al dolore della perdita.

Quando la mortificazione per quell'oltraggio tornava ad affiorare, Dora la mitigava ripetendosi che non tutto quello che si sottrae è perso, non tutto quello che rimane è per sempre. Aveva custodito la frase che lui le aveva detto nel giardino della biblioteca, un anno prima: «Sappi che la mia vita, in questi anni, è stata piena di tentativi di essere un uomo migliore.» Un essere umano migliore? Un fotografo migliore? Migliore nell'amore, forse. Aveva quindi imparato a non ferire? Le mani che tremavano erano il corpo che l'avvertiva di mantenere le distanze?

E se anche nella loro storia ci avesse messo lo zampino il diavolo, che in fondo viene per deviare, per dividere? Potevano tornare a stare insieme, in qualche modo?

Giovanni salì con un'impazienza che s'imponeva su un passo altrimenti lento. Dalle inferriate passava l'aria fresca che l'estate concedeva solo ai piani bassi degli edifici padronali. Già dopo pochi scalini s'inerpicava in modo scomposto e vertiginoso, appoggiandosi alla parete fredda e umida. Non sentiva la fatica. Più che salire, sembrava ascendere. L'aria che entrava dal cortile si era fatta nuovamente calda. Giovanni bussò. Dora aprì la porta.

Giovanni temeva che il volto lo tradisse rendendo evidenti le sue emozioni; avrebbe voluto entrare con disinvoltura nella sala dell'atelier e chiedere rispettosamente: «C'è nessuno?» No, non c'era nessuno. Nessuna cliente, nessun curioso, nessuna amica, nessun compagno. La stanza era piena di stoffe, manichini, quadri, oggetti.

Giovanni riusciva a reggersi sulle gambe come se fossero di nuovo quelle che aveva da ragazzo. La pelle del viso era inumidita per lo sforzo della salita. Sulla camicia l'odore del fumo consumato dal vento; sul collo, quello della solita colonia. I profumi spalancavano il ricordo del passato, rinnovandosi nel presente.

Sul tappeto, da cui lei aveva accuratamente tolto ogni ago caduto e ogni filo tagliato, si sarebbero potuti concedere il tempo per scoprirsi ancora. Giovanni voleva arrendersi al possesso fugace di una meraviglia sconfinata e alla sensazione già provata di frodare l'universo. Dora, che da ragazza viveva la foga acerba dell'intimità, voleva smettere di lottare, e cedere lentamente.

Eppure nessuno dei due faceva un passo. Erano fermi, a pochi passi l'una dall'altro. Si guardavano. Con tale intensità che l'immagine dell'altro era subito persa: dal profilo del corpo, dal contorno dei capelli fino alla punta del mento, dagli occhi scivolando giù sulle labbra, si annullavano l'uno nel riflesso dell'altra.

Dopo aver reciso un amore appena schiuso, dopo il loro addio confuso, dopo la «festa della giovinezza» avvelenata, Dora e Giovanni si erano condannati a custodire l'altro nella parte più intima di sé. Dora teneva Giovanni prigioniero della negazione, senza riuscire a renderlo meno presente. Giovanni teneva Dora nella propria ossessiva immaginazione, senza riuscire a renderla meno reale.

«Sai perché gli scienziati danno i nomi delle lingue

morte a ogni scoperta, dalle piante ai pianeti? Perché l'immortalità si serve della morte» aveva detto Molina a Giovanni quando aveva saputo delle sue imprese da tombarolo, e Giovanni ora avrebbe voluto ripeterlo a Dora.

Invece non parlava, come lei. Restavano una davanti all'altro. Senza avvicinarsi, toccarsi, possedersi, condividere, abituarsi, restavano al riparo dalle mille possibilità del mondo manifesto. E i pochi secondi in cui si trovarono tacitamente a sfiorare insieme la stessa idea d'amore assoluto e idealizzato, scolorirono nel rimpallo goffo dei saluti.

Giovanni posò a terra la valigia e la macchina fotografica. Seduto su una poltrona, fece ambientare il corpo e la vista: distese l'arto malmesso, si guardò intorno soppesando meglio la luce e le geometrie della stanza. Dora era davanti a lui, su una sedia. Li separavano un tappeto e una cesta piena di stoffe. «Come va la tua gamba?»

Giovanni non rispose. La guardava. Inspirò a fondo, come se stesse per andare in apnea.

Con il piede destro si tolse la scarpa sinistra; era un po' più larga del normale, serviva a contenere la staffa dell'imbracatura. Quindi alzò il tessuto del pantalone. Sul cuoio ancora si vedevano le incisioni che aveva fatto lei, più di dieci anni prima, nella falegnameria.

Il loro silenzio fu accarezzato dal rumore lieve delle cinghie che Giovanni, per la prima volta, si ritrovò ad aprire davanti a qualcuno. Voleva che Dora fosse la sola a vedere cosa nascondevano. Fece passare le dita sotto il cordoncino e lo allentò. Somigliava all'intreccio dei bustini da donna più strutturati.

Sotto le giunture in acciaio e la gabbia di cuoio, la gamba di Giovanni era livida dal ginocchio alla caviglia e più magra di quello che il resto del corpo avrebbe suggerito. Negli anni era diventata simile a un arto carbonizzato.

Senza odore, senza peli. Perennemente tiepida, da medicare senza dimenticanze. Grazie all'esercizio continuo a cui il lavoro l'obbligava, quella gamba funzionava quasi normalmente.

Giovanni fissava Dora per riuscire ad anticipare nella sua espressione un cenno di rifiuto. Invece lei era serissima: «Non so come ti sia venuto in mente di farmi vedere questa schifezza.» Poi scoppiò a ridere, non le importava niente di quella che per lui era l'orrenda menomazione della sua mascolinità.

Dora si sedette a terra. Scuoteva la testa e continuava a sorridere, pensando a quanto da niente fosse la preoccupazione di lui. Intanto con la mano destra, finalmente ferma, lo aiutava a rimettere il cordoncino nei buchi. «Vuoi che stringa di più?»

Giovanni desiderava solo allungare la mano sulla testa di Dora, come per ringraziarla. Stava fermo per non rovinare un momento che gli pareva già perfetto. «No, lasciamola un po' così... libera.»

Giovanni notò che sotto una finestra erano riposte le scarpe di Dora. Erano di tutti i colori. C'erano anche quelle rosse. Giovanni pensò che lei ormai vivesse lì, ma non fece domande.

Disse di non aver prenotato una stanza d'albergo; era certo che da Aristide, alla solita pensione, avrebbe senz'altro trovato una camera libera. Le diede quell'informazione quasi fingendosi distratto, ma in realtà stava solo cercando di capire se lei avesse un posto per lui.

Mentre Giovanni parlava, Dora si era alzata per fare un caffè. Si tolse una forcina dai capelli come se le impedisse di avere la giusta prospettiva sulle cose. Tenendola tra le labbra si acconciò di nuovo la crocchia con un movimento preciso ma più lento del necessario. Sapeva di compiere un gesto seduttivo e, mentre lo faceva, non degnava d'attenzione Giovanni che, immobile come uno dei manichini del laboratorio, la osservava.

Tenendo lo sguardo a terra, mentre faceva un secondo giro ai capelli imitò la noncuranza con cui Giovanni le aveva detto di non avere ancora un posto dove andare a dormire: «Non vivo più con Angelo, l'ho lasciato...»

Giovanni non era sicuro di aver inteso bene.

«Abito qui, adesso. Non ricevo più clienti in laboratorio. Solo a Torino...»

Lui trattenne un sorriso.

«A breve mi compro l'atelier con i miei risparmi, la proprietà non è ancora mia e non mi fido di chi la tiene in mano aprendo ipoteche alle mie spalle.» Si riferiva ad Angelo. Aveva un tono seccato. Continuò: «Non vedo l'ora di andarmene da Ferso.»

A costo di apparire scemo, Giovanni tornò sulla prima informazione: «Non ho capito, non stai più con Angelo?»

«Hai capito bene, invece!»

«E sei felice?» le chiese lui riferendosi alla separazione e quasi pentendosi di essere stato così diretto.

«E tu sei felice, Giovanni?»

Certo che lo era, al lavoro ormai era tenuto in palmo di mano dal direttore... Chiese di poter fumare. Ovviamente poteva, alla finestra e stando attento a non dar fuoco ai tessuti.

«Prima di partire, però, devo aiutare Silvana a capire chi ha ucciso Sergio e perché.»

Il *little golden boy*. Un figlio che forse Dora non avrebbe mai avuto era uno spirito da proteggere, al quale portare giustizia. Il punto di incontro con Giovanni.

«Mi puoi aiutare in questo? Mi puoi aiutare a tirare le fila su quello che è successo? A mettere un punto?» Usava parole da sarta, metafore che lo coinvolgevano in una tessitura la cui trama e il cui ordito erano fatti e persone.

Giovanni voleva fumare, ma la guardava come un allocco: «Sono qui per questo, certo che posso... Sergio è per me un chiodo fisso. Mi pare giusto farlo.»

Gli pareva giusto farlo. Ed era vero. Non era lì solo perché Dora gliel'aveva chiesto, era lì per essere un uomo migliore, per fare qualcosa di buono, per aiutare Sergio che da quel mattino lunare era sempre stato nei suoi pensieri. Dora gli porse gli appunti che mesi prima lui le aveva lasciato alla pensione La Pace.

Li aveva cuciti insieme a tutti i fogli sui quali aveva annotato le proprie ricerche. Li aveva poi chiusi dentro una copertina rivestita di velluto nero. L'immagine di sant'Eurosia era attaccata dietro la prima pagina, come a proteggere l'impresa. «Ci sono nomi e fatti interessanti, qua dentro.» Era un vero e proprio quaderno: il quaderno del caso Rambaldi. Da lì dovevano ripartire insieme.

Giovanni aveva a disposizione una settimana per lavorare con Dora. Dentro una familiarità mai provata, o forse provata una volta e poi dimenticata, incapaci di dormire, la notte stessa ricapitolarono tutto quello che sapevano sulla vicenda. Lei illustrò nel dettaglio il suo schema, lesse i riferimenti a sostegno di ogni punto e riferì la versione di Sonia Ricci. Escludevano l'ipotesi di parlare con Mecocci, Lauri, Sacchi e Madia. Chi non era in carcere o in riformatorio era isolato con il divieto di comunicare. Bisognava avere elementi precisi sui luoghi, sulle persone, sui tempi. Bisognava escludere piste e motivare quella più plausibile.

Mentre sistemava il lenzuolo sulla brandina nello stanzino delle stoffe per Giovanni, a Dora parve di essere prossima a una soverchiante e splendente possibilità, che di solito intravedeva solo a Torino, con le sue dipendenti. Era la possibilità di fidarsi davvero.

Mentre nel bagnetto si sciacquava la faccia, Giovanni Pitorsi si figurò invece la sua settimana di ferie. Sarebbe stata la più densa di lavoro da quando si accompagnava a una macchina fotografica. Si stava calando nei panni del più eroico dei reporter: quello investigativo. Eppure, in quella prima notte a Ferso dopo quasi un anno, a Giovanni importava poco chi sarebbe potuto diventare. Gli importava ancora meno sapere chi era. Una cosa gli interessava: che con Dora si stava finalmente ritrovando.

Mentre si toglieva i pantaloni appoggiandosi alla sedia, in quella stanza stretta, si sentì osservato. Oltre a strumenti di lavoro, disegni alla parete e decine di stoffe piegate, non c'era altro. Non c'erano occhi a guardarlo. Ma c'era un telo tra l'armadio e la parete, alto quanto una persona.

Giovanni si avvicinò, scostò il telo: sotto c'era un manichino. Lo tirò verso di sé, per vederlo meglio mentre l'abat-jour illuminava debolmente lo stanzino. Era un abbozzo di abito. Quello che Dora aveva smesso di cucire per colpa delle mani: non aveva voluto affidare a nessun altro la sua realizzazione, perché era troppo personale.

Color miele, pezzi di stoffa appuntati dalle spalle alla vita, una cinta tenuta insieme da un modello di carta. Giovanni tolse gli spilli, lo prese, lo guardò meglio. Per forma e dimensioni somigliava al gioiello che lui le aveva regalato, quello che ormai era in altre mani. Quell'abito parlava ancora di lui.

2

Il giostraio

Gastone Piccaluga era il capo dei giostrai. Erano sue oltre metà delle attrazioni che durante l'estate popolavano il luna park di Ferso. Stando alle cronache degli interrogatori, che con l'arrivo di Monaldi si erano fatte sempre più scarne, quel posto era stato nominato varie volte dai Lupi. Valeva la pena farci un giro. A parte il castello del Principe Canarino, la ruota panoramica e il muro della morte, che veniva allestito per pochi giorni ad agosto, il resto era tutto suo e della sua famiglia, dal calcinculo al tirabarattoli.

Pareva Mangiafoco, e qualcuno gliel'aveva persino detto. La cosa doveva essergli piaciuta, al punto che decise di assecondare quella somiglianza. Aveva la chioma folta, sporca e nera, una barba colossale: non se la pestava coi piedi, ma poco ci mancava. Portava con sé pure una frusta. Non era fatta, come nelle fiabe, di serpenti e code di volpe, ma di nastri, cuoio e forse anche capelli. Non gli serviva a domare alcunché, perché il suo non era uno zoo né un circo, lì non c'erano animali. Lui citava. E soprattutto alimentava fantasie ostentando, oltre agli oggetti di scena e all'acconciatura, un vocione ultraterreno.

Tuttavia Gastone Piccaluga non permetteva a nessuno di chiamarlo Mangiafoco: chi ci aveva provato era stato preso a botte e la storia di quelle botte si era propagata tramutandosi in un'eco leggendaria, vaga e senza più nomi, luoghi e date, ma non per questo meno spaventosa. Lui era, semplicemente, Piccaluga: era il suo cognome, e solo quello poteva essere il suo soprannome, il suo nome mitico. Di lui, poi, si diceva anche che fosse sobrio solo dalle sette alle otto di mattina.

Quando Giovanni arrivò al luna park, lo trovò sotto un tendone che si grattava le braccia e urlava in una specie di veneto: «No ghe facio gninte!» Ce l'aveva con una donna del suo gruppo, forse la moglie, la regina della carovana, che gli aveva portato un intruglio sinti a base di caffè bruciato, al quale era attribuita la facoltà di tenere lontane le zanzare.

Giovanni, che aveva passato la notte a parlare con Dora e l'alba a contemplarla nei suoi sogni, aveva dormito giusto un paio d'ore. Eppure si sentiva lucidissimo. Era arrivato lì con la Vespa a noleggio e la gamba tesa come nei suoi giri dopo l'incidente, in Maremma. Intendeva tornare da Dora solo dopo aver raccolto un po' di informazioni.

Quando Piccaluga vide che lo sconosciuto si avvicinava proprio a lui, intuì che non portava guai ma aveva qualcosa di rognoso da dirgli. Quindi alzò una tazza sbeccata piena di vino contadino, come per chiamare un brindisi impossibile. Poi prese un bicchiere sporco, lo riempì e lo porse a Giovanni, che nel frattempo lo aveva raggiunto. Non era un invito, era una prova. Erano le nove del mattino, e Giovanni non poteva rifiutare se voleva la fiducia del giostraio: «Sì, grazie!»

Mentre Piccaluga se lo studiava guardandolo di sbieco, Giovanni si presentò spiegando che come reporter stava indagando sulla morte di Sergio Rambaldi. Anche se in cuor suo teneva quasi tutti a distanza, Piccaluga si mostrava gioviale, estroverso, un uomo di mondo che sapeva trattare con la gente. Soprattutto con quella di Ferso, che in realtà reputava cupa e incarognita. Ma Giovanni non era di Ferso. Era un toscano che viveva a Milano, un mezzo nomade, a modo suo. Chiacchierarono per due ore, prendendo le misure su quanto potessero fidarsi l'uno dell'altro, senza capire quanto davvero l'uno potesse servire all'altro.

Giovanni voleva sapere, in particolare, se al luna park i giostrai avevano parlato del caso tra loro, se ricordavano di aver visto Sergio quel giorno. La storia intristiva Piccaluga, che se con i propri cari non doveva essere premuroso, verso i bambini pareva provare una tenerezza sincera.

Disse che a chiunque avesse toccato Sergio, o qualunque altro bambino, avrebbero dovuto legare una macina da mulino al collo. Poi giù nel mare, senza pensarci troppo. Era una sentenza biblica. Ma nessuno aveva visto Sergio un anno prima, altrimenti Piccaluga l'avrebbe saputo. La sua era gente con gli occhi aperti e la mano pronta a fare giustizia.

Durante l'invettiva contro gli assassini di bambini, Piccaluga si era infuocato. Faceva oscillare la tazza in alto come fosse un boccale di birra. Poi si placò, e ragionò meglio. Bisognava tener conto del fatto che a luglio Sergio poteva essere confuso tra la folla perché le giostre erano piene di gente. Da quando avevano costruito la diga e col lago la zona era diventata popolare come meta turistica, Piccaluga si era trasferito lì ogni estate rendendo il luna park uno dei primi in Italia a potersi definire tale. Di certo era uno dei più mirabolanti. Una cosa d'avanguardia. «Una primisia» diceva fiero, indicando le giostre ancora spente sul piazzale.

Il grasso sorriso soddisfatto si spense. Tornò al caso di Sergio Rambaldi.

«E po'» aggiunse con una nota sconsolata nella voce, «è passato un an'!» Un anno è tanto, in un anno si dimentica tutto o si inventano cose che in realtà non sono mai successe. Sui Lupi d'acciaio non aveva dubbi: stavano sempre lì intorno, soprattutto sul piazzale, a vendere roba di contrabbando. Nell'estate del 1968 avevano provato a rubare l'incasso del trenino puntando un coltello contro un cugino di Piccaluga. Non avevano considerato però che gran parte delle giostre gli zingari le avevano comprate grazie alle rapine.

Spiegandolo con orgoglio, Piccaluga alzò la camicia per mostrare le cicatrici di una sparatoria, segno che certe ricchezze lui se le era davvero guadagnate. Insomma, il cugino aveva tirato fuori da sotto il banco una mitraglietta e quelli si erano spaventati così tanto che non si erano più avvicinati agli incassi delle giostre.

I piccoli furti a danno dei clienti del luna park, invece, i Lupi continuavano a metterli in atto. E questo avvalorava la tesi secondo la quale a rubare il fermaglio di Roselle erano stati proprio loro, come sosteneva Sonia Ricci.

Giovanni chiese di poter mostrare la foto di Sergio agli altri che, a differenza del capo, erano impegnati a lavorare. Piccaluga, avendo ormai inteso che Giovanni era un «brào puto», lo accompagnò da ognuno di loro: moglie, figlie, figliocci, nipoti, nonni e zie, tutti impegnati a cucinare, pulire, lavare, lucidare macchinine, specchi e bottiglie a cui sparare, tutti disponibili a dare un'occhiata alla foto, se a chiederlo era Piccaluga.

Chi riconosceva la faccia di Sergio era perché l'aveva vista sui giornali. Nessuno lo aveva mai incontrato di persona. In un paio si ricordavano di Silvana e Mario, che quella notte erano andati a cercare Sergio fino al luna park e avevano chiesto di lui a qualche giostraio. Ma nulla di più. Fu una sorella di Piccaluga a dire una cosa strana, diversamente dagli altri: «'Sto fijolo somiglia tanto a quello della Giannetta.»

La Giannetta non era una di loro. Non era una zingara. Vendeva le pannocchie arrosto. Girava per le feste dell'alto Lazio e della bassa Umbria, guidando da sola un furgoncino a bordo del quale, durante le trasferte più lunghe, restava anche a dormire. Ogni tanto si allungava fino al luna park. Stava sempre per conto suo e pensava solo a lavorare. Fidandosi di Piccaluga e dei suoi giostrai, pur essendo una donna sola s'accampava vicino alle loro tende.

Quell'anno, il 1970, era appena tornata al luna park di Ferso. Aveva con sé le cassette delle prime pannocchie e la griglia. La mattina presto usciva dal suo 615 verde del dopoguerra, con una cannetta da pesca. Riportava sempre qualche piccolo pesce che divideva con i giostrai. Alle sei del pomeriggio, quando iniziavano ad arrivare i primi clienti del parco, apriva il banco e arrostiva energicamente fino a dopo la mezzanotte. Era ben voluta.

3

La pannocchiara ha buona memoria

La Giannetta rientrò dalla pesca quotidiana. Parcheggiò il furgoncino dove Piccaluga aveva detto a Giovanni di aspettarla. Scese una signora bassa, magra. Portava delle trecce imbiancate lunghe fino alle spalle, vestiti da uomo, un cappello di paglia. Aveva denti e mani rovinati da una vita di strade e campi. L'età, ma non solo quella, le aveva riempito il volto di rughe. Con una buona parlantina, entrava facilmente in confidenza.

La Giannetta aveva a malapena sentito parlare del caso, aveva altro a cui pensare, lei. Escludeva di potersi ricordare di un ragazzino tra tutti quelli che vedeva, considerando che era passato pure un anno e che di memoria ne aveva ben poca. Ma Giovanni le mostrò la foto di Sergio Rambaldi e lei reagì con insperata vivacità: «Sine, sine, invece! Me lo ricordo! Me lo ricordo bene pure... Innanzitutto stava con certi disgraziati che stanno sempre qua intorno a ruba' le cose...»

Giovanni le mostrò la foto dei sospettati.

«Questo e questo. Questi altri no.»

Erano Lauri e Mecocci i due che accompagnavano Sergio. Non c'erano invece Sacchi, Madia e, senza dubbio, neanche Binaschi.

«Per una volta non allungavano le mani sulla griglia mentre servivo la gente. Avevano fatto la fila, avevano i soldi e insistevano per comprare non una ma due pannocchie a questo ragazzino, tutto timido timido... Lui non le voleva. Alla fine mi sa che ne prese una proprio di sforzo...»

Sergio non le pareva a suo agio. «Ma chi sarebbe tranquillo con quelli là?! Giusto un criminale!» E Sergio era tutt'altro, la Giannetta ricordava lo sguardo interrogativo di un innocente.

«Come fa a essere sicura che fosse proprio questo... Che fosse Sergio?»

«Perché somiglia tanto al figlio mio! Ormai lui è grande, eh, c'ha vent'anni, ma dovreste vederlo, ha gli stessi occhi, la stessa bocca... Povera stella, ma che gli è successo? Ma è figlio vostro?»

Giovanni sorrise imbarazzato, era buffo che nel momento in cui imparava ad assumersi una responsabilità qualcuno lo scambiasse per un padre. Spiegò che no, lui era solo una specie di fotografo e giornalista, ed era per questo che indagava sul caso.

Lei nel frattempo era risalita sul furgoncino. Era così piccola che quasi doveva arrampicarsi. Frugò sotto il sedile del passeggero e ritornò da Giovanni con un'agendina. «Allora... l'estate scorsa sono stata qua a Ferso, al luna park... quattro giorni: dal primo al 5 luglio. Parliamo dello scorso anno, eh, del 1969!» ci tenne a specificare per affermare una lucidità che voleva smentire i possibili pregiudizi ispirati dal suo modo di vivere itinerante.

«Esatto.» Dal primo al 4 Sergio non era mai mancato da casa la sera, quindi poteva essere stato lì solo il 5, il giorno della scomparsa.

Nessuno aveva interrogato la donna: non l'aveva interrogata Monaldi, non l'avevano interrogata Santi e i suoi carabinieri, non l'avevano interrogata i poliziotti. Neanche i giornalisti l'avevano mai cercata. La Giannetta gli propose di portare via con sé il quadernino sul quale aveva annotato i suoi spostamenti. Lui preferì limitarsi a buttare giù un appunto nel caso in cui fossero venuti finalmente gli inquirenti a prendere quel documento.

A quel punto Giovanni disponeva di un'informazione importantissima, che forse nessun altro possedeva, basata su parole raccolte da nessun altro: il giorno della sua scomparsa Sergio Rambaldi era davvero passato al luna park.

«L'orario?»

«Venite con me...» fece la Giannetta, sentendosi addosso l'euforia di chi ha sempre voluto fare la differenza ma non ne ha mai avuto l'occasione, soprattutto perché gli altri non si aspettavano che potesse farla. Gli fece strada e dal parcheggio dove i lavoratori del luna park stavano accampati lo condusse di nuovo nello spiazzo che si apriva tra le giostre.

La ruota panoramica incombeva alle loro spalle, uno scheletro di barre, seggiolini e centinaia di lampadine che di giorno non suscitava alcuno stupore se non per la sua mole. Pareva l'opera incompiuta di un architetto indeciso. Forse la vera magia di un luna park, pensò Giovanni, stava proprio nella capacità di trasformare dei pezzi d'acciaio in qualcosa di completo e stupefacente al solo passaggio dell'elettricità.

Posizionata tra il camioncino della porchetta e la macchina per lo zucchero filato, c'era la griglia della Giannetta, riparata da un telo. «Pare piccolina e disgraziata ma mica se sa quante pannocchie ha sfornato... Uh! Me la so' fatta io con le mani mia, ferro e foco... Vabbè, ma non v'ho portato qui pe' favve vede' dove lavoro.» Quindi puntò su Giovanni i suoi occhietti scuri scuri, che non riflettevano neanche un filo di luce. Lui non sapeva più dove guardare. Lei disse con intensità: «Io me la ricordo bene la faccia de 'sto fijo», e facendo una mezza piroetta in direzione della ruota indicò un lampione. «Non sarà stata notte... perché lo vedete quello? La notte quello insieme alle lucine della ruota me punta addosso una luce che m'acceca. Diritta 'n faccia. Non vedo gnende, è pure pericoloso, sapete? Nun è pe' lamentamme, però...» Quando era arrivato Sergio, la Giannetta non poteva essere ancora accecata dal lampione, perché la sua faccia l'aveva vista bene, e le si era impressa nella memoria.

Non poteva essere più tardi delle nove, quando faceva buio e le luci artificiali invadevano ogni cosa; era prima, «quando ci stea ancora la luce fioca, quella del tramonto...». Quando i raggi del sole, pensò Giovanni, che con la luce ci lavorava, erano più deboli ma ancora abbastanza forti da smorzare l'intensità di lampioni, lampadine e fari appena accesi.

Erano informazioni importanti, credibili, coerenti. Giovanni prendeva nota tenendo a mente l'ordine degli appunti di Dora: «Giannetta Terzili, venditrice di pannocchie al luna park di Ferso, riferisce che tra le sei e mezza e le otto e mezza Sergio Rambaldi era in compagnia di Piero Lauri e Paride Mecocci.» Poi corresse con un tocco del gergo tipico degli investigatori: «riferiva.» Lo scriveva solo per far sorridere Dora. Aggiunse poi quanto riportato dalla Giannetta sull'acquisto delle pannocchie e su come i due fossero gentili con il ragazzo, con il quale venivano visti per la prima volta insieme. Tolcani avrebbe gridato allo scoop. Ma non era per lo scoop che questa storia doveva essere messa insieme.

4

La Professoressa conosce bene il bosco

La chiesa di San Pantaleo, ai margini della faggeta, era un rudere sconsacrato che si ergeva sulle rovine di un tempio antichissimo. Gli esperti della zona sostenevano che il culto del santo non avesse a che fare con Pantaleone di Nicomedia martire, ma con la statua di un leone che presidiava l'ingresso molto ma molto prima dell'avvento del cristianesimo. Il leone però non c'era più. Se c'era stato, il tempo lo aveva modellato fino a dargli la forma di uno dei massi che circondavano in ordine sparso il rudere. Un piccolo campanile, seppure diroccato, era riconoscibile tra gli alberi.

La parte più intatta della chiesa era la zona in cui in passato sorgeva l'altare. Come le braccia corte di un uomo chino sul tavolo, due muri ai lati della parete di fondo si raccoglievano intorno all'idea di una stanza. Non esistevano più i pavimenti, ma sopravvivevano quattro finestre, strette e alte, abbastanza nobili per una chiesetta di campagna come quella. Si vedevano le nicchie per le statue, l'accenno azzurro di quello che doveva essere un modesto affresco. La parte più impressionante era il tetto: un ampio pezzo di cupola sopra il presbiterio resisteva alle intemperie e alla natura che man mano avanzava come una malattia sulle cose degli uomini. Era come se l'artefice avesse scelto la cupola per dare il meglio di sé: non aveva fori o crepe, e dava l'impressione di non voler crollare.

Lì, nella chiesa di San Pantaleo, dove il sacro si era dissipato da tempo immemore, i travestiti avevano il loro punto di ritrovo e lavoro. La professoressa Lea, che forse doveva il nome al santo o al felino, si presentava tra i ruderi ogni giorno alle tre del pomeriggio. Che fosse inverno o estate, non importava. Stava sempre là, sia che avesse passato la notte con un cliente sia che l'avesse trascorsa in commissariato. Arrivava prima di tutti e si accomodava sopra una sedia da scuola del primo dopoguerra: posizionata al centro del presbiterio, era incorniciata dalla decadenza di voluttuose piante infestanti. Posta in alto, su alcune casse di legno rimediate da un cliente, quella sua sedia di radica scrostata appariva come un trono.

Giovanni, che in un altro tempo della propria vita avrebbe perso qualche giornata a scavare intorno alla chiesa di San Pantaleo, arrivò ansimando fino al rudere. I sassi scivolosi, la terra inumidita del sottobosco e i saliscendi rendevano quella parte della faggeta particolarmente ostile a un corpo come il suo.

«Bello mio, che ti sei fatto alla gamba?» fece lei mentre Giovanni entrava nel suo regno.

«Vecchia storia...»

La Professoressa portava i capelli lunghi fino alle spalle, cotonati e biondissimi. La frangia sfiorava appena le sopracciglia: parentesi sottilissime disegnate di nero, secondo l'idea illusoria che un tratto esile ingentilisse il volto.

Con la matita, Lea si fregiava anche di due nei, uno sotto l'occhio sinistro, e uno accanto alla bocca. Disposti agli estremi di un'invisibile e precisa diagonale, parevano parte di una lezione di geometria. L'assenza di labbra carnose la compensava con uno sguardo malizioso quasi più delle sue parole.

Lo acuiva abbassando i finti occhiali da vista sul naso, concentrando con concupiscenza vezzosa, da manuale, tutta l'attenzione sull'interlocutore: «Vuoi un po' di compagnia qui alla cattedra?» Non c'era nessuna cattedra lì dove una volta si trovava un altare. C'erano invece due zoccoletti di legno che indossò sostituendoli ai mocassini con cui aveva camminato nella faggeta, poco prima dell'arrivo di Giovanni.

Lui si mise a ridere. Era divertito dal mondo improbabile che Lea aveva creato in quel pezzo di bosco: «In realtà sono venuto qua per farle delle domande...»

«Ahhh, allora sei tu che vuoi interrogare me...» fece lei navigata e allegra, riponendo i mocassini nella valigetta da insegnante ed estraendo un nuovo oggetto di scena: una penna.

«In qualche modo... Sono Giovanni Pitorsi, sono un fotoreporter.»

«E dove ce l'hai la macchina fotografica?»

«Non l'ho portata con me perché questa volta non ho bisogno di foto. Solo di informazioni.»

«Certo che sei bello, eh, guarda che spalle, guarda che occhi! Di che vuoi che parliamo?»

Giovanni non s'imbarazzava, non era la prima volta che riceveva complimenti da un cosiddetto travestito. Anzi, sulla Maremmana, da ragazzo, gli era capitato più d'una volta di essere sorpreso da commenti ostentati e persino volgari. Per non parlare delle parole delle prostitute, che lo avevano spesso avvicinato lusingandone con fare predatorio l'avvenenza. Giovanni piaceva, mentre per lui, con l'età adulta, s'era fatto sempre più difficile farsi piacere qualcuno.

«Vorrei che parlassimo del caso Rambaldi.»

«Uh, quel ragazzino.» La Professoressa si aggiustò gli occhiali facendoli risalire sul dorso del naso, come per darsi un improvviso contegno. «Ci hanno portato anche in caserma per quella storia. Ma qui nessuno l'ha mai visto. Se n'è parlato tanto con le altre, ma proprio mai visto.»

«E degli altri? Che sa degli altri?»

«Degli altri chi?»
«Di Lauri, per esempio.»
«Lauri e qualcun altro ci fanno concorrenza. Ma fanno una concorrenza di poco conto... Chi ci capisce sale qua fino in cattedra, mio bel Giovanni. Non so se ci siamo capiti...»
«Non lo so neanch'io.»
«Intendo che i clienti più esperti non si fanno mica fare i servizi da Lauri e dai suoi amici lì all'ingresso della faggeta.»
«Quindi loro si prostituiscono verso l'ingresso?»
Esisteva una geografia della prostituzione, esistevano delle gerarchie: la faggeta era un mondo che nessuno aveva provato a comprendere.
«Sì, si mettono nella zona delle panchine, sullo spiazzo, tra gli alberi. Non stanno mica qua nel nostro tempio.» Lo diceva come se il dislivello dovesse essere evidente a chiunque, al primo sguardo.
«Liviani, l'edicolante, lei lo conosce?»
«No, no, non so chi sia.»
Giovanni mostrò la foto.
«Mai visto.»
«Potrebbe frequentare l'ingresso?»
«Non lo so. Perché me lo chiedi?»
«Perché è un presunto testimone. Sostiene di aver visto proprio quel giorno Sergio insieme a Binaschi...»
«Binaschi... Povero Binaschi. Qui c'è ancora chi lo piange, fosse anche solo per tutti i soldi che portava. Neanche lui c'era quella sera alla faggeta!»
«Come fa a esserne certa? Lui non ha escluso di essere passato, ha ammesso che la faggeta la frequentava...»
Lea s'irrigidì. Alzò le sopracciglia preparandosi alla lezione: «Certo che la frequentava! Si appartava con alcuni ragazzi e con noi. Ma non c'era quel giorno! Aveva anche un alibi!» Si riferiva all'uomo d'affari che Binaschi aveva incontrato a Roma. «Poi», sollevò la penna come fosse una

bacchetta e gliela puntò contro, «era un fine settimana. I fine settimana ci siamo sempre io o la Monica lì all'ingresso, per attirare i clienti su da noi. Il 5 luglio ero di turno io. La Monica te lo può confermare. Non solo non ho visto Binaschi, ma nemmeno i ragazzini.»

«L'hai raccontato ai carabinieri?»

Lea abbassò lo sguardo continuando a tenere il mento alto, spianò con le mani la gonna dell'abito a fiori sulle gambe magre e glabre. «Gliel'ho raccontato quando hanno fatto la retata per far scena con la stampa. Ma non erano interessati, non hanno neppure verbalizzato.»

Giovanni s'avvicinò a Lea, seduta sotto i resti della navata.

«E poi loro Binaschi lo odiavano.»

«Loro chi?»

«Tutti quelli della banda. I ragazzi che si prostituiscono ci odiano perché loro non si ritengono "froci", come chiamano noi e i nostri clienti. Binaschi compreso. Lauri ci si è comprato il motorino con i soldi della faggeta. Ci guadagna più che a fare il meccanico. Ma è un ipocrita e non prova tenerezza per chi quei soldi glieli fa guadagnare. Quelli che non si prostituiscono non ci possono vedere né a noi femmine né a quelli come Binaschi.»

«Perché?»

«Perché?» tagliò corto quasi con impazienza. «Perché sono dei fascisti!»

«Quando dice "fascisti" intende così per dire?» Giovanni voleva capire se anche lei sapeva della costituzione di un partito giovanile monarchico che, secondo quello che Sonia aveva detto a Dora, coincideva con la banda.

«Se è per questo, direi pure che sono dei mezzi nazisti.» Lo si capiva dal simbolo che avevano scelto: il gancio del lupo, che i nazisti usavano nei primi tempi. «Va' a vedere sulle panchine, va' a vedere; incidono lo stemma dei Lupi, i fasci e le corone del re, quindi di certo non sono comunisti. E da fascisti ci odiano. Ci sono state anche un po' di azzuffate, noi contro loro, ma ora non si avvicinano più.»

Giovanni annuiva. Reazionari e spregiudicati. Benpensanti e immorali. Lauri e tutti gli altri vivevano in un equilibrio imperfetto tra fare piani e guastarli. Folli e irrazionali eppure determinati a perseguire scopi estemporanei. Erano giovani in modo disperato, e quindi rovinoso per coloro che avevano intorno.

«Oltretutto» continuò la Professoressa, «Binaschi ha aperto il Porticciolo proprio là dove una volta alcuni di loro andavano a pescare. Quindi quelli gli facevano i dispetti... Per esempio gli vendevano l'alcol di contrabbando davanti al locale quando lui, sull'alcol, ci faceva quasi tutti gli incassi.»

A quel punto, agile come una gatta che vede un uccellino fuori dalla finestra, la Professoressa scattò in piedi. Poi cambiò espressione e da attenta diventò sorridente, entusiasta, mentre con lo sguardo cercava qualcosa o qualcuno alle spalle di Giovanni. Si sentivano appena i fruscii tra le fronde, come di animali acquattati tra le foglie che muovendosi rivelavano vite nascoste. Lea rivolse a Giovanni un congedo ammiccante: «Bello mio, arriva il primo cliente, torna a trovarmi che con uno come te do ripetizioni gratuite!» ridacchiò.

Giovanni uscì furtivamente, come se avesse una qualche colpa da nascondere. Per non rischiare di cadere prese la via più lunga, le stradine meno scoscese; s'aggrappò ai tronchi, si fermò a stirare la gamba. Quindi fu di nuovo all'ingresso. Non c'era nessuno, troppo tardi per i passeggiatori diretti al lago, troppo presto per i ragazzi della faggeta. Era un momento buono per guardarsi intorno con più attenzione. Cercò di orientarsi.

Un anno prima si era seduto su una delle panche che si

accompagnavano ai tavolacci inchiodati su una colata di cemento. Eccola là, la riconosceva. Riconobbe anche le scritte che l'estate precedente aveva guardato quasi distrattamente. Niente di interessante. Cercava dei segni, qualcosa che potesse indicargli una nuova prospettiva.

Sergio Rambaldi frequentava la faggeta? Il 5 luglio del 1969 Renato Binaschi era stato lì? E se c'era stato, quale di tutte le versioni su quel posto andava presa per buona? Lauri e i suoi amici dicevano di averlo visto minacciare qualcuno oppure trascinare – o violentare, o colpire, o uccidere, o seppellire – Sergio. Dicevano semplicemente di averlo visto nella faggeta, quel pomeriggio, insieme al bambino.

Giovanni passò in rassegna altri due tavoli e altre due coppie di panche. Chi ce li aveva messi, forse lo stesso ex sindaco Pent, doveva aver immaginato che quel posto potesse diventare un luogo di ritrovo per famigliole e pranzi al sacco. Si sbagliava. Era un luogo di degrado in cui la gente perbene passava solo per sbaglio o per tagliare in velocità andando verso il lago. Eppure era un posto incantato.

Lungo i tronchi sottili dei faggi si aprivano a ombrello piccole chiome di foglie che sembravano nuvole verdi, sospese tra il suolo e la cima degli alberi. I raggi facevano un gioco di macchie e screziature che a quell'ora, a terra, creavano tappeti di luce. C'erano poi tre panchine disposte a semicerchio lungo il limitare dello spiazzo. Probabilmente Lauri e i suoi amici si sedevano lì.

Giovanni si fermò davanti a quella che si trovava a sinistra e guardava verso il sentiero d'accesso. La linea discreta, il legno modesto, il ferro usato per tenere insieme le assi, senza orpelli, neanche un bracciolo, la rendeva uguale alle altre due: non erano panchine da giardini comunali, ma panchine silvestri, essenziali.

A renderla speciale era la pulizia. Non c'erano nomi, parolacce, bestemmie o cuori spezzati. Era l'unica intatta, non vandalizzata. Giovanni la percorse più volte con gli occhi. Quella panchina era speciale, era un trono che dominava uno degli avamposti della vita canaglia di Lauri. Era sicuro che fosse riservata a lui e ai suoi amici quando andavano a vendersi nella faggeta.

Giovanni la ispezionò con più attenzione, e dietro l'asse inferiore dello schienale trovò inciso quello che a tutti gli effetti pareva lo stemma dei Lupi. Il *Wolfsangel*, il gancio del lupo, simile a un fulmine, o a una zeta ribaltata. Era stato intagliato con una lama piccola, forse di un coltellino o un taglierino, a giudicare dai numerosi colpi che erano serviti per disegnarlo. Poi c'erano alcune iniziali riconoscibili, tra cui "PL", Piero Lauri, e "PM", Paride Mecocci. Dalla parte opposta, la stessa mano e lo stesso strumento avevano disegnato il nodo sabaudo sovrastato da una corona.

A Giovanni sembrava di aver visto quella corona proprio addosso a Lauri, quando un anno prima lo aveva raggiunto al muro della morte. Era sulla spilletta sulla quale il ragazzo gli aveva intimato di mantenere il silenzio.

I ragazzini che frequentavano la faggeta erano nostalgici dei tempi della monarchia e della dittatura, tifavano per una destra nazionale, anticomunista. Il fascismo di cui parlava la Professoressa suonava come qualcosa di più preciso di una vaga accusa convenzionale.

5

Un giornalista serve la verità?

Giovanni arrivò al laboratorio di Dora nel tardo pomeriggio, portando la spesa per la cena e una bottiglia di vino della Cantina sociale, l'unica rimasta nell'alimentari del centro. Un gesto innaturale di cura, per lui che era abituato a badare solo a se stesso. «Grazie, non dovevi.» Dora accolse i doni con un vago senso di colpa, anche perché stava concedendo spazio a qualcuno che per anni aveva voluto dimenticare.

Giovanni accese il fornello da campeggio che Dora teneva sopra una Singer chiusa. La sua cucina. Mentre armeggiava con la pentola riempita nel lavandino del bagno, Giovanni annunciava cose importanti da raccontare sulla giornata di indagini. Il vino, anzi, serviva proprio a «festeggiare dei veri progressi». Dora stava attenta a non cercarlo.

«Ho scoperto certe cose che se fossi un giornalista già sarebbero sulla rotativa.»

Stava attenta a non guardarlo.

«Lo sai che i giornalisti sono un po' spregiudicati, no? Intendo quelli considerati da molti bravi...»

Stava attenta a non fissarlo.

«Proprio così. Sono considerati giornalisti bravi quelli che sono spregiudicati, quelli che sanno usare la notizia per vendere il giornale...»

In quel momento Dora voleva che Giovanni rimanesse un ricordo, una tensione.

Mentre l'acqua bolliva, Giovanni le passò le uniche due forchette che c'erano. Lei prendeva uno scampolo di lana e lo metteva a terra come una tovaglia, lui continuava: «Il giornalista cerca la verità? No, cerca di vendere il giornale, il giornale è un prodotto. Ti pare giusto?... Non serve la verità, serve il capitale.»

«Parli da marxista...» rispose lei. Tra i libri e le frequentazioni politiche degli ultimi dieci anni, Dora aveva imparato tante cose, e le piaceva che lui lo sapesse, un po' per rivalsa, un po' perché era bello condividerle, scambiarsi indirettamente esperienze e conoscenze. Giovanni la seguiva o anticipava. Disquisiva con Dora prima di cenare sul pavimento di un laboratorio di moda come fossero due bohémien. Uno nato buttero, una nata montanara: ora si intendevano delle cose del mondo.

«Non credo di essere marxista, non lo so cosa sono. Però, ora che ci penso, non so neanche se il giornalismo serva a vendere un giornale o se serva piuttosto a compiacere qualche industriale e qualche politico...»

Dora si ricordò di una frase che le pareva avesse detto Pontremoli. Azzardò: «In Italia soccombono il merito e la giustizia, figuriamoci il capitalismo...»

Giovanni scolava la pasta e annuiva con entusiasmo: gli pareva una buona sintesi. Gli era mancato tutto questo, gli era mancato il desiderio di parlare.

Era come se in quegli anni avesse inconsapevolmente lavorato per riallinearsi a lei, come se si fosse sincronizzato per arrivare a trovarsi un giorno dove stava lei. Intorno a qualcosa da costruire insieme.

Quella stessa mattina Dora aveva incontrato il sagrestano e la perpetua, che avevano confermato l'avvistamento di Sergio nel pomeriggio del 5 luglio. «Dopo che l'emo visti anco sui giornali a tutti e due, ce pare proprio che Sergio steva co' Piero e Paride, l'emo detto anche al giudice.» La testimonianza era coerente con l'avvistamento della Giannetta al luna park. Giovanni era un fiume in piena. Alzava le sopracciglia, imitava accenti, descriveva i dettagli della sua chiacchierata. Dora ascoltava e annotava in quelli che ormai erano i «loro» appunti.

Renato Binaschi, proprietario del Porticciolo, marito, padre di due gemelle, morto suicida per lo scandalo legato alle accuse, frequentava sì la faggeta, ma con ogni probabilità con la morte di Sergio non c'entrava nulla. La Giannetta non l'aveva visto quel giorno al luna park, e pure i giostrai non l'avevano mai incontrato. Anche la professoressa Lea escludeva la sua presenza nella faggeta.

Ad avvalorare l'innocenza di Binaschi c'era anche l'uomo d'affari che aveva dichiarato di essere stato con lui a Roma. Si chiamava Alonso Lemaire, a scoprire il suo nome era stato Roberto Molina. Franco-ispanico, era in affari con Binaschi per dei locali sulla Costa Azzurra. Dora era riuscita a parlare con la segretaria italiana. Aveva tagliato corto: «Abbiamo dato l'agenda del signor Lemaire alla procura. Il 5 luglio dello scorso anno era a Roma con il fu Binaschi. Nessun dubbio su questo.»

«(Forse) colpevole.» Giovanni provava amarezza: un anno prima aveva dubitato del proprietario del Porticciolo credendo che potesse essere lui l'assassino di Sergio. Lo aveva pensato perché Binaschi aveva tentato con i soldi di dissuadere un giornalista dallo scrivere informazioni rovinose. Nel suo giudizio, vergato sugli appunti che ora ripassava con Dora, si rivedeva ingenuo, superficiale, persino dannoso: con lo spazio dato a chi lo accusava aveva contribuito a favorire la fine di un uomo.

Dora intanto aveva smesso di mangiare, ma teneva la forchetta in mano. Il piatto con la pastasciutta cucinata da Giovanni stava a terra: «Passami gli appunti...»

Lei diceva che bisognava essere cauti, analizzare ogni aspetto prima di imboccare una pista ed escluderne un'altra.

Contro Binaschi, oltre alle parole di scarsa attendibilità dei Lupi, restava la testimonianza iniziale di Gioacchino Liviani. Giovanni propose di andare a parlare con l'edicolante.

Di certo Lauri e i suoi amici avevano un precedente non da poco con Sonia. Lì il movente era stato solo sessuale. Ma non c'erano segni di rapporti sul corpo di Sergio. «Eppure era un sequestro. Il fermaglio della regina era un pegno per non farle tirare fuori quella storia» chiarì Dora a Giovanni.

Senza soffermarsi sul movente del rapimento che ai loro occhi pareva sempre meno sessuale, Giovanni ipotizzò: «Se fosse stato un sequestro finito per errore in omicidio?» Sebbene ci fossero state delle ritrattazioni, aveva sentito con le proprie orecchie Lauri dire di aver ucciso Sergio per sbaglio. Si spiegò: «Ho origliato un interrogatorio da una chiesa accanto alla caserma di Callalta.» Lei sorrise, era stupita dal coraggio di Giovanni, ma in fondo forse era quello stesso coraggio che per anni lo aveva spinto a disseppellire tesori.

Per il fotografo, inoltre, non c'erano dubbi: il modo di lavorare di Santi era molto discutibile. «Credo sia un uomo pieno di convinzioni, alcune di comodo, altre sincere. Ma le usa per mandare la storia dove pare a lui.»

Tra gli appunti c'era il ritratto che ne aveva fatto De Rubertis, quello che Tolcani non aveva voluto pubblicare. Era impressionante: Santi era un reazionario, nella vita si era speso perché il potere fosse in mano a chi faceva dell'ordine un imperativo. Rientrava nel personaggio fare di tutto perché quella storia andasse dove pareva a lui. Verso la pista sessuale, lontano da quella politica. Nella direzione in cui per mesi tutta la stampa e tutta Italia avevano guardato.

Giovanni stava seduto su una poltrona con il piatto appoggiato sulle ginocchia, beveva il vino e guardava la testa nera di Dora, chinata sulle pagine. Poi lei alzò il quaderno degli appunti sventolandolo. La cucitura da lei realizzata era debole. Il santino restava attaccato alla carta, ma caddero pezzi di fogli, biglietti, note, una pioggia di carta che ricordava quanto la loro indagine fosse un collage ancora da completare.

Dora trovò il volantino di Lotta continua che stava cercando. «Hai visto questo?» Giovanni aveva cominciato a leggere i materiali raccolti da Dora la notte precedente e non era ancora arrivato a quel foglio. Ciclostilato, scritto in grigio su una carta povera, a destra il pugno simbolo del gruppo, a sinistra il disegno della sagoma di Sergio, sulla spiaggia del lago, coperto da un telo. Aveva circolato per Ferso qualche ora tra le scuole, prima che il gruppo di Giorgio Sacchi lo facesse sparire. Un'immagine ormai impressa negli occhi non solo di Ferso, ma dell'Italia intera. Il testo diceva:

> Fascisti carogne e assassini!
> Sergio Rambaldi è stato ucciso da Piero Lauri. Sbaglia chi pensa che sia solo un ragazzino. Piero Lauri è il tesoriere del Fronte monarchico giovanile. Anche Paride Mecocci fa parte del gruppo.
> La solita feccia violenta che ha in odio i più deboli.

A quel punto Giovanni si sentì come trafitto da un'inaspettata evidenza. Lo stemma monarchico sulla giacca di Lauri aveva destato una minaccia: «Se lo scrive la querelo.» Ritornava intagliato sulla panchina, nella faggeta, dove Giovanni l'aveva notato proprio qualche ora prima. La banda coincideva con gli iscritti al Fronte giovanile? Secondo Sonia Ricci, in parte. C'era un nesso tra l'omicidio e il Fronte? E perché tanta segretezza intorno a quest'appartenenza di cui sembrava fare menzione più o meno circostanziata anche Lea?

Bisognava rintracciare gli studenti di Lotta continua. Bisognava trovare Tritolo Kid, che secondo i racconti di Sonia poteva essere, a dispetto del nome, più vulnerabile degli altri e poteva fornire informazioni. Ma intanto c'era la cena da finire, un altro bicchiere di vino da versare.

Stava arrivando un temporale. Dalle finestre aperte entrava il vento fresco che anticipava l'acquazzone e il vociare della gente che, in basso, lungo una via del centro, rincasava in fretta dopo una passeggiata estiva. Giovanni si alzò per socchiudere le ante. Nel frattempo raccontava di Milano. Fumava accanto alla finestra e si guardava intorno. Terminata la cena, intanto, Dora sistemava la stanza. C'erano disegni attaccati alle pareti e vestiti in costruzione sopra un paio di manichini. Erano geometricamente audaci. Uno rosso, uno viola.

C'erano ceste piene di rocchette di fili. C'erano saponette per tirare linee e forbici per tagliare. E poi c'erano pile di ordini, fascicoli di bozzetti. Una locandina, vicino alla porta d'ingresso, raccontava di una fiera che Confezioni Milena doveva aver fatto nel 1966. Una foto, incorniciata, la ritraeva insieme alle sue dipendenti ai Giardini Reali di Torino. Ridevano, si abbracciavano. Finora tutto questo era rimasto offuscato, al margine dei saluti, della cena, delle intuizioni, del parlare e del ritrovarsi.

Ma ora che Giovanni lo metteva a fuoco, ogni angolo gli parlava della dedizione di Dora. Dopo averla così tanto pensata e sognata, quella donna gli si presentava in una concretezza spiazzante, una concretezza imposta negli anni alle sue vaghe speranze di ragazza. La sua vita appariva piena come quella stanza. E lui, che pure non l'aveva mai immaginata intenta a lavorare, si rese conto di averla sempre capita, anche quando l'aveva respinta. Se per averla vista così nitidamente una volta era fuggito, ora quella chiarezza sarebbe stata una ragione per restare. Allo stesso modo sapeva che Dora andava lasciata libera di avvicinarsi o di fuggire. E lui non avrebbe forzato i sentimenti mostrando il logorante desiderio di averla accanto a sé.

«Domani sarà un'altra lunga giornata... Hai un ombrello?» disse Giovanni preparandosi per andare alla pensione, dove avrebbe dormito di nuovo dopo un anno. Avrebbe preferito restare lì, nello sgabuzzino, sulla brandina, come la notte precedente, circondato da stoffe arrotolate che gli ricordavano l'ordine col quale gli pareva lei avesse consolidato il proprio spirito. Ma Dora non faceva offerte e lui non si sentiva in grado di avanzare proposte.

Lei sapeva che esiste un cimitero dove riposano buone idee. Sono quelle nate poco prima di addormentarsi, a cui si concede il lusso di essere dimenticate. Allo stesso modo sapeva che esiste un cimitero dove riposa il tempo delle attese. Sono quelle nate appena dopo un saluto, quelle a cui si concede il lusso di restare quello che sono.

Giovanni stava per uscire. Esitò. Dora era pronta ad aprire la porta per lasciarlo andare. Con l'ombrello lui sorreggeva il lato sinistro del corpo. Lo lasciò scivolare, cadere. Restava in equilibrio. Con la mano ora libera cercò la faccia di Dora. Lei si stringeva le proprie per paura di sentirle tremare. Una posa composta, che tratteneva le conseguenze di una vecchia e infinita disfatta. Poi se le portò d'istinto vicino al viso, come a proteggersi. Ma dopo il lasciarsi, c'è il tempo dell'ossessione, poi quello della paura. E Dora viveva il sublime momento in cui la vicinanza che tanto si desidera è anche quella che si diserta.

Giovanni poggiò il palmo sul dorso della mano di lei. La strinse piano. Se la portò al proprio petto, sul cuore.

Patum patum. Patum patum. Pat tu tum tum.

Tum-tum.

Tum.

Dora ebbe l'istinto di ritrarsi, come se l'emozione dell'altro potesse contagiarla: «Io non mi ricordo più le cose. Non ricordo bene di me e te insieme...»

Non se ne ricordava, ma ricordava che aveva amato e sofferto. Il respiro di entrambi era un po' più concitato.

Soprattutto, era più pieno. Dora si spinse in avanti e si fece abbracciare. Giovanni si aggrappò al suo busto e poi con la destra salì ad accarezzarle i capelli. Respirava il profumo del sapone, quello per disegnare sulla stoffa, quello di chi si presenta bene a un appuntamento a cui tiene.

E poi la strinse. Più forte. E ancora più forte. E lei rispose premendo le dita sulla schiena di lui, sempre più forte, sempre più forte. Si sentiva la ruvidità del lino, la grana del cotone. Si sentiva il corpo più morbido, il corpo più magro. Si sentiva un calore febbricitante mentre Dora si riprendeva un altro po' della sua memoria e Giovanni voleva solo abbandonarsi. Il suo mostro, quello che lo aveva tenuto lontano da lei in gioventù, era ormai svogliato e domabile.

Come si faceva a uscire da quella presa senza passare, staccandosi, per le labbra? Solo rimanendo così. O allontanandosi di colpo. Dora strappò, come una mano ferma fa con il filo, alla fine della cucitura. Giovanni la guardò, fece il sospiro di chi riprende fiato dopo un'apnea.

La notte di Ferso, dalla diga alle colline, era calda. L'umidità e l'ora tenevano in casa la gente. Finestre aperte, persiane chiuse, tende immobili. Un timido suono di televisione, qualcuno che russava, qualcuno che lavava i piatti. Poi le civette, uccelli notturni, insetti. Un grande silenzio. La pace di una città che pareva non aver mai conosciuto il terrore.

Sulla strada per la pensione La Pace, Giovanni si sentì felice. Aveva ancora addosso l'abbraccio di poco prima. E con quello, la sensazione di aprirsi sempre più a un interesse umano, all'affetto, alla cura, al senso di giustizia.

Dora si addormentò sulla brandina che la sera precedente aveva ospitato Giovanni, seguendo alla radio la versione serale del programma che per anni avevano ascoltato a distanza, eppure insieme.

«*Bip bip bip.* Sono le ventitré. Buonanotte, Italia.»

6

Il testimone ignorato

Patrizio Tarabella, dal bar Emilio di Callalta, aveva una voce fievole eppure allegra; pareva avesse una certa voglia di parlare. Dora aveva avuto il suo nome dal presidente dell'Azienda di soggiorno Paolo Pontremoli, e con lui doveva prendere a ricucire la storia.

Sapeva che qualche giorno dopo il rapimento si era rivolto ai carabinieri della zona perché era sicuro di aver visto Sergio in compagnia di Piero Lauri; poi, prima ancora che Piero si lanciasse in incredibili storie e ritrattazioni, l'avvistamento era stato anticipato al giorno prima dalle forze dell'ordine: 4 luglio. Era così? Patrizio Tarabella riteneva plausibile il fatto di averli visti il 4 e non il 5?

«No, no, me stia a senti'. Era sicuramente il 5. Io li ho visti lungo la strada... Ne so' sicuro perché per poco non me vengono a sbatte' a la macchina.»

Il signor Tarabella non se ne faceva una ragione: il suo avvistamento era stato spostato senza che nessuno fosse tornato a chiedergli niente. Era stato piuttosto accurato nella descrizione. Il 5 luglio, nel pomeriggio, con la sua auto stava andando a Ferso quando due motorini in direzione contraria si buttarono verso la sua carreggiata.

Su un motorino c'era un ragazzetto biondo, sull'altro uno moro guidava e un altro stava seduto dietro. Certo, era stato una questione di attimi, ma una volta che Tarabella li aveva superati aveva guardato nello specchietto: il ragazzino che stava dietro si era girato a guardare verso di lui. Una questione di attimi nella quale l'uomo aveva colto una richiesta d'aiuto: quella di Sergio, che veniva portato via da due ragazzi lungo la strada che costeggiava il lago.

«E perché secondo voi avrebbero anticipato la data dell'avvistamento?»

«Hanno anticipato perché nun je tornava comodo co' la storia che c'avevano in mente.» Sulla circolazione di molte versioni che contraddicevano la sua, Tarabella aveva pronta una sentenza che doveva aver riecheggiato più e più volte tra le pareti del bar Emilio: «Le chiacchiere stanno a zero, tocca crede' a chi le cose le ha viste, signori'.»

7

Il giovane militante

Osvaldo Foglietta era un diciottenne. Il padre, detto Beccaccia per una certa predisposizione a intingere la faccia nel vino, gli aveva insegnato poco della politica. Era stato invece lo zio Nello, ex partigiano, a infondergli con i suoi racconti di guerra e resistenza la passione per la militanza.

Dora lo aspettò lungo la via di casa sua all'ora di pranzo. «Sei tu Osvaldo Foglietta?»

Osvaldo aveva un'ampia frangia sulla fronte, la bocca e gli occhi puntati dritti davanti a sé. Alla vista di Dora si illuminarono. Avrebbe potuto essere, se non sua madre, di certo la sorella maggiore, eppure la collocò istintivamente tra le donne attraenti, alle quali poter piacere. «Chi saresti tu?» ammiccò.

«Un'amica di famiglia di Sergio Rambaldi. Sto cercando delle informazioni.»

Osvaldo la squadrò meglio. La riconobbe, era la moglie... anzi, la fidanzata di Pent.

«Non più.»

«Meglio, perché parlo solo coi compagni e le compagne veri» gli uscì detto, come se le convinzioni politiche di Dora fossero inscindibili dall'uomo che aveva accanto. In realtà, però, non pareva che Osvaldo lo pensasse davvero. Era un modo per provocarla, per giocare.

Dora non si divertiva e non si irritava. Gli porse il volantino di Lotta continua, in cui il giovane militava.

«Pensavo che li avessero bruciati tutti. Invece ecco un superstite... Pensa che il disegno della spiaggia e di Sergio l'ho fatto proprio io!» Si riferiva alla stilizzazione del cadavere coperto, abbozzato nell'angolo del foglio. Prese dunque a parlare di ciò che sapeva e di quello che lui e gli altri compagni di Lotta continua pensavano e che nessuno degli inquirenti aveva chiesto loro.

Osvaldo Foglietta e Giorgio Sacchi avevano fatto le medie insieme, classi diverse. Giorgio era un tipo intelligente, sveglio, seppure di un'intelligenza pesante, priva di fantasia, che ostentava diligenza e si atteggiava: «Di quelli che vanno in giro con una copia di un saggio di Hegel in mano. A tredici anni... Dai, su! So' sicuro che non l'abbia mai neanche aperto.»

Giorgio voleva farsi prete fin da quando era un bambino. O almeno così raccontava. Poi doveva essere successo qualcosa nella sua vita, e all'improvviso s'era convinto che prima o poi sarebbe diventato ministro. La cosa che era successa, secondo Osvaldo, era che aveva iniziato a lavorare nella villa dei marchesi Donnini, amici dei Savoia.

Osvaldo spiegò che far parte dei Lupi non significava far parte del Fronte. Il Fronte era un gruppo molto più piccolo, in cui venivano reclutati i più spavaldi, e serviva a proteggere la banda.

«Giorgio non fa neanche più parte della banda, dopo i sedici anni fai cose più importanti che tirare petardi davanti alla scuola. Fondi un partito, ad esempio.»

«Come fai a sapere chi ne fa parte?»

Osvaldo ne faceva una questione di conoscenza dell'avversario. «Devi conoscere chi so' i fascisti e i loro simili per poterci fare a botte. Non faccio a botte con chi non c'entra niente.» Anni prima, davanti al teatro, le proteste studentesche avevano forse dato il via a tutta quella storia. In poco tempo, poi, in Italia la lotta si era fatta sempre più incendiaria. Dora negli anni aveva conosciuto decine di militanti per via dell'impegno politico di Angelo. Eppure per la prima volta vedeva da vicino occhi così giovani accendersi, come infiammati dall'idea di cosa fosse il bene, il giusto.

Il ragazzo raccontò che Junio Valerio Borghese, quando era venuto fino a Ferso a speculare sulla morte di Sergio, l'anno precedente, aveva anche preso contatto con l'estrema destra locale: «Quello là se la prendeva con la faggeta, Binaschi, gli invertiti... Che faccia tosta... Vabbè. Arrivato da Roma la mattina, ripartito il giorno dopo. Quella notte so per certo che ha dormito alla villa dei Donnini.» Secondo lui erano tutti legati, i Donnini, i Sacchi, persino Santi: «So' amici, condividono gli stessi ambienti, le stesse simpatie.»

Dora annuì, accennò ai dubbi su come erano state condotte le indagini e chiese i nomi dei componenti della sezione giovanile del Fronte a Ferso.

«Sacchi è il presidente. Lauri è il tesoriere. Se ne è vantato una volta: "Non contate niente, siete delle larve, siete il nulla..." ci diceva. "E tu chi sei invece?" "Il tesoriere del Fronte, e quando tornerà il re farete la fine che meritate." Ridicolo.»

Poi c'erano Mecocci, i Madia, l'Intrepido... Osvaldo continuò con l'elenco di una ventina di persone. I nomi degli iscritti e dei simpatizzanti, come Tritolo Kid, coincidevano con i nomi dei ragazzi che avevano testimoniato, già riportati dai giornali.

«Senza la lista degli iscritti è difficile da dimostrare.»

Era abbastanza convinto che la lista degli iscritti fosse stata fatta sparire. Stupidi sì, insisteva, ma non fino a questo punto. «Ma se proprio vuoi cercare, vai a Murlo, nella Tana...»

La madre di Osvaldo, asciugando le mani sulla parannanza, arrivò alla porta per chiamarlo a tavola per il pranzo. Vedendo Dora, un'elegantissima signorina, molto ossequiosamente la invitò a entrare.

«Mamma, lasciaci stare. Arrivo.»

Osvaldo le spiegò che avevano rapito Sergio perché contavano davvero di ottenere il riscatto. Fece dei nomi: Sacchi, Lauri, Madia e Mecocci. Erano stati loro. Avevano bisogno di soldi per far vedere «che sanno giocare anche loro ai giochi dei grandi».

«C'è qualcuno di loro che potrebbe parlare?»

«Sono tutti feccia, quelli della banda e quelli del Fronte. Sono senza speranze.»

«Che mi dici di Tritolo Kid?»

«Ma lo sai perché si chiama così? Ha fatto il riformatorio per aver rubato un quintale di esplosivi. Io lascerei stare anche lui, ma magari con la tua grazia riesci a convincerlo a parlare.» E poi, tentando di ammaliare Dora con un sorriso sgangherato, se ne andò dalla madre che continuava a chiamarlo.

8

Ancora un incontro con l'edicolante

Dora raggiunse Giovanni all'angolo dell'edicola di Liviani. All'ora di pranzo non c'era quasi più nessuno in giro. Li notarono i pochi che rincasavano per mangiare. Era la prima volta da quando si era lasciata con l'ex sindaco Pent che Dora veniva vista camminare insieme a un altro uomo. Non servivano baci, abbracci e mani nelle mani a rivelare una complicità che era evidente negli sguardi, nel modo in cui i corpi gestivano distanza e prossimità.

Frammenti del loro amore taciuto giungevano agli occhi e alle orecchie di chi passava. Il saluto non ricambiato, il sorriso mancato di chi è assorbito nella sfera d'attenzione di una persona sola e degli altri vede e sente nient'altro che un'eco lontana. Ignorando il resto della città Dora raccontò dell'incontro con Osvaldo. Decisero che Giovanni avrebbe dovuto cercare Tritolo Kid. «Lo trovi a Murlo, dice Osvaldo.»

Aspettarono quindi che Liviani uscisse dall'edicola per la pausa, ma l'uomo non si vedeva. La saracinesca era quasi del tutto abbassata. Forse era ancora dentro. Provarono a chiamarlo, non rispondeva. Andarono sul retro: c'era un piccolo cortile umido, dove non batteva il sole. Una finestrella con l'inferriata dava su una cantina usata come magazzino.

Piena di scatoloni, carte e cartine, sarebbe stata il regno dei topi se non fosse stato per le trappole e per la presenza dei gatti, rivelata da un odore pungente. In fondo alla stanza c'era una porta che immetteva nel negozio. Giovanni scivolò oltre l'uscio socchiuso, attraversò il magazzino ed entrò nell'edicola dall'ingresso secondario.

Dora rimase ad aspettarlo nel cortile. Durante l'attesa tornò a pensare a quella volta in cui, dieci anni prima, lei e Giovanni si erano arrampicati sul muro della colonia. Un filo legava quella piccola impresa a quelle di adesso: solo nelle azioni, solo fuori di sé, e mai interiormente, si erano concessi di essere una coppia.

«Signorina Dora! Signori'!» la chiamò dall'alto una voce. Sopra l'ingresso del magazzino, da una finestrella che sembrava una feritoia tanto era stretta, era affacciata una donna canuta. «Sono la sora Tiziana...» Snocciolò parentele, cognomi e soprannomi finché Dora riuscì a capire che si conoscevano. La sora Tiziana, con tono giulivo, si sbracciava sopra i panni stesi oltre il bordo del davanzale. Si lamentò del fatto che lì, sul cortile, senza sole, non s'asciugavano mai. «Questo poi, voi ve ne intennete, è cotone bbono... Quindi campa cavallo!» La sora Tiziana tergiversava, tra chiacchiere e piccole adulazioni. Non le chiedeva cosa ci facesse nel suo cortile, pensava solo a come e quando avrebbe potuto introdurre la faccenda che le premeva. Alla fine la fece piombare dal nulla: «Sentite, ma è vero che annate via? Che avete chiuso tutto?»

«Sì, torno a Torino.»

«Ma ve siete lasciati col dottor *Pende*?»

«Sì.»

«Ma guardate che i figli vengono, delle volte ce vole de più ma poi vengono, ancora siete giovani... Pensate che la sorella mia ha aspettato aspettato e poi, tutto de 'n botto, je ne so vegnuti *trie*. *Trie* tutt'inzieme.»

Nell'ipocrisia virtuosa del pudore, nessuno a Ferso si era mai permesso di svelare in maniera diretta le idee che si era fatto sul conto di Dora. Le amiche dell'atelier si erano limitate solo di rado a riportare qualche chiacchiera, a svelare qualche congettura che nascondeva un'autentica preoccupazione per il suo destino.

Gli sconosciuti e anche i conoscenti, in faccia, tacevano. Per leggerezza, per stupidità, per incontinenza, la sora Tiziana le aveva invece reso nota almeno una delle ipotesi che si ricamavano sulla sua vita. Dora, spiazzata da quanto quell'illazione fosse lontana dalla verità, si limitò a commentare: «Non ci siamo lasciati per questo motivo.»

«Non mi vorrete mica dire che è per lo scandalo... Avevate i dubbi pure voi... che l'avesse fatto?»

«No. E non l'ho abbandonato nel momento del bisogno. Ora mi scusi ma devo andare a prendere delle riviste...» mentì Dora. E si sottrasse al disagio di una conversazione non desiderata, che l'aveva sorpresa ma di cui prevedeva agilmente anche la domanda successiva. «Sì, le vado a prendere nel magazzino.»

Dora entrò d'istinto dalla porta rimasta socchiusa. La sua era una fuga. Aspettando Giovanni nella penombra si guardò intorno. C'erano vecchi giornali, forse destinati ai resi, forse solo dimenticati. Erano impilati e tenuti insieme da cordoncini, fettucce, elastici. A riempire gli scatoloni però erano soprattutto gli articoli della cartoleria: quaderni per la scuola, righelli, matite, inchiostri... E poi cartine, mappe. Infine due scatoloni pieni zeppi di calendari del 1971, l'anno che sarebbe iniziato di lì a pochi mesi. Attirarono l'attenzione di Dora, che si chinò a sfogliarli. Erano calendari da appendere, di una pagina color paglierino, con la foto di una bandiera monarchica che sventolava e la scritta: DIO, RE E POPOLO.

Poi c'era una busta grande di carta con il logo dell'Hotel Royal. Dora la aprì, dentro c'erano lettere non indirizzate, inviti inutilizzati, tutti uguali, per l'incontro di inizio '69 per costituire il primo Comitato di salute pubblica. In quell'occasione, fuori dall'albergo, un uomo misterioso, con i guanti, le aveva consegnato il volantino delle destre.

Dal soffitto al centro del magazzino pendevano tre mappamondi: in uno il mare era blu, in un altro azzurro, e nell'ultimo color avorio. Erano appesi con una catenella e si muovevano in modo impercettibile intercettando la flebile aria d'estate che entrava dalla finestrella. Sotto di loro l'unico metro quadrato libero; intorno i giornali.

Dora guardava le sfere, come ipnotizzata. Le guardava e le sembrava di avvertire il lento roteare del mondo sotto i piedi. I mappamondi, quel cono di spazio libero, i giornali tutt'intorno formavano un'immagine che evocava un pensiero più ampio, o forse un'intuizione. Ma quell'intuizione sfuggiva.

Intanto Giovanni stava parlando con Liviani. Si stavano avvicinando alla porta che dall'edicola portava al magazzino. «No, no, non c'è bisogno che rialzi la saracinesca» fece Giovanni. «Esco da dove sono entrato, e scusatemi ancora per l'ingresso poco... poco educato.»

La porta si aprì. Uscì solo Giovanni. Si stupì di trovare Dora.

«Stavo riflettendo» disse lei quasi sovrappensiero, senza spiegare che era entrata per scappare dalle domande della sora Tiziana.

«Si riflette fuori di qui, che quello non l'ha presa bene l'alzata d'ingegno di fa' irruzione nel negozio passando dal retro.»

Quando uscirono, la sora Tiziana stava ancora alla finestra, e non le pareva vero di vedere la fidanzata dell'ex sindaco insieme al fotografo di *Tempi moderni. Di sicuro si erano dati appuntamento negli scantinati... Ecco perché era scappata via... Ed ecco anche perché aveva lasciato Angelo Pent, quella sciagurata...*

Ormai capaci d'ignorare chiunque, Giovanni e Dora non si resero conto della presenza della donna che dall'alto li osservava.

Lui stava spiegando che Liviani non voleva più parlare, che tutto quello che andava detto l'aveva detto e che pensava di aver visto Binaschi con Sergio, Piero e Paride il 5 luglio, nella faggeta, prima del tramonto, ma che in realtà non ne era poi tanto sicuro. «Mi è parso uno con i sensi di colpa... Forse si sente responsabile del suicidio di Bin...»

Non fece in tempo a finire la frase e a mettere piede fuori dal cortile che la sora Tiziana si fece sentire. Con voce tonante urlò: «Me hai preso 'nchì 'l caffè?»

Giovanni si volse a guardarla, disturbato dal suono gracchiante di quella specie di corvaccio. Le lanciò un'occhiata oscura. Dora invece rimaneva a guardare fissa davanti a sé. Stava entrando nel cortile Agatino, al quale erano rivolte le parole della sora Tiziana, che pochi minuti prima nel rosario delle parentele aveva omesso di dire che era la sorella del matto del paese, l'unica persona della famiglia con cui Dora avesse un qualche tipo di scambio.

9

Un matto o un poeta, una premonizione o una testimonianza

Agatino non rispose alla sorella. Alzò appena la mano per salutare Dora, senza particolare slancio o affetto. Quindi con l'altra sollevò un sacchetto di tela come fosse un trofeo, in direzione della finestra, quasi a dire: sì che l'ho preso il caffè, sta qua dentro. Per Dora fu il tassello mancante: «Gio', Gio', aspetta un attimo.» Fece dietrofront e seguì Agatino mentre la sora Tiziana, rassicurata dall'acquisto, scompariva dietro una tenda rientrando in casa.

Dora gli chiese: «Tu vivi qui?»

«Sie, sto qua.»

«Ci possiamo vedere più tardi?»

«Sie, ma alle due e mezza vo' a raccoje i capperi sui muri e poi vado al bar che m'aspettano... Ce voi veni' anghe tu?»

«No, torno qua fra tre quarti d'ora, ti accompagno alle mura e poi ti lascio alla raccolta.»

Dora e Giovanni tornarono all'atelier senza che lei spiegasse cos'aveva in testa. Lui finì la pasta avanzata della sera precedente mentre Dora tirava fuori dagli appunti la poesia di Agatino. Rileggendola riuscì finalmente a fissare la propria intuizione.

Ora che l'uomo va sulla luna
dove finisce la terra?
Sopra alla testa dei bambini!

O nel loro naso?
Un altro uomo ha paura
in mezzo ai giornali
ma che fantastico divertimento per tutti
è guardare un cielo dalla riva.

Non era una premonizione, ma una testimonianza. Non parlava della terra che seppelliva Sergio, ma della terra dei mappamondi nel magazzino, che forse aveva visto pendere sopra un altro bambino. Non era Binaschi ad avere paura, ma l'edicolante Liviani.

Ferso nel primo pomeriggio, d'estate, era vivida. Il cielo di un blu pieno, i palazzi perfettamente definiti dalla luce. In questo abbaglio edenico, la puzza di vino, urina e sudore che Agatino si portava dietro era ancora più insopportabile. Dora lo aiutava a portare uno dei due cestini per i capperi, che a Ferso s'infittivano rigogliosi nelle fessure tra le pietre delle mura antiche. I cestini erano ingombranti e l'aiutavano a tenere le distanze.

Immaginare quell'omone vestito d'inverno che s'arrampicava per raccogliere i piccoli frutti aveva un che di divertente, ma Dora non aveva voglia di ridere: il desiderio di confermare le ipotesi faceva bruciare in bocca domande precise. Le scandiva a mano a mano che scendevano per i vicoli, verso la cinta muraria.

«Quando è sparito Sergio, quella sera, tu eri nel cortile, vero?»

«Noe... no la sera. La notte. La notte quanno riendro 'nto casa.»

«Chi hai visto quella notte? Hai visto Liviani?»

«Sie... e il furetto... Il furetto... Il furetto.» Agatino arricciò il naso e strinse gli occhi come a imitare il muso dell'animale.

«Chi è il furetto?»

Agatino si mise a ridere. Parlava per enigmi, costringendola a inseguirlo come una chimera.

«Stava con Sergio?»

«No. No. Col furetto...»

«Liviani ha un furetto?»

Agatino scuoteva la testa e continuava a ridere, poi cambiava discorso.

Faceva caldissimo, il sole passava tra i tetti cadendo a picco sulle loro teste, in mezzo ai vicoli che tagliavano come vene sottili la città.

Un furetto ha gli occhi distanti, lo sguardo brillante. «Il furetto è Piero Lauri?»

Agatino fece una faccia allegra e complice come a dire: non sei stupida, allora!

Dora gli diede una pacca sulla spalla, come a sancire il riconoscimento reciproco.

Arrivarono sotto la parete, le piante di capperi uscivano a ciuffi dalle mura romane alte almeno quattro metri. In cima, si sporgevano le statue di un giardino privato. Alle loro spalle il vicolo proseguiva verso una chiesa e l'orto di una casa fatiscente che un tempo era stata una torretta di avvistamento. A Ferso, mondo rurale e mondo cittadino si legavano sfumando l'uno nell'altro, confondendo le funzioni, il tempo, il senso delle pietre e quello della terra.

Per Dora stare in quella città era sempre più simile all'idea di essersi persa in un labirinto dal quale sarebbe potuta uscire solo risolvendo il caso. Agatino poteva aiutarla. In fondo lei aveva passato mesi in un manicomio, ed era riuscita a trovare un contatto con Ester, ben più ostile e muta di lui. Agatino, anzi, *voleva* parlare, cercava gli altri, si esponeva alla vita sociale del bar, e le aveva lasciato quel biglietto per Pent a ridosso della sparizione di Sergio.

«Agatino, facciamo così, io ti dico quello che penso che sia avvenuto e tu mi dici se è andata in questo modo.»

Lui intanto s'era arrampicato e aveva raggiunto un cespuglio a un metro da terra. Era agile, pur avendo più di cinquant'anni e una stazza che aveva ispirato, per contrasto, il diminutivo ironico con cui tutti lo chiamavano.

Dora gli raccontò la storia che aveva in mente: il 5 luglio del 1969 Agatino stava tornando a casa. Entrato nel cortile aveva sentito qualcuno che parlava nel magazzino dell'edicola. Si era avvicinato alla finestrella e nella penombra aveva visto Lauri che discuteva con Liviani. «Forse l'ha minacciato? Perché proprio Liviani? E a che ora?»

Agatino si voltò e, come una gargolla gotica, tenendo le unghie aggrappate alla parete, lanciò un paio di rametti con i frutti nel cesto che stava ai piedi di Dora: «Eh, Lauri... Si nun steano attendi annavano a fini' tutti su la luna...»

Agatino usava parole imperscrutabili, vaghe o deliranti. Ma su una cosa insisteva: la notte del 5 luglio 1969 Piero Lauri era angosciato e, sotto i mappamondi nel magazzino della cartoleria, chiedeva aiuto a Liviani. Dal racconto Dora intuiva – erano deduzioni rischiose, ma la logica lunare di Agatino sembrava portarla in quella direzione – che tra Liviani e Lauri ci fosse una certa complicità; l'edicolante non aveva paura delle minacce del ragazzino, ma di qualcosa che minacciava entrambi.

Dora salutò Agatino che ricambiò alzando il mento con l'indifferenza di chi aveva tanto da fare. Mentre camminava per tornare all'edicola di Liviani, lei rifletteva su quelle parole fumose e astruse. Erano le parole di un matto, di cui un magistrato non si sarebbe potuto servire. Erano utili solo a suggerire, a dedurre, sempre con il rischio di lasciarsi fuorviare.

La bontà delle parole di Agatino si basava per Dora su un'impalpabile e indimostrabile sensazione. Si potevano incastrare agilmente in una ricostruzione coerente, somigliante ai punti che uno di seguito all'altro andavano allineati per fare un orlo: uno chiamava l'altro, uno si legava all'altro. Se uno saltava, se uno era storto e non rispettava con precisione lunghezza e distanza, bisognava disfare e rifare. L'incontro con l'edicolante Gioacchino Liviani doveva servire a questo: capire se l'orlo imbastito coi punti stralunati di Agatino si poteva chiudere.

10

Il prezzo da pagare per riportare l'ordine

Dora osservò l'incrocio: cinque cartelli, in pieno centro città, indicavano la direzione per Perugia, Terni, Viterbo, Rieti e Roma. Tutti puntavano verso il corso, al di là delle mura, verso una dorsale che lambiva la città e correva parallela al fiume. Al centro esatto di un luogo come Ferso, pensava Dora, l'informazione di cui si aveva più bisogno era come bisognava fare per andarsene.

Liviani, che appariva come un ometto composto, assolutamente schivo, si presentò puntuale alle quattro per la riapertura pomeridiana. Mentre alzava la saracinesca scrutava lateralmente Dora, che intanto aveva preso a spiegare perché si trovava lì. Appena lei tirò fuori il nome di Sergio Rambaldi, l'edicolante sbuffò.

«So che lei non vuole parlare, che non le va di dire niente. Sono io che voglio parlarle, per dirle come penso siano andate le cose.»

«Tutti se credono de sapello, signori'. Lei pensi quello che je pare ma...»

Dora gli propose una ricostruzione: nella notte della scomparsa l'edicolante aveva visto Piero Lauri uscire dalla pensione La Pace, dove aveva simulato una chiamata per chiedere il riscatto approfittando della scarsa sorveglianza. Sergio, però, era già morto.

Liviani si sentiva sfidato. Dora lo stava costringendo ad

assistere a una storia di cui era il protagonista, e non gli piaceva.

«Voi due vi conoscete. Lauri forse la considerava una minaccia in quanto testimone. Vi siete diretti in magazzino...»

Liviani strabuzzò gli occhi e afferrò Dora per un braccio.

Odiava essere toccata da chi non conosceva, così si divincolò.

Liviani trascinò la donna nell'edicola passando sotto la saracinesca abbassata a metà. «Chi je l'ha messe in testa 'ste cose?» disse spingendola contro una colonna di libri scolastici e guardandola come se stesse guardando in faccia la morte.

«Io me le sono messe in testa. Sono sbagliate?»

«Sì.»

«Frequentava la faggeta, vero? Ha conosciuto così Lauri?»

Liviani d'istinto si guardò intorno come per accertarsi di non essere ascoltato. C'era solo la sua edicola, messa insieme nei locali commerciali della moglie, comprati investendo i soldi del padre costruttore, detentore di una di quelle fortune che durante il fascismo raggiungevano fatalmente chi sapeva mostrare fedeltà al regime. «No, no, io non ce vado alla faggeta, io c'ho tre figli, ma comme je vienne in mende de di' certe cose?»

«Eppure lei ha detto di aver visto Binaschi, anche se Binaschi lei lì non l'ha mai visto perché Binaschi quella sera alla faggeta non c'era. Binaschi è stato tirato in ballo da Lauri, dai suoi amici e da lei soltanto per gettare sabbia negli occhi.»

Dora era così ferma nella sua accusa che Liviani si difese: «Io alla faggeta ce vado solo se devo taglia' pe' arriva' al lago.»

«Ma perché mai lei in pieno pomeriggio doveva andare al lago? Era un giorno di lavoro...»

Liviani non si preoccupò di correggere la propria bugia. Non gli premeva di rispondere, ma di fugare le ombre sui suoi costumi: «Allora, cerchiamo de esse' chiari: io nun ce annavo alla faggeta, nun me piaciono i maschi, ma le femmine come lei, signori'.»

«Questo è affar suo.»

«No, è affare de tutti.»

«Facciamo così: io non credo che lei quel pomeriggio fosse alla faggeta. Alla faggeta non c'era lei. E non c'era nemmeno Binaschi. Non c'erano neanche i ragazzini. Non quel pomeriggio. Credo invece che la notte, la notte del 5 luglio, lei abbia incontrato Piero Lauri quando Sergio era già morto. Che ore erano?»

Liviani per un anno aveva subito le domande di carabinieri, magistrati, giornalisti, concittadini. Si era sentito schiacciare, si era difeso opponendo parole non vere o silenzi. Ora davanti a sé aveva una donna e, come preso da una pazzia improvvisa, credeva di poter dominare la situazione, almeno stavolta: dicendo quello che sapeva. Si mise tutto dritto, con il petto in fuori e le mani sui fianchi, e parlò pensando che lo scandalo della sincerità, di per sé, sarebbe stato sufficiente a scoraggiare Dora: «Le dieci passate.»

«Là dietro nel magazzino?»

«Sa proprio tutto» ridacchiò nervosamente.

«Lauri l'ha minacciata?»

«No...»

Dora approfittò di quel momento di apertura per portarlo a parlare del vero motivo per cui, secondo lei, i due si conoscevano: «Se Lauri non l'ha minacciata e se non vi siete conosciuti alla faggeta, io penso che lei lo conosca per le frequentazioni politiche...»

«E quindi? Che cosa proverebbe?»

«L'ha detto al magistrato?»

«Ma che je dovevo di'? E poi che je importa a lei?»

«M'importa perché il ricordo di Sergio mi è caro.»

«Sergio era un bardasciu caro a tanti, ma quanno era vivo niuno ce faceva caso.»

Liviani cercava di sminuire il suo affetto per Sergio, perché si era manifestato solo una volta morto; una vera vigliaccata che Dora fece cadere nel nulla.

Era più alta di Liviani, eppure a lui, con il mento all'insù, pareva di dominare la scena. L'edicolante era certo che qualsiasi parola avesse detto sarebbe morta lì, perché a una sartina – una ragazzetta, una donna senza manco un marito, una signorina – quale uomo di senno avrebbe mai potuto credere?

L'arroganza fece silenziosamente strada alla verità: «Sergio è un prezzo che se paga quando cerchi de mette' le cose al posto loro. Anche se ce stanno li sbaji, le cose andranno al posto loro e quanno le cose staranno al posto loro a quelli comme lei, comme l'ex sindaco, comme certi giornalisti je passerà la voglia de anna' in giro a curiosa', a cerca' quella che ve pare la giustizia.»

Altro che sentirsi minacciato, ora era Liviani a minacciare Dora. Lei non fece una piega mentre realizzava che nelle parole dell'edicolante c'era un sinistro riferimento all'ordine delle cose, un ordine politico. Consonava con i calendari monarchici, lo stemma di Lauri, le parole di Pontremoli e di Osvaldo. Sergio era un prezzo da pagare. Sergio era stato sacrificato per mettere le cose al loro posto. E le cose da rimettere a posto erano «Dio, il re, il popolo».

Quindi Sergio era stato ucciso per errore. Dora con Angelo aveva sperimentato quanto l'ambizione potesse deviare le coscienze. Il gruppo guidato da Sacchi e Lauri aveva bisogno di accreditarsi ulteriormente con la gerarchia del partito. Quindi ipotizzò: «Il Fronte voleva correre alle elezioni regionali?»

Liviani le si parò davanti e le puntò un dito sotto il naso: «La gente col sale in zucca a la fandonia de le elezioni nun ce crede.» La gente col sale in zucca, per lui, era chi non credeva alla democrazia, che aveva destituito la monarchia appena ventiquattro anni prima. Liviani era minaccioso: «Fai vota' la ggende, pure le femmine, ed eccote 'na baraonna come a teatro du' anni fa.»

Rimase così, rabbioso e spiritato, guardandola con prepotenza.

Dora gli afferrò la mano e strinse il polso, sempre più forte, come lui aveva fatto con lei prima di entrare nell'edicola. «Certo, immagino che per lei siano molto meglio le maniere forti piuttosto che quelle civili», quindi gliela lasciò e se ne andò.

Nessun grazie, nessun saluto.

Liviani si guardava il polso senza capire bene l'affronto ricevuto.

I ragazzi di Ferso avevano sequestrato Sergio Rambaldi per una ragione politica, l'unica che Liviani avrebbe avallato.

II

La verità da cercare nelle campagne

Alla luce delle confidenze di Sonia e considerando che i ragazzi girovagavano ogni giorno tra Murlo e la villa dei Donnini, a Dora e Giovanni pareva che quella storia si dovesse risolvere nelle campagne. Le conoscevano, ci erano cresciuti: lei tra le rocce e i boschi valdostani, lui nelle terre nate dalle bonifiche maremmane, vicino al mare.

Le campagne che li circondavano, e che vedevano affacciandosi oltre le mura di Ferso, erano diverse dalle loro. Verdi, morbide, fertili, all'apparenza ideali nel loro offrirsi al lavoro dell'uomo, ma in realtà isolate e ostili più della montagna e delle paludi.

La natura di quelle campagne, circondate da strade sterrate, aveva bisogno di fatica, ogni stagione, ogni giorno, ogni ora. Ma appariva abbastanza generosa da illudere che non servisse altro al mondo. Erano i suoi colori, i suoi tramonti, i suoi silenzi a generare un'illusione tale da sovrastare ogni dolore, ogni sudore, ogni bestemmia.

Certo, c'era chi come Sonia doveva camminare fino a Ferso o fino al lago per vendere o comprare qualcosa. Ma erano flebili eccezioni a una regola esistenziale e radicata di autosegregazione dal mondo. Chi viveva nelle campagne, pur potendo scappare, ne rimaneva quasi sempre prigioniero: ci nasceva, ci si accoppiava, ci si riproduceva, ci si ammalava, ci moriva. Nell'idillio si generava l'abominio di non poter conoscere altro da sé e da una manciata di persone spesso accomunate dallo stesso cognome.

L'anno precedente, da inviato speciale a Ferso, Molina aveva descritto Tritolo Kid come «un facinoroso con la passione per gli esplosivi», uno che voleva firmare le dichiarazioni alle autorità «con un soprannome da pistolero». Il racconto di Sonia Ricci a Dora, invece, gli attribuiva più coscienziosità degli altri.

Per trovare Gianni Capasso, Giovanni prese una Vespa a noleggio e scese dalla città alta. Oltrepassò le mura, attraversò la periferia ancora in costruzione, e poi, ancora più in basso, si immise sull'asfalto che correva parallelo al fiume. Si lasciò alle spalle la stazione e il luna park. Si lasciò a destra la strada che portava a nord del lago, tra le ville, e prese la diramazione per il lungolago.

Superò Ripabella e il Porticciolo, gli alberghi, i ristoranti; superò anche la faggeta. Proseguì verso ovest, in direzione della diga. Entrò in una galleria che tagliava tra curve e salite la roccia nera a picco sul lago, vertiginosa. Andava piano, come per godersi l'aria del primo mattino. Guidava pensando che un posto simile, ameno e spaventoso insieme, era talmente unico da insinuare il dubbio che non esistesse.

La strada si addolcì. Con una certa eccitazione Giovanni si lasciò rapire dal ricamo dei pensieri in una trama che s'infittiva come gli alberi tra la strada e il lago. Pensava alla propria libertà, che lo aveva portato vicino a scoprire cose altrimenti ignorate da tutti, giornalisti compresi.

Si immaginava cos'avrebbe detto Tolcani se solo gli avesse offerto tutte le notizie che aveva trovato insieme a Dora. Quanto stupore, quanta incredulità avrebbe suscitato anche in Molina... Non faceva in tempo a immaginare di firmare un reportage intero che già era catapultato verso un altro pensiero. La bravura di Dora e lei che disegnava e lei che cuciva e le sue mani e il filo passato tra le labbra e... Meglio non pensarci. Quindi guardò la strada, accelerò energicamente e si accorse di dover mettere la miscela.

Appena prima della deviazione per Murlo e prima ancora della spiaggia sulla quale era stato ritrovato il corpo di Sergio, c'era un benzinaio. Stava lì da prima della costruzione della diga, da quando non c'era il lago ma solo una parallela al fiume che passava in mezzo al bosco. Con il fiorire inaspettato e repentino del turismo, la diga doveva aver aumentato notevolmente il passaggio delle auto verso le ville, soprattutto in primavera ed estate. L'omicidio aveva fatto chiudere il Porticciolo e si era portato via i turisti più sensibili al clamore mediatico, tanto che una pensione aveva chiuso e si diceva che anche una delle trattorie del lago non avrebbe superato l'autunno.

Eppure la smorfia indispettita del benzinaio sembrava stare sulla sua faccia a prescindere dall'andamento degli affari. Allo stesso modo la pompa, rossa, piccola, contorta e arrugginita, pareva stare lì da un tempo imprecisato. Questo guardiano annoiato della strada squadrò Giovanni e la sua gamba zoppa: ai suoi occhi era chiaro che fosse un forestiero, con quella Vespa a noleggio ancora lucente, la camicia sbottonata e ben infilata nei pantaloni come se fosse appena uscito da una sfilata.

«Quanto ci vuole da qui a Murlo?» fece Giovanni rivelando una vaga cadenza toscana.

«Con quel ganghéro luccicoso ce mettete tre quarti d'ora...» Gli spiegò che con la Vespa doveva per forza prendere la strada lunga. L'alternativa era passare per i boschi con uno Sparviero della guerra, mezzo coperto dal fango secco e appoggiato all'edificio di due metri quadrati nel quale il benzinaio aspettava i clienti nelle ore più calde: «Tremila lire e me lo riportate in giornata. La vostra potete lasciarla qua.»

Giovanni rifiutò, sarebbe stato troppo faticoso per la sua gamba guidare una moto da strada, sicuramente truccata. «Chi va piano, va sano e va lontano» chiuse grossolanamente la conversazione mentre rimetteva in moto una Vespa lucente destinata a insozzarsi di polvere e fango.

Svoltò a sinistra, lasciandosi il lago alle spalle. Sorpassò la casa diocesana, che gli parve l'ultimo avamposto del mondo conosciuto. Pian piano si ritrovò sulla via che si inoltrava tra boschi e campagne. La carreggiata era veramente malmessa: pietre, rami, buche. Per non andare fuori strada bisognava rallentare, eppure quella era la più lunga e sicura. Vado sano e lontano, pensò quasi ridendo di sé mentre veniva superato da un carretto trainato da un asino. Arrivarono le insegne. Sempre dritto: BELVEDERE DEL LAGO DI FERSO. A destra per: MURLO, SAN MICHELE, GAUDELLO, MONTECAMPO. Con un cartello in ferro battuto e una grafia raffinata, c'era anche l'indicazione per TENUTA VALENTINA, che probabilmente faceva vendita diretta anche ai turisti, con un'audacia imprenditoriale inaudita e tale da giustificare un'insegna tutta per sé.

Giovanni svoltò a destra. S'avventurò per una salita che metteva ancora più a dura prova la motoretta. Non c'erano case, solo querce, cespugli e rami che minacciavano di cadere col primo temporale. Poi il bosco si fece improvvisamente più rado e iniziarono i campi. A parte il profilo curvo in lontananza, era una visione piatta, del tutto inaspettata per la zona. Ricordava più la sua Maremma o certe zone del viterbese.

La distesa gialla e secca dell'estate lo accompagnò fino a una nuova, doppia insegna: per Murlo e San Michele a sinistra; per Gaudello, Montecampo e Tenuta Valentina sempre dritto. Giovanni svoltò a sinistra. La terra era particolarmente brulla e rocciosa, buona solo per far scorrazzare e accoppiare le capre. Proseguire diventava sempre più complicato. Giovanni si ritrovò a rimpiangere lo Sparviero che aveva rifiutato. Pensò di parcheggiare la Vespa tra i primi cespugli e di proseguire a piedi, ma era una follia: non sapeva esattamente quanta strada dovesse ancora fare. Sbuffava, imprecava.

Continuò proseguendo quasi a passo d'uomo, evitando con insperata agilità sassi e buche. Dopo una macchia dalla quale tracimavano i rovi, davanti a lui la strada sterrata non s'ingentilì. Come un messaggero diretto a Yebra, Giovanni sentì di essere entrato in una zona oscura.

Il cielo stesso all'improvviso s'era «imblumbato», come dicevano da quelle parti. Gonfio di un'aria pronta a essere soffiata fino al grano dei campi, sembrava trattenersi a fatica dal tuonare. All'incrocio, dominato dalla chiesetta di San Biagio, poco più di un'edicola invasa da edere ed erbacce, c'era l'ultima insegna per Murlo, vecchia e sbadita.

Se non l'avesse vista, Giovanni avrebbe detto che s'era perso. Là, in un punto isolato a metà tra il lago di Ferso e la provinciale, nel viterbese, era come stare in mezzo al niente.

Era un niente sinistro, quasi maledetto. D'inverno, Murlo doveva essere umida e fredda perché la pietra delle case, poche, ammassate e cadenti, era nera di fuliggine. Più che scaldate dai camini sembravano essere state immerse nell'inferno.

D'estate, era invece infestata da insetti e zanzare. A Giovanni pareva di essere stato catapultato nella sua infanzia in Maremma. Non c'era acqua corrente. L'elettricità, arrivata con la diga, funzionava un paio d'ore al giorno e non arrivava neanche in tutte le case. Stando all'odore, non c'erano nemmeno le fogne.

Sonia Ricci era nata e cresciuta lì. Per Giovanni era un miracolo che quella ragazzetta, che a malapena riusciva a mettere insieme una frase intera in italiano, avesse trovato la forza di arrivare a piedi fino a Ferso per denunciare una violenza, per parlare con Dora, per affidarsi alla legge. In un posto simile si poteva credere nella magia, tutt'al più in Dio. Ma a guardarsi intorno si vedeva solo il risultato di sortilegi falliti, e pareva che a Dio fossero indirizzate più imprecazioni che preghiere.

Lì era nato e cresciuto anche Gianni Capasso. Forse era stato lui a suggerire ai suoi amici di fare di quel posto il loro ritrovo. Giovanni non aveva chiaro dove si trovasse esattamente «la Tana», covo di quel brulichio di ragazzi riconducibile alla banda, alla faggeta, al Fronte.

Una donna, seduta su una seggiola di legnaccio vecchio, stava staccando le penne a dei tordi morti, vittime della caccia che da quelle parti rinnovava continuamente una lotta tra uomo e animale il cui esito era ancora incerto. Infastidita dalla presenza estranea che faceva un gran rumore a bordo della motoretta, fece un cenno come per alzarsi e tornare in casa. Giovanni la raggiunse appena in tempo, sfoggiando un gran sorriso: «Conoscete per caso Gianni Capasso?»

«Ce ne stonno tre de Gianni Capasso.»

La ricorrenza dei nomi e dei cognomi raccontava una storia antica di combinazioni incestuose, dovute a una scarsissima fantasia o a un gran lavorio del caso. «Tritolo Kid» insistette Giovanni.

Quella, tirandosi più vicino il cestino con i tordi, rispose senza guardarlo in faccia: «Si nun sta giù alla rimessina sta ju al campo dei Donnini, cingo chilometri driddo doppo la chiesa.» Le braccia secche secche uscivano come bastoni da una vestaglietta a fiori, i piedi callosi e storti erano macchiati da gocce di sangue degli uccelli morti.

«Che è la rimessina?»

«Un buco, un fondaccio scalginato dove s'incondrano lui e l'amici sua.»

Era la Tana.

«Dove starebbe?»

«Ite ju sulla strada da do' siede arrivato e annate avanti

nco'. Si Giannetto nun sta lì', comme v'ho detto, sta angora più avandi, al campo.»

A Giovanni non piaceva stare a Murlo: era troppo rurale, persino arcaica. Sentiva che da un momento all'altro avrebbe potuto assistere a sgozzamenti di maiali o a lanci d'escrementi dalla finestra. Lui ormai con la campagna, con la fatica, con la lotta per la sopravvivenza, non aveva a che fare da più di dieci anni. Una vita. Tornato sulla strada principale, davanti alla chiesa di San Biagio coperta di edere, si sentì più a suo agio. Le nuvole annerivano il cielo, e immaginò la scena che Sonia aveva raccontato a Dora.

Era la notte del 5 luglio 1969. Sonia tornava dal crocevia all'ingresso di Murlo, dove aveva celebrato un rito pagano e cristiano insieme: bruciare trifogli davanti alla chiesa pregando San Biagio, per propiziare il bel tempo. Tritolo Kid le era venuto incontro, sbucando dal buio della strada che conduceva alla Tana. Portando con sé un sacco a pelo e dei vestiti, chiedendo a Sonia di nasconderli, il ragazzo le aveva affidato delle prove, mettendo nelle sue mani il destino della banda.

Giovanni rimise in moto. Erano le undici del mattino. La Tana si trovava dopo il primo avvallamento del terreno, sulla destra. Era l'unico edificio nella campagna, che lo circondava a perdita d'occhio. Stava in un terrapieno, la parete si alzava di un metro sopra la strada. Quasi si poteva salire sul tetto, ricoperto di tegole di fortuna. Giovanni parcheggiò la Vespa a fianco della parete e, appoggiandosi al muro, scese dove i passi dei ragazzi avevano schiacciato l'erba alta e ingiallita di luglio.

Non c'erano finestre. Non si sentivano voci, non si vedeva nessuno. Il suono composito e armonioso di uccelli e insetti era l'unico accompagnamento ai pensieri di Giovanni. L'ingresso, sulla parete parallela alla strada, era una porta di legno vecchio e robusto, chiusa con un lungo chiavistello. Lucchetto e catenaccio. Giovanni bussò, non c'era nessuno.

Accanto alla cerniera che si incassava nel cemento del muro c'era qualche millimetro buono per poter spiare all'interno. Le fessure nel tetto facevano filtrare dei raggi esilissimi ma sufficienti a illuminare la stanza. Si intravedevano un tavolino, delle sedie, un paio di biciclette, dei palloni. Poi c'erano oggetti rubati dai locali sul lago, come l'insegna a forma di trota della Locanda del pescatore, tre divanetti rossi e le sfere di vetro dei lampioni del Porticciolo.

A terra si scorgeva l'ingresso del pozzo dove si riuniva il Fronte. La «rimessina», come l'aveva chiamata la donna di Murlo, era a tutti gli effetti un magazzino. Un ritrovo perduto nel nulla, pulsante di una vita segreta e oscura, del desiderio di essere altro, una versione sporca e inquietante della cameretta di un giovane maschio. Giovanni si chiedeva se il giudice Monaldi, Santi o la polizia sapessero di quel posto, se gli avessero dato importanza, se l'avessero perquisito.

Tornò in sella alla Vespa. L'umidità, che insieme alle nuvole e al vento annunciava il temporale, mordeva la gamba di Giovanni. Il caldo era insopportabile. Il fotografo sudava. Rallentò dove gli alberi lasciavano spazio a enormi campi di grano. La strada bianca si perdeva in mezzo alle colline. Giallo, verde, blu: pieni, non sbiadivano neanche intorno alle nuvole. Tutta un'altra storia rispetto alla squallida Murlo. Tutta un'altra storia rispetto anche alla Maremma in cui era nato e dove aveva vissuto per più di vent'anni.

La campagna era morbida, florida, accesa di vita. Nei terreni che stava attraversando s'aspettava di trovare Tritolo Kid, ma non vedeva nessuno. Fermò il motorino. Si asciugò con il fazzoletto di stoffa, tirò fuori una sigaretta e mise a fuoco un viale di cipressi in lontananza. Doveva portare alla dimora che i marchesi Donnini avevano lì, al confine tra Umbria e Lazio.

Una proprietà illustre e antica, come testimoniavano gli affreschi duecenteschi nella cappellina privata, e una menzione nei *Comentari historici* di Monaldo Monaldeschi della Cervara, secondo il quale l'edificio era stato voluto dal cardinale Teodorico di Ranieri, nominato da Bonifacio VIII alla fine del Duecento.

La tenuta dominava una piccola collina da cui si vedeva tutta la campagna, da nord a sud, da est a ovest, con un panorama che nascondeva nelle pieghe armoniose del paesaggio l'esistenza di Murlo, delle altre frazioni, del lago o della provinciale. Solo Ferso, quando l'orizzonte era limpido, s'intravedeva come una macchia vaga sul fianco azzurrato dell'alto colle. Giovanni rimise in moto per avvicinarsi all'edificio.

Da qualche mese, tra articoli di giornale e ordini di cattura, Giorgio Sacchi non lavorava più nella tenuta. L'allontanamento da parte dei marchesi era stato un atto di prudenza; di certo – immaginava Giovanni – era anche una condanna per uno come Sacchi, figlio della provincia più dimenticata, accolto e poi espulso dal mondo fiabesco della nobiltà.

Anche se fosse uscito indenne dal processo, quando avrebbe potuto avere di nuovo una simile occasione? Tritolo Kid, da parte sua, non sarebbe mai arrivato nemmeno alla prima, di occasione. Mancava non solo di contatti, ma anche di attitudine alla deferenza. Non aveva la fame di Sacchi, il desiderio trascinante di migliorare la propria condizione. Nonostante vivesse a Murlo, a meno di un chilometro dalla tenuta, Tritolo Kid al massimo aiutava con le mietiture.

Tutti quelli di Murlo lavoravano più o meno saltuariamente nei campi dei marchesi e degli altri possidenti; nessuno, nei secoli, era riuscito a diventare proprietario di mezzo ettaro. Per insipienza, dicevano a Ferso, più che per effetto dell'oppressione.

Giovanni ragionava su dove potesse essere rintracciato Tritolo Kid, sulle domande giuste da fare nel caso in cui avesse incontrato qualcuno. Poi le spighe di grano si mossero, come scosse dal passaggio di un animale. Giovanni frenò. Dal campo uscì una creatura alta un metro e mezzo che si piazzò in mezzo alla strada. Scuro come il carbone, il fango secco che gli ricopriva la pelle del viso, delle mani, delle braccia: se lo era messo addosso per non farsi graffiare dal grano pronto per essere tagliato. Imprecava contro il campo che si era lasciato alle spalle, osservava il mondo con occhi scuri, sui quali guizzava una luce piccola da tizzone. In mano teneva un falcetto rotto.

«Sei tu Tritolo Kid?» azzardò Giovanni con imprudenza.

«Eh?» fece quello, che non capiva né chi fosse né cosa volesse un tipo ben vestito in groppa a una Vespa.

No, non era lui.

12

Il bombarolo

In fondo al viale dei Donnini, dove iniziavano due file di cipressi che portavano fino alla villa, la Vespa prese a borbottare, come se si lamentasse perché il viaggio che le era stato imposto si era fatto insostenibile. Giovanni si fermò, scese e controllò il carburatore, nell'illusione che dare un'occhiata poco convinta all'origine del problema potesse risolverlo. Era tutto a posto.

In quel momento, da chissà dove, piombò in mezzo alla strada un giovane uomo, di un'età indefinibile tra i quindici e i trent'anni. Aveva una maglietta a righe lisa sui bordi, dei pantaloncini da bambino e gambe ricoperte di peli. Il naso storto per le botte prese, le braccia grosse e lunghe di chi le botte sa anche darle. Aveva denti sorprendentemente dritti e sani. «Nun ce potete sta' qui» disse a Giovanni facendo cenno con una mano di spostarsi a lato della carreggiata. «Tojeteve. Hanno da passa'.»

Giovanni impediva l'ingresso dal campo a un trattore guidato da un vecchio contadino. «Oh Gia'! Gianni!» gridava rivolgendosi al tipo sulla strada.

Gianni. Gianni Capasso.

Era stato Tritolo Kid a trovare Giovanni.

«Sei tu Tritolo Kid?»

«Chi me vole?» rispose il giovane in maglietta, che intanto continuava a invitarlo a spostarsi con la Vespa.

«Sono Giovanni Pitorsi, lavoro per *Tempi moderni*.»

Tritolo non aveva idea di cosa fosse.

«Un giornale. Devo chiederti delle cose sul caso Rambaldi.»

«Ma io tutto quello che dovevo di' l'ho detto ai carabbinieri.»

Ai carabinieri aveva detto che il colpevole era Binaschi. E non era vero.

Tritolo Kid annuiva guardando il trattore che rumorosamente si avviava lungo il viale, diretto al casale. «Da dove arrivi tu?»

«Da Milano.»

«Allora c'hai i soldi...» Tritolo Kid era piuttosto sfrontato. In questo pareva somigliare al capobanda Lauri.

«Quanto vorresti?»

«Sessantamila lire.»

Il fermaglio che avevano dato a Sonia per farla stare zitta valeva molto di più. Quei ragazzini avevano un'idea infantile, sconsiderata e ignorante del valore delle cose e del denaro. L'idea di rapire un bambino per fare soldi era coerente con il loro modo ingenuo di maneggiare il mondo dei grandi.

«Sessantamila lire sono tanti soldi, soprattutto se a chiederli è uno che ha aiutato gli amici a mentire ai carabinieri su Binaschi...»

«Chi lo dice che ho mentito?»

Giovanni continuò a bluffare, millantando di conoscere, come il giornalista che fingeva di essere, le mosse della procura: «Il giudice Monaldi. Non c'è alcun elemento solido ai danni di Binaschi. Ci sono le intercettazioni a Lauri e agli altri tuoi ami...»

Tritolo sollevò le labbra in una specie di bacio rigido e storto che divenne una smorfia. Lo sguardo si rabbuiò e puntò verso terra. «No, no, quelli non so' amici mia.»

«Ma tu li hai aiutati...»

«E allora? Tu che vòi? Vòi scrive' un articolo?»

Giovanni non voleva tirare in ballo le dichiarazioni di Liviani. Non voleva giocarsi la carta di Sonia, delle sue confidenze. Non era necessario dire qualcosa sul fermaglio rischiando di metterla in pericolo. «Sì, intendo scrivere di quello che ho, e quello che ho è che Binaschi frequentava la faggeta, ma alla faggeta il 5 luglio del 1969 lui non c'era. Eppure tu e gli altri alle autorità avete raccontato il contrario. E se l'avete fatto è perché siete tutti complici...»

Tritolo era alle strette; guardandosi intorno gli fece cenno di seguirlo.

Camminarono per mezzo chilometro lungo il viale. Senza dire una parola. Giovanni pensava che volesse portarlo nel casale, magari in una delle stanze minori, quelle riservate agli attrezzi o al riposo degli zappaterra. Invece, a pochi metri dallo spiazzo in cui le fontane anticipavano il lusso interno del casale, Tritolo alzò di nuovo la mano che normalmente pendeva grossa dal lungo braccio: «Da 'sta parte...» Lanciò uno sguardo storto alla gamba di Giovanni come per accertarsi che fosse in grado di camminare e gli diede le spalle.

Superarono il filare dei cipressi e si addentrarono nei campi. Entrambi erano di buona statura, ma dove cresceva il grano del faraone le piante arrivavano quasi a superare entrambi. Doveva essere un luogo al riparo dal passaggio dei lavoratori della proprietà, ma più proseguivano, meno Giovanni si sentiva al sicuro. Le spighe frusciavano fino quasi a cigolare mentre si chiudevano alle loro spalle, passo dopo passo.

Arrivarono in un punto in cui il grano lasciava spazio a un olivo. Tritolo lo invitò a sedersi. Si accomodarono sulla larga base della pianta, che con prepotenza usciva fuori dalla terra gialla. «Qua potemo parla'. Ma statte giù...»

Tritolo stava per parlare. A Giovanni sarebbe bastato innescarlo, senza forzare.

«Chi ti disse che Sergio Rambaldi era morto?»

«Mecocci. Arrivò tutto preoccupato alla Tana. Era passate le nove. Mecocci m'ha detto: "Aiutame."» Sembrava spaventato, e sottovoce gli disse che Sergio s'era ammazzato.

Giovanni si chiese perché mai, in piena campagna, al centro del nulla, Mecocci dovesse raccontare di un suicidio «sottovoce». Sembrava il tipico dettaglio troppo realistico che rivela una bugia.

Lui non volle saperne niente, diceva Tritolo a Giovanni, perché era appena uscito dal riformatorio.

«Perché non ne hai parlato alle autorità?»

Semplice: odiava la polizia e i carabinieri.

Tritolo tirò fuori da una tasca dei semi neri di girasole e masticandoli confidò: «Murlo fa schifo, ma almeno da Murlo posso scappa', anna' pe' i campi, scenne' al lago... Una volta so' annato a Orvieto a vede' il Duomo, un giorno andria pu' a Roma se me pare.»

Giovanni lo guardava attentamente, gli occhi stretti e scuri per il sole che batteva sulle loro teste erano simili ai semi neri. «Tre anni fa me so' fatto otto mesi de riformatorio.» Otto mesi senza uscire né di giorno né di notte. «Penzavo de mori' senza 'st'aria, 'sta terra, 'sto cielo. Io là dendro nun ce torno. Cascasse il mondo. Nun ce torno.»

«Perché c'eri finito?»

Tritolo c'era finito per le sue passioni.

«Le donne?»

«Macché donne!» disse come un bambino che si schifa alla sola idea di abbracciare una compagna di classe. La passione di Tritolo erano «i botti».

Giovanni si sentiva spaesato, poi ricordò un articolo di Molina che aveva definito Gianni Capasso come «un facinoroso con la passione per gli esplosivi». I «botti», come li chiamava lui, erano gli esplosivi.

Tritolo si era fatto il riformatorio per aver rubato un quintale di dinamite da un deposito verso Terni. Forse anche più d'un quintale, a sentire lui. A cosa gli serviva?

«Me piace senti' il rumore, vede' le scintille! Qualche volta butto le bombe nell'acqua del lago e vedessi che schizzi...»

Giovanni allora minimizzò: «Tutto qua? Vabbè, robetta da ragazzi di campagna. Zingarate da noia.»

No, questa era una conclusione inammissibile. Tritolo Kid sapeva di non avere le qualità e le conoscenze di Sacchi. Ma voleva essere credibile, voleva essere ammesso tra i grandi: non potendolo fare da buono per mancanza di spirito, cultura ed esempi edificanti, ci provava facendo il cattivo.

Tritolo Kid non voleva fare la fine della sterminata schiera di parenti con cui abitava a Murlo. Lui aveva un futuro che andava ben oltre quei campi.

«Guarda che io l'estate sto qui ma d'inverno lavoro da Mommio.»

Mommio era il grande negozio di elettrodomestici appena fuori Ferso. Famosissimo nella zona, solo un forestiero come Giovanni poteva ignorarlo. Tritolo spiegò che con i soldi guadagnati studiava elettronica per corrispondenza.

A Giovanni non servivano dettagli biografici, non doveva scrivere un ritratto. Gli servivano informazioni utili. «Sì, va bene, ma che ci facevi con un quintale di dinamite?»

Tritolo Kid s'irradiò, come schiarito dalla luce di uno dei suoi botti. «Aspetta... Io posso controlla' qualsiasi aggeggio elettronico.» Montava e smontava. Aveva imparato a collegare detonatori alle emittenti transistor. Si vantava delle esplosioni sperimentate sulla spiaggia del lago o nei campi. Continuò con la spacconata: «Che ne sai che non ho piantato una cassetta pure qua, sotto a quella montagnola de terra... e magari in tasca c'ho il bottone pe fa' salta' tutto in aria? *Bum!*»

Fu in quel momento che Giovanni realizzò di aver sottovalutato Gianni Capasso. A sedici anni Tritolo Kid aveva una capacità quasi manipolatoria, non troppo dissimile da quella dei Lupi, di oscillare abilmente tra la serietà e lo scherzo, le verità e le bugie.

Giovanni non doveva mostrarsi impressionato, avrebbe perso autorevolezza.

«Hai mai fatto saltare niente?»

«Le pietre, qualche roccia...»

«Vabbè... Roba piccola.»

Una volta avrebbe potuto far saltare il Comune.

«Ma non l'hai fatto...»

Tritolo Kid si sentì sfidato. «Nun l'ho fatto, ma potevo.» Aveva minacciato perfino i carabinieri quando, per la storia di Sergio, l'avevano tenuto in caserma una notte intera: «"Se non la smettete ve faccio salta' per aria" j'ho detto.» Due cassette di dinamite nascoste nei paraggi della chiesa, accanto alla caserma di Callalta. O almeno così raccontava Gianni Capasso. «Potevo fa' un macello in qualsiasi momento perché in tasca c'avevo il telecomando.»

Poi però aveva cambiato idea. Niente esplosioni. E dato che i carabinieri insistevano per avere una sua versione, in quanto amico dei sospettati, aveva aperto bocca.

«Perché hai fatto proprio il nome di Binaschi? L'avevi visto con Sergio?»

«Ma no, m'hanno tenuto per ore, ero stanco.»

Tra i Lupi, ma non lui, chi si prostituiva alla faggeta aveva sempre le tasche piene. «A me certi giri me facevano schifo... e Binaschi era quello che je ne dava de più de soldi, quindi ho detto lui.»

Poi fece una pausa, come in attesa di una nuova domanda che non arrivava. Così ne approfittò per sottolineare: «Io alla faggeta ce vado solo pe' scoppia' i botti. No pe' i froci. Te l'ho detto che me fanno schifo.»

Tritolo ci teneva a sottolineare che i ragazzi della Tana non erano la banda «di Lauri», come scrivevano i giornali. Era un ritrovo di giovani anime con interessi vari. Era la stessa versione di Sonia Ricci: c'era chi si prostituiva, chi commetteva piccoli furti, chi giocava.

«Quindi immagino che lì tenevi le radio trasmittenti e la dinamite...»

«Pure la polvere da sparo e i fucili da caccia, se è per questo. E anche le pistole se le trovamo. Ma solo i più bravi maneggiano tutta 'sta roba.»

All'età di Tritolo Kid Giovanni trafugava già le tombe etrusche, ma non lo raccontava con tanta spavalderia.

«Che mi dici di Giorgio Sacchi?»

«Lavorava qua dai Donnini. Lo vedevo ogni tanto...» Poi con le indagini, le misure cautelari e il processo in arrivo, anche lui era sparito. «La Tana la frequentava quando era più piccolo, mo un bel po' meno.»

In mezzo al fruscio del grano e al frinire delle cicale, una voce: «Gianniii! Gianniii!»

Il vento disperdeva l'origine del suono, nascondendone la provenienza.

Intanto Giovanni andava avanti, e con leggerezza buttò là: «Sacchi milita nel Fronte monarchico, e anche Lauri. Quanti di voi ne fanno parte?»

A quel punto Tritolo Kid s'irrigidì e come a schernirlo disse: «Il Fronte cheee?»

«Monarchico.»

«No, no, a me de 'ste cose non me ne frega proprio niente.»

Tritolo Kid ammetteva di aver mentito su Binaschi, ammetteva il suo amore per gli esplosivi, ammetteva che alla Tana giravano persino delle armi. Ma escludeva di avere a che fare con il rapimento e la morte di Sergio, così come escludeva di avere dei legami con un fantomatico Fronte.

Intanto una voce sempre più distinta continuava a chiamarlo.

Tritolo fece per alzarsi: «Dai, tirete su che pare ce semo imboscati pe' fa' chissà che.»

Giovanni voleva insistere con la storia del Fronte, voleva capire se Sonia avesse mentito o se a mentire fosse proprio Tritolo Kid. Tutto si giocava intorno a questo punto e ad alcune domande: Sergio Rambaldi era destinato a trascorrere i giorni del suo rapimento nella Tana? esisteva sul serio quel sacco a pelo in cui Sergio avrebbe dovuto dormire? Tritolo Kid era andato in soccorso di Mecocci e degli altri alla notizia della morte e quindi aveva cercato di nascondere il sacco a pelo portandolo a Sonia? e dove si trovava ora quel sacco a pelo, la prova del tentato sequestro?

Giovanni doveva osare, anche a costo di mettere a rischio Sonia. Mentre si alzava, con sufficienza azzardò: «Tu mi racconti cose interessanti, ma io so per certo che voi alla Tana avevate un sacco a pelo e che era destinato a Sergio Rambaldi durante il sequestro.»

«Eh? Chi te l'ha detta 'sta cosa scema?»

«L'ho trovato. Ho trovato quel sacco a pelo.»

Tritolo fece un passo indietro, letteralmente, verso il grano, come se si fosse preso uno spavento. Quello di Giovanni era un bluff, un azzardo. Ma il ragazzo era inquieto davanti a quelle parole e rilanciò: «Se cerchi bene tra i cespugli in giro intorno al lago trovi pure i mitragliatori.»

«Mitragliatori? A cosa servono?»

A giocare.

A sparare nella sabbia... Nell'acqua. Nella terra. In cielo.

A fingere di far saltare in aria caserme, scuole, teatri, municipi.

A fingere, non a farlo davvero.

A giocare.

Almeno per Tritolo Kid questo era: solo un gioco. Nel dirlo rideva, come per prendere in giro l'ingenuità di Giovanni. E quella risata gli svelava il sospetto che le vallate tra le colline, le campagne, i casali abbandonati e i boschi nascondessero giochi più pericolosi di quelli solitari di Tritolo Kid. Giovanni aveva il sospetto che la spavalderia di alcuni ragazzi si alleasse al cinismo di adulti organizzati.

Cercando di articolare una nuova domanda, Giovanni si trovò davanti un muro. In quel suo disorientamento preoccupato, Tritolo vide una minaccia. Fino a quel momento aveva ridacchiato e fatto lo sfacciato, lasciando credere che esistesse una verità nascosta: non per gioco si sarebbe sparato. Ma ora che l'interlocutore pareva intuire quella verità, Tritolo era nervoso, e rimaneva in bilico tra l'audacia e la prudenza, l'insolenza e la paura.

Questa volta, con voce neutra, Tritolo lo liquidò: «Io mo me ne vado che me chiamano.» Scappò via. Di corsa.

Giovanni si alzò, non vedeva l'ora di tornare sulla strada e accendere una sigaretta.

13

Il marchese non vuole intrusi

Una volta raggiunto il viale, Giovanni si guardò intorno. Tritolo Kid non c'era. Fumò lentamente la sigaretta tanto desiderata, osservò i campi oltre la strada. Quindi salì sulla Vespa. Con la mano diede gas. Una, due volte. Il motore cominciò a scoppiettare, pronto a partire per riportare Giovanni a Ferso. Il grano smise di frusciare, sospeso per qualche secondo nella calma. Poi il vento s'alzò più forte di prima e il boato del cielo coprì i passi del marchese, che arrivò alle spalle di Giovanni con in spalla un fucile.

Il marchese Donnini aveva la faccia asciutta, bianca e storta per via di una genetica che, in modo simile eppure opposto al popolo della vicina Murlo, aveva nobilmente selezionato la debolezza. Fragile era anche la sua casata come in fondo tutte, da quando l'Italia non era più monarchica. Restava la ricchezza, di rendite passive a Roma e di proprietà messe a frutto grazie ai fattori nelle campagne umbre e laziali.

Che fosse il marchese si capiva dai vestiti, tutti elegantemente composti, belli accollati nonostante fosse luglio inoltrato. Lo si capiva dal calcio in oro del fucile che penzolava alle sue spalle. Lo si capiva pure dal perfetto italiano, privo d'inflessioni: «Non so chi siate voi e non voglio sconosciuti nella mia proprietà!»

«Sono un giornalista.»

Quello poggiò la mano sulla cinghia di cuoio che teneva il fucile, come per prepararsi a imbracciarlo. Giovanni si sentiva elettrizzato dall'avere tra le mani la verità. Era esaltato dalla pioggia che cominciava a cadere con larghe gocce da temporale. Dalla presenza del fucile. Dalla figura del marchese a cui avrebbe voluto chiedere una sola cosa, semplice: sono nascoste in casa le tessere del Fronte?

Era sicuro che il marchese avesse scatenato le fantasie monarchiche di Sacchi, che poi le aveva estese agli amici del Fronte. Ispirato dai giochi pericolosi di Tritolo, Sacchi aveva forse pensato di mettere se stesso e gli amici al servizio della causa con bombe ed esplosivi. Non era, insomma, da escludere che i soldi del riscatto servissero a comprare armi. E che lo stesso marchese avesse offerto protezione sulla storiaccia del rapimento e dell'omicidio.

«Avete protetto Sacchi e i suoi amici per via delle simpatie monarchiche?»

Che azzardo. Il marchese non ci poteva credere. Gli rise in faccia: «Non dite sciocchezze.»

Erano tante le parole che riempivano la testa di Giovanni. Così tante che, come e più di sempre, lottava per articolarle. Sapeva che il marchese era presente all'Hotel Royal, giù al lago, quando il Fronte monarchico si era riunito a Ferso. E con il marchese c'era pure Sacchi, che l'avrebbe seguito anche in capo al mondo. Quando era venuto a Ferso, Junio Valerio Borghese era passato anche alla tenuta? Aveva chiesto finanziamenti per il contrasto armato del comunismo? Questo avrebbe voluto chiedere Giovanni, ma non era abbastanza pronto, abbastanza brillante.

«Vi saluto.» Il marchese gli diede le spalle, risalendo verso il casale. Appena qualche passo e si girò per indirizzargli una sentenza, precisa come un pensiero sfuggito al segreto della mente: «Non ci si macchia le mani con i peccati di chi cerca solo un po' di luce riflessa.»

Giovanni tacque, senza trovare risposta. Si portò dietro quella frase. Dopo averci pensato a lungo, gli parve si potesse ribattere solo così: marchese, voi state scaricando Giorgio Sacchi. Lo state facendo vigliaccamente. Quando queste parole gli vennero in mente, era già a un chilometro dal casale, sulla strada per Ferso. E pioveva.

Il marchese aveva fomentato i sogni d'affermazione di Giorgio Sacchi quando non era neanche maggiorenne. Un ragazzino che voleva emanciparsi dalla sua origine, legittimarsi definitivamente agli occhi del partito, partecipare a una guerra più grande di lui. Come fare? Si era rivolto agli ex compagni di scorribande, i frequentatori della Tana, per raccogliere soldi e, probabilmente, comprare armi. Gli amici erano spregiudicati come solo un ragazzino può essere. La delinquenza per loro era un rito in larga parte incosciente. Far esplodere una bomba, sequestrare e violentare una coetanea erano atti turpemente giocosi, irresponsabilmente seri. Le azioni e i moventi apparivano sulla linea che separa lo spasso di un bambino dall'ambizione di un adulto.

Giovanni era troppo giovane per ricordare le bombe della guerra, si sentiva troppo vecchio per giocare con i transistor. Ma a Milano, qualche mese prima, aveva visto la Banca nazionale dell'agricoltura dilaniata da una valigia esplosa. Diciassette morti, ottantotto feriti. Altre quattro bombe in meno di un'ora tra Roma e Milano. Non si sapeva chi le avesse messe. Ma quel 12 dicembre del 1969 Giovanni era arrivato in piazza Fontana quando le ambulanze portavano via le barelle.

Nelle foto dei colleghi, arrivati prima di lui, c'era il buco che l'ordigno aveva creato sul pavimento, una ferita circolare e buia, tutto sommato piccola, uno squarcio da cui sembrava potessero uscire dei mostri. Erano stati i mostri liberati dall'esplosione a ribaltare le sedie, a spezzare e piegare il legno e il cemento, a inghiottire i corpi, a orchestrare le grida, a spargere ovunque centinaia e centinaia di fogli, per consegnare al caos gli affari ordinati degli uomini.

Che Tritolo Kid si divertisse a distruggere era spaventoso. Che Giorgio Sacchi e i suoi amici confondessero la politica con la distruzione era impressionante. Sergio Rambaldi era morto a causa di un desiderio che a tratti pareva un sogno, a tratti un disegno.

14

I Lupi

La pioggia picchiava fragorosa; sulla strada che lo separava da Murlo, niente poteva proteggere Giovanni dal temporale. Non gli alberi e neanche la Tana, che aveva la porta sbarrata e tettoie non abbastanza sgangherate. Mentre si avvicinava al rifugio, nonostante l'acqua copiosa confondesse profili e colori, si accorse che Tritolo Kid era appostato sul bordo della strada insieme ad altri cinque ragazzi. Tutti, tranne Gianni, indossavano le maschere a forma di luna che baristi e camerieri avevano portato durante la festa al Porticciolo nella notte dell'allunaggio. Dovevano averle rubate dopo il fallimento del locale. I ragazzi della Tana parevano un manipolo di briganti dell'Ottocento catapultati dentro un'inquietante festa di carnevale. Facevano paura. Giovanni frenò.

I Lupi ridevano e ululavano: «Ohhh! Eccolo!» Dovevano essere stati loro a chiamare Tritolo Kid poco prima nel campo, Giovanni riconosceva qualcosa nella grana di quelle voci grevi e volgari. Di quei ragazzi probabilmente conosceva i nomi, letti sulle panchine, sugli appunti e sulle pagine dei giornali. Avevano con sé bastoni e sassi che presero a lanciare nella sua direzione. Uno colpì Giovanni in testa. La Vespa cadde su un fianco, dalla parte della gamba buona, e per qualche metro scivolò sui sassi bagnati finendo ai piedi di un albero, sul limitare di un campo di girasoli che sotto la pioggia avevano abbassato la testa. Nei minuti successivi Giovanni non ebbe cognizione di quello che stava succedendo.

Tirò via la gamba buona da sotto la Vespa e, aiutandosi con le mani, trasse a sé quella malandata. I ragazzini in maschera lo raggiunsero, due da una parte e due dall'altra lo afferrarono per le braccia.

Il grano arato, intorno all'edificio, era duro e più insidioso del breccino: trapassava la stoffa dei larghi pantaloni e graffiava la gamba buona. Un brandello del lino s'impigliò. Per liberarlo lo strattonarono. Niente: la stoffa era rimasta incastrata tra un sasso e un ramo. Impazienti, i ragazzi rimossero l'impiccio tirando i pantaloni, che si strapparono fino a scoprire la parte finale dell'imbrago di cuoio.

Tritolo Kid gli puntava una pistola contro. Rimanendo sotto tiro Giovanni li seguì fin dentro la Tana. La pioggia stava cessando e lui si sentiva impotente come si era sentito solo la notte in cui scavando aveva perso l'uso della gamba. Non doveva parlare, qualsiasi cosa volessero sapere. Ma loro non facevano domande: volevano intimidirlo, volevano fargli male.

La Tana ricordava una cantinaccia per l'odore d'umido, a terra però c'erano tappeti e pezzi di modernissima moquette rubati dai locali del lungolago, forse anche dal centro di Ferso. C'era pure una panca da chiesa. Per il resto la differenza tra quello che Giovanni aveva visto tra le fessure qualche ora prima e quello che vedeva ora, tenendo gli occhi stretti, era minima.

«'Sta cosa te deve servi' a sta' zitto» disse Tritolo. E giù calci e pugni dei tre più grossi, che non si toglievano la maschera. Giovanni aveva male alle braccia per essere stato trascinato, e quando prese a sanguinare per un colpo sul naso si girò a pancia sotto, con le mani sulla testa, il volto riparato contro il cemento del pavimento.

«Struppio», «monco», «comunista», «mezzasega», lo insultavano all'unisono. Giovanni sussultava, pianissimo, perché in realtà rideva. Rideva di nervosismo e rabbia. Rideva disperato.

Uno del gruppo, robusto e sudato per la fatica fatta a menare le mani, si sedette accanto a lui, all'altezza dei fianchi. Mentre prendeva fiato guardò la gamba di Giovanni, distesa davanti a lui.

«Oh, guarda qua... C'ha i disegnini su 'sto coso... Ci sta pure un nome... Dora B-b-ois... Sarà la fidanzata. Dora Bo-is. Bo-is. Bah!»

«Dora Bo-ve... *Come 'na vacca...* Ah ah ah.»

Tritolo, che ricordava il nome esotico di quella che a lungo era stata la fidanzata del sindaco Pent, gli gridò: «*Buà*, si legge *Buà*. Quanto siete zappe!» Erano delle zappe, degli ignoranti, più di lui che almeno prendeva il diploma per corrispondenza.

Quindi guardò Giovanni: «Mo è la fidanzata tua? O era l'amante quando stava col sindaco?... Che puttana!»

Giovanni continuava a tenersi la testa tra le mani. Adesso aveva smesso di ridere. Avvertiva un dolore lancinante al torace, probabilmente alcune costole erano rotte. «Basta! Basta!» li pregò, pronunciando le prime parole da quando lo avevano trascinato là dentro. Era chiaro che non voleva si parlasse di Dora, segno che ci teneva.

Uno dei ragazzi, soprannominato l'Arcinemico, biondo e riccio, si avvicinò a Tritolo Kid con una tanica di benzina. Sottovoce s'accordarono perché l'Arcinemico corresse a Ferso a bordo del motorino, per dare fuoco al laboratorio di Dora: «Così questo qua se convince per bene a sta' zitto...»

«Devi di' a tutti gli altri amici tuoi giornalisti che de Ferso non devono più parla'. Sennò t'ammazzamo la fidanzata.»

Giovanni non intendeva trattare. Si contorceva, cercando di sopportare il dolore. Vide solo i piedi, piccoli, di

Arcinemico che si allontanavano, e poi la sua sagoma mentre, ormai dandogli le spalle, si toglieva la maschera e la buttava a terra. C'era anche il più piccolo dei fratelli Madia: Giacomo. Il maggiore, Marcello, becchino, era in carcere con un'accusa di sequestro e omicidio.

«Dai, non piagne'...» scherzava un altro. «A te non t'ammazzamo.»

Furono le ultime parole che Giovanni ascoltò lucidamente, dopodiché cadde in una specie di sonno: sentiva i suoni, ma non aveva la forza di ricondurli a chi o a cosa li aveva emessi, non poteva parlare né muoversi. Lo avevano colpito anche sulle gambe, e su quella protetta dall'imbrago, per non farsi male, s'erano accaniti con i bastoni. Se ne andarono tutti, tranne due che rimasero a fare la guardia fuori dalla porta. Per qualche ora Giovanni rimase solo, a terra, finché in tre rientrarono, lo bendarono e lo caricarono su un'Ape, coprendolo con un telo da caccia mentre Giacomo Madia li seguiva sulla Vespa noleggiata.

Nel tempo solenne della campagna che pian piano si preparava alla notte, Giovanni udiva solo un concerto di grilli e cicale. Il rumore squassante dei motori sulle strade bianche e sterrate scompariva assorbito da pensieri confusi. Raggiunsero la strada lungo il lago. Girando a destra si andava verso Ferso. Svoltarono a sinistra, direzione diga. A forza di sassi e curve, la Vespa intanto aveva bucato. L'abbandonarono sul ciglio della strada e accostarono sulla piazzola che conduceva alla spiaggia dove un anno prima era stato ritrovato Sergio Rambaldi.

15

Poche ore prima

Se avessero avuto ancora in mano tutta la giovinezza, Dora e Giovanni si sarebbero dati appuntamento al giardino della biblioteca, lungo il fiume o al Porticciolo abbandonato. Avrebbero scelto lo spazio notturno dei romantici, malinconico e sospeso. Non per mancanza di sentimentalismo, ma per bisogno di assoluta riservatezza, Dora e Giovanni si erano invece dati ancora una volta appuntamento al laboratorio. Si sarebbero dovuti incontrare all'ora di cena.

Dora per tutto il giorno, dopo anni, non aveva mai toccato ago e filo. Trascrisse quanto ricordava dello scambio con Liviani. Quindi sistemò la stanza appoggiando qua e là pezzi di seta color terracotta, il colore degli etruschi. Le piccole premure domavano e insieme alimentavano l'euforia dell'attesa, in cui riconosceva di nuovo l'amore.

Uscì per comprare dei fiori da sistemare in un vaso, ordinò un pollo arrosto da ritirare alle sette e mezza, prese un pezzo di crostata dal fornaio. Agitò i pensieri del pubblico della rosticceria: un pollo intero? sarà tornata insieme ad Angelo Pent? il dessert? avranno gente a cena? sarà incinta? Lei, indifferente, fece una telefonata dalle cabine comunali all'atelier di Torino, e le dipendenti l'aggiornarono sugli ordini.

Con una lunga passeggiata arrivò fino alla chiesa di

Santa Maria Assunta, su una punta della collina a sud della città. Contava di trovare lì Silvana, per la messa. Non era ancora pronta a raccontarle quello che aveva scoperto. Desiderava invece farsi indagare dalla sua sensibilità vibrante e occulta. Voleva nominarle Giovanni, arrivato qualche giorno prima da Milano. Lasciare che le facesse domande su di lui. Spiegarle che proprio lui la stava aiutando.

Voleva disseminare informazioni e vedere se Silvana sapeva leggerci i sentimenti così come, nel giorno in cui si erano conosciute, aveva intuito l'importanza del fermaglio di Roselle. Iniziò a piovere, con la busta dei fiori e della crostata cercò di coprirsi. Arrivata alla chiesa, vi trovò riparo.

La messa era iniziata e Silvana non c'era. Dora tornò allora verso il centro di Ferso e, in ritardo, ritirò il pollo dalla rosticceria. Caldo e unto, anche se insacchettato, profumava di festa. Di certo un pollo così Giovanni a Milano non poteva mangiarlo. Il portone del palazzo era aperto, Dora salì le scale con le scarpe ancora umide per via della pioggia.

La pietra grigia e porosa era scurita da altre suole bagnate di cui lei non si curò. C'era odore di bruciato, simile a quello di un albero su cui cade un fulmine durante un temporale. Arrivata sull'uscio esitò per qualche secondo, come se non riconoscesse più la porticina del laboratorio. Sul legno settecentesco, verniciato in color avorio, c'era una lingua nera che partiva dal basso e arrivava fino all'altezza della toppa.

«Finalmente è arrivata!» fece scendendo le scale la domestica della casa al piano superiore. «Qualcuno ha provato a da' foco ai vestiti vostri!» Aveva gli occhi spiritati, pareva non riuscisse più a battere le palpebre. Con la scopa in mano, tenuta stretta come si terrebbe un fucile nella giungla.

«I miei vestiti?» Dora non capiva.

La domestica spiegò che un'ora prima aveva sentito odore di fumo salire su fino a casa. I padroni non c'erano, lei s'era subito allarmata, così era corsa di sotto pensando che Dora avesse bisogno d'aiuto. «Magari aveva preso fuoco qualcosa col ferro da stiro...»

E invece a bruciare era la porta. «Più che foco, era l'inizio del foco...» Aveva visto il fumo e sentito odore d'alcol. «Guardi, sotto lo stipite ce ne sta ancora un po'.» Non avevano cercato di incendiare i vestiti, ma il laboratorio, magari speravano che dentro ci fosse anche lei... «Ma avete fatto il vestito da sposa a una che nun se doveva sposa'?!» chiese la domestica, ipotizzando uno scenario di gelosie e vendette da fotoromanzo.

No. Si trattava di una minaccia. Dora pensò che potesse essere stato Liviani, quell'uomo raccapricciante.

«Comunque l'ho visto... Era un bambino. L'ho visto dall'alto, dalla finestrella delle scale... C'avrà avuto dieci anni, dodici a di' tanto.»

I Lupi. Di nuovo, invisibili, ubiqui, i figli del tufo, delle promesse, della povertà. Piccoli principi del caos asserviti alle parole dell'ordine. Reagivano ai comandi dell'istinto o di chissà chi altro e agivano improvvisando. Si fomentavano a vicenda in giochi spropositati che da goffi e sbilenchi diventavano tragici.

Dora aveva paura.

Senza commentare le parole della domestica, come per ringraziarla, ma soprattutto per liberarsene, le consegnò le buste con il pollo e la crostata: «Tenete, è tutta roba buona.» Quella finalmente batté le palpebre. Dora le diede i fiori: «Anche questi.»

Quindi corse via per le scale mentre la domestica la guardava perplessa: «Che strana femmina...»

Dora seguiva un'intuizione giusta, forse il segno più stupefacente del loro legame: Giovanni aveva bisogno di aiuto. Doveva raggiungere Murlo.

Aveva preso la patente a Torino, ma aveva guidato poche volte e sempre solo l'auto di Angelo, al quale escludeva di chiederla in prestito. Dora non aveva amici a Ferso, e delle sue amiche nessuna aveva una macchina. Salì sul primo autobus che scendeva dal colle. Appena dopo la stazione, andava in tutt'altra direzione rispetto a Murlo. Si fece lasciare nel punto più vicino al lago e riprese a camminare.

Il temporale sembrava aver lasciato a casa tutti, la strada era sgombra e l'aria si stava gonfiando di nebbia. Superò il lungolago dei locali e degli alberghi, quelli ormai chiusi e quelli ancora aperti. Superò anche il Porticciolo, con le sue sedie impilate e incatenate, l'insegna presa a sassate. Superò lo spiazzo da cui si scendeva alla faggeta.

Dora camminava alla ricerca di Giovanni; sperava di vederselo comparire davanti, mentre tornava sulla Vespa che aveva noleggiato.

Immaginava la sua sorpresa, trovandola là sulla strada, sopra al lago. Invece di Giovanni non c'era traccia.

Arrivò alla parte della provinciale che non aveva strisce di demarcazione, ma solo un asfalto del dopoguerra che saliva tra gli alberi o scendeva affacciandosi sul lago. Da lì la strada diventava adatta solo a gomme e zoccoli. Come in un sogno, Dora percorreva una via muta e impervia.

Intorno a lei, si erano persi i contorni del tempo: in un dirupo, in lontananza, si scorgevano i resti di un ponte romano, a testimoniare che lì una volta passava il fiume, ormai deviato e frenato dalla diga. Piloni di cemento e barriere di protezione raccontavano invece una storia molto più recente e invadente.

Entrò in una galleria che bucava la roccia, fino a qualche anno prima incombente su una distesa di tabacco. La strada si avvitava su se stessa, e Dora si mise a correre per evitare di trovarsi stretta tra le auto di passaggio. Non era un posto per camminare quello. Ma la strada finalmente s'allargò di nuovo, s'appianò, s'addolcì. Passarono un trattore e un autobus che venivano da Ferso, poi una Cinquecento che arrivava dalla direzione opposta, dalla diga. Erano il segno di un paesaggio e di un momento che tornavano a disciplinarsi. Dora arrivò al distributore prima del bivio e chiese di Giovanni, se lo avevano visto. Moro, sopracciglia folte, zigomi alti, mento tondo e definito. Zoppo. Su una Vespa.

«Certo che è passato. Dopo pranzo... Saranno state le due, le tre, che ve dico!»

«Non l'ha visto ripassare?»

«None...»

«Per tornare a Ferso, da Murlo, si passa per di qua?»

«E per dove vole passa'? Eh eh... Certo che se passa per de qua!» disse lui alzando le mani, come a enfatizzare quell'ovvietà.

Dora era preoccupata e il benzinaio glielo leggeva in faccia.

«Core mio, se sarà fermata la Vespa... J'avevo detto che su 'ste strade è un macello! Ma mica niente de che. Tornerà giù anche se è zoppo.»

Il sole stava calando rapidamente.

«Ha una macchina da noleggiarmi?» fece lei cercando nella borsetta dei soldi e la patente, per dimostrare che consegnarle una vettura non era un totale azzardo.

Era una richiesta talmente inattesa da sembrare disperata. «Guardi, io al fidanzato suo, l'amico, o quello che è, j'avevo proposto 'sto Sparviero... Quello c'ho.» Non altro. Lo Sparviero, prendere o lasciare: gli faceva pure pena, quindi era disposto a prestarglielo gratis, ma se lo rompeva avrebbe dovuto ripagarglielo per intero.

Dora aveva guidato una moto a dodici anni, sulle montagne, in un'estate in cui il padre aveva trovato nel bosco una Guzzi dell'esercito italiano che era stata abbandonata durante la guerra. No, non era abbastanza per guidare su una strada pericolosa e ripida come quella per Murlo: «Proseguo a piedi.»

Si congedarono. «Che Dio je la manni bbona»

La nebbia si alzava dal lago, aveva raggiunto la strada e si stava infittendo. Dora continuò a piedi fino all'incrocio. Deviando a sinistra si andava verso Murlo, altrimenti procedendo dritti si arrivava fino alla diga. Prima di incamminarsi per la parte più faticosa che l'avrebbe condotta al paesino, guardò distrattamente davanti a sé.

Laggiù, a un centinaio di metri, sulla curva, oltre i cespugli, c'era lo spiazzo da cui si scendeva alla spiaggia. Quella dove l'anno prima era stato trovato il corpo di Sergio. Raggi di sole filtravano dal cielo ingrigito rifrangendosi su una superficie metallica. Un bagliore minuscolo dell'ultima luce della giornata, prima che la nebbia di Ferso arrivasse a nascondere tutto. Quel bagliore incontrava il manubrio della Vespa noleggiata da Giovanni e svanì qualche secondo dopo. Il motociclo invece rimaneva là, su un fianco, buttato a terra.

16

Sulla spiaggia di un omicidio

Giovanni era quasi incosciente. Lo scaricarono sulla sabbia come un sacco. Tritolo Kid, prima di andarsene, si abbassò a dargli una pacca sulla spalla: «Scusa se semo stati pesanti ma te lo meritavi.» Forse era per questo tipo di premure che alcuni pensavano fosse più morbido degli altri.

Giovanni respirava, ma era immobile come se fosse morto. Giacomo Madia gli sferrò un ultimo calcio sulla pancia.

«Piantala... je fai fa' la fine de Sergio...»

Con il dolore lancinante che aveva al torace e alle gambe, Giovanni si accorse appena di perdere sangue da dietro la testa.

Il gruppo, proprio come un branco di lupi, se ne andò soddisfatto e a testa bassa: avevano fatto abbastanza per mettere a tacere Giovanni Pitorsi e chiunque con lui volesse ancora indagare sull'omicidio.

Un ramo curvo, lisciato dall'acqua del fiume e poi da quella del lago, giaceva immobile sulla spiaggia, ormai al riparo dalla violenza e dai vortici della corrente. Giovanni, accasciato su un fianco, teneva gli occhi su quel ramo, ci si aggrappava nella convinzione che se avesse smesso di guardarlo, se si fosse abbandonato a pensieri oscuri, se si fosse addormentato, sarebbe morto.

E lui non voleva morire: voleva andare a Ferso, cenare

con Dora, rispondere alle ultime domande sulla storia dell'omicidio di Sergio. E poi voleva tornare a Milano, scrivere come i reporter che non fanno solo fotografie, voleva assistere alla fine del processo. Allora doveva continuare a fissare il ramo. Forse era addirittura lo stesso che aveva colpito Sergio. Il piccolo Sergio. Innocente Sergio, protetto male dalla sabbia e guardato dalla luna.

Giovanni non poteva morire. C'erano ancora troppe cose da fare: denunciare chi l'aveva picchiato a sangue; o forse no, non avrebbe denunciato nessuno, per non mettere a rischio una vita felice. Modesta, forse minima, ma felice. Ma quale felice...

Non aveva mai avuto ambizioni, se non quella di inseguire ciò che il destino gli presentava davanti: aveva scavato perché lo facevano gli amici in Maremma, aveva fatto il fotografo perché aveva vinto un premio, aveva donne perché loro lo cercavano, aveva indagato perché qualcuno gli aveva chiesto di farlo.

Si può essere felici senza avere dentro una fiamma da alimentare e proteggere? C'era qualcosa che aveva amato per puro, autonomo, intimo slancio? Certo che c'era. Niente che chiedesse sforzi particolari, però: i fichi dell'orto in Maremma, il prosciutto della festa del paese, la risata di suo padre, il bronzo degli etruschi, il silenzio della palude, la pioggia sul tetto di casa a Milano, le canzoni malinconiche, gli occhi di Dora... La rabbia di Dora... L'amore di Dora.

Ecco, l'amore di Dora chiedeva un grande sforzo. Sarebbe mai lui riuscito a sostenerlo?

Ecco, stava sprofondando nei pensieri oscuri.

Ecco, guardare il ramo. Fissare il ramo.

Ma il ramo stava scomparendo, appassiva tra la nebbia, s'ottenebrava nella sua testa. Quell'appiglio era diventato un tutt'uno con l'acqua, in fondo, laggiù, e l'acqua era un tutt'uno con il cielo, lassù.

Era tutto buio, e Giovanni s'era addormentato.

Non era ancora l'alba del 21 luglio 1969. Giovanni si trovava per la prima volta sulla spiaggetta di Ferso. Non stava tornando dal Porticciolo, stava tornando direttamente dalla luna. Anzi, non stava tornando. La luna l'aveva sputato giù da uno dei suoi crateri, fino al lago. I commentatori l'avevano perso: un secondo prima era lì che camminava sul suolo lunare, con la tuta d'astronauta e la corda, e il secondo dopo era schizzato fuori, a tutta velocità, nello spazio. Ora giaceva sulla spiaggia. Ferso, pianeta Terra. O pianeta premorte. Giovanni si era alzato: il calcio della luna, tutto sommato, invece di stordirlo lo aveva galvanizzato. La sua luce, poi, illuminava la riva, con gli ultimi bagliori bianchi e soffusi che presto sarebbero stati vinti dal sole. A Giovanni piaceva. Si rialzò e si mise a camminare sulla spiaggia. Gli pareva ci fosse un ramo laggiù. Niente. Forse era stato un miraggio. Aveva anche visto un pescatore, con un cane. Era sicuro di averlo visto. Niente. Era un pezzo di memoria, forse un falso ricordo. Uno scherzo.

Non sapeva dove andare Giovanni. Poteva farsi un bagno, in attesa che dal centro spaziale tornassero a prenderlo. Si tolse la tuta senza alcun impaccio: venne via veloce come se invece che di nylon e tubi fosse fatta d'illusione.

Si avvicinò all'acqua, che pareva immobile se non fosse stato per le screziature lunari. Ma si sentì chiamare: una voce piccolina, flebile.

Giovanni...

Giovanni...

Giovanni...

Veniva dai cespugli. Forse era la voce di un ragazzino. La voce di Sergio. Giovanni rinunciò al bagno e si avvicinò a piante e arbusti che nascevano dove la rigogliosa boscaglia incontrava l'aridità della spiaggia. La voce era più distinta ma sembrava anche ovattata e proveniva dal basso, da sotto i suoi piedi. Giovanni si mise a scavare e la sabbia mista a terra veniva via leggera come schiuma. Man mano che scava-

va la voce si faceva più vicina, e man mano che scavava s'intravedeva una luce, come se stesse facendo un buco così profondo da arrivare dall'altra parte della Terra.

La luce proveniva in realtà da un corpo, che finalmente Giovanni vedeva da vicino.

La faccia illividita, i lineamenti sbiaditi come in un acquerello bruno, il busto nudo, non più di bambino e non ancora d'uomo, erano protetti da un sottile guscio di sabbia splendente. Quel bozzolo metteva il corpo di Sergio al riparo dalla vergogna di essere stato ridotto in quel modo.

Ora che Giovanni lo aveva trovato, la voce smise di chiamarlo. Appena prese Sergio tra le braccia per strapparlo a quella sepoltura, l'involucro si sollevò come soffiato via da un ultimissimo respiro rimasto intrappolato sotto la sabbia. A Giovanni ricordò la donna etrusca che tanti anni prima aveva dissepolto in Maremma. Regale e millenario come quello, anche il corpo immateriale di Sergio sparì sotto i suoi occhi.

Grilli, uccelli della sera e rane cantavano. Fu un concerto improvviso e quasi opprimente che arrivava da un altro mondo: quello reale. Stava scendendo finalmente la notte. «Giovanni, mi senti?» Era sicuro di udire la voce di Dora, forse l'aveva trovato. Sulla Terra di sempre lei forse era lì, affannata per la corsa, angosciata da una ricerca alla fine del tramonto. Lui spalancò gli occhi, tornò cosciente di tutti i dolori che affliggevano il suo corpo. Prima di gridare gli parve di stringere la mano di Dora e di dire: «In fondo, in fondo... non t'ho mai lasciata.»

17

Non ci si innamora di una storia

Era il dicembre del 1970. Gian Pietro Tolcani scosse la pigrizia di un lunedì magro di notizie facendo scivolare sotto il naso di Giovanni Pitorsi una vecchia copia di *Tempi moderni* con la faccia di Sergio Rambaldi: «Qualcuno m'ha detto che sei andato a Ferso per indagare su questa storia, che avevi preso le ferie solo per questo.»

Era stato Molina. «Dice che l'hai fatto per una romanticheria. Dice anche che ti tieni il materiale per te. E mi potrebbe stare bene, perché ho il sospetto che sia scadente.» Giovanni sorrideva mentre Tolcani sottolineava qualcosa che lui aveva già sentito più di una volta. «Perché, lo sai, ogni volta che ci si innamora di una storia di solito è scadente.»

Era una vecchia regola di redazione: mai attaccarsi a una storia. Giovanni alla vicenda accaduta a Ferso si era attaccato in modo profondo, per via di Dora, ma anche di Sergio. «Quello non era figlio tuo» disse Tolcani, che aveva intuito il punto di cedimento.

Giovanni tirò un sospiro profondo e prese il giornale tra le mani. Non voleva affrontare l'argomento e ammettere sentimenti troppo intimi.

Tolcani sapeva di essersi spinto troppo in là e riportò il loro scambio su preoccupazioni più concrete: «Non è che raccoglievi informazioni per venderle a qualcun altro, magari con uno pseudonimo?»

«Ma ti pare!» furono le uniche parole di Giovanni, che cercava nella tasca una sigaretta.

«Ti va di farmelo vedere? Magari passiamo il materiale a qualche collega...»

Giovanni non aveva indagato per il giornale. Temeva di tradire i suoi propositi legando motivazioni private a cronache destinate a tutti. Voleva confrontarsi con Dora sul da farsi. Provò a chiamarla al laboratorio di Ferso, ma ormai la linea era staccata. Se n'era andata. Provò all'atelier di Torino e le dissero che era fuori città, per una fiera.

Doveva decidere da solo: pubblicare o no? Tolcani lo convinse che facendolo avrebbe aiutato la giustizia. E così consegnò le informazioni che aveva raccolto insieme a Dora, l'estate precedente, a Ferso.

«Quando ogni giorno è sempre il giorno dopo, ogni fatto è rumore. Ma da questi fatti tu sei certa di trarre sollievo, e per questo te li porgo pregandoti di perdonarmi se quello che troverai sarà impreciso.» Così aveva scritto Dora nel biglietto che accompagnava la sintesi del quaderno nero, consegnandolo a Silvana. Alle imprecisioni diede poco peso l'editorialista della *Pagina*, Franco De Rubertis, che dopo averlo ricevuto da Tolcani fece un po' di telefonate e tornò da lui agitando un suo nuovo pezzo, pronto per la pubblicazione.

Mesi di speculazioni, gente che ci ha rimesso la vita e la reputazione. Si è parlato di incontri loschi in faggeta e di festini. Una storia di sesso. Ma l'omicidio di Sergio Rambaldi è un'altra storia. E io ve la posso raccontare grazie al lavoro del collega Giovanni Pitorsi. Leggete bene.
Dopo essere uscito di casa e aver salutato la mamma, Sergio è andato all'oratorio. Lo hanno avvicinato Paride Mecocci e Piero Lauri. Per vincere le resistenze di un ragazzo che conosceva la fama dei due, lo portarono al luna

park. Una pannocchia, un giro tra luci e suoni. Chissà se era più sereno adesso Sergio visto che le intenzioni dei due erano pessime: rapirlo.
Per evitare di dare ulteriormente nell'occhio, visto il traffico sul lungolago, Sergio andava spogliato e cambiato. E per questo Piero e Paride lo portarono fino alla spiaggetta. Sulla riva del lago li aspettava l'amico Marcello Madia: arrivato a bordo dell'Ape che usava anche per lavoro, aveva con sé i vestiti per cambiare il piccolo. Madia, Lauri e Mecocci lo invitarono a spogliarsi, magari utilizzando la scusa di un bagno notturno nel lago, una prova di coraggio. Insistevano. Sergio si spaventò. La sua fobia per l'acqua, confermata dalla madre, unita alla sensazione crescente di non avere scampo, lo portò a ribellarsi, forse a fuggire.
Era fondamentale per la riuscita del piano che Sergio arrivasse alla Tana e il vero sequestro potesse iniziare. Lauri lo raggiunse, lo afferrò. La situazione stava sfuggendo di mano. Per riportarla all'ordine, Madia lo colpì con un bastone in testa credendo forse solo di stordirlo. Oppure colpì per uccidere, nell'esibizione cameratesca della propria superiorità. Un'emorragia cerebrale portò Sergio alla morte.
Madia, di professione becchino, lo seppellì sotto la sabbia, con la pala che teneva nell'Ape e con la stessa goffaggine di un bambino che deve nascondere i cocci di un vaso rotto. Cominciò a piovere, come ogni luglio a Ferso. Per gli altri la notte si fece frenetica. Andavano eliminate le prove, andava eliminato il movente.
Mecocci andò alla Tana per avvertire Sacchi, che doveva assicurarsi dell'arrivo di Sergio e dare inizio alle trattative. Probabilmente c'erano anche Tritolo e altri amici. Minimo comune denominatore: tutti iscritti al Fronte monarchico giovanile di Giorgio Sacchi.
Lauri andò a Ferso per farsi vedere in giro e costruirsi un alibi. Passando davanti alla pensione La Pace vide che il

receptionist era intento a guardare la tv: finale del *Cantagiro*. Entrò, silenzioso come un ladro, quale del resto è, come molti dei suoi amici. Si prese il rischio di fare una chiamata. La prima, per chiedere il riscatto. Era un atto rischioso ma ispirato dall'illusione che così facendo tutti avrebbero creduto che Sergio fosse ancora vivo.

Gli pareva di poter guadagnare tempo fingendo che il piano non fosse saltato. L'edicolante Gioacchino Liviani, che quel sabato notte, come spesso gli capitava, si era attardato in magazzino a riordinare certe sue vecchie riviste da collezione, lo vide uscire dalla pensione.

Liviani era una faccia amica, un monarchico, fascista, amico del padre di Sacchi. Uno che Lauri, da tesoriere del Fronte giovanile, aveva già incontrato. Piero Lauri gli spiegò quello che era successo, che avevano tentato di rapire Sergio Rambaldi per ottenere dei soldi dai Sacchetti-Altovini. Lauri doveva averlo spaventato. Lo aveva minacciato o convinto. Liviani forse temette che tutti i simpatizzanti monarchici potessero finire coinvolti.

Nel frattempo la banda doveva eliminare le prove che potevano associarla a un sequestro. Così Tritolo Kid corse verso Murlo per sbarazzarsi in qualche modo del sacco a pelo e dei vestiti destinati a Sergio.

Sulla strada incontrò un'amica, una ragazzina, una testimone chiave. Pensò di affidarli a lei: era l'unico che poteva chiederle un favore. Era una soluzione provvisoria, dovuta non tanto a un calcolo ma all'ansia di gestire qualcosa che non stava andando come sarebbe dovuta andare. Qualche giorno dopo Paride tornò a recuperare le cose: in cambio del silenzio, diede alla ragazza un gioiello rubato al luna park. A quel punto si erano disfatti di tutto.

Eliminate le prove, andava eliminato il movente: l'estorsione per raccogliere fondi da impiegare nella lotta armata al comunismo. Sequestrare qualcuno vicino alla fami-

glia più ricca di Ferso; ottenere i soldi; costituire un piccolo arsenale di armi; metterlo a disposizione dei movimenti di estrema destra.
Giorgio Sacchi ci guadagnava un ruolo di primo piano. Gli altri ci guadagnavano la possibilità di essere presi sul serio nei loro giochi di bombe, transistor e botte.
Bisognava distogliere i sospetti e far ricadere le colpe sugli avversari. Nei giorni successivi i ragazzi, il solo Liviani, o forse tutti insieme, inventarono una versione alternativa. Avevano a disposizione l'ambiente della faggeta, e un personaggio in vista che per molti motivi non amavano: il proprietario del Porticciolo Renato Binaschi. Attaccare lui significava attaccare anche la dissoluzione dei costumi e, quindi, la Ferso di Pent, l'Italia delle sinistre. Non si preoccuparono di orchestrare una versione univoca, il vortice di racconti contraddittori faceva parte di una strategia più o meno precisa. Fu così che arrivò la prima confessione di Paride Mecocci.
Sicuramente c'è stata la complicità di un adulto, che avrebbe almeno fatto la seconda chiamata alla famiglia da un telefono pubblico. Forse fu lo stesso Liviani. Del resto ce ne sono di adulti a orbitare intorno a questi ragazzi: padri naturali e padri ideologici. Il processo dovrà chiarire. Insomma, questa è una storia atroce. Ma non è una storia sessuale. Questa è una storia politica, è una storia di potere.

F. De Rubertis

Epilogo

I

Inizia il processo del caso Rambaldi

L'unico momento in cui Giovanni aveva fatto scelte significative, in cui era diventato davvero un uomo d'azione, era stato nell'estate del 1970, quando aveva seguito l'invito di Dora a indagare sul caso Rambaldi. L'epilogo violento di quella settimana a Ferso non aveva lasciato strascichi particolari, a parte una prognosi di qualche giorno e una denuncia per lesioni gravi.

La decisione di denunciare, per non cedere al tentativo di intimidazione, fu per Giovanni un modo di persistere nel suo tentativo di essere un uomo migliore. Ma distante da Dora, distante da una fonte ispiratrice di determinazione, in pochi mesi riprese a fluttuare, riprendendo a frequentare qualche giovane donna, con altalenante convinzione.

Su spinta di Tolcani, si mise a scrivere articoli: la sua firma chiudeva articoletti e reportage fatti di tante fotografie e poche parole. Era destinato a diventare pubblicista, ma non era troppo convinto che quello sarebbe stato il suo ultimo lavoro. Al solito, la sua vita era un accadimento di fortuna in cui si rivelava, regolarmente e suo malgrado, mediamente talentuoso.

Poi in redazione si riprese a parlare del caso Rambaldi. Timidamente, come fosse un fatto intimo che si preferiva considerare remoto. Nei mesi dopo l'ultima estate di Giovanni a Ferso, Junio Valerio Borghese aveva riunito a Roma centinaia di congiurati per tentare, armati, un golpe. Negli anni successivi intere zone italiane, comprese le colline intorno a Ferso, si erano rivelate polveriere: bombe e tritolo, caricatori e proiettili, pistole e mitragliatrici spuntavano anche dai cespugli. Soprattutto, venivano usati per rapire e ammazzare. Alla radio, accanto alle canzoni d'amore, si sentiva De André cantare:

Per strada tante facce
non hanno un bel colore,
qui chi non terrorizza
si ammala di terrore.

Si era nel pieno degli anni di piombo.

Per Giovanni il caso era stato il goffo e terribile inizio di tutto, e ogni omicidio o strage gli pareva la maturazione di qualcosa che aveva visto provare a nascere. Sangue, paura, manipolazione, politica. Sapeva che il giudice Monaldi la pensava in modo simile a lui, ma non sapeva se il processo avrebbe allineato la propria verità alla storia che aveva ricostruito insieme a Dora.

Era gennaio del 1975. Giornalisti d'agenzia, cronisti locali e della giudiziaria riempivano l'aula della prima udienza con una presenza ingombrante fatta di voci, sgomitate e taccuini. Era un'attenzione destinata a durare giusto il tempo dell'apertura del processo.

Silvana Rambaldi sedeva davanti alla corte. L'accompagnavano i coniugi Sacchetti-Altovini, protettivi, impassibili. C'era poi la moglie di Renato Binaschi, Flavia, che nel frattempo si era risposata e che non smetteva di difenderne l'onore e la memoria. Arrivò anche il colonnello comandante Guglielmo Santi. Dal 1970 la sua faccia non era più apparsa in giro, tranne che in una foto che lo ritraeva trionfante dopo aver acciuffato i responsabili di una rapina all'ufficio postale. Non strabordava più in dichiarazioni e ormai era più che mai abbottonato davanti ai giornalisti. In nessun modo temeva domande della corte sulle proprie indagini anche perché lui riteneva fossero state ineccepibili. A parte il nuovo sindaco, il preside democristiano Mingatti e pochi altri, da Ferso non si era presentato nessun altro.

Il deputato Angelo Pent arrivò da Roma finalmente con una moglie. Si tenevano sottobraccio restando impettiti come se portassero in scena il ritratto della dignità. Prima dell'ingresso del giudice Riccardo Riccio, Angelo si voltò per guardarsi intorno, per farsi un'idea della platea. Nella sua breve ricognizione covava la speranza di vedere Dora.

Lo muoveva un senso di rivalsa, più che un sentimento di nostalgia. Voleva mostrarle cos'aveva costruito dopo aver voltato pagina: ecco l'uomo che ora sedeva in parlamento e si accompagnava con una bella donna che l'aveva sposato, ecco l'uomo compiuto.

Intorno a lui, tra i giornalisti, non c'era alcun innocentista, ma due fazioni nette: chi credeva al giudice istruttore, alla sua trama politica con omicidio volontario, e chi al pubblico ministero, con la pista sessuale e il delitto preterintenzionale.

Entrò Giovanni Pitorsi, fotografo e insieme nuovo inviato speciale a Ferso per *Tempi moderni*: era stato incaricato di coprire alcune udienze, le più importanti, con testi e foto. Rimase in piedi, appoggiato a una parete. Anche lui scrutava l'ingresso sperando di vedere Dora.

Ad Angelo era giunta voce del fatto che nel 1970, dopo essersi separato da lei, i due avessero condiviso le giornate nel laboratorio per una settimana. Un episodio strano, che lasciava intravedere un'intimità di cui Angelo era ancora geloso. Nella taciuta e vana attesa della stessa persona, Giovanni e Angelo si guardarono: fu inevitabile ma talmente scomodo che entrambi distolsero subito lo sguardo, illudendosi così di cancellare la tensione.

Tutti quegli anni per arrivare in aula parevano troppi. E i ragazzi di Ferso non c'erano più. Al posto loro si presentarono degli uomini che tentavano di costruirsi una nuova vita. Marcello Madia era il più cambiato: con la barba curata, gli occhiali, il dolcevita a collo alto, l'aria da intellettuale impegnato, sembrava che l'esperienza giudiziaria, lontano dai cimiteri, lo stesse emancipando.

L'assicuratore Giorgio Sacchi, con la sua vita nella piccola borghesia di provincia, si era presentato in giacca e cravatta e il piglio impassibile. Paride Mecocci, Faccia d'angelo, che all'epoca dei fatti aveva meno di quattordici anni, non era imputabile. Anzi, stando a una delle testimonianze, nella faggeta Madia aveva abusato di lui e per questo il becchino rischiava di essere condannato pure per atti di libidine violenta.

Era assente anche Piero Lauri, il grande protagonista delle cronache, il più desiderato dai giornalisti. Si raccontava che dopo il carcere, un periodo in tenda e la leva, ora vivesse sui colli romani, con una moglie, un figlio. Si raccontava anche che facesse il muratore e che fosse diventato un testimone di Geova. Non c'era perché aveva avuto un incidente sul lavoro e rischiava addirittura la paralisi.

L'età adulta non aveva tuttavia cancellato i modi mistificatori del gruppo e l'ostinazione a mettere sul piatto tutto e il suo contrario. Infinite contraddizioni, palesi bugie: era chiaro all'aula intera che non si fossero messi d'accordo su una versione e che se una strategia c'era era sempre quella collaudata di fare un gran caos.

Il presidente Riccio incalzò Madia chiedendogli conto delle falsità raccontate.

«Renato Binaschi mi costrinse a seppellire il cadavere di Sergio.»

La vedova protestò: «Bastardo! Falso!»

A carico di Marcello Madia c'erano non solo le frequenti dichiarazioni di Lauri e Mecocci, che lo volevano, in un modo o nell'altro, quasi sempre sulla scena del delitto, qualunque essa fosse. Ma c'era una pala, ritrovata nell'Ape guidata da Marcello, e della quale spesso lui si serviva per lavoro. Era una pala compatibile con quella usata per il goffo occultamento del cadavere di Sergio.

C'era poi il suo passato da picchiatore, con un paio di azzuffate finite all'attenzione della polizia. Il nuovo aspetto da pacato studioso sollevava nei più attenti osservatori il sospetto che volesse allontanare l'idea di chi era veramente: un assassino.

Madia parlava in modo pulito, non c'era più traccia del suo strano e forte accento rurale. Appariva irriconoscibile, riflessivo e maturo. Giovanni annotò una delle frasi che aveva pronunciato: «Avevo paura che si sapesse che frequentavo un certo mondo. Che ogni tanto facevo dei... "servizi", per così dire. E che avevo amici con cui ci guadagnavo dei soldi...» Eppure, aveva raccontato otto versioni diverse piene di oscenità, dettagli scabrosi, invenzioni perverse, comprese quelle sugli incontri carnali mai avvenuti con Mario Diotallevi o i balletti verdi al cospetto del sindaco Pent. Perché? «Ero giovanissimo, non capivo niente, facevo cose senza senso!»

Giorgio Sacchi seguì l'interrogatorio di Madia con noia, come se in alcun modo faggete e festini lo riguardassero. Prima dell'ingresso in aula si era prestato a posare per le foto con i giornalisti. Giovanni lo disprezzava, ma la regola di Tolcani era chiara: «Distacco. O il lavoro sarà inutile.» Per questo aveva fotografato anche lui. Sacchi sorrideva senza particolare intensità, come se indossasse una maschera escogitata per ammorbidire la predisposizione ostile degli altri nei suoi riguardi.

Difeso da un ex ministro della Giustizia di Benito Mussolini, ostentava una calma infarcita di buona creanza. L'avvocato puntava tutto sul fatto che l'assistito era un cittadino esemplare, un assicuratore, con famiglia: «Sarebbe un insulto già solo vederlo accomunato ai perdigiorno senza alcun ritegno della faggeta. Figuriamoci alle loro più turpi azioni... A un omicidio!» Ma il punto per lui più importante era sminuire il ruolo del Fronte: «Sacchi voleva una società più ordinata e giusta. Non un mondo in cui s'ammazzavano bambini.» Qualcuno, tra i presenti in aula, si sentì vinto da questa constatazione.

Nella sentenza di rinvio a giudizio, Sacchi era indicato come il capo di un gruppo politico di estrema destra che aveva rapito Sergio. Era stato l'ultimo a entrare nel caso e il suo volto era meno conosciuto rispetto a quello degli altri. «Per la verità il fatto che alcuni frequentassero la faggeta non m'importava. Mica sono *capovolti* davvero, uno è pure sposato... Lauri, intendo. Fossero *capovolti*, non li avrei mai fatti entrare nel partito.» Magari avevano dei trascorsi discutibili, «ma erano giovani» fece con un sorriso benevolo, «e per questo avevano bisogno di qualcuno che li orientasse verso il meglio.»

Al giudice Riccio non piaceva. Giovanni lo vide sospirare, come a dire: suvvia, basta con l'incensarsi. Probabilmente non piaceva neanche al resto della giuria. Eppure Giorgio Sacchi era abile nel lisciarsi tutti, anche quando pareva sull'orlo di irritarli.

Anche lui aveva un accento dirozzato a forza, un vocabolario che s'era fatto più forbito. Il giudice Riccio lo squadrava con espressione quasi preoccupata: «Ha capito di cosa è accusato?»

«Certamente, signor presidente. Ma le garantisco che sono tutte accuse false» rispose l'imputato in modo affabile e rilassato.

Pareva attenersi al manuale della buona impressione.

Nella girandola delle ritrattazioni, ammise però di aver portato via dalla Tana degli oggetti, tra cui un sacco a pelo. «Lauri mi confidò che gli era stato chiesto dal proprietario di una Duetto e che era servito per nascondere il corpo di Sergio Rambaldi.»

Il proprietario della Duetto era Renato Binaschi. Giorgio Sacchi stava accusando di nuovo il gestore del Porticciolo, morto suicida.

«Non si preoccupò sentendo parlare del corpo di un bambino scomparso?»

Giorgio alzò le sopracciglia: «La presi come una sbruffonata di Piero. Era uno che straparlava, un fanfarone, e in quei giorni non si faceva che parlare di Sergio. Non potevo prenderlo sul serio.»

Non sapere, non ricordare, non poterselo spiegare: erano le espressioni più ricorrenti tra gli imputati. Chiamato a rispondere di falsa testimonianza, Gianni Capasso, conosciuto come Tritolo Kid, teneva la testa bassa, per vergogna o perché temeva che alzando lo sguardo avrebbe visto moltiplicarsi le conseguenze delle sue parole e delle sue azioni.

Aveva l'aria stralunata, era un giovane uomo senza più speranze di riuscita nella vita, senza luce. Manifestava l'ansia di finirla il prima possibile con quel processo. Giovanni non lo fotografò, non si scambiarono neanche uno sguardo.

Dall'interrogatorio emergeva che Tritolo era stato il primo a parlare agli inquirenti del sacco a pelo. Su quell'oggetto aveva dato ben cinque versioni diverse. Ma in aula, senza troppa convinzione, disse: «Non so gnente de quel sacco. Non so se Giorgio o chi per lui l'ha portato via. Se ve l'hanno detto quelli de Murlo lasciate perde' perché so' tutti pazzi quelli laggiù. Me stupisce pure che esista un sacco: se davero ne ho parlato è perché me lo so' invendato.»

2

Scontro in aula

Giovanni tornò a Ferso per l'udienza a cui era atteso Piero Lauri. Angelo Pent non c'era. Non c'era nemmeno l'ex moglie di Renato Binaschi. I giornalisti formavano un gruppo ampio e abbastanza vivace. Silvana rimaneva nelle prime file. Concetta Lauri, la madre di Piero, se ne stava in fondo all'aula, con un fazzoletto in testa e la borsetta stretta tra le mani.

Secondo la perizia ordinata da Monaldi, il ragazzo non solo era capace di intendere e di volere, ma addirittura disponeva di un'intelligenza superiore alla media. Stralci della perizia erano trapelati, Giovanni ne aveva selezionato un passaggio significativo per *Tempi moderni*: «Lauri ha una personalità complessa, indipendente. Possiede già esperienze di vita da adulto e non delle migliori. Ammette, con lucidità, che in certe cose ha toccato il fondo.»

Piero Lauri stava seduto davanti alla corte con il braccio ingessato e difficoltà a deambulare. Silvana non credeva al suo infortunio, le pareva anzi un affronto indecente: evocare, per impietosirla o magari per provocarla, l'incidente mortale che suo marito, il padre di Sergio, aveva avuto in Irlanda anni prima.

Destinato a fiorire nell'adolescenza e ad appassire subito dopo, Lauri aveva i capelli ormai diradati, un corpo che non si era né irrobustito né slanciato. Aveva perso la luminosità nello sguardo. Non sorrideva più granché e parlava poco.

Un avvocato che aveva promesso di far uscire Piero Lauri «intonso dal processo» era sparito da giorni. Un suo collega si era dato per malato. L'udienza fu così interrotta per permettere all'ufficiale giudiziario di cercare difensori d'ufficio.

Una volta trovati, Lauri esordì ammettendo di aver mentito sempre fino a quel momento. Nessuna delle versioni che aveva fornito in precedenza raccontava ciò che davvero sapeva. Il pubblico ministero lo accusava di «mettersi continuamente in conflitto con la verità».

Sul taccuino su cui abbozzava i testi da accompagnare alle foto, Giovanni prendeva appunti. Racchiuse il senso della deposizione in una frase che Lauri pronunciò all'inizio: «Non c'ero, non ero presente. So' stati Binaschi e Madia.» Ammetteva di aver mentito e di aver fatto male a deviare le indagini. Nuove versioni, nuovi spostamenti, nuovi incontri.

«Senta, Lauri, qui si fa fatica a crederle, oltre che a starle dietro» disse il pubblico ministero.

«Obiezione: non è possibile fare certe considerazioni, presidente...» tentò l'avvocato.

«Va bene» riprese Allierini, che tornò a fissare l'imputato. «Lauri, lei conosceva Sergio Rambaldi?»

«No.»

Il presidente aprì quindi uno dei fascicoli: «Lauri, lei qui ha sostenuto un'altra versione. Lei sosteneva di aver ucciso Sergio Rambaldi.»

«Uh, troppe ne ho dette! Ne ho dette un sacco... Quella, qualunque cosa sia, era una delle tante. Perché me lo fa ripete'?»

«Ma è negli atti...»

«Non lo metto in dubbio. Comunque, quello che dissi non era vero.»

«Perché, allora, ha detto così?»

«Non potevo mica di' a la mamma mia che passavo il tempo alla faggeta, con gente come Binaschi, che me vendevo...» Meglio assassino che marchettaro, insomma. Concetta Lauri, in fondo all'aula, scosse la testa: che il figlio fosse monarchico lo ignorava, ma che si prostituisse lo sapeva da sempre. Lo sapevano tutti.

«Ma... Lauri, lei al giudice istruttore disse, in stato di turbamento, che voleva pagare per ciò che aveva fatto.»

«Me permetta, eh. Era il 5 luglio 1970, l'anniversario della morte di Rambaldi. Lo avevo sognato. Un incubo. Avevo visto Sergio sulla spiaggia di Ferso. Me svegliai sconvolto. Allora dissi de vole' paga'. Non per il rapimento e l'uccisione, perché di questo so' innocente. Ma pe' le calunnie.»

E allora che pagasse. Il pubblico ministero si alzò: «Falsa testimonianza e calunnia. Presidente, chiedo l'arresto!» Fu una liberazione per il pubblico in aula. Finalmente Piero Lauri, il bullo, veniva rimesso in riga. La Corte respinse l'istanza e chiese a Lauri chi avesse ucciso Sergio Rambaldi, dove lo avesse fatto e perché.

«Non lo so perché io non c'ero.»

Il presidente era quasi sconsolato: «Ma Lauri, lei ha praticamente sempre dichiarato di essere stato presente...» Scosse la testa, alzò le sopracciglia.

Intervenne il giudice a latere: «Lei si mostra dispiaciuto al più solo perché ha coinvolto Binaschi. Ma qui c'è un altro morto. Un bambino di dodici anni che oggi avrebbe poco meno della sua età. Un giorno del 1969 è scomparso, l'hanno ritrovato cadavere, seppellito sotto la sabbia.» In aula si sollevarono dei sospiri liberatori. Il giudice continuò: «Sembra che Sergio non le interessi, che non conti niente. Ma lei non è più un ragazzo di vita. A dirla tutta non è più un ragazzo. E la guardo in faccia perché dica la verità. C'entra lei con la morte di Sergio? Avete litigato o ha battuto la testa? Lei o qualcun altro l'ha colpito con dei pugni o con un bastone?»

«No. Io non ne so niente.»

A quel punto Marcello Madia, demolendo l'immagine austera che aveva costruito negli ultimi anni, perse la pazienza e, alzandosi in piedi, gridò: «Ecco qua, ecco chi è Piero Lauri!»

«E chi sarei, sentiamo...»

«Guardame in faccia! Dopo tutti 'sti anni viene qua a di' de non sape' gnente!»

La signora Madia, la mamma di Marcello, dal fondo dell'aula, puntò il dito contro Lauri: «Quello è un falso, un ipocrita, un disgraziato, un delinquente. Feccia!»

«Silenzio! Silenzio o la faccio portare via, signora!» tuonò il presidente.

Madia sbottò: «Dillo, di' cos'è successo!»

«Sei tu che devi di' cos'hai fatto.»

«Tu meriteresti de esse' preso a botte per davero!» gridò Madia.

A quel punto l'avvocato di quest'ultimo, con una strattonata, lo rimise a sedere.

Gli stavano urlando contro e lui batteva le ciglia lentamente, come se fosse altrove. A chi gli chiedeva verità o spettacolo, Lauri restituiva disinteresse. Giovanni scattò una larga. Nessun ritratto.

Dopo il *clic*, il Lupo si voltò verso il fotografo. Strinse lo sguardo come se cercasse di metterlo a fuoco, come per ritrovarlo in una memoria più affaticata di quella di qualsiasi altro giovane uomo presente in aula.

3

Chi parla e chi non parla

In una nuova udienza, Gioacchino Liviani, che due anni prima con un giornalista aveva timidamente ritrattato la sua versione («Forse me so' sbajato, non era Binaschi quello che vidi nella faggeta»), entrò in aula coprendosi con un giornale: fece scena muta. Il marchese Donnini, che Giovanni ricordava col fucile in spalla, non si presentò. La Professoressa era ritenuta dal giudice istruttore «non credibile per eccesso di eccentricità», e quindi in aula non entrò mai.

Invece Gianna Terzili, la Giannetta, non solo arrivò in largo anticipo, ma manifestò un tale desiderio di parlare che prese a rilasciare dichiarazioni già nel corridoio a chiunque s'avvicinasse a lei con un taccuino e una domanda.

Giovanni riuscì a fotografarla seduta al banco dei testimoni, le mani appoggiate alla balaustra di legno come per stare più dritta, per essere più presente. Fu un fiume in piena. Raccontò di aver visto Sergio Rambaldi al luna park insieme a Piero Lauri e Paride Mecocci. Riportò ogni dettaglio: il proprio calendario di lavoro a Ferso quell'estate, l'atteggiamento dei tre, la luce e il controluce.

Anche quando sembrava andare fuori tema, la Giannetta teneva alta l'attenzione dell'aula perché approdava sempre a qualcosa di utile alla ricostruzione della storia.

Uscendo, diede delle pacche sulle spalle a Giovanni, la persona che anni prima, al luna park, l'aveva trovata senza sapere chi davvero stesse cercando.

4

Un racconto raccapricciante

L'ingresso della teste Sonia Ricci era quello più atteso da Giovanni. Nel rapporto consegnato a Silvana, per discrezione, il suo nome non c'era. La sua presenza al processo era dovuta o a un ottimo lavoro d'indagine di Monaldi o a un'opera di convincimento da parte di Dora affinché fosse la stessa Sonia a parlare con la procura. Se era andata così, Giovanni avrebbe rivisto Dora dopo più di quattro anni dall'ultima volta. Gli sembrava che certe emozioni potessero improvvisamente rivivere.

Uscì in corridoio, non si guardava intorno solo perché non voleva essere sorpreso nella ricerca ansiosa di uno sguardo. Si mise ad armeggiare con lo chassis della macchina fotografica: lo sfilò per inserire la pellicola, lo riposizionò. Si appese la macchina al collo e fumò una sigaretta. Sul corridoio i giornalisti locali Mino Pazzaglia e Filiberto Tartaglione insieme a un giovane, un praticante. Giovanni accennò un saluto. Tartaglione scosse la testa: «Che processo strano... Ne ho visti un po', ma questo è proprio strano. Un processo di ragazzacci e maschi deviati dove so' le femmine a fa' la differenza.»

Giovanni rientrò, si sedette al suo posto, nella tribuna rialzata laterale. Finse di prendere appunti. Poco dopo Sonia Ricci entrò in aula. Era accompagnata da Dora Bois. Alcuni credettero che fosse la sorella maggiore;

Dora si tolse i guanti, il cappello e il cappotto. Salutò Silvana rimanendo a qualche metro da lei, poi si voltò. Senza cercarlo, guardò precisamente Giovanni. Come sapesse con certezza dove si trovava. Come se ne avesse avvertito il profumo.

Giovanni non poté fingere di non averla vista, perché la stava fissando. Alzò la testa, e con un breve cenno, accompagnato da un sorriso, la salutò.

Sonia Ricci si soffiò il naso. Un malanno per il freddo che doveva sentire a Murlo. Su un maglione delle buone occasioni teneva appuntato l'elicriso d'oro. Appena le diedero la parola disse: «Signori della corte, io sono qua solo pe' di' quello che so.»

«Prosegua.»

«Vorrei legge'.»

Iniziò una lenta e zoppicante lettura che s'inceppava su ogni parola più lunga di tre sillabe, o sulle parole troppo piene di consonanti. Il testo, che Dora stessa aveva contribuito a buttare giù, era questo:

> Il 7 marzo del 1968.
> Piero Lauri mi raggiunse nel campo di girasoli dietro a San Biagio, a Ferso, dove ero andata a raccogliere gli ultimi fiori. Avevo dodici anni.
> Mi raccontò che una delle mie sorelle s'era fatta male e che i suoi amici l'avevano trovata e portata alla Tana, vicino a casa nostra, per medicarla. Mi chiese di seguirlo.
> Quando entrai mia sorella non c'era. C'erano Marcello Madia e altri Lupi che mi aggredirono e violentarono.
> In quei due giorni là dentro io pensavo che sarei morta. E ogni volta che passo davanti a quel posto, io mando una maledizione a tutti quelli che ci vanno anche solo a giocare.
> I carabinieri hanno tutti i nomi perché li denunciai.
> Per questo fatto io non ebbi alcuna giustizia. Non sono qui per chiederla ora, ma per raccontare che era normale

per gli imputati fare dei più indifesi, bambini o ragazze, l'oggetto di vessazioni e di farlo seque... sequestrandoli. Poteva essere per gioco sessuale, ma anche per affari politici. Dico questo perché il 5 luglio del 1969, Gianni Capasso, conosciuto anche come Tritolo Kid, mi consegnò un sacco a pelo e dei vestiti da ragazzo. Tritolo Kid non mi aveva mai fatto del male.
Pregandomi di tenerli e di nasconderli, soprattutto nel caso in cui qualcuno fosse venuto a cercare Sergio Rambaldi in quei posti sperduti. Pensai subito che potessero essere stati loro ad avergli fatto qualcosa, che fossero loro a tenerlo nella Tana. La notte successiva andai a vedere. Per me era una gran fatica perché non volevo più avvicinarmi a quel posto. Ma temevo che Sergio fosse lì, nessuno sapeva che fosse già morto. Sergio non c'era. Non c'era nessuno. Era tutto buio. Lo chiamai con il rischio di farmi sentire da qualcun altro ma non ebbi risposta. Fu Paride Mecocci, giorni dopo, a tornare da me per riprendere il sacco a pelo e i vestiti. Mi diede in cambio un fermaglio prezioso, che avevano rubato alla signorina Dora Bois, affinché stessi zitta.

Era un racconto raccapricciante. Durante la deposizione, dal pubblico si levarono dei sospiri angosciati. Un paio di persone uscirono dall'aula. Lauri s'alzò in piedi scattante, come se non sentisse più alcun male: «Ma se era lei che ce veniva a cerca', presidente! Era lei che ci faceva il filo! Mo s'inventa che l'avemo violentata!»

Sonia, come da raccomandazione di Dora, non rispose alla provocazione.

Il giudice la incalzò: «Perché ha parlato di "affari politici"? Cosa le fa pensare che il sequestro fosse legato a questo e non a qualche abuso simile a quello da lei subito?»

«Non lo so mica pe' certo! Ma da quando è successo il casino del teatro, nella Tana in parecchi se so' fissati co' la politica.» C'era chi andava a uomini, chi rubava, chi faceva il contrabbando per guadagnare i soldi per sé, ma altri mettevano i soldi in una cassetta comune che governava Lauri e che serviva al Fronte. «Quindi, 'nzomma, a me me pare possibile che avessero pensato de chiede' un riscatto per guadagna' più veloci.»

«Lei che ne sa?»

Sonia s'ammutolì. Si trovava davanti a un bivio: tacere quello che aveva taciuto fino a quel momento, anche con Dora, o parlare. La confessione aveva a che fare con qualcosa di chiuso a chiave, che temeva di perdere se solo avesse aperto bocca. Guardò Dora, che le sorrise. Evitò invece di incrociare lo sguardo di Lauri.

«Me lo disse Tritolo Kid... cioè, Gianni Capasso.»

«E perché avrebbe dovuto confidarle una cosa simile?»

«Perché era l'unico che ce teneva a me...» Faceva lo spavaldo, nei giorni prima del sequestro le confidava che gli altri presto avrebbero fatto i soldi per difendere tutti dai comunisti. Tritolo Kid sosteneva di avere anche le capacità per dar loro consigli sugli esplosivi da comprare, perché lui se ne intendeva. Ma anche loro avevano contatti per comprarli. Se li era fatti Sacchi, in particolare, alle riunioni di partito.

I pochi giornalisti presenti fremevano per tornare in redazione a scrivere un pezzo. Quella di Sonia Ricci era una deposizione impressionante, destinata a finire sui giornali, con iniziali di nome e cognome puntati, perché da tutta questa storia almeno bisognava aver imparato un po' di rispetto.

Finita l'udienza, Silvana si avvicinò a Dora e insieme raggiunsero Giovanni.

«Lei è il famoso fotoreporter... L'ho vista tra i giornalisti nei giorni dopo la scomparsa di mio figlio.»

«Ho visto anche Sergio sulla spiaggia, la mattina in cui fu ritrovato.»

Dora s'accigliò, le pareva che un ricordo simile potesse

dispiacere a Silvana, che invece rispose: «Lo so, lo so...» Lo sapeva, non per informazioni raccolte in questo mondo, ma per qualcosa di misterioso che finalmente, nei sogni, il figlio aveva potuto dirle. Quindi Silvana abbracciò Giovanni e sottovoce disse: «Grazie per il lavoro che avete fatto, lei e Dora. Statevi vicino.»

Dora lo guardò, lui ricambiò non appena gli occhi di lei si spostarono su altro.

Si salutarono rimanendo a distanza, senza abbracci, solo con un sorriso, un cenno della mano, un *ciao* tra le labbra.

5

«Passerai a trovarmi?»

Se il processo aveva ridestato l'attenzione della stampa, era pur vero che in pagina il caso non aveva più di un taglio medio o un paio di colonne. Si parlava delle versioni dei Lupi, del Fronte, di festini e della faggeta, ma anche degli errori e delle colpe riscontrate nelle indagini. Santi e i suoi avevano omesso e indirizzato versioni. C'erano verbali spariti e auto date in prestito a quelli che sarebbero diventati imputati, ma ogni informazione ormai si perdeva in un'indignazione sbiadita.

A Savona scoppiò una bomba davanti al Forte di Monte Ciuto. Era l'ultima di centinaia di esplosioni avvenute in Italia a partire da quel famoso 1969. Nello stesso giorno si tennero le arringhe finali del processo Rambaldi.

Le parti civili si schierarono a favore della linea del giudice istruttore Monaldi: omicidio legato alle attività eversive del Fronte giovanile monarchico di Ferso. Nonostante l'assenza di prove il pubblico ministero era invece ancora convinto del delitto sessuale.

Dopo quasi otto ore di camera di consiglio, il presidente pronunciò la sentenza. Il pubblico era ansioso, Silvana ascoltava tenendo la mano della signora Sacchetti-Altovini.

Diciannove anni e quattro mesi per Marcello Madia, quindici anni a Piero Lauri. Le pene erano state ridotte di due anni. Giorgio Sacchi fu assolto per insufficienza di prove. Pene ben inferiori furono stabilite per gli altri imputati. Veniva così accettata la versione del pubblico ministero.

C'erano quelle dei Lupi, quelle dei giornalisti, quella di Giovanni e di Dora, quelle del magistrato Monaldi, quelle delle parti civili; ora c'era anche quella del processo di primo grado. In tutto, il caso Rambaldi aveva collezionato ventinove verità. Giovanni le contava mentre cenava sulle scale del tribunale.

Un panino, niente da bere, la gamba tesa, ma senza sforzi. Il tramonto era veloce come i suoi pensieri che correvano alle ore passate in aula. E poi, come per una condanna abituale, tornavano a Dora.

C'erano una cabina, una gettoniera. Erano nell'angolo della piazza, in penombra, eppure a lui pareva fossero illuminate da un fascio di luce. Giovanni mise la mano in tasca per cercare i soldi. Nella testa aveva ben chiara una cosa da dire, e voleva dirla a lei: a lungo ho pensato che tu fossi la deviazione, da un matrimonio o da una vita di conquiste, poi ho capito che le parole degli altri erano la deviazione.

Aveva chiaro come non mai che in Maremma la spinta verso il matrimonio e verso i tradimenti era stata governata più dalle proiezioni degli altri che dalla propria volontà. Nelle parole altrui si era scoperto sempre infelice perché della propria solitudine e della propria libertà non si faceva niente se erano segnate dall'attesa.

Il tribunale, osservato dalla sua facciata, era schiacciato da edifici che nella piccola piazza incombevano ai lati. Con colonne neoclassiche, ingurgitato dal tempo, appariva grigio, armonioso e fuori posto. Giovanni ne coglieva qualche dettaglio mentre il telefono squillava a vuoto.

Nell'atelier di Torino, Dora ormai era sola; lavorava, come ogni sera. Alzò la cornetta appena prima che Giovanni l'abbassasse. A quel punto lui perse all'improvviso la certezza sulle parole da dire e, dopo quelle di circostanza, si limitò alla prima cosa che gli venne in mente: «Ciao, come stai?»

Ci fu un breve silenzio.

«... Sono Giovanni.»

Dora sapeva di chi fosse quella voce.

«Tornerai per il secondo grado?»

«No, non tornerò.»

La troncatura di tutte quelle attese fu per Giovanni un sollievo.

«Se verrai a Torino, passerai a trovarmi?»

Era un bel passo verso di lui. Quante volte se l'era immaginato di raggiungerla a Torino. E invece di rispondere *arrivo* disse: «E se verrai a Milano tu mi passerai a trovare?»

Non si maledisse troppo per la poca risolutezza, Giovanni era già contento di sentire dall'altra parte della cornetta un divertito: «Penso di sì.»

6

Un fatto solo mio, una cronaca privata

A Giovanni era stata prospettata l'idea di passare agli esteri. Di esteri sentiva parlare come fossero un gran prestigio sin da quando era entrato in redazione. Ma visto che i nomi più illustri della testata si occupavano di politica interna, non certo di esteri, non aveva ancora ben capito se il prestigio fosse reale o presunto, né se la proposta di cambiare redazione fosse davvero un premio o una punizione.

«Sei sprecato per stare con noi della cronaca» gli aveva detto Tolcani, che pur essendo diventato vicedirettore non riusciva a staccarsi dai casi di nera, «finalmente ti mandiamo a fare un bel reportage in Argentina o in America... a documentare qualcosa di bello... Lo Space Shuttle?... Ti piacerebbe? Foto e testo.»

Giovanni non era contento, non aveva quell'ambizione, non aveva alcuna ambizione. O meglio: avrebbe potuto accettare di fare anche quello, il reporter degli esteri, come aveva accettato di fare qualsiasi altra cosa gli fosse capitata nella vita.

«Ma che ti dico... Mi piacerebbe, sì, mi piacerebbe viaggiare, ma preferirei restare alla cronaca. Mi piace la cronaca.»

«Forse è la prima volta che ti sento esprimere un parere su quello che ti piace. Come non detto, Pitorsi. Riferirò. Se ci ripensi, sappi che la paga è buona.»

«Secondo te il direttore s'offende?»

«Ma chi s'offende! Sta impegnato in mille faccende, già si sarà dimenticato pure d'averlo pensato.»

«Senti... Mi manderai di nuovo a seguire il processo d'appello?»

«Di cosa?»

«Caso Rambaldi.»

«Pitorsi, ma chi se lo fila più il caso Rambaldi? Saranno passati dieci anni!»

«Sette.»

Non erano di certo stati gli articoli scritti dall'Umbria ad aver fatto vendere copie a *Tempi moderni*, mesi prima. Eppure Pitorsi su questa vicenda era ostinato. Così Tolcani cercò una mediazione: «Se non ti ci mandassi, tanto, ci andresti da solo, no? Facciamo così... Solo due o tre udienze.»

Giovanni era infastidito. Gli pareva di trattare con un padre l'orario di rientro dai giochi serali. Tolcani ne era consapevole. Borbottò: «Chiusi i giochi, almeno scriverai un bell'articolo con tutte le cose che sai su questo caso e che non ci vuoi dire?»

Ancora con la storia della settimana trascorsa a indagare a Ferso nel 1970. Quello che aveva trovato, Giovanni lo aveva dato alla redazione anni prima e De Rubertis ci aveva scritto un pezzo.

Tolcani non era soddisfatto. Gli pareva che su quella vicenda il fotografo, diventato ormai inviato, tenesse sempre qualcosa per sé.

«Perché lavori a una storia se non vuoi pubblicarla, Pitorsi?»

«Non lo so.» Giovanni rispose così perché le risposte giuste arrivano sempre troppo tardi. E la risposta giusta che non trovava sulla punta della lingua, ma aveva dentro di sé, era: perché una storia che pareva di tutti, per me è diventata un fatto solo mio.

«E vabbè» concluse Tolcani, «ci accontenteremo della

piccola cronaca dal processo di provincia... di quello che fu un grande caso, ormai dimenticato.»

Giovanni non si scompose e, in attesa di ripartire, uscì a cercare storie di tutti che ancora nessuno aveva dimenticato.

7

La trentesima verità

Giovanni Pitorsi coprì ancora un paio di udienze da inviato speciale sul caso Rambaldi. Alle requisitorie dell'appello, alla fine del dicembre del 1977, fu richiamato di nuovo a Milano. Troppe storie più importanti da seguire. Apprese la sentenza non dalla radio ma al telefono, in redazione. Dall'altra parte della cornetta c'era un inviato d'agenzia. La corte concordava con le motivazioni del procuratore: l'omicidio era stato la conseguenza di un tentato rapimento, ma se ne respingeva la volontarietà.

Non c'erano prove, erano state mangiate da un'inchiesta che invece di dipanare aveva colpevolmente alimentato la confusione. E così Marcello Madia veniva condannato a undici anni e dieci mesi, Piero Lauri a otto anni e sei mesi, Giorgio Sacchi a nove anni. «Togli due anni a tutti, glieli hanno condonati» fece l'inviato al di là della cornetta.

La trentesima verità: chi era stato un adulto sin dall'inizio non poteva conoscere tutto quanto era avvenuto il 5 luglio del 1969. Poteva avvicinarsi agli eventi, ma non averli tra le mani nella loro interezza. Tra i ragazzi forse c'era una memoria confusa, dalla paura, dalle menzogne, dalla nebbia in cui si trova immersa la giovinezza. Come l'immagine di una regina chiusa in una tomba antica, a Giovanni la verità era sembrata intatta solo finché non si era cercato di disseppellirla. Così la trentesima verità era che la verità era andata perduta.

Anche Giovanni, in una notte trascorsa con Dora in Maremma, si era perduto. Aveva diciannove anni, una vita davanti e mesi di comportamenti sconsiderati alle spalle. Sapeva che quella sarebbe stata l'ultima notte insieme, lo sapeva perché incredibilmente l'aveva deciso lui. Scusami e ricordami, scusami e ricordami, pensava come un pazzo mentre le baciava la fronte. Senza parlare chiedeva perdono perché stava demolendo tutto, senza ragione, seguendo l'istinto distruttivo di chi non si sente all'altezza di un amore. *Ricordami, quando sarai diventata chi vuoi essere, quando sarai grande, quando non mi vorrai più, quando vedrai nuove città, leggerai nuovi libri, quando t'accompagnerai a un uomo che non sarò io.*

Per Dora, che nella vita aveva perso tutto, dalla famiglia al senno, la perdita non era che un travaso. Valeva per le cose concrete e per quelle invisibili. Valeva per il fermaglio dell'elicriso. Era finito nelle mani di una ragazza di campagna, che l'aveva tenuto con sé in tribunale mentre diceva parole coraggiose e poi l'aveva rivenduto per prendere la terza media da privatista. Il fermaglio non era mai scomparso, ma da oggetto di corteggiamento era diventato oggetto di riscatto. La stessa cosa valeva anche per la verità: da una pretesa urlata sui giornali o nelle aule di tribunale, s'era tramutata nel sospiro di un bambino che nei sogni finalmente rivelava tutto alla propria madre. Con questa certezza sul significato della perdita e dell'amore, Dora continuava a vivere.

8

Primavera 1978, soffia l'aria tra i viali

Giovanni e Dora non si erano più parlati. Non nel mondo reale, almeno. Aldo Moro era stato rapito, l'inflazione superava il dodici per cento. Eppure la sensazione di crisi generale non toccava il mondo della moda, che anzi fioriva. Le associazioni industriali dell'abbigliamento e della maglieria a Milano s'erano inventate una nuova fiera.

Giovanni era passato agli esteri, ma in quei giorni era di servizio in redazione. Era notte. Era stanco. Non aveva voglia di passeggiare. Raggiunse la fermata del tram, in zona Palestro. Da uno dei palazzi signorili arrivava un gran chiasso. Era inusuale per una zona tanto elegante.

All'ingresso c'erano auto di lusso, gente ben vestita, scialli, gioielli, gambe nude e scarpe lucide. Il tipico sfavillare che si vedeva in certi ambienti. Il primo piano era tutto illuminato. Finestre aperte anche al secondo. E al terzo piano. Ancora su, fino alla terrazza sul tetto.

Dalla fermata, Giovanni guardò l'edificio; si accese una sigaretta. Musiche ballabili si udivano fin sulla strada. C'era un'aria struggente intorno a lui, fatta di desideri e solitudini. Era l'aria di Milano. Soffiava sul viale alberato e in quel momento era tiepida. Non come quella che aveva sentito più di vent'anni prima, sulla piana di Roselle. Questa era già una promessa d'estate.

Il tram non si vedeva. Giovanni buttò a terra il mozzicone e lo pestò tenendosi saldo a terra con la gamba buona. Quando alzò gli occhi, verso il palazzo, affacciata sul parapetto della terrazza gli parve di scorgere Dora. Piccolissima, in cima, con un vestito color miele. La donna si sporgeva incrociando le braccia, prendeva fiato, si teneva lontana dal gruppo festoso, proprio come avrebbe fatto lei. Non c'erano dubbi: quella era Dora.

Giovanni poteva attraversare la strada. Poteva cercare all'ingresso qualche collega della *Pagina* o di *Tempi moderni* che sicuramente stava prendendo parte al rito mondano. Poteva imbucarsi. Poteva salire al primo, al secondo, al terzo piano, su fino alla terrazza. Poteva cercarla.

Uno sconosciuto pose sulle spalle di Dora la propria giacca. Era un gesto inatteso, di chi è troppo brillo per misurarne l'opportunità. Lei lo respinse e si allontanò. Voleva andarsene, ma la proprietaria della casa era una cliente importante, teneva alla sua presenza.

Dora tornò alla balaustra, si affacciò di nuovo. Intorno si stagliavano altri palazzi dell'alta borghesia, con cortili raffinatissimi protetti da portoni robusti. E poi cornicioni, colonne e terrazzine. Dietro di lei c'era il caos, davanti il riposo dei ricchi. Le sembrò che l'aria all'improvviso si fosse fatta più fresca. Si sfregò le braccia scoperte per scaldarsi. Poi guardò verso il basso. Un tram sfilava via. Sul viale non c'era nessuno, tranne un uomo di cui riconosceva il passo. Le parve di vederlo attraversare la strada, farsi più vicino.

Ringraziamenti

Per aver scelto questo libro e averlo aiutato a nascere ringrazio la casa editrice: in particolare Chiara Valerio e Luca De Michelis. All'editor Claudio Panzavolta va la mia gratitudine per la cura e la passione verso le parole. Ringrazio Patricia Chendi per le buone idee e per avermi chiesto di metterci il cuore. A Benedetta Senin, Rosanna Spinazzola, Stefano Bonetti e a tutto il resto della squadra: grazie per il vostro lavoro.

Provo grande riconoscenza nei confronti di Paolo Gervasi, che mi ha dato consigli illuminanti senza i quali sarebbe stato difficile andare avanti, e di Giovanni Corvaja, che ha creato un contatto magico con queste pagine.

Ho poi un debito verso i saggi di Roberto Bernabò e Corrado Benzio (*L'infanzia delle stragi: il caso Lavorini*, L. Reverdito 1989) e di Sandro Provvisionato (*Il caso Lavorini. Il tragico rapimento che sconvolse l'Italia*, chiarelettere 2019). Entrambi i libri mi hanno aiutato a ricostruire i fatti e le carte a cui mi sono ispirata. Ricordo poi tutti i giornalisti e le giornaliste che all'epoca raccontarono l'omicidio di Ermanno Lavorini. Non posso che menzionare in questo senso il vero "pistarolo", quello che più di tutti si sforzò di vedere oltre: Marco Nozza. Ammiro chi continua a raccontare quei fatti tenendo viva la memoria di Ermanno e di tutte le vittime di questa vicenda. La sua portata è per me più che storica: è ontologica ed esistenziale, anche perché credo dica molto della natura umana; spero che romanzandola e trascinandola fuori dai propri confini io sia stata sufficientemente rispettosa di chi l'ha vissuta sulla propria pelle.

Infine ringrazio le persone care che mi sono state vicine in tutto questo tempo di gestazione aiutandomi a migliorare il romanzo; tra queste: Dario, Guido, Stefania, Giuseppe, Debora, Ivana, i miei colleghi, la mia famiglia e soprattutto mia mamma.

Ad Andrea, che è la forza di molte mie premesse, lascio il post scriptum: mi ricordi dove andare, mi accompagni mentre vado, senza di te in nessun modo avrei potuto iniziare a scrivere la prima parola con la possibilità concreta di arrivare a mettere quest'ultimo punto.

Stampato da
Grafica Veneta S.p.A., Trebaseleghe (PD)
per conto di Marsilio Editori® in Venezia

EDIZIONE | ANNO

10 9 8 7 6 5 4 3 2 1 | 2023 2024 2025 2026 2027